बिहार में सामाजिक परिवर्तन के कुछ आयाम

वाणी प्रकाशन

नयी दिल्ली-110002
फोन : 3275710, 3273167 फैक्स : 32757
e-mail : vani_prakashan@yahoo.com
vani_prakashan@mantraonline.com

बिहार में सामाजिक परिवर्तन के कुछ आयाम
(1912-1990)

प्रसन्न कुमार चौधरी
श्रीकांत

वाणी प्रकाशन

प्रकाशन के उत्कृष्टतम 62 वर्ष

पेपरबैक पहला संस्करण : 2001
पेपरबैक दूसरा संस्करण : 2010
पेपरबैक तीसरा संस्करण : 2025

vaniprakashan.com

वाणी प्रकाशन

4695, 21-ए, दरियागंज, नयी दिल्ली-110 002

फ़ोन : + 91 11 23273167, 23275710

शाखाएँ

अशोक राजपथ, पटना-800 004, बिहार

कॉफ़ी हाउस कैम्पस, महात्मा गांधी मार्ग, प्रयागराज-211 001, उत्तर प्रदेश

महात्मा गांधी अन्तरराष्ट्रीय हिन्दी विश्वविद्यालय, वर्धा-442 001, महाराष्ट्र

sales@vaniprakashan.in
vaniprakashan@gmail.com

Bihar Mein Samajik Parivartan Ke Kuchh Ayaam
by Prasann Kumar Chaudhary & Shrikant

ISBN : 978-93-5229-225-7
Religion/Culture

मूल्य : ₹ 375

जी.एस. ऑफ़सेट, दिल्ली-110 095 में मुद्रित

वाणी प्रकाशन का लोगो मक़बूल फ़िदा हुसैन की कूची से

भूमिका

बिहार के सामाजिक जीवन के विभिन्न पहलुओं पर अनेक विद्वानों ने काफी महत्त्वपूर्ण काम किया है। औपनिवेशिक और उत्तर-औपनिवेशिक काल में यहाँ की कृषि-अर्थव्यवस्था, स्वतंत्रता आन्दोलन में प्रदेश की भागीदारी और कांग्रेस के क्रियाकलापों, स्वामी सहजानन्द और किसान आन्दोलन, कम्युनिस्ट और नक्सलवादी आन्दोलनों पर पहले से ही कई शोधपरक पुस्तकें उपलब्ध हैं। राष्ट्रीय और किसान आन्दोलन से जुड़े कई महत्त्वपूर्ण नेताओं की आत्मकथाओं में भी इस प्रदेश में चलनेवाले आन्दोलनों, उनके द्वन्द्वों और अन्य अनेक प्रसंगों का रोचक विवरण मिलता है। फिर कांग्रेस, किसान-सभा, सोशलिस्ट पार्टी, कम्युनिस्ट पार्टी तथा विभिन्न नक्सलवादी और अन्य सामाजिक संगठनों के सांगठनिक प्रकाशनों-मुखपत्रों, रिपोर्टों, पर्चों, आदि में काफी मूल्यवान् सूचनाएँ दर्ज हैं।

बहरहाल, कोई भी अध्ययन अंतिम नहीं होता और न अन्य अध्ययनों का निषेध करता है। अतीत में किये गये अध्ययन भावी पीढ़ियों को दृष्टि देते हैं और उन्हें अनेक अनछुये प्रसंगों पर काम करने के लिए प्रेरित करते हैं। एक गंभीर अध्ययन अन्य अनेक अध्ययनों की पृष्ठभूमि तैयार कर ही अपनी सार्थकता पाता है।

इस अध्ययन में हमने इस सदी में बिहार में चलनेवाले सामाजिक आन्दोलन की मुख्यधारा का एक सामग्रिक खाका प्रस्तुत करने का प्रयास किया है। मुख्यतः पिछड़ी जातियों के बीच चले जनेऊ आन्दोलन से शुरू होकर पिछड़ों के सत्ताधिकार में समाप्त होने वाले, नाम के पीछे सिंह लगाने से चलकर सिंहासन पर जा बैठने तक के इस आंदोलन के अध्ययन के क्रम में हमने उन पहलुओं और प्रसंगों पर अपना ध्यान अधिक केंद्रित किया है, जो उपलब्ध अध्ययनों में या तो छूट गये हैं या फिर फुटनोटों तक सिमटकर रह गए हैं। फुटनोटों का पृष्ठ का मुख्य भाग बन जाना भी उपर्युक्त आंदोलन का ही एक परिणाम है। कुछ प्रसंग तो ऐसे भी होते हैं, जिन्हें न तो पृष्ठ के मुख्य भाग में

जगह मिलती है और न फुटनोट में। इस अध्ययन से अगर वैसे प्रसंगों के अनुसंधान की प्रेरणा मिले तो इसे ही हम अपनी सच्ची सफलता मानेंगे।

हमने सचेत रूप से अपने अध्ययन को प्रचलित समाजशास्त्रीय ज्ञान-शाखाओं में अवस्थित करने का प्रयास नहीं किया है। इसके प्रस्तुतीकरण की शैली भी ऐसी रखने की कोशिश की गई है कि शोधार्थी और आम पाठक, दोनों इसका समान रूप से लाभ उठा सकें। इससे अगर बिहार में समाज की गति-प्रकृति को समझने में थोड़ी भी मदद मिलती है तो इसे हम अपनी कामयाबी समझेंगे।

यह शोध अध्ययन के. के. बिड़ला फाउंडेशन द्वारा प्रदत्त फेलोशिप के अन्तर्गत किया गया है। इस अध्ययन के क्रम में हमें अनेक विद्वानों, सरकारी पदाधिकारियों, राजनीतिक-सामाजिक संगठनों के नेताओं तथा कार्यकर्ताओं, मित्रों और परिजनों का सहयोग प्राप्त हुआ। यह अध्ययन दरअसल एक सम्मिलित प्रयास का ही प्रतिफल है।

—प्रसन्न कुमार चौधरी

—श्रीकांत

अनुक्रम

1
सदी के आरम्भ में बिहार

बीसवीं शताब्दी के आगमन के समय बिहारी पहचान करवटें ले रहा था। औपनिवेशक भारत में प्रान्तीय पुनर्गठन के लिए चले पहले आन्दोलन—बिहार आन्दोलन—से बिहारी पहचान को स्वीकृति मिली। 1 अप्रैल, 1912 को बंगाल के पुनर्गठन से देश के नक्शे में बिहार को अपना स्थान मिला। बहरहाल, बिहार को तो कुछ न्याय मिला, किन्तु उड़िया लोगों के साथ अन्याय बरकरार रहा। करीब 23 वर्षों तक उड़ीसा को बिहार के साथ अनावश्यक रूप से संलग्न रखा गया।

सामान्य परिचय : नवगठित बिहार और उड़ीसा प्रदेश का क्षेत्रफल (111,809 वर्गमील) शासक राष्ट्र इंग्लैण्ड और वेल्स के क्षेत्रफल का दुगुना था, जबकि आबादी (3.8 करोड़) करीब-करीब उसके बराबर थी। ब्रिटिश भारत के नौ बड़े राज्यों (संयुक्त प्रान्त, बंगाल, असम, मद्रास, मध्यप्रान्त, बर्मा, पंजाब तथा बिहार-उड़ीसा) में क्षेत्रफल के हिसाब से उसका स्थान सातवां था (बंगाल और असम उससे छोटे प्रदेश थे) और आबादी के लिहाज से चौथा (बंगाल, संयुक्त प्रान्त और मद्रास की आबादी उससे अधिक थी)। उड़ीसा को छोड़ दें तो बिहार भौगोलिक रूप से तीन क्षेत्रों—(गंगा के उत्तर) उत्तरी बिहार, (गंगा के दक्षिण का मैदान) दक्षिण बिहार और छोटानागपुर में बँटा था। प्रशासनिक दृष्टि से यह चार प्रमंडलों (पटना, तिरहुत, भागलपुर और छोटानागपुर) तथा सोलह जिलों (पटना, गया, शाहाबाद, सारण, चम्पारण, मुजफ्फरपुर, दरभंगा, मुंगेर, भागलपुर, पूर्णिया, संथाल परगना, हजारीबाग, रांची, पलामू, मानभूम और सिंहभूम) में विभक्त था।

उत्तर और दक्षिण बिहार 36,898 वर्गमील में फैला था और उसकी आबादी 2.15 करोड़ थी, जबकि छोटानागपुर का क्षेत्रफल 66,680 वर्गमील था और उसकी आबादी थी 1.23 करोड़[1]। प्रति वर्गमील आबादी का घनत्व उत्तर में 642, दक्षिण में 502 और छोटानागपुर में 186 था।

1. इसमें देशी रियासत (खरसावाँ और सराइकेला) और अंगुल के ब्रिटिश जिले की करीब 40 लाख आबादी भी शामिल है।

आबादी की संरचना : प्रदेश के करीब छियानबे फीसदी लोग ग्रामीण इलाकों में रहते थे और करीब अस्सी फीसदी कृषि पर निर्भर थे। कृषि, उद्योग और व्यवसाय पर निर्भर लोगों की संख्या उत्तर बिहार में प्रति हजार क्रमशः 881, 39 और 31 थी, दक्षिण बिहार में 726, 91 और 54 तथा छोटानागपुर में 882, 67 और 28 थी। इसके अलावा छोटानागपुर में प्रति हजार करीब 15 व्यक्ति खनन-कार्य पर निर्भर थे।

उत्तर बिहार में आबादी का 83 फीसदी और दक्षिण बिहार में 91 फीसदी हिन्दू थे, शेष लगभग सभी मुस्लिम थे। ईसाइयों और अन्य मतावलंबियों की संख्या मात्र 0.25 फीसदी थी। मुस्लिम आबादी ग्रामीण इलाकों की तुलना में शहरों में अधिक थी। सिर्फ पूर्णिया जिले में वे आबादी का 40 फीसदी थे। छोटानागपुर में 74.5 फीसदी आबादी हिन्दू थी, 4.5 फीसदी मुस्लिम और 2.5 फीसदी ईसाई। ऐसे आदिवासी जिनकी शिनाख्त जनगणना अधिकारियों ने एनिमिस्ट्स (जड़-आत्मवादियों) के रूप में की थी, 18.5 फीसदी थे।

1911 की जनगणना के अनुसार पूरे बिहार में करीब 205[1] जातियाँ और जनजातियाँ निवास करती थीं। इनमें उन जातियों को जिनकी आबादी जिले में 50,000 से और उन जनजातियों को जिनकी आबादी जिले में 25,000 से कम थी, छोड़ दिया गया था। (विभिन्न जातियों/जनजातियों के विवरण के लिए परिशिष्ट देखिए।) बहरहाल, प्रादेशिक स्तर पर महत्त्वपूर्ण जातियों/जनजातियों की संख्या मात्र 17 थी। इनमें भी चार प्रमुख जनजातियाँ मुख्यतः छोटानागपुर-संथालपरगना अंचल में ही केंद्रित थीं। बाकी तेरह जातियाँ करीब-करीब पूरे प्रदेश में बिखरी थीं। 1931 की जनगणना के अनुसार आबादी के हिसाब से उनकी सूची इस प्रकार है : ग्वाला (करीब 34.5 लाख), ब्राह्मण (करीब 21 लाख), संथाल (करीब 17 लाख), कुर्मी (करीब 14.5 लाख), राजपूत (करीब 14 लाख), कोइरी (करीब 13 लाख), चमार (करीब 13 लाख), दुसाध (करीब 13 लाख), तेली (करीब 12 लाख), जुलाहा (करीब 10 लाख), बाभन (करीब 10 लाख), मुसहर (करीब 7 लाख), उराँव (करीब 6.4 लाख), भुइंया (करीब 6.2 लाख), मुण्डा (करीब 5.5 लाख) और हो (करीब 5.2 लाख)। कायस्थ आबादी में अपेक्षाकृत कम होने के बावजूद शिक्षा, सरकारी नौकरी, वकालत और राजनीति में अपनी प्रभावकारी उपस्थिति के कारण और पूरे प्रदेश

---

1. पीपुल ऑफ इंडिया प्रोजेक्ट के अनुसार यह संख्या है 261, जिसमें हिन्दू जातियों की संख्या है 194।

में (खासकर शहरी क्षेत्रों में) बिखरे होने के कारण महत्त्वपूर्ण थे। ये जातियाँ/जनजातियाँ ही प्रदेश की पूरी आबादी का दो-तिहाई हिस्सा थीं।

उपर्युक्त विवरण में ब्राह्मणों और बाभनों की संख्या कुछ भ्रामक है। दरअसल जनगणनाओं में बहुत सारे बाभनों द्वारा अपना नाम ब्राह्मणों के रूप में दर्ज कराए जाने के कारण बाभनों की संख्या में ह्रास की प्रवृत्ति दिखाई दी। 1921-31 के बीच प्रदेश में बाभन ही ऐसी एकमात्र जाति थी जिसकी आबादी 8.5 फीसदी 'घट' गयी। दरभंगा जिले में तो एक लाख से भी अधिक (तीन में से दो) बाभनों ने अपना नाम ब्राह्मणों के रूप में दर्ज करा लिया। 1901 में पटना, गया, शाहाबाद, सारण, चम्पारण, मुजफ्फरपुर, दरभंगा, मुंगेर और भागलपुर जिलों में बाभनों की आबादी जहाँ 10,99,010 थी, वहीं 1931 में घटकर मात्र 8,51,343 रह गयी। दरभंगा जिले में यह ह्रास सबसे अधिक परिलक्षित हुआ—1901 में 1,54,345 से घटकर मात्र 49,065 (68.21 प्रतिशत का ह्रास)। वहीं उस जिले में ब्राह्मणों की संख्या में 62.34 फीसदी की अप्रत्याशित वृद्धि हुई—1,97,967 से 3,81,382। इसी अवधि में पूरे जिले की कुल आबादी में 8.70 फीसदी की ही वृद्धि हुई थी।

ग्वाला मुख्यतः दरभंगा (करीब 4 लाख) और भागलपुर प्रमंडल के सहरसा-मधेपुरा अंचल में, ब्राह्मण दरभंगा में, कुर्मी पटना, मुजफ्फरपुर, सारण, चम्पारण और मानभूम में, राजपूत सारण और शाहाबाद में तथा बाभन मुजफ्फरपुर, मुंगेर, गया, पटना और सारण में केंद्रित थे। 31 दलित जातियों के बीच, जिनकी कुल आबादी करीब 65 लाख थी, चार जातियों (दुसाध, चमार, मुसहर और भुइंया) की संख्या ही करीब 39-40 लाख थी। दलित जातियाँ गया, पलामू और मानभूम जिलों में आबादी का 20 फीसदी से भी अधिक थीं, जबकि पटना, शाहाबाद, चम्पारण, मुजफ्फरपुर, दरभंगा, मुंगेर और हजारीबाग में उनकी आबादी 15 से 20 फीसदी के बीच थी। कुल मिलाकर ये जातियाँ प्रांतीय आबादी का 15.5 फीसदी और हिन्दू आबादी का 18.5 फीसदी थीं। जुलाहे मुस्लिम आबादी का करीब 25 फीसदी थे। 24 जनजातियों में जिनकी कुल आबादी करीब 55 लाख थी, संथाल, संथाल परगना और मानभूम में, मुण्डा और उराँव रांची में तथा हो सिंहभूम जिले में केन्द्रित थे।

प्रसंगवश, प्रादेशिक स्तर पर आज भी यही 17 जातियाँ/जनजातियाँ महत्त्वपूर्ण हैं और राजनीति इन्हीं जातियों/जनजातियों के समीकरणों के आगे-पीछे घूमती रहती है। सत्ता के विकेन्द्रीकरण से पंचायत, प्रखंड और जिला परिषदों के स्तर पर अन्य जातियाँ भी उन स्थानों पर महत्त्व पा सकती हैं जहाँ

उनकी संख्या अधिक है। बहरहाल, उन दिनों सामाजिक-आर्थिक-राजनीतिक क्षेत्रों में ब्राह्मण-राजपूत-बाभन-कायस्थ जातियों का वर्चस्व था, तीन प्रमुख मध्यवर्ती जातियाँ—यादव-कुर्मी-कोइरी इन क्षेत्रों में अपनी जगह बनाने के लिए हाथ-पाँव मार रही थीं। दो दलित जातियाँ—दुसाध और चमार—भी ऐसे ही प्रयासों में लगी थीं। मुसलमानों के बीच जुलाहे सैयद-शेख-पठान वर्चस्व को चुनौती देने लगे थे। जनजातियों के बीच हो (1820 के दशक में), संथाल (1855-56), मुण्डा (1899) और उराँव (1914) अपने विद्रोहों और आन्दोलनों के जरिये अपनी जुझारू उपस्थिति दर्ज करा चुके थे।

खैर, हमारा यह अध्ययन चार जनजातियों और जुलाहों को छोड़कर बाकी बची बारह हिन्दू जातियों पर ही केंद्रित है। कहीं-कहीं विषयवस्तु की जरूरत के अनुरूप हम मुस्लिम अथवा जनजातीय समुदायों का कुछ जिक्र भर करेंगे।

उद्योग : उन दिनों बिहार में बड़े उद्योग गिने-चुने ही थे। इनमें सबसे पहले टाटा आयरन ऐण्ड स्टील कम्पनी (टिस्को) और उसकी सहायक कम्पनियों का नाम आता है। 1922 में करीब 40,000 लोग इनमें कार्यरत थे। फोरमैन समेत तमाम ऊँचे पदों पर यूरोपियन और अमेरिकन काबिज थे, कुशल श्रमिक मुख्यत: पंजाब और संयुक्त प्रांत से लाए गए थे तथा सिंहभूम और आसपास के जिलों से आदिवासी-दलित-पिछड़े अकुशल श्रमिकों के रूप में खटते थे। अधिकांश श्रमिक स्थायी थे।

दूसरा बड़ा उद्योग था जमालपुर का ईस्टर्न इंडियन रेलवे वर्कशॉप्स। यहाँ काम करनेवाले लोगों की संख्या थी करीब बारह हजार। अधिकांश स्थायी श्रमिक आसपास के गाँवों से, छोटे रैयतों और भूमिहीन मजदूरों के बीच से, भर्ती किए गए थे। तीसरा उद्योग मुंगेर में ही पेनिन्सुलर टोबैको कम्पनी था जिसमें करीब 2000 कुशल-अकुशल श्रमिक कार्यरत थे और उनकी भर्ती मुख्यत: मुंगेर शहर से ही की गई थी।

झरिया, रामगढ़, गिरिडीह और पलामू में फैले कोयला खानों में करीब एक लाख मजदूर कार्यरत थे। झरिया अंचल के ज्यादातर मजदूर मौसमी थे और खेती का काम निपटने के बाद बड़ी संख्या में खानों की ओर चले आते थे। अधिकांश मजदूर तो स्थानीय आदिवासी और अन्य देहाती गरीब ही थे, फिर भी मध्यप्रान्त और संयुक्त प्रान्त से भी कुछ मजदूरों की भर्ती की गई थी। गिरिडीह अंचल में जहाँ प्रमुख कोयला खानों की मालिक ईस्ट इंडिया रेलवे थी, मोटामोटी स्थानीय लोगों के बीच से ही स्थायी बहाली की प्रथा थी।

इन उद्योगों और खानों के अलावा पूरे बिहार में फैला रेलवे का नेटवर्क

था, दम तोड़ती नील फैक्ट्रियाँ थीं, कुछेक चावल और चीनी की मिलें थीं।

कृषि : प्रादेशिक अर्थव्यवस्था लगभग पूरी तरह कृषि पर आधारित थी और भू-राजस्व आमदनी का सबसे बड़ा स्रोत था। पूरा प्रदेश करीब एक लाख जागीरों में बँटा था। काश्त की जानेवाली कुल जमीन थी करीब 2 करोड़ 40 लाख एकड़। चावल, गेहूँ, चना, मकई और जौ की कुल पैदावार करीब 40 लाख टन थी। 1912-13 में भू-राजस्व के रूप में कुल एक करोड़ सत्तावन लाख उनचालीस हजार रुपए की वसूली की गई थी।

जागीरें तीन श्रेणियों में बँटी थीं—स्थायी बन्दोबस्त वाली, अस्थायी बन्दोबस्तवाली, और सरकार के प्रत्यक्ष नियंत्रणवाली। बँटवारे के कारण पहली दो श्रेणी की जागीरों में हर साल थोड़ी-बहुत बढ़ोतरी होती रहती थी।

1919-20 में पूरे प्रदेश में कुल 1,11,875 जागीरें (एस्टेट्स) थीं, इनमें स्थायी बन्दोबस्तवाली जमींदारियाँ थीं 1,00,027, अस्थायी बन्दोबस्तवाली जागीरें थीं 11,524 और बस 324 सरकारी जागीरें थीं। स्थायी बन्दोबस्तवाली जमींदारियाँ लगभग पूरी-की-पूरी बिहार में ही केंद्रित थीं। उड़ीसा में उनकी संख्या मात्र 176 थी। शेष 99,851 बिहार में ही कुंडली मारे बैठी थीं—पटना प्रमंडल में 35,956, तिरहुत प्रमंडल में 47,609, भागलपुर प्रमंडल में 15,929 और छोटानागपुर प्रमंडल में मात्र 357। जिले के लिहाज से सबसे अधिक जमींदारी मुजफ्फरपुर जिले में थी (23, 525)—उसके बाद दरभंगा (15,873), पटना (15,123), शाहाबाद (11,347), गया (9,486) और मुंगेर (8,921) का स्थान आता था।

अस्थायी बन्दोबस्तवाली जागीरें मुख्यतः उड़ीसा में (11,524 में 10,730) केंद्रित थीं और सरकारी जागीरें तो नाममात्र ही थीं। 1919-20 में भू-राजस्व की कुल माँग 1,58,64,855 रुपए थी जिसमें 1,53,77,147 रुपए की उगाही की गई।

जमीन को केन्द्र कर बनी श्रेणीबद्ध प्रणाली कुछ इस प्रकार थी :

1. सबसे ऊपर ब्रिटिश औपनिवेशक राज्य था। 1926-27 तक भू-राजस्व प्रांतीय सरकार की आमदनी का सबसे बड़ा स्रोत था। इसके बारे में हम आगे और चर्चा करेंगे।

2. दूसरा स्थान जमींदारों का था। सदी के आरम्भ में प्रदेश की करीब तीन करोड़ की कुल आबादी में जमींदारों और उन पर निर्भर लोगों की आबादी थी करीब साढ़े छः लाख। 20,000 एकड़ से अधिक की जागीरवाली रियासतों की संख्या मात्र 474 थी, जबकि 90 फीसदी जागीर 500 एकड़ से भी कम की थी। सबसे बड़ी रियासत दरभंगा-महाराज की थी जो पाँच जिलों में 2,400 वर्गमील में

फैली थी और जिसकी आमदनी करीब एक करोड़ रुपए थी। और शायद सबसे छोटी डेढ़ एकड़ की एक जमींदारी पटना जिले के भरतपुरा गाँव में थी जिसकी आमदनी मात्र चार आने थी। इन जमींदारों के पास काफी बड़ी मात्रा में अपनी निजी जमीन भी थी, कुल आबादी का मात्र दो फीसदी होने के बावजूद उनके पास करीब तीस लाख छियालीस हजार एकड़ खुदकाश्त जमीन थी (यानी काश्त की जानेवाली कुल जमीन का करीब 13 प्रतिशत)।

कई बड़ी रियासतें मुगलकाल और यहाँ तक कि उससे भी पहले से चली आ रही थीं। (यदि छोटानागपुर के नागवंशी रातू राज को छोड़ दें तो) संभवत: सबसे पुरानी रियासतें हथुआ और गिद्धौर की थीं। हथुआ की भूमिहार ब्राह्मण रियासत की स्थापना वीरसेन ने की थी और इसी राजवंश के खेमकर्ण शाही को मुगल दरबार से महाराज बहादुर की उपाधि मिली थी। यह सम्राट के अधीन एक करद राज्य था। गिद्धौर रियासत की स्थापना बारहवीं सदी के उत्तरार्ध में (स्थानीय दुसाध राजा को परास्त कर) बुन्देलखण्ड के चन्द्रवंशी क्षत्रिय वीर विक्रमादित्य ने की थी। अंग्रेजी राज स्थापित होने पर यहाँ के राजा गोपाल सिंह से रियासत छीन ली गई थी। लेकिन, संथाल विद्रोह (1855-56) के समय अंग्रेजों की सहायता करने के कारण गोपाल सिंह के पौत्र जयमंगल सिंह को तो रियासत वापस कर ही दी गई, अलग से राजा की उपाधि भी मिली।

दरभंगा राज की स्थापना भी 1558 ई. में ही हो चुकी थी। इसके संस्थापक पंडित महेश ठाकुर की विद्वत्ता और वाक्पटुता से प्रसन्न होकर सम्राट अकबर ने उन्हें यह राज दिया था। इसी तरह करीब 50 लाख रुपए से ऊपर की सालाना आमदनीवाला बेतिया राज भी अकबर के जमाने से चला आ रहा था। इस भूमिहार ब्राह्मण राज के संस्थापक उग्रसेन को सम्राट अकबर ने ही राजा की उपाधि दी थी। डुमराँव राज उज्जैन (मालवा) के परमार राजपूतों द्वारा स्थापित किया गया था। कालक्रम में यह तीन राजों में विभक्त हो गया—डुमराँव, जगदीशपुर और बक्सर। बाद में बक्सर राज पुन: डुमराँव राज में मिल गया। बक्सर के युद्ध में डुमराँव नरेश जयप्रकाश सिंह ने अंग्रेजों की सहायता की थी, इसलिए हेस्टिंग्स ने उन्हें 'महाराज बहादुर' की उपाधि दी थी। 1857 ई. में भी डुमराँव राज ने अपने गोतिया बाबू कुँवर सिंह के खिलाफ अंग्रेजों का साथ दिया।

टिकारी राज की स्थापना भी मुगल काल में हुई थी और मुगलों ने ही टिकारी नरेश को 'महाराज' की उपाधि दी थी। हजारीबाग जिले की कुण्डे रियासत तो औरंगजेब ने अपने नौकर रामसिंह को 1669 ई. में भेंट में दे दी थी। इसी तरह चैनपुर, सोनपुरा, पदमा की रियासतें भी अंग्रेजों के आने के पहले से

मौजूद थीं। धनवार राज के पूर्वज तो 15वीं सदी के काफी पहले ही दक्षिण भारत से आकर बसे हुए थे, वहीं सोनपुरा राज के पूर्व पुरुष गोरखपुर जिले के निवासी थे। भागलपुर जिले में भी गंधवरियों (पम्मार राजपूतों) की तीन पुरानी रियासतें थीं—सोनबरसा, बरुआरी और पंचगछिया।

इन रियासतों के अलावा कुछ अन्य प्रमुख रियासतें थीं—शिवहर (मुजफ्फरपुर), सूर्यपुरा (शाहाबाद), अमावां (पटना), बनैली, श्रीनगर (पूर्णिया), सुरसंड (मुजफ्फरपुर), बरारी (भागलपुर), पूर्णिया राज, बदलपुरा, भरतपुरा (पटना), बाघी (मुजफ्फरपुर), चम्पारण जिले में रामनगर, डुमरिया, शिकारपुर और मधुबन, दरभंगा जिले में सिंहवाड़, शुम्भाड्योढ़ी, केवटा और खरारी, तथा काशीपुर (पंचेत) और पोरहाट, आदि। पूरे प्रदेश में मुस्लिमों की जागीरें भी बिखरी थीं। बिहार में एक देशी रियासत भी थी—खरसावाँ और सरायकेला।

इन बड़े जमींदारों का मुख्य शौक था—संगीत, शिकार, मोटर चलाना, आदि। कुछ साहित्य में भी रुचि रखते थे। धर्म-कर्म, पूजा-पाठ-यज्ञ आदि में भी ये प्रायः व्यस्त रहते थे। एकाध (जैसे आरा के हरि जी का परिवार) को छोड़कर किसी में भी उद्योग-धंधे की ओर कोई खास रुचि नहीं थी।

दरभंगा राज कुछ प्रख्यात संगीतज्ञों—खंडारवाणी के ध्रुपद गायक कामता मल्लिक, शुद्ध ध्रुपद गानेवाले क्षितिपाल मल्लिक और उनके भाई राजितरामजी (रामचतुर मल्लिक के पिता), सरोदवादक उस्ताद मुरादअली खाँ, सुरसिंगार बजानेवाले उस्ताद असगर अली खाँ, ख्याल गानेवाली प्रसिद्ध जोड़ी उस्ताद अजीमबक्श खाँ और मौलाबक्श खाँ, मृदंगवादक भैयालालजी, आदि के संरक्षक थे। बेतिया के महाराज नवलकिशोर सिंह खुद अच्छे संगीतज्ञ थे। उन्होंने छः-छः पदों की होरियाँ भी बनायी थीं और वे खुद ध्रुपद और होरी अच्छा गाते थे। भारतेन्दु हरिश्चन्द्र को भी इनसे आर्थिक सहायता मिली थी। टिकारी महाराज का मुख्य शौक मोटर चलाना और शिकार खेलना था। 'सुर-प्रकाश' नामक पुस्तक के रचयिता बच्चू मल्लिक, जिन्हें भारतेन्दु हरिश्चन्द्र ने संगीताचार्य की उपाधि दी थी, डुमराँव महाराज राधा प्रसाद सिंह के कृपापात्र थे। सूर्यपुरा के राजा राजराजेश्वरी प्रसादसिंह न सिर्फ संगीत मर्मज्ञ थे, अपितु 'प्यारे कवि' के रूप में भी सुविख्यात थे। उनके पुत्र राजा राधिकारमण प्रसाद सिंह तो हिन्दी के जाने-माने साहित्यकार थे ही। आरा शहर में जमिरा के जमींदार शत्रुंजय प्रसाद सिंह पखावज बहुत अच्छा बजाते थे। रवाब बजाने में सुप्रसिद्ध उस्ताद मुहम्मद अली खाँ गिद्धौर दरबार में रहते थे। इसी तरह पंचगछिया के रायबहादुर लक्ष्मी नारायण सिंह संगीत के सुप्रसिद्ध विद्वान् थे। श्रीनगर (पूर्णिया) के राजा कमलानन्द सिंह ने

पं. महावीर प्रसाद द्विवेदी द्वारा सम्पादित 'सरस्वती' को चलाने में भरपूर मदद दी थी। बहरहाल, हजारों छोटे-मँझोले जमींदारों के पास इतना अवकाश नहीं था। उनमें से बहुतेरे तो नए-नए जमींदार बने थे। उनकी नजर नीलाम होनेवाली छोटी-मोटी जमींदारियों पर रहती। अनेक छोटे जमींदार खुद दिवालिया होने की स्थिति में होते। उनकी मुख्य दिलचस्पी अधिक-से-अधिक लगान वसूली में थी और उसी में वे व्यस्त रहते। बड़े जमींदारों की तरह उनके पास मैनेजरों-अमलों-गुमाश्तों की फौज तो होती नहीं। दरभंगा महाराज रामेश्वर सिंह ने तो अपनी रियासत चलाने के लिए 3000 लोगों को बहाल कर रखा था। उनकी रियासत 14 अंचलों में बँटी थी और प्रत्येक अंचल में चार-पाँच तहसीलदार होते थे। सबसे ऊपर राज मुख्यालय में अपने कर्मचारियों के साथ मुख्य मैनेजर, उसके नीचे अंचल कार्यालय के कर्मचारियों के साथ अंचल मैनेजर, फिर सहायक मैनेजर (तहसीलदार) और सबसे नीचे गाँव के स्तर पर जेठ रैयत, पटवारी, चपरासी और बराहिल—यह बिहार की सबसे बड़ी राज नौकरशाही थी।

3. तीसरा स्थान पट्टेदारों का था। 'जमींदारी जमींदारी को ही जन्म देती है।' बड़े जमींदार अपनी जागीर का कुछ हिस्सा ठीके या पट्टे पर उठा देते। नीलहे यूरोपियन ऐसे ही ठेकेदार थे। वे जमींदारों से ठेके पर गाँव ले लिया करते और उन गाँवों के रैयतों को अपनी जमीन के एक-तिहाई अथवा एक-चौथाई हिस्से पर नील की खेती के लिए मजबूर करते। चम्पारण के बड़े जमींदार बेतिया महाराज ने इसी तरह एक निश्चित सालाना लगान के बदले गाँव-के-गाँव इन नीलहे ठेकेदारों को दे रखे थे। खेती के लिए ये ठेकेदार रैयतों को बीज और कुछ अग्रिम राशि देते। फसल काटकर फैक्ट्री तक पहुँचाना इन रैयतों का काम था। फिर पहले दी गई राशि काटकर रैयतों को फसल की कीमत दे दी जाती, हालाँकि कीमत तय करने में ये ठेकेदार काफी मनमानी करते। इसके अलावा वे रैयतों पर तरह-तरह के जुल्म ढाने के लिए भी काफी बदनाम थे। रैयतों को अपनी ही जमीन पर खेती के लिए फसल का चुनाव करने के अधिकार से वंचित कर दिया गया था और उन्हें अपनी अच्छी जमीन पर एक ऐसी फसल उगाने के लिए बाध्य किया जाता था जिससे उन्हें कोई लाभ न था।

दरभंगा महाराज ने कोसी अंचल के एक बड़े भू-भाग को (जहाँ की बलुआही मिट्टी में खेती लाभदायक नहीं थी) अपने कुछ स्वजातीय मैथिली ब्राह्मणों और पछिमा राजपूतों को पट्टे पर दे रखा था। कुछ पट्टे तो मात्र एक रुपया सालाना की दर पर ही दे दिये गये थे। पूर्णिया की कुछ अन्य रियासतों ने भी ऐसा ही किया हुआ था। ऐसी बंजर जमीन को खेती योग्य बनाने में इन पट्टेदारों की भी

दिलचस्पी होती, क्योंकि उससे होनेवाली आमदनी लगभग पूरी-की-पूरी उन्हीं की होती। इन्हीं 'पतनीदारों' ने कठोर मिहनती और बिल्कुल थोड़े में गुजारा कर लेनेवाले संथाल, मुसहर और इसी तरह की अन्य दलित-पिछड़ी जातियों को आसपास के अंचलों से लाकर बसाया। बंजर आबाद करने के लिए एक नया उत्पादन-संबंध कायम हुआ—ब्राह्मण-राजपूत पतनीदार और मुसहर-संथाल तथा अन्य दलितों रैयतों के बीच। इन रैयतों को प्रोत्साहित करने के लिए हुण्डा प्रथा शुरू की गई—उन्हें बलुआही परती जमीन का कुछ भाग दे दिया जाता और उस पर दो-तीन साल के लिए लगान माफ कर दिया जाता—जो मन चाहे उगाओ और खाओ। जब वैसी जमीन खेती लायक हो जाती और नियमित रूप से फसल होने लगती, तो उस पर फिर लगान तय कर दिया जाता, हालाँकि लगान की दर तब भी काफी कम होती। इस तरह मलेरिया-कालाजार के कारण कालापानी के रूप में कुख्यात पूर्णिया की परती जमीन को, कोसी के बार-बार धार बदलने के कारण दूर-दूर तक फैली बलुआही जमीन को कृषि-योग्य बनाने में इन्हीं मुसहर-संथाल और अन्य दलित-पिछड़ी जातियों के रैयतों का हाथ था। बाढ़ और बीमारी के बीच मौत के मुँह में रहते और उसे चुनौती देते इन्हीं रैयतों ने (पतनीदारी प्रथा के तहत) उत्तर-पूर्वी बिहार के 'धूसर, वीरान, अन्तहीन प्रान्तर' को आबाद किया।[1]

ठेकेदारी और पट्टेदारी को लेकर हमने यहाँ दो ही उदारण दिए हैं—चम्पारण के नीलहे यूरोपियनों और पूर्णिया के पतनीदारों के। वैसे बिहार के विभिन्न अंचलों में यह प्रथा प्रचलित थी। जमींदारों और पट्टेदारों के साथ उनके मैनेजरों, बराहिलों, कारिन्दों का पूरा लाव-लश्कर होता था। आम रैयतों का प्रायः इन्हीं से पाला पड़ता।

---

1. इन इलाकों में मुसहरों के बीच भी कुछ समृद्ध कायमी रैयतों का वर्णन मिलता है। पूर्णिया के कलक्टर मि. एच. जी. कुक की धरमपुर परगना के खनवा गाँव की रिपोर्ट (1888 ई.) में 24 बीघा 2 कट्ठा जमीन के कायमी रैयत तोता मुसहर का जिक्र मिलता है जिनकी शुद्ध सालाना आमदनी (खेती और घर के खर्चे तथा लगान चुकाने के बाद) 135 रुपए थी और जिनके ऊपर कोई कर्ज नहीं था। पूरे बिहार में ऐसे समृद्ध मुसहर कायमी रैयत विरले ही होंगे।

प्रसंगवश, पूर्णिया जिले के उन दिनों के ग्रामीण जीवन को केन्द्र कर पाँच उपन्यास लिखे गए—विभूतिभूषण बन्द्योपाध्याय की 'आरण्यक', सतीनाथ भादुड़ी की 'जागड़ी' और 'ढोड़ायचरित मानस' तथा फणीश्वरनाथ रेणु की 'मैला आँचल' और 'परती परिकथा'। सौ समाजशास्त्रीय अध्ययन तथा रिपोर्ट एक तरफ और ये पाँचों उपन्यास दूसरी तरफ, तब भी इन पाँचों उपन्यासों का पलड़ा भारी रहेगा।

किसके हाथ में कितनी जमीन (प्रतिशत में)

जिला	जमींदार/पट्टेदार	मुकर्ररदार और लगानमुक्त रैयत	कायमी रैयत	दररैयत
पटना	13.63	2.22	83.85	0.30
भागलपुर	8.45	1.71	87.22	2.62
पूर्णिया	20.89	6.51	69.40	3.20
उत्तरी मुंगेर	13	1.25	81.25	4.50
दरभंगा	14	2	83	1
मुजफ्फरपुर	19	5	74	2
सारण	10	4	84	1
चम्पारण	9	4	84	3

(स्रोत : पटना सेटलमेण्ट रिपोर्ट, पृ. 36)

4. चौथा स्थान ऐसे रैयतों का था जिनको लगान की दर मुकर्रर थी और जिसमें किसी भी आधार पर बढ़ोतरी नहीं की जा सकती थी। 1859 के काश्तकारी अधिनियम के तहत, ऐसे रैयत जो बीस साल से एक ही लगान देते आ रहे थे उन्हें मुकर्ररदार रैयत मान लिया गया था। इसी श्रेणी में उन रैयतों को भी रखा जा सकता है जिन्हें विभिन्न कारणों से लगान-मुक्त कर दिया गया था। ब्रिटिश सरकार की बहुमूल्य सेवा करने के बदले में सरकार कुछ चुनिन्दा लोगों को लगान-मुक्त जमीन अथवा जागीर दे देती थी। बहरहाल, रैयतों की कुल आबादी में ऐसे मुकर्ररदार और लगान-मुक्त काश्तवाले रैयतों की संख्या काफी कम थी।

5. इसके बाद स्थान आता था कायमी रैयतों का। खेती पर निर्भर आबादी का ये करीब 69 फीसदी (2 करोड़ बीस लाख) थे और उनके हाथ में खेती की कुल जमीन की 83.2 फीसदी (2 करोड़, 36 हजार एकड़) जमीन थी।

काश्तकारी अधिनियम, 1859 (ऐक्ट X) के तहत लगातार बारह वर्षों से काश्त कर रहे रैयतों को जमीन पर कायमी हक प्रदान कर दिया गया था और उन्हें लगान में मनमानी वृद्धि से सुरक्षा प्रदान की गई थी। पुनः 1885 के बंगाल काश्तकारी अधिनियम (ऐक्ट VIII) के तहत इन कायमी रैयतों के लगान में 15 वर्षों में बस एक बार वृद्धि की जा सकती थी और वह भी पहले से दिए जा रहे लगान के आठवें हिस्से से अधिक नहीं। प्रदेश में लगान के तीन रूप प्रचलित थे—भावली (उपज लगान), दानाबन्दी भावली (अनुमानित उपज के आधार पर लगान) और

नकदी। भावली में उपज का आधा हिस्सा लगान के रूप में ले लिया जाता[1]। (यथार्थ में हमेशा आधे से अधिक ही लिया जाता था।) दानाबन्दी भावली में, जब खेतों में फसल तैयार हो जाती तो जमींदार के अमले खेतों में जाकर उपज का अनुमान लगाते और उसी अनुमानित उपज का आधा लगान के रूप में वसूला जाता। अगर फसल अनुमान से कम हुई, तो भी कोई रियायत नहीं की जाती। लगान के तमाम रूपों में (बेगार के रूप में लिए जानेवाले श्रम-लगान को छोड़कर) यह रूप सबसे कठोर था और इसमें अमलों की चाँदी-ही-चाँदी थी।

स्थायी बन्दोबस्त के समय (1793 ई.) काश्त की जानेवाली कुल जमीन का 90 फीसदी भावली के अन्तर्गत था। सौ सालों में स्थिति काफी बदल गई। 1910 ई. तक प्रदेश में भावली क्षेत्र घटकर 21 प्रतिशत ही रह गया। उत्तर बिहार में तो भावली क्षेत्र बहुत मामूली ही बचा—चम्पारण में 4%, सारण में 4%, मुजफ्फरपुर में 7%, दरभंगा में 8%, उत्तर मुंगेर में 6%, और उत्तरी भागलपुर में 9%। लेकिन, गंगा के दक्षिणी जिलों में कमी के बावजूद भावली क्षेत्रों की प्रभावशाली उपस्थिति थी—गया में 66%, पटना में 44%, दक्षिण मुंगेर में 32%, शाहाबाद में 21%, और दक्षिणी भागलपुर में 16%। पटना और गया जिले में तो दानाबन्दी भावली की अत्याचारी प्रथा का भी काफी जोर था। सदी के आरम्भ में चले सर्वे सेटलमेण्ट के दौरान पटना, गया और शाहाबाद जिले में भावली क्षेत्र को नकद लगानवाले क्षेत्र में बदलने के लिए रैयतों ने जी तोड़ कोशिशें कीं। दूसरी तरफ जमींदार नकद लगानवाले क्षेत्रों को भी भावली में और भावली काश्तों को भी दानाबन्दी भावली में बदलने पर आमादा थे। भावली काश्तों को नकदी काश्तों में बदलने के लिए रैयतों में कितनी बेचैनी थी, इसका अन्दाजा निम्नलिखित तथ्य से लगाया जा सकता है—1939 ई. में जब प्रथम कांग्रेस मंत्रिमंडल ने यह तय किया कि 1934 से '39 की औसत कीमत के आधार पर रैयत अपनी भावली काश्त को नकदी काश्त में बदल सकते हैं तो मात्र एक सप्ताह के भीतर गया, पटना और मुंगेर के रैयतों ने 2 लाख नकदी की दरखास्त दे

1. अंग्रेजों के आने के पहले, खासकर स्थिर साम्राज्यों के काल में, भारत में आमतौर पर किसान से उपज का छठा (किसी-किसी दौर में और अलग-अलग अंचलों में चौथा अथवा अधिक-से-अधिक तिहाई) हिस्सा लगान के रूप में लिया जाता था। औपनिवेशिक काल में आधा हिस्सा लगान के रूप में वसूलना तो जायज ही था। यथार्थ में तरह-तरह के अबवाबों और खर्चों के रूप में 60, 70, यहाँ तक कि 80-85 फीसदी उपज वसूलना आम बात थी।

दी। लेकिन, जमींदारों के हो-हल्ला करने पर सरकार ने इन दरखास्तों का फैसला होने तक यथास्थिति कायम रखने की घोषणा की।

इसके अलावा, लगान में जातीय भेद-भाव भी था—उच्च जाति रैयतों से पिछड़ी-दलित जातियों की तुलना में कम लगान लिया जाता। फिर बटाई के भी विभिन्न रूप थे और उनके पीछे कारण भी अलग-अलग थे। कायमी रैयत बटाई पर जमीन देते भी थे और लेते भी थे। उनके लिए बटाई पर जमीन लेना अपनी काश्त जमीन का विस्तार करना था, जबकि दर रैयतों के लिए बटाई लेना उनके जीवन-निर्वाह के लिए जरूरी था।

कायमी रैयतों के कुछ धनी-मानी परिवार सूद पर नकद या अनाज भी देते थे। नकद में प्रतिमाह प्रति रुपए छः पाई सूद लिया जाता। अनाज पर सूद की दर पचास फीसदी थी और यह सूद फसल कटने के समय चुकाना पड़ता यानी अगर किसी गरीब कायमी रैयत/दर रैयत/मजदूर ने एक मन अनाज ऋण के रूप में लिया है तो उसे फसल कटनी के समय डेढ़ मन अनाज लौटाना पड़ता। किसी कारणवश अगर वह कर्ज नहीं चुका सका तो अगले वर्ष फसल-कटनी पर उसे सवा दो मन अनाज देना पड़ता। खैर, सूद की दरों में अलग-अलग अंचलों में अथवा एक ही अंचल में अलग-अलग मामलों में काफी विभिन्नताएँ मौजूद थीं। यहाँ हमने आम प्रचलित रूप का ही जिक्र किया है।

औसत नकद लगान

मिट्टी की उर्वरता, सिंचाई की सुविधा, मंडियों से दूरी आदि के लिहाज से कायमी रैयतों से लिया जानेवाला लगान अलग-अलग किस्म की जमीन पर अलग-अलग था। फिर भी सेटलमेण्ट रिपोर्टों में विभिन्न जिलों में प्रति एकड़ औसत लगान का जो आकलन किया गया था, वह इस प्रकार है :

जिला	औसत लगान (प्रति एकड़)		जिला	औसत लगान (प्रति एकड़)	
	रु.	आ.		रु.	आ.
पटना	7	8	दरभंगा	3	12
गया	6	1	उत्तरी मुंगेर	2	15
चम्पारण	4	1	भागलपुर	2	10
सारण	4	5	दक्षिण मुंगेर	3	8
मुजफ्फरपुर	3	12	पूर्णिया	1	15

(स्रोत : पटना सेटलमेण्ट रिपोर्ट, पृ. 72-73, गया सेटलमेण्ट रिपोर्ट, पृ. 95)

कायमी रैयतों की इस श्रेणी में ही कारीगरों के अपेक्षाकृत समृद्ध हिस्सों को भी रखा जा सकता है। प्रत्येक अंचल में कुछ जाने-माने बढ़ई, लोहार, कुम्हार होते, जिनकी अपनी कार्यशालाएँ होतीं। इन कार्यशालाओं में वे सहायक अथवा प्रशिक्षु भी रखते और गाँवों के कारीगरों को विभिन्न उपकरणों और सामानों की आपूर्ति करते। ऐसे कुछ प्रमुख कारीगरों का खूब नाम होता—लोग कहते इसके हाथ में तो साक्षात् विश्वकर्मा का वास है।

अंग्रेज़ों द्वारा हथकरघा उद्योग को बर्बाद किए जाने के बावजूद बुनकरों, रंगरेजों, आदि की उपस्थिति बनी हुई थी। हालाँकि इन समुदायों की माली हालत अब काफी बदतर हो चुकी थी।

6. छठे स्थान पर थे दर रैयत, बटाईदार और गाँव के गरीब कारीगर और सेवक समुदाय। दर रैयत और बटाईदार जमींदारों की जीरात और बकाश्त जमीन तथा धनी-मानी कायमी रैयतों की जमीन जोतते। सरह, मनहुंडा, बटैया आदि के रूप में उन्हें प्रायः दो-तिहाई से लेकर कभी-कभी पूरी पैदावार ही मालिकों को दे देनी पड़ती। वैसे कानूनन, बंगाल काश्तकारी अधिनियम, 1885 के तहत, अदालत के निर्देश के बिना दर रैयतों को बेदखल नहीं किया जा सकता था और पाँच साल से कम अवधि में उनका लगान बढ़ाया नहीं जा सकता था। लेकिन, इसका पालन शायद ही होता था। जमींदार तो लगान की रसीद देने में भी आनाकानी करते और प्रायः देते ही नहीं थे।

7. और अन्त में खेत मजदूर थे जिनमें आधे से अधिक बँधुआ थे। उनकी आबादी निरन्तर बढ़ रही थी—1901 में करीब 49 लाख से बढ़कर 1911 में वह करीब एक करोड़ हो गई। वे खेती पर निर्भर आबादी का करीब एक तिहाई थे, लेकिन उनके हाथों में खेती का मात्र 2.5 फीसदी हिस्सा (66,000 एकड़) ही था।

हलवाहे को प्रतिदिन दो से तीन आने की मजूरी मिलती। अनाज में यह करीब दो सेर आठ छटाँक (पक्का) के बराबर थी। कीमतों में वृद्धि से जहाँ नकद लगान देनेवाले रैयतों को फायदा था, वहीं नकद मजदूरी पानेवाले हलवाहों, कारीगरों और अन्य मजदूरों का जीना मुहाल हो जाता। जमींदार, जहाँ नकद लगानवाली जोतों को फसल लगान में बदलने की कोशिश करते, वहीं खेत मजदूर नकद की बजाय अनाज में ही मजदूरी लेने की जिद करते। कीमतों में उतार-चढ़ाव के साथ ग्रामीण जीवन में यह रस्साकसी हमेशा चलती रहती। साल में तीन महीने तो काम ही नहीं मिलता। ऐसे बैठारी के महीनों में ये मजदूर मौसमी तौर पर 'परदेश' चले जाते या सरकारी निर्माण-कार्यों (जैसे रेलवे, सड़क

निर्माण आदि) में खटते थे। इसमें मजूरी भी थोड़ी अधिक मिलती (चार से छः आने)। पटसन के व्यस्त मौसम में किशनगंज इलाके में कभी-कभी आठ आने तक मजदूरी मिल जाती। इन्हीं मजदूरों और गरीब रैयतों को अपने जीवन-निर्वाह के लिए प्रायः सूदखोरों की शरण में जाना पड़ता, जिनके चंगुल से वे फिर जीवनभर नहीं निकल पाते। सूदखोरों की जमात में मुख्यतः जमींदार, धनी कायमी रैयत और गाँव के बनिए होते।

संक्षेप में यह थी जमीन को केन्द्र कर श्रेणीबद्ध प्रणाली। अब कृषि से संबंधित ही कुछ और तथ्य। पूरे प्रदेश में जोत का औसत आकार काफी कम था। जोत टुकड़ों में बँटी थी और इन टुकड़ों का औसत आकार तो जाहिर है, और भी कम था।

1913 में जोत और जमीन के टुकड़ों का औसत आकार (एकड़ में)

जिला	जोत का आकार	टुकड़ों का आकार	जिला	जोत का आकार	टुकड़ों का आकार
मुजफ्फरपुर	1.82	0.41	पटना	1.41	0.32
दरभंगा	1.85	0.37	गया	3.24	0.45
सारण	1.33	0.26	शाहाबाद	2.71	—
चम्पारण	4.33	0.54	रांची	9.36	0.90
भागलपुर	4.67	0.64	हजारीबाग	8.37	0.68
उत्तर मुंगेर	2.76	0.67	मानभूम	4.29	0.34
दक्षिण मुंगेर	4.57	0.70	पलामू	10.35	1.26
पूर्णिया	4.02	0.69			

मुख्य फसल धान थी। इसके अलावा गेहूँ, मकई, चना, जौ, सरसों, मसूरी, अरहर, खेसारी, मडुआ, कुर्थी, सामा, केलाय, कौनी, आदि फसल भी किसान उगाते थे। अच्छी जमीन में धान बीघे में औसतन 20 मन और खराब जमीन में 10 मन उपजता था। औसत जमीन में गेहूँ की औसत पैदावार थी 7-8 मन प्रति बीघा। धान और गेहूँ की प्रति बीघा उत्पादन-लागत (मजूरी, बीज, हल-बैल का किराया, आदि) करीब पन्द्रह रुपए थी। 1915-17 के बीच कृषि उपज की कीमतें इस प्रकार थीं :

प्रति मन औसत खुदरा कीमत

जिन्स	1915-16 रु.-आ.-पाई	1916-17 रु.-आ.-पाई	1917-18 रु.-आ.-पाई
चावल (साधारण)	4-7-6	4-2-10	3-3-8
गेहूँ	5-1-0	4-4-2	4-7-0
चना	3-14-8	3-10-8	3-6-10
मक्का	3-3-9	2-10-0	2-4-3
जूट (कच्चा)	5-7-0	5-15-1	5-1-6
गुड़	5-10-7	5-14-0	5-12-9
सरसों	6-2-8	5-10-2	5-12-7

1908-09 में कीमतों में जो तेजी आई वह थोड़े-बहुत उतार-चढ़ाव के साथ 1915-16 तक बरकार रही। उसके बाद करीब तीन साल तक, 1918 के अकाल तक गिरावट का रुझान देखा गया। फिर 1918 से वह ऊपर चढ़ने लगी और पूरे 1920 के दशक में—1929-30 की विश्वव्यापी मन्दी तक यह रुझान बना रहा।

बहरहाल, लगान के विभिन्न रूप, उसमें जातीय भेदभाव, तरह-तरह के अबवाब, बटाई के विभिन्न रूप—इन कारणों से रैयतों की एकजुटता काफी बाधित थी। इन प्रश्नों पर हम आगे चर्चा करेंगे।

दौरा : 'रेलिया न बैरी/जहजिया ना बैरी/नोकरिया बैरी ना—' हर साल बिहार के विभिन्न जिलों से सैकड़ों मजूर और गरीब रैयत काम की खोज में परदेश निकल जाते। छोटानागपुर प्रमंडल से तो हजारों-हजार आदिवासी मजदूर असम के चाय बगानों में चले जाते। 1908 ई. में ऐसे पंजीकृत मजदूरों की संख्या थी 18,193। उसी साल टी डिस्ट्रिक्ट लेबर सप्लाई एसोसियेशन ने लखीसराय स्टेशन से बिना किसी पंजीकरण के करीब 880 मजदूर भेजे। अगले साल जब फसल कुछ अच्छी हुई तो इन मजदूरों की संख्या भी कुछ घट गयी—पंजीकृत मजदूरों की संख्या थी 11,778 और एसोसियेशन द्वारा भेजे गए मजदूरों की संख्या थी 614। बिहार के दूसरे प्रमंडलों से ऐसा पलायन मुख्यतः कलकत्ते की ओर होता। 1921 की जनगणना के अनुसार बिहार और उड़ीसा में जहाँ बाहर से आनेवालों की संख्या थी मात्र 4,22,000, वहीं बिहार से बाहर जानेवालों की संख्या थी, 19,17,000। कलकत्ता जानेवाले श्रमिकों की मासिक आमदनी 15 से 20 रुपए थी। सारण, मुंगेर और गया उन जिलों में थे, जहाँ से सबसे अधिक संख्या में लोग बंगाल जाते। प्रदेश के अन्दर दूसरे जिलों से कोयलांचल और टाटानगर तथा प्रदेश के बाहर मुख्यतः

कलकत्ता जानेवाले प्रवासियों में एक अच्छी–खासी संख्या उच्च जाति के उन गरीब लोगों की भी थी जो जातीय संस्कार के कारण हलवाही अथवा कुछ अन्य कृषि कर्म करने को तैयार नहीं थे। लेकिन कलकत्ता जाकर ये प्रवासी क्या करते थे? 1911 की जनगणना के अनुसार बिहार और उड़ीसा के नौ जिलों, संयुक्त प्रांत के चार जिलों तथा राजपूताना के दो जिलों समेत देश के 24 जिलों के 2,90,000 लोग कलकत्ता महानगर में प्रवासी थे। इनमें पाँचवाँ हिस्सा ब्राह्मणों का था। कुल प्रवासी पुरुषों में 19 फीसदी व्यवसाय में और 14 फीसदी घरेलू कामों में लगे थे, 13 फीसदी दिहाड़ी पर खटनेवाले मजदूर और 7 फीसदी किरानी थे। महिलाओं के बीच 42 फीसदी घरेलू नौकरानियों के रूप में काम करती थीं और करीब 25 फीसदी वेश्याएँ थीं। प्रवासी ब्राह्मणों के बीच 20 फीसदी व्यवसाय में थे, करीब 15 फीसदी किरानी थे, 4 फीसदी दिहाड़ी मजदूर और कुली थे और सिर्फ 9 फीसदी पुजारी थे।

बिहार से परदेश जानेवालों की संख्या (1911-12)

जिला	संख्या	प्रति हजार आबादी में अनुपात
सारण	2,09,890	89.69
चम्पारण	46,462	23.98
मुजफ्फरपुर	1,62,715	59.06
दरभंगा	1,26,810	43.52
भागलपुर	1,71,651	84.40
पूर्णिया	27,824	13.74
पटना	1,32,914	84.43
गया	1,89,969	88.23
शाहाबाद	1,48,353	81.65
मुंगेर	2,23,554	110.12
हजारीबाग	1,47,535	115.53
रांची	3,48,172	26
पलामू	358,03	48.81
मानभूम	1,17,673	75.97
सिंहभूम	1,00,843	132.78
संथाल परगना	2,97,913	165.63

(स्रोत : बिहार ऐण्ड उड़ीसा, फर्स्ट डिसेनियल रिव्यू 1912–22 ऑफ दि एडमिनिस्ट्रेशन ऐण्ड डेवलपमेण्ट ऑफ प्रोविन्स, पृ. 244/245)

इन विदेशिया मजदूरों के कारण बिहार के ग्रामीण इलाकों में मनिऑर्डर अर्थव्यवस्था की नींव पड़ी। 1887 ई. में ही गया जिले में 7,22,070 रुपए मनिऑर्डर से आया था। 1896-97 में मुजफ्फरपुर में 15 लाख रुपए आया था जो 1910 ई. में बढ़कर 34 लाख रुपए हो गया। 1911 में सारण में साढ़े 51 लाख रुपए का मनिऑर्डर आया। ऐसा ही हाल दूसरे जिलों का भी था। 1915 में पूरे प्रदेश में मनिऑर्डर से आया धन था 4.21 करोड़ रु. जो 1920 में बढ़कर 6.66 करोड़ रुपए हो गया।

यह 'माइग्रेशन' (जिसे स्थानीय लोग 'दौरा' कहते) कलकत्ता, असम तक ही सीमित नहीं था। लोग तो फिजी, मॉरिशस तक निकल जाते। 1901-11 के दौरान उपनिवेशों के लिए 11,676 लोग भर्ती किए गए जिनमें आधे से अधिक बिहार के थे और उसमें भी 3,473 तो सिर्फ शाहाबाद जिले के थे। कोई आश्चर्य नहीं कि इसी बिहार में, और उसी सारण जिले में जहाँ से परदेश जानेवालों की संख्या काफी ज्यादा थी, भिखारी ठाकुर ने 'विदेशिया' की रचना की। सूनि लेहू, सूनि लेहू बांका रे सिपहिया से/एक रे सनेस सूनि लेहू रे विदेसिया/अगिया लगावे पूता यही रे नोकरिया से/बजर परसु जुआसार रे विदेसिया॥ औपनिवेशिक काल में बिहार का ग्रामीण समाज न सिर्फ आर्थिक-राजनीतिक क्षेत्र में बदल रहा था, बल्कि पारिवारिक सम्बन्धों और भावनात्मक रिश्तों के धरातल पर भी कुछ खनक रहा था।

वाणिज्य : पूरे बिहार में अनाज़ की कई बड़ी मंडियाँ थीं, जहाँ से उन्हें प्रदेश के बाहर भेजा जाता। जमींदार और खासकर नकद लगान देनेवाले धनी कायमी रैयत इन मंडियों में अपना अनाज बेचते और कीमतों में वृद्धि से उन्हें अच्छा मुनाफा मिलता। सन् 1917-18 में बिहार-उड़ीसा से 3.954 करोड़ रुपए के खाद्यान्नों और दालों का निर्यात किया गया, इनमें से 1.947 करोड़ रुपए का बंगाल को, 56.9 लाख रुपये का उत्तर प्रदेश (संयुक्त प्रदेश) को, 41.8 लाख रु. का मद्रास को, 27.6 लाख रु. का कराची को और शेष 74.4 लाख रु. का अन्य प्रांतों को किया गया। इसी तरह उसी साल 1.54 करोड़ रु. की चीनी का, 1.48 करोड़ रु. की तम्बाकू का, 1.37 करोड़ रु. की तिलहन का, 89.6 लाख रु. के जूट का, 59.1 लाख रु. के मसालों का, और 49.2 लाख रु. की ताजा सब्जियों तथा फलों का निर्यात किया गया। वैसे बिहार से कुल 55,79,73,812 रुपए के निर्यात में मुख्य हिस्सा रेलवे प्लाण्ट और रोलिंग स्टॉक (18.5 करोड़ रु.), कोयला और कोक (11.27 करोड़ रु.) तथा धातु और मैन्युफैक्चर (4.59

करोड़ रु.) का था।

कुल करीब 55.80 करोड़ रु. के निर्यात के बदले उसी वर्ष बिहार में करीब 27.85 करोड़ रुपए मूल्य का आयात हुआ। (1912–13 में प्रांत के गठन के समय 29.20 करोड़ रु. के निर्यात के मुकाबले करीब 20.64 करोड़ रु. का आयात हुआ था)।

आयातित होनेवाली सबसे प्रमुख सामग्री थी वस्त्र। यह कुल आयात का 17.8 फीसदी (करीब 9.95 करोड़ रु.) था। अन्य प्रमुख सामग्रियाँ थीं—धातु और मैन्युफैक्चर (3.29 करोड़ रु.), रेलवे प्लाण्ट और रोलिंग स्टॉक (2.37 करोड़ रु.), खाद्यान्न और दाल (1.6 करोड़ रु.), तेल (1.5 करोड़ रु.) और चीनी (1.12 करोड़ रु.)। आयात में कपड़े का मुख्य स्थान होना एक अलग दास्तान है : करीब एक सौ वर्षों के दौरान बिहार के कपड़ा उद्योग की पूरी तबाही की दर्दनाक दास्तान।

बिहार का आयात-निर्यात मुख्यतः कलकत्ता-बंगाल के व्यापार क्षेत्र से जुड़ा था।

वित्तीय स्थिति : 1912 में नवगठित बिहार और उड़ीसा प्रांत ने बस सवा करोड़ रुपए की शुरुआती रोकड़ से अपना काम शुरू किया। राज्य पुनर्गठन के पहले बंगाल सरकार की जो राशि खर्च नहीं की जा सकी थी, उसमें इस प्रांत को साढ़े पाँच लाख रु. का हिस्सा मिला। तो इस प्रकार कुल आरंभिक रोकड़ हो गई 1.305 करोड़ रुपए। इसमें 85 लाख रु. नए प्रांत का कामकाज शुरू करने पर ही खर्च हो जाना था, कम से कम बारह लाख रु. जमा रोकड़ के रूप में रखना जरूरी था, और शेष बची हुई 33.05 लाख रु. की राशि ही सामान्य मदों पर खर्च के लिए उपलब्ध थी।

जैसा कि हम पहले ही देख चुके हैं, प्रदेश की आमदनी का सबसे बड़ा हिस्सा भू-राजस्व से आता था। दूसरा स्थान उत्पाद करों से होनेवाली आय का था। 1928–29 आते-आते उत्पाद कर राजस्व का सबसे बड़ा हिस्सा बन गया। प्रदेश के कुल राजस्व के इन दो बड़े स्रोतों के अलावा अन्य स्रोत थे : स्टाम्प (इसमें तीन-चौथाई हिस्सा कचहरी में काम आनेवाले स्टाम्प का था), वन, पंजीकरण और सिंचाई।

इस प्रदेश में राजस्व की वृद्धि दर भी अन्य प्रांतों की तुलना में काफी कम थी : 1912–13 से 1920–21 के बीच जहाँ नौ प्रांतों की औसत वृद्धि-दर 30.48 प्रतिशत थी, वहीं इस प्रदेश की मात्र 11.20 प्रतिशत।

प्रादेशिक राजस्व (रुपए में)

राजस्व-मद	1912-13	1928-29
कुल भू-राजस्व	1,57,39,000	1,73,66,000
कुल उत्पाद-राजस्व	1,03,86,000	1,92,00,000
कुल स्टाम्प राजस्व	65,88,000	1,11,50,000
कुल वन-राजस्व	4,39,000	10,66,000
पंजीकरण	5,71,000	17,25,000
सिंचाई	11,40,000	17,47,000

राजस्व वृद्धि-दर (प्रतिशत में)

प्रदेश	राजस्व वृद्धि-दर	प्रदेश	राजस्व वृद्धि-दर
बिहार और उड़ीसा	11.20	मध्यप्रान्त	33.18
संयुक्त प्रान्त	20.82	बर्मा	33.65
बंगाल	22.32	पंजाब	34.88
असम	28.00	बम्बई	52.43
मद्रास	29.06	औसत	30.48

राजस्व बढ़ाने की राह में सबसे बड़ी बाधा, खुद अंग्रेज शासकों की नजर में, स्थायी बन्दोबस्तवाली जमींदारी प्रथा थी। 1793 ई. से लागू लार्ड कार्नवालिस की इस व्यवस्था में जमींदारों से लिया जानेवाला भू-राजस्व निश्चित कर दिया गया था। कृषि योग्य भूमि का विस्तार कर इसमें थोड़ी-बहुत बढ़ोतरी की जा सकती थी, लेकिन इस विस्तार की सीमाएँ थीं। बीसवीं सदी के आरंभिक दशकों में ब्रिटिश शासकों के लिए भी यह जमींदारी प्रथा आर्थिक रूप से अपना महत्त्व खो चुकी थी, गरचे बोझ बन चुकी थी। एक सरकारी रिपोर्ट में ही यह रेखांकित किया गया कि इस प्रथा के कारण न तो भू-राजस्व में वृद्धि करना संभव था और न ही इससे रैयतों और खेत-मजदूरों को कोई लाभ था। रैयतवाड़ी इलाकों से तुलना करते हुए यह दिखाया गया कि किस प्रकार बिहार और उड़ीसा को स्थायी बन्दोबस्त के कारण कुल 2.2742 करोड़ रुपए के राजस्व का सालाना नुकसान उठाना पड़ रहा था।

स्थायी बन्दोबस्त के कारण बिहार और उड़ीसा को खनिजों से भी कोई राजस्व प्राप्त नहीं हो रहा था। यह प्रदेश खनिज-सम्पदा में किसी भी अन्य प्रदेश

से ज्यादा समृद्ध था। कोयला और अबरख का सत्तर फीसदी तथा लौह अयस्क का नब्बे फीसदी उत्पादन यहीं होता था। लेकिन, इससे प्रांतीय सरकार को कोई राजस्व प्राप्त नहीं होता, जबकि इन क्षेत्रों में कानून-व्यवस्था की तथा अन्य प्रशासनिक कार्यवाहियों की जिम्मेदारी उसी की थी। 1880 ई. में ब्रिटिश सरकार के भारत-मंत्री ने यह निर्णय दे दिया था कि स्थायी बन्दोबस्तवाले इलाकों में खनिज सम्पत्ति जागीर के मालिक (जमींदार) की निजी सम्पत्ति होगी और, विडम्बना यह थी कि लगभग सारी की सारी खनिज सम्पत्ति जमींदारी इलाकों में ही थी। खनन-कार्यों में लगी कम्पनियाँ जमींदारों से पट्टे पर खनन-क्षेत्र लेती थीं। उन्हें जो आय कर देना पड़ता था, उसका बड़ा हिस्सा तो केन्द्र सरकार ले लेती और जो थोड़ा प्रांतीय हिस्सा था, वह उन प्रांतों को मिलता जहाँ ये कम्पनियाँ पंजीकृत थीं। जाहिर है इनमें से अधिकांश कम्पनियाँ बिहार और उड़ीसा में पंजीकृत नहीं थीं। वैसे एक व्यवस्था के तहत बंगाल की सरकार कलकत्ता में पंजीकृत ऐसी कम्पनियों से प्राप्त आयकर के प्रांतीय हिस्से का 85 फीसदी बिहार और उड़ीसा की सरकार को दे देती थी। अगर यह व्यवस्था भी न होती तो इस प्रदेश की सरकार को खनिज क्षेत्र के प्रशासन का खर्च वहन करने के बावजूद इस स्रोत से कुछ भी प्राप्त नहीं होता।

इसके अलावा, इस नवगठित प्रदेश पर उड़ीसा नहर का बोझ भी आ गया, जिसका रखरखाव पूरी तरह घाटे का सौदा था। इस बावत प्रदेश सरकार को प्रतिवर्ष ब्याज के रूप में साढ़े आठ लाख रुपए केन्द्र सरकार को देना पड़ता था।

ऐसी स्थिति में राजस्व बढ़ाने के लिए 1920 के बाद सरकार ने उत्पाद करों तथा स्टाम्प दरों में वृद्धि का रास्ता अपनाया। उत्पाद करों में करीब 50 फीसदी बढ़ोतरी की गई—यह बढ़ोतरी भारत के किसी भी अन्य प्रांत में की गई बढ़ोतरी से काफी ज्यादा थी। खैर यह बढ़ोतरी भी एक सीमा तक ही की जा सकती थी क्योंकि इसका असर सीधे जिन्सों की कीमत पर पड़ता था। वैसी ही कुछ सीमा स्टाम्प दरों में वृद्धि की भी थी—न्याय को आखिर कितना महँगा किया जाता।

बहरहाल, 1912-13 ई. में भू-राजस्व के बाद सरकारी आय का सबसे बड़ा स्रोत यही देशी शराब, गाँजा, भाँग, ताड़ी, पचवई आदि से प्राप्त राजस्व था (करीब 1.04 करोड़)। 1926-27 में यह भू-राजस्व से भी बड़ा स्रोत (करीब 1.89 करोड़ रु.) हो गया।

जब आमदनी का यह हाल था तो जाहिर है खर्च का हाल भी वैसा ही

होगा। शिक्षा, जनस्वास्थ्य आदि मद में प्रति व्यक्ति खर्च इस प्रदेश में सबसे कम था। 1911 की जनगणना के आधार पर विभिन्न प्रान्तों में प्रति हजार आबादी पर सालाना खर्च इस प्रकार था :

प्रति हजार आबादी पर सालाना खर्च

प्रदेश	रुपया	प्रदेश	रुपया
बिहार-उड़ीसा	1,212	मध्यप्रान्त	2,979
बंगाल	1,740	पंजाब	3,744
संयुक्त प्रान्त	1,844	ब्रम्बई	5,579
असम	2,419	बर्मा	5,848
मद्रास	2,548		

ध्यान रहे, इस समय तक (1912-13) इस प्रदेश के पास न तो अपना विश्वविद्यालय था और न ही कोई चिकित्सा महाविद्यालय।

शिक्षा/जनस्वास्थ्य : हस्बमामूल सरकारी खर्च के अलावा शिक्षा और जनस्वास्थ्य के प्रसार में एक बड़ा सामाजिक अवरोध भी था। उच्च जाति हिन्दू जमींदारों और धनी रैयतों की नजर में पढ़ना-लिखना राड़-सोल्कन-चंडालों का काम नहीं था। उनके बीच इस तरह के प्रयासों को वे सन्देह की दृष्टि से देखते और कभी-कभी तो उसका उग्र विरोध भी करते। कुछेक अपवाद जरूर थे, लेकिन सवाल सामाजिक दृष्टिकोण का था जिसे कुछ हद तक पिछड़े और दलित समुदायों ने भी अपना लिया था। शिक्षा के प्रति उपेक्षा का रुख खुद इन तबकों में एक वस्तुगत यथार्थ और शक्ति बन चुका था। औरतों की शिक्षा के प्रति भी कमोबेश ऐसा ही रुख था। ऐसी स्थिति में, जाहिर है, अति पिछड़ों, दलितों और महिलाओं के बीच साक्षरता न के बराबर थी। 1881 की जनगणना के अनुसार प्रदेश की 95.52 फीसदी आबादी निरक्षर थी। और, अगर पाँच साल से अधिक उम्र की सिर्फ पुरुष आबादी ही ली जाए तो निरक्षरता का प्रतिशत था 90। निरक्षरों की सबसे बड़ी तादाद छोटानागपुर और भागलपुर प्रमंडलों में थी—95 फीसदी। पटना प्रमंडल का भी लगभग वही हाल था (94 फीसदी)। उन्हीं दिनों खास बंगाल में निरक्षरता का यह प्रतिशत था 86। शिक्षा पर उच्च जाति हिन्दुओं, और कुछ हद तक अशराफ मुसलमानों का एकाधिपत्य था। इन उच्च जाति हिन्दुओं में भी कायस्थ अन्य सभी से काफी आगे थे।

प्रति हजार (पाँच और उससे अधिक उम्र के) **साक्षरों की संख्या, 1921**
(कोष्ठक में दी गई संख्या प्रतिशत है)

समुदाय	पुरुष	महिला
हिन्दू	101 (10.1)	6 (0.6)
सभी उच्च जाति हिन्दू	290 (29)	22 (2.2)
कायस्थ	657 (65.7)	95 (9.5)
उच्च जाति और अछूतों को छोड़कर अन्य हिन्दू जातियाँ	49 (4.9)	2 (0.2)
अछूत	14 (1.4)	1 (0.1)
मुसलमान	99 (9.9)	8 (0.8)
गैर-क्रिश्चियन आदिवासी	11 (1.1)	1 (0.1)
भारतीय क्रिश्चियन	145 (14.5)	56 (5.6)
ऐंग्लो-इंडियन	919 (91.9)	917 (91.7)

(जहाँ ऐंग्लो-इंडियन समुदाय में पुरुषों और महिलाओं के बीच साक्षरता लगभग बराबर है, वहीं अन्य समुदायों में, यहाँ तक कि कायस्थों में भी इस बावत फर्क देखिए)

जहाँ तक स्कूली शिक्षा का प्रश्न है, दलित जातियों के बच्चों की पहुँच अधिक-से-अधिक प्राइमरी-मिडल स्कूल तक ही थी। हालाँकि स्कूल जानेवाले इन बच्चों की संख्या नगण्य थी। प्राइमरी स्कूल में दाखिल प्रति हजार बच्चों में दलित बच्चों की संख्या 1917 में सिर्फ 28 (2.8 फीसदी), 1922 में 21 (2.1 फीसदी) और 1927 में 25 (2.5 फीसदी) थी। मिडल स्कूल में यह संख्या 1922 में सिर्फ 1 और 1927 में दो थी। हाई स्कूल में ऐसे दलित छात्रों की संख्या 1927 में 0.3 फीसदी (प्रति हजार सिर्फ 3) थी। इसके अलावा, स्कूलों और कॉलेजों में दूर-दूर तक दलित छात्रों का नामोनिशान तक नहीं था।

इन्हीं छात्रों जैसा हाल लड़कियों का था। स्कूल जानेवाली उम्र की लड़कियों में स्कूल में सचमुच दाखिल लड़कियों की संख्या 1911-12 में सिर्फ 3.3 फीसदी, 1921-22 में 4.1 फीसदी और 1926-27 में 4.6 फीसदी ही थी।

सामाजिक सोपान की तरह शिक्षा के क्षेत्र में भी शिक्षा का दर्जा जितना बढ़ता जाता, दलित-आदिवासी-अतिपिछड़ों और लड़कियों का अनुपात उतना ही घटता जाता। उच्च शिक्षा पर पूरी तरह उच्च जातियों और अशराफ मुसलमानों का वर्चस्व था। हाँ, कुछेक धनी-मानी कुर्मी-यादव-कोइरी परिवारों के छात्र भी

इस क्षेत्र में प्रवेश पा रहे थे। 1917 ई. में कॉलेज में शिक्षा पा रहे विद्यार्थियों में 70 फीसदी उच्च जाति के विद्यार्थी थे, 18.3 फीसदी मुसलमान थे, 11.1 फीसदी पिछड़ी जाति के और मात्र 0.6 फीसदी आदिवासी विद्यार्थी थे। अंग्रेजी में साक्षरता सरकारी नौकरियों में प्रवेश के लिए कुंजी थी। 1911 से 1921 के बीच अंग्रेजी में साक्षर लोगों में 69 प्रतिशत की वृद्धि हुई, और इस क्षेत्र में भी कायस्थ अन्य जातियों से मीलों आगे थे। 1921 में बिहार-उड़ीसा में अंग्रेजी में साक्षर लोगों की आबादी पुरुषों में 0.8 प्रतिशत और महिलाओं में 0.05 प्रतिशत थी। कायस्थ पुरुषों में यह प्रतिशत 18 था, जबकि अन्य उच्च जाति हिन्दुओं में 3.1, पिछड़ी हिन्दू जातियों में 0.14, अछूतों में 0.03, गैर-क्रिश्चियन आदिवासियों में 0.05 और मुसलमानों में करीब 1.1 था।

मूलतः कृषि समाज में अंग्रेजों द्वारा लागू की गई शिक्षा प्रणाली और खासकर अंग्रेजी शिक्षा वह माध्यम थी जो इस कृषि समाज के बाहर रोजगार के अवसर मुहैया करती और जाति के पेशागत आधार को कमजोर बनाती थी। इसके अलावा इस शिक्षा से शिक्षित पिछड़ी और दलित जाति के लोगों को भी समाज में थोड़ा-बहुत सम्मान तो मिल ही जाता। चूँकि कायस्थ जाति का पेशा ही पढ़ने-लिखने से जुड़ा था, इसीलिए इस मामले में वे अन्य जातियों से काफी बेहतर स्थिति में थे।

शिक्षा कृषि समाज के श्रम-विभाजन का प्रतिनिधित्व करनेवाली जाति-व्यवस्था से औपनिवेशिक-औद्योगिक समाज के श्रम विभाजन में प्रवेश का माध्यम है—इसका एहसास अन्य जातियों को भी था। इसीलिए लगभग प्रत्येक जाती संगठन की कार्यसूची में शिक्षा का एक महत्त्वपूर्ण स्थान था। वैसे इस मामले में भूमिहार ब्राह्मणों और कुर्मियों ने अधिक पहल और तत्परता का परिचय दिया। लेकिन, कृषि समाज के बाहर अपनी जगह बनाने के पहले और उसके साथ-साथ, कृषि-समाज के भीतर ही अपनी दशा सुधारनी थी, अपनी एक सामाजिक हैसियत बनानी थी। उन आरम्भिक दशकों में ऐसा ही कुछ हो रहा था।

खैर, कम साक्षरता के बावजूद उन दिनों भी (कुछ आज की तरह ही) बिहार में पत्र-पत्रिकाओं की बिक्री कम न थी। कलकत्ता से प्रकाशित हिन्दी साहित्यिक पत्रिकाओं की भी यहाँ अच्छी खपत थी। 1919-20 के असहयोग आन्दोलन ने पत्र-पत्रिकाओं की प्रसार संख्या में उफान ला दिया (कुछ ऐसा ही उफान 1977 में इमर्जेन्सी के बाद देखा गया था)। 1911 की तुलना में 1921 में उसकी करीब ढाई गुणी वृद्धि दर्ज की गई और 1927 में वह 80,000 की संख्या भी पार कर गई। पन्द्रह वर्षों में करीब चार गुनी वृद्धि।

बिहार में समाचारपत्र और पत्रिकाएँ

1911 में	संख्या	प्रसार संख्या
1. समाचारपत्र		
अ. अंग्रेजी	9	3,527
आ. भाषाई	19	10,060
2. पत्रिकाएँ		
अ. अंग्रेजी	4	2,350
आ. भाषाई	12	5,350
कुल	44	21,277
1921 में	**संख्या**	**प्रसार संख्या**
1. समाचारपत्र		
अ. अंग्रेजी	14	11,400
आ. भाषाई	33	22,120
2. पत्रिकाएँ		
अ. अंग्रेजी	13	6,820
आ. भाषाई	36	16,430
कुल	96	56,770
1927 में	**संख्या**	**प्रसार संख्या**
1. समाचारपत्र		
अ. अंग्रेजी	13	13,700
आ. भाषाई	35	28,650
2. पत्रिकाएँ		
अ. अंग्रेजी	20	12,955
आ. भाषाई	43	27,813
कुल	111	83,118

शिक्षितों के बीच पत्र-पत्रिकाओं की अच्छी बिक्री थी, साहित्यिक अभिरुचि भी थी, लेकिन उसी अनुपात में विज्ञान और प्रौद्योगिकी की शिक्षा के अवसर उपलब्ध नहीं थे। पटना विश्वविद्यालय और प्रिन्स ऑफ वेल्स मेडिकल

कॉलेज का निर्माण प्रान्त के गठन के कुछ वर्षों बाद हुआ। हाँ, पूसा में 1905 में ही इम्पीरियल एग्रीकल्चरल रिसर्च इन्स्टीट्यूट की स्थापना हो चुकी थी, जहाँ उन दिनों (1905–24) सर अल्बर्ट होवार्ड जैसे प्रख्यात कृषि वैज्ञानिक गेहूँ की नई प्रजातियाँ विकसित करने में लगे थे। बहुत पहले 1870 के दशक में मुजफ्फरपुर में एक साइण्टिफिक सोसायटी भी थी जिसका लक्ष्य विज्ञान का प्रचार-प्रसार करना था, लेकिन उसकी गतिविधियाँ अत्यन्त सीमित थीं और यह अधिक दिनों तक चली भी नहीं। कायस्थ अपनी जातीय सभाओं में अब (खासकर 1920 के बाद) सिर्फ शिक्षा पर जोर नहीं दे रहे थे, बल्कि अपने युवकों को वैज्ञानिक और तकनीकी शिक्षा के क्षेत्र में आगे बढ़ने के लिए प्रेरित कर रहे थे। दिसम्बर 1928 में साइमन कमीशन को दिए गए अपने स्मारपत्र में अखिल भारतीय यादव महासभा ने भी त्रुटिपूर्ण शिक्षा-प्रणाली की आलोचना करते हुए बड़े पैमाने पर तकनीकी शिक्षा दिए जाने की माँग की थी।

सरकारी कॉलेजों से कुछ अलग हटकर राष्ट्रवादियों द्वारा बिहार नेशनल कॉलेज की स्थापना इस समय तक हो चुकी थी। इसके प्राध्यापक मुख्य रूप से बंगाली और मराठी ब्राह्मण थे। उनके द्वारा सत्ता-विरोधी राष्ट्रवादी विचार फैलाने को लेकर अंग्रेज प्रशासक चिंतित थे और समय-समय पर कॉलेज को सरकारी अनुदान बन्द करने की धमकी भी दी जाती थी।

अगस्त 1914 के प्रथम सप्ताह में पटना की बार लाइब्रेरी में एक गोष्ठी का आयोजन किया गया। गोष्ठी का विषय और उसमें प्रस्तुत विचार पटना में आज (करीब 80 साल बाद) होनेवाली गोष्ठियों से काफी साम्य रखता है। विषय था 'भारत का पुनर्जागरण' और वक्ता थे श्रीलंका से आए बौद्ध संन्यासी धरमपाल जो टिकारी राज के मैनेजर के यहाँ ठहरे थे। अपने वक्तव्य में उन्होंने जापान का उदाहरण सामने रखते हुए तकनीकी और औद्योगिक शिक्षा पर बल दिया और श्रोताओं को आगाह किया कि इस मामले में वे शासकों से सहायता की बहुत अपेक्षा न रखें क्योंकि उनका निहित स्वार्थ लोगों को अज्ञानी और गरीब बनाए रखने में है।

बहरहाल, इन सब बातों का सम्बन्ध तो बिहार के भविष्य से था, उस वक्त तो प्लेग, मलेरिया, हैजा और इन्फ्लुएंजा के प्रकोप से पूरा प्रदेश आक्रान्त था। 1911 से 1920 के बीच प्लेग से करीब चार लाख लोग मारे गए। इसके पहले, 1909–10 में लगभग सभी जिले मलेरिया की चपेट में थे। मुजफ्फरपुर में हैजा फैला हुआ था। पटना, शाहाबाद, सारण, हाजीपुर और मुंगेर में प्लेग ने महामारी का रूप धारण कर लिया था। सारण में 20,467 और मुंगेर में 4,299 लोगों की

जानें गई थीं। लेकिन सबसे भयानक कहर तो 1918 ई. में इन्फ्लुएंजा ने ढाया—छः महीने से भी कम समय में छः लाख लोग इसकी भेंट चढ़ गए। ये तथ्य ही इस प्रदेश में जनस्वास्थ्य की भयानक स्थिति का खुलासा कर देते हैं। प्रति हजार आबादी में त्रैवार्षिक औसत मृत्यु दर जहाँ 1912–14 में 29.5 थी और 1915–17 में 33.4, वहीं 1918–20 में वह 42.5 तक जा पहुँची। प्राकृतिक मौतों तथा अन्य बीमारियों से हुई मौतों को छोड़कर, सिर्फ प्लेग और इन्फ्लुएंजा से मरनेवालों की संख्या 1911 से 1920 के बीच थी दस लाख यानी बिहार-उड़ीसा की कुल आबादी का करीब ढाई प्रतिशत।

आम प्रशासनिक, सामाजिक और राजनीतिक स्थिति : बहरहाल, प्रदेश के गठन के समय प्रशासन की मुख्य चिन्ताएँ कुछ और ही थीं। इन्हें चार श्रेणियों में बाँटा जा सकता है : जमालपुर में कुलियों की हड़ताल, पूरे प्रदेश में जमींदारों और रैयतों के बीच बढ़ता तनाव, गौहत्या के प्रश्न पर कुछ क्षेत्रों में मौजूद हिन्दू-मुस्लिम टकराव की स्थिति और विभिन्न जातीय सभाओं की गतिविधियाँ।

जार्ज पंचम के दिल्ली दरबार के अवसर पर रेलवे ने अपने कर्मचारियों को पन्द्रह दिनों के वेतन के बराबर बोनस दिया था। लेकिन, ठेकेदारों के अधीन काम करनेवाले ईस्टर्न इण्डिया रेलवे वर्कशॉप्स, जमालपुर के कुलियों को मात्र तीन दिन के वेतन का बोनस दिया गया। इस निर्णय के खिलाफ 1 मार्च, 1912 को कुलियों ने हड़ताल कर दी और वर्कशॉप का काम ठप करने की कोशिश की। कुछ झड़पें भी हुईं। यह बिहार में मजदूरों के हड़ताल की संभवतः पहली घटना थी।

पूरे बिहार में उन दिनों सर्वे-सेटलमेंट का कार्य जोरों पर था। 1892 ई. में पुराने बंगाल प्रांत से शुरू होकर यह कार्य 1925–26 तक चलता रहा। इसके दौरान लगभग सभी जिलों में रैयतों के बीच अपने अधिकारों के प्रति सजगता दिखाई देती है। जगह-जगह रैयतों ने अपने संगठन भी बनाये, हालाँकि वे अधिक दिनों तक टिक नहीं सके। चम्पारण में चरागाह का और खेतों में पेड़ पर अधिकार का सवाल जमींदारों और रैयतों के बीच तनाव का एक तरह से स्थायी मुद्दा था। चमार खालों पर अपने हक के लिए लड़ रहे थे। उधर संथाल परगना के लक्ष्मीपुर एस्टेट के तहसीलदार द्वारा महुआ के फूलों की नीलामी के खिलाफ कई गाँवों में विरोध चल रहा था। बनैली एस्टेट द्वारा कायमी जोतों की बिक्री पर जमीन की कीमत का 25 फीसदी लेवी के रूप में लेने के खिलाफ भी रैयतों ने आन्दोलन छेड़ रखा था। चौथम के जमींदार तो लगान की रसीद ही दबा लेते

और फिर कानूनी लगान से 100 से लेकर 800 फीसदी अधिक लगान वसूलते। सीतामढ़ी में खिस्ता (सादे कागज की) रसीद देने की प्रथा जारी थी। हुण्डा या बटाई लगान की रसीद तो दी ही नहीं जाती। सिंहभूम जिले में लगान को लेकर जिले के प्रमुख जमींदार मिदनापुर जमींदारी कम्पनी और रैयतों के बीच काफी तनाव था, जिसके परिणामस्वरूप कम्पनी का मैनेजर बदलना पड़ा।

1919–20 ई. में उत्तर बिहार के कई जिलों में, खासकर राज दरभंगा के इलाकों में, स्वामी विद्यानन्द (बिशुभरण प्रसाद) रैयतों को अपने अधिकार के बारे में सचेत कर रहे थे। जून 1919 में मधुबनी के नरार गाँव से शुरू किए गए उनके अभियान की मुख्य माँगें थीं—लगान में वृद्धि पर रोक, सभी गाँवों में साझा चरागाह की सुविधा, अपनी जोत के पेड़ों पर रैयतों का पूर्ण अधिकार, जमीन की बिक्री पर जमीन की कीमत का 25% सलामी के रूप में लेने का विरोध, बेगारी का खात्मा और बेगारी से इन्कार करनेवाले रैयतों को झूठे फौजदारी और दीवानी मामले में फँसाने का विरोध, रैयतों को अपनी कायमी जमीन पर, जमींदारों की बिना किसी पूर्वानुमति के घर बनाने अथवा कुआँ खोदने का अधिकार, अबवाबों का खात्मा, आदि। स्वामी विद्यानन्द के अभियान को एक ओर जहाँ रैयतों का, खासकर ग्वाला, कोइरी, मुसलमान, तेली आदि समुदायों के कुछ हिस्सों का, भारी समर्थन प्राप्त हुआ, तो वहीं दूसरी ओर उसे दरभंगा राज के लठैतों के हमलों का भी सामना करना पड़ा। मधुबनी, दरभंगा, परसा माधो (निर्मली), सुपौल आदि जगहों पर उनकी सभाओं में 5,000 से 20,000 रैयत तक जमा होते। बहरहाल, नवम्बर 1920 के काउन्सिल चुनाव में उत्तरी दरभंगा और उत्तरी भागलपुर के निर्वाचन क्षेत्रों से उन्होंने किसान सभा के नाम पर उम्मीदवार खड़े किए और खुद भी खड़े हुए। कायमी रैयतों के एक अच्छे-खासे हिस्से ने उनके पक्ष में मत दिया और वे तथा उनके तीन अन्य रैयत प्रतिनिधि चुनाव में विजयी हुए।

उधर पटना जिले में नकदी जोतों को भावली दानाबन्दी जोतों में बदलने की जमींदारों की कोशिश के खिलाफ रैयतों ने तो बगावत ही छेड़ दी थी।

वैसे यह विवाद बाढ़ इलाके में 1888 ई. में ही शुरू हो गया था, लेकिन वह पटना (1907–12) और शाहाबाद (1907–16) में सर्वे सेटलमेण्ट के दौरान अपने चरम पर जा पहुँचा। कई गाँवों में रैयतों ने एकजुट होकर न सिर्फ जमींदारों की इन कोशिशों का विरोध किया, बल्कि वे दानाबन्दी भावली जमीन को भी सस्ते दरों पर नकदी जमीन में बदले जाने का दावा ठोंकने लगे। (दरअसल बंगाल काश्तकारी अधिनियम, 1885 के तहत पहली बार इस बात की इजाजत दी

गई थी कि किसान अगर चाहें तो उनकी भावली जमीन को नकदी जमीन में बदला जा सकता है। और इस मामले में स्थानीय अधिकारियों को इस परिवर्तन की प्रक्रिया तय करने का निर्देश दिया गया था।) जवाबी तौर पर जब जमींदार अपने रैयतों के कायमी हकों को ही खत्म कर अधिक-से-अधिक जमीन को खुदकाश्त जमीन बनाने की पहल करने लगे तो तनाव काफी बढ़ गया। रैयतों ने भी दावा किया कि जमींदारों की खुदकाश्त जमीन तो उनके पूर्वजों की कायमी मिल्कियत ही है। फलतः कई मुकदमे हुए और हिंसा की भी कई वारदातें हुईं। पटना के सबसे बड़े जमींदार अमावां एस्टेट के राजा हरिहर प्रसाद नारायण सिंह को रैयतों के जबर्दस्त प्रतिरोध का सामना करना पड़ा। बाढ़ थाने के एक राजपूत गाँव कैमा सरसीकन में ऐसी कई घटनाएँ घटीं।

चम्पारण जिले में सबसे अधिक तनाव नीलहे ठेकेदारों और रैयतों के बीच था। वैसे उन्नीसवीं सदी के अन्तिम वर्षों में जर्मन ऐनिलीन रंगों के साथ प्रतियोगिता के कारण नील उद्योग अपना महत्त्व खोने लगा था। प्राकृतिक नील का जमाना लद चुका था और उसकी खेती ह्रासोन्मुख अवस्था में थी। 1908 ई. में नील की खेती का रकबा जहाँ 47,428 एकड़ था, वहीं एक साल के अन्दर ही वह घटकर 36,000 एकड़ रह गया। नए जावा-नेटाल बीज के आने से थोड़े समय के लिए यह ह्रास तो थमा, लेकिन शीघ्र ही वही सिलसिला शुरू हो गया। 1917-18 ई. में चम्पारण में 26,400 एकड़ और मुजफ्फरपुर में 22,600 एकड़ जमीन पर नील की खेती की गई थी। 1919-20 में घटकर यह क्रमशः 7,400 एकड़ और 18,000 एकड़ ही रह गई।

नीलहों के अत्याचार के खिलाफ रैयतों ने बार-बार सिर उठाया था। 1908 ई. में शीतल राय के नेतृत्व में चम्पारण के रैयतों का एक जुझारू आन्दोलन चला। 1912 आते-आते यह आन्दोलन थम गया था और उसी वर्ष जून महीने की एक सरकारी रिपोर्ट में यह बताया गया कि शीतल राय प्रमुख नील कोठी के मैनेजर के साथ सुलह के लिए राजी दिखते थे। इस आन्दोलन के अन्य नेता थे शेख गुलाब, खेंदा राय, राजकुमार शुक्ल, वकीलमन मिश्र, बाबू लाल मिश्र, सीताराम तिवारी, आदि। 1917 में गांधी जी का चम्पारण सत्याग्रह ताबूत में आखिरी कील साबित हुआ।

चम्पारण सत्याग्रह की कोई भी चर्चा बेतिया के साहसी, अभियानी पत्रकार-लेखक पीर मुहम्मद मूनिस (1894-1948) के बिना समाप्त नहीं हो सकती। बड़े-बड़े नामों के नीचे इस शख्स का नाम इतना दब गया है या दबा दिया गया है कि अब वह हाशिये पर भी देखने को नहीं मिलता। दरअसल

चम्पारण में महात्मा गांधी को लाने का श्रेय पं. राजकुमार शुक्ल के साथ-साथ पीर मुहम्मद मूनिस को भी जाता है।

मूनिस (कानपुर से प्रकाशित और गणेश शंकर विद्यार्थी द्वारा सम्पादित) 'प्रताप' के संवाददाता थे और महात्मा गांधी के आगमन के पहले से ही चम्पारण में अत्याचार को लेकर लेख लिखते रहे थे—'प्रार्थना', 17 जनवरी 1916, 'चम्पारण में अंधेर', 13 मार्च 1916, 'चम्पारण की दुर्दशा', 16 अप्रैल 1917, आदि।

वे प्रायः 'दुःखी', 'दुःखी आत्मा', 'दुःखी हृदय', आदि छद्म नामों से लिखा करते। 17 जनवरी 1916 के अंक में जो 'प्रार्थना' छपा था, उसे पर्चा बनाकर 'प्रताप' द्वारा वितरित किया गया। इस पर्चे में चम्पारण की प्रजा से प्रार्थना की गई थी कि वे अपनी शिकायतों को बाकायदा सरकार के सामने रखने के लिए सबूत इकट्ठा करने के प्रयास में सहयोग दें और जिनके पास प्रामाणिक कागज-पत्तर हो, वह लेखक के पास भेज दें। पर्चे ने चम्पारण में बवाल खड़ा कर दिया। 1916 के बिहार-उड़ीसा पुलिस एब्सट्रैक्ट में इस बावत दर्ज सूचना इस प्रकार है : 'शिकारपुर के दारोगा से पर्चे की प्रतियाँ प्राप्त हुई हैं····शिक्षक पीर मुहम्मद····हरबंश सहाय, बथुआ के पशुपति लाल 'प्रताप' को नियमित समाचार भेजते हैं····यह भी अफवाह है कि दक्षिण अफ्रीका में भारतीयों को आन्दोलित करनेवाले मि. गांधी भाषण देने के लिए यहाँ आ रहे हैं····' लेफ्टिनेंट-गवर्नर सर चार्ल्स बेली के आदेश से इस पर्चे को जब्त कर लिया गया था और पीर मुहम्मद मूनिस समेत स्कूल के कुछ अध्यापकों को बर्खास्त कर दिया गया। तिरहुत के कमिश्नर ने भी अपनी सरकारी रिपोर्ट में 'चम्पारण में असंतोष' भड़काने के लिए दो व्यक्तियों को खासतौर से जिम्मेदार ठहाराया—'एक पीर मुहम्मद मूनिस जो····प्रतिबंधित पर्चे का लेखक है और कानपुर से प्रकाशित प्रताप में लेख भेजता रहता है, और दूसरा राजकुमार शुक्ल।' इस पूरे प्रकरण पर 'प्रताप' के 3 अप्रैल 1916 के अंक में मूनिस ने 'बिहार सरकार का अनुचित कार्य' शीर्षक से एक धमाकेदार रिपोर्ट प्रकाशित कराई। इस लेख में बिहारी नेताओं को धिक्कारते हुए उन्होंने लिखा था, 'बिहार के नेता जिस प्रकार अपने सिर पर चक्की पिसते देख रहे हैं, उससे उनमें पुंसत्व की कमी स्पष्ट है। क्या यह ढंग उन्हें शोभा देता है? माननीय बाबू बृजकिशोर प्रसाद भी आजकल चुप हैं। हम चाहते हैं कि वे इस प्रश्न को हाथ में लें क्योंकि हमें मि. हक (मजहरूल हक), मि. सिन्हा (सच्चिदानन्द सिन्हा) से अधिक उम्मीद नहीं है, बिहार के पत्र—बिहारी, एक्सप्रेस, पाटलिपुत्र आदि भी तनिक अपने कर्तव्य पर विचार करें?'

दरअसल राजकुमार शुक्ल की ओर से गांधीजी को बेतिया से भेजा गया चर्चित पत्र भी पीर मुहम्मद मूनिस द्वारा ही लिखा गया था। गांधीजी मुजफ्फरपुर, मोतिहारी होते हुए बेतिया पहुँचे। 23 अप्रैल 1917 को पाँच बजे शाम वे पैदल ही पीर मुहम्मद मूनिस की माताजी से मिलने उनके घर गए। घर पर हजारों लोग बैठे थे। मूनिसजी के मित्रों ने महात्माजी को एक अभिनन्दन पत्र दिया...('प्रताप', 30 अप्रैल, 1917)।

बेतिया के सब डिवीजनल ऑफिसर डब्ल्यू. एच. लुइस ने चम्पारण आन्दोलन पर अपनी विस्तृत रिपोर्ट में पीर मुहम्मद मूनिस के बारे में अपना स्पष्ट मूल्यांकन प्रस्तुत किया है। मूनिस को उन्होंने, 'शिक्षित वर्गों तथा रैयतों के बीच की कड़ी' की संज्ञा दी। वे रैयतों की ओर से रैयत नेता खेंदा राय के साथ मिलकर (नील) फैक्ट्रियों के मुकदमे भी देखा करते थे। पहले तो उन्हें (बेतिया राज एच. ई. स्कूल के शिक्षक की) नौकरी से बर्खास्त किया गया, फिर उनकी सारी सम्पत्ति जब्त कर ली गई और जून 1918 में मारपीट के एक फर्जी मुकदमे में फँसाकर 23 सितम्बर 1918 को छः माह के कठिन कारावास की सजा दी गई। (30 सितम्बर 1918 के अंक में 'प्रताप' ने इस पर 'पीर मुहम्मद मूनिस जेल में : सनसनी फैलाने वाला मुकदमा' शीर्षक से रिपोर्ट प्रकाशित की थी।) इन सबके बाद भी वे पस्त नहीं हुए, लगातार सक्रिय रहे और चम्पारण पर लिखते रहे।[1]

---

1. मूनिस ने 'प्रताप' में हिन्दू-मुस्लिम एकता पर कई लेख लिखे थे। उन्होंने चम्पारण का इतिहास भी लिखा था, जो आज तक अप्रकाशित है और उसकी पाण्डुलिपि का भी पता नहीं है। इतिहासकार स्वर्गीय के.के. दत्त ने वह पाण्डुलिपि मूनिस के आवास से प्राप्त की थी और रिजनल रेकर्ड सर्वे कमेटी की रिपोर्ट (1958-59) में खुद उसका जिक्र किया था। साहित्य से भी उनके गहरे सरोकार थे। वे बिहार के पहले मुस्लिम हिन्दी लेखक थे। 24 दिसम्बर 1937 को आरा में आयोजित 15वें बिहार हिन्दी साहित्य सम्मेलन में वे इसके अध्यक्ष चुने गए थे। बहरहाल, के. के. दत्त के शब्दों में, 'देश की स्वतंत्रता के हित में साहसपूर्वक अपनी सेवाएँ अर्पित करनेवाले इस उत्साही देशभक्त' के बारे में न तो पुस्तकों में कुछ मिलता है और न उनकी रचनाएँ पुस्तक के रूप में उपलब्ध हैं। आचार्य शिवपूजन सहाय लिखते हैं, 'जब मैं लहेरियासराय (दरभंगा) के पुस्तक भंडार में था, तब उन्होंने अपने लेखों का संग्रह प्रकाशक के पास भेजा था। किन्तु, 1934 के भूकम्प में उस लेख संग्रह की सारी सामग्री नष्ट हो गई। इस दुर्घटना से वे बड़े दुःखी हुए। उन्होंने पत्र-पत्रिकाओं के पृष्ठों को कतरकर कई नत्थियाँ बनाई थीं। उसकी सूची मेरे पास भेजी थी। किन्तु बिहार के साहित्यिक इतिहास की संग्रहित सामग्री उसी भूकम्प में नष्ट हो गई।' (आचार्य शिवपूजन सहाय, 'पीर मुहम्मद मूनिस : व्यक्ति और कृति', 'वाणी', 7-9, पृ. 67)।

खैर, संगठित आन्दोलन के अलावा, छिटपुट आक्रमणों के जरिए भी रैयत इन नीलहे मालिकों के खिलाफ अपना गुस्सा उतारते। जून 1912 में ऐसे ही एक मालिक के बर्खास्त नौकर ने अपनी यूरोपियन मालकिन पर हमला करवाया। उसी वर्ष दिसम्बर महीने में राजोपट्टी फैक्ट्री (छपरा) के मालिक एन. लेव्हेलिन के घर पर हमला किया गया, उनके भाई को पीटा गया और घर जला दिया गया। प्रशासक भी इन 'यूरोपियनों के प्रति सम्मान के भाव में ह्रास' से चिंतित थे।

वैसे इन यूरोपियनों की तुलना में देसी जमींदारों का रवैया भी कुछ खास अच्छा नहीं था। इन्हीं जमींदारों का ही एक नमूना थे शाहाबाद जिले के बासुदेव नारायण सिंह। हाकिमों से उनकी अच्छी निभती थी—दावतें देने और शिकार खेलने के वे शौकीन थे। थाने में भी उनकी धाक थी। बात 1906 की है। उन्होंने अपने एक रैयत की जमकर पिटाई की और उसे कमरे में बन्द कर दिया। बाद में चोरी का झूठा मामला दर्ज कर पुलिस और हाकिमों की मदद से उसे जेल भिजवा दिया। रैयतों द्वारा दायर किए गए मुकदमे में वे तो बाइज्जत रिहा कर दिए गए, लेकिन उस रैयत—औतार सिंह को चोरी के इल्जाम में सजा हो गई। आखिर सब डिप्टी मजिस्ट्रेट पंडित हृदय नारायण और डिप्टी मजिस्ट्रेट मौलवी अनिसुज्जमाँ खाँ उनके अपने आदमी थे। मार्च 1912 में एक दिन जब वे सासाराम जा रहे थे, तो उनके जुल्म से तंग आ चुके रैयतों के एक दल ने घात लगाकर उनकी हत्या कर दी। नई-नई प्रान्तीय सरकार न्यायपालिका पर रैयतों के उठते विश्वास, न्यायिक और पुलिस पदाधिकारियों में व्याप्त भ्रष्टाचार और जमींदारों द्वारा उनका अपने पक्ष में इस्तेमाल कर लेने को लेकर काफी चिंतित थी। बासुदेव नारायण सिंह की हत्या के परिप्रेक्ष्य में प्रान्त के मुख्य सचिव एच. ल' मेसुरिये ने घटना की तफसील से जानकारी देते हुए भारत सरकार के गृहसचिव को एक लम्बा खत भेजा था।

लगभग इसी समय, 1914 में, रांची, पलामू और हजारीबाग के उराँव लोगों के बीच जतरा उराँव के नेतृत्व में तानाभगत आन्दोलन शुरू हुआ। हालाँकि इस आन्दोलन के अन्य आयाम भी थे, लेकिन इसमें भी जतरा उराँव ने रैयतों से लगान न देने का आह्वान किया था। जतरा पर मुकदमा चला और उसे जेल भेज दिया गया। 1915 में संवैधानिक उपायों से आदिवासियों के उत्थान के लिए पढ़े-लिखे आदिवासी मध्यवर्ग के कुछ लोगों ने छोटानागपुर उन्नति समाज की स्थापना की।

रैयतों के साथ-साथ प्रान्त के विभिन्न हिस्सों में बेहतर मजूरी के लिए खेत मजदूरों के बीच भी सक्रियता देखी जा रही थी। हालाँकि अलग-अलग प्रमंडलों

में स्थितियाँ भिन्न थीं। पटना प्रमंडल में नकद मजदूरी दी जाती, तो तिरहुत में अनाज में मजूरी देने की प्रथा थी। अनाज की कीमतें बढ़ने-घटने का दोनों जगह अलग-अलग प्रभाव पड़ता। फिर ऐसे अंचल में जहाँ से मजदूर बड़ी संख्या में बंगाल या असम चले जाते वहाँ मजूरी थोड़ी बढ़ जाती।

प्रशासन की तीसरी प्रमुख चिन्ता थी गोहत्या को लेकर बढ़ता हिन्दू-मुस्लिम तनाव। असल में उन दिनों अखिल भारतीय गोरक्षिणी सभा द्वारा गोहत्या के विरोध में, खासकर सेना के लिए गायों को मारे जाने के विरोध में ब्रिटिश सम्राट को एक स्मारपत्र देने की तैयारी चल रही थी। जसवाल इसके मुख्य संगठनकर्ता थे और एक छपे हुए स्मारपत्र पर लोगों के हस्ताक्षर लिये जा रहे थे। इसमें जगह-जगह अनेक जमींदार, मारवाड़ी और धनी-मानी लोग जुटे हुए थे। गोड्डा सबडिवीजन में तो बनैली राज के मैनेजर राय शिवशंकर सहाय बहादुर ने खुद हस्ताक्षर अभियान की जिम्मेदारी ले रखी थी। गिद्धौर के महाराज ने बकरीद के मौके पर हुए (दिसम्बर के) दंगे के अभियुक्तों को अपने यहाँ काम पर रख लिया था। हिलसा (नालन्दा) में नावाडीह के महंथ इस अभियान के मुख्य कर्ताधर्ता थे। पटना प्रमंडल के धनी-मानी राजपूतों और बाभनों का भी इसे समर्थन प्राप्त था। चंडी थाने में गड़बड़ी का केन्द्र नगरनौसा गाँव था जहाँ एक धनी व्यवसायी जीतू साहू का परिवार इस आन्दोलन का अगुवा था। कलकत्ता के मारवाड़ियों से इस परिवार का व्यावसायिक सम्बन्ध था और कहते हैं कि उन्हीं मारवाड़ियों से उन्हें यह प्रेरणा मिली थी। इस गाँव से रोज बड़े पैमाने पर गो-मांस की आपूर्ति भी होती थी और यहाँ चमड़े के कुछ गोदाम भी थे। इसी अंचल में गड़बड़ी का दूसरा बड़ा केन्द्र करायपरसराय का हाट था जहाँ हर रविवार करीब 1500 मवेशियों की बिक्री होती। इस हाट के प्रबन्धक मुहम्मद यूसुफ इमाम थे जो नवाब शम्शुल उलेमा सैयद इमदाद इमाम के भाई और अली इमाम के चाचा थे।

1911 में बकरीद की कुर्बानी के मौके पर जगह-जगह काफी तनाव रहा और छिटपुट दंगे भी हुए। गोप जातीय महासभा का समर्थन पा जाने से इस गोहत्या विरोधी आन्दोलन को एक अच्छा जनाधार प्राप्त हो गया था।

तनाव के मुख्य केन्द्र थे हिलसा, चंडी, फतुहा, बिहारशरीफ, एकंगरसराय, जहानाबाद, इसलामपुर, बड़हिया और तुर्की (मुजफ्फरपुर)। बिहार और उड़ीसा के पुलिस महानिरीक्षक की एक रिपोर्ट के अनुसार 1911 में बकरीद के मौके पर जब कुछेक मुसलमानों ने बिहारशरीफ में उत्तेजनात्मक कार्रवाइयाँ कीं तो एक मामले में एक सम्मानित हिन्दू परिवार ने और दूसरे मामले में एक मुस्लिम हेड

कांस्टेबुल ने स्थिति को संभाला और शान्ति कायम रखने में महत्त्वपूर्ण भूमिका अदा की।

उन्हीं दिनों तुर्की और बाल्कन राज्यों के बीच युद्ध के प्रति इंग्लैंड के रवैये को लेकर भी मुसलमानों में असन्तोष पनप रहा था। हालाँकि ज्यादा गुस्सा रूस के खिलाफ था जो उनकी नजर में बाल्कन राज्यों को उकसा रहा था और उन्हें धन और हथियारों की आपूर्ति कर रहा था। पलामू के हुसैनाबाद में करीब 2000 रु. के तुर्की सरकार के बाण्ड की बिक्री भी की गई। यहाँ हम कुछ वर्षों बाद होनेवाले खिलाफत आन्दोलन का पूर्वाभास देख सकते हैं।

लेकिन, 1916 में उसी गोहत्या के मुद्दे पर पटना और गया जिले में और फिर 1917 में शाहाबाद जिले में भयंकर दंगा भड़क उठा। इसने करीब-करीब पूरे दक्षिण बिहार को अपनी चपेट में ले लिया। कई सप्ताहों तक सेना की टुकड़ियाँ तैनात करनी पड़ीं।

इन्हीं दिनों बिहार में आर्यसमाज का भी प्रसार हो रहा था। दानापुर पूर्वी भारत में आर्यसमाज का सर्वप्रमुख केन्द्र था। 5 अक्टूबर 1904 को दानापुर आर्यसमाज के वार्षिकोत्सव पर बिहार-बंगाल आर्य प्रतिनिधि सभा की स्थापना भी हो चुकी थी। इसके प्रथम प्रधान थे रांची के वकील बालकृष्ण सहाय और प्रथम मंत्री थे मिथिला शरण सिंह। इसके कार्यकलापों में धर्मप्रचार, शास्त्रार्थ, सामाजिक सेवा, आर्यकुमार सभा और आर्य वीरदल का गठन, स्वतंत्रता संग्राम में योगदान, अछूतोद्धार, शिक्षा संस्थाओं—संस्कृत पाठशालाओं तथा स्कूलों की स्थापना आदि शामिल थे। 1915 के आस-पास दानापुर के नजदीक एक गुरुकुल की भी स्थापना की गई जिसे बाद में देवघर के नजदीक स्थानान्तरित कर दिया गया। 1922 आते-आते मुंगेर (1897), सीवान (1898), मनेर (1899), खुसरूपुर (1903), बाढ़ (1905), बाँकीपुर (1908), खगड़िया (1913), रोसड़ा (1915), भागलपुर (1916), बक्सर (1916), हवेली खड़गपुर (1920), हरपुरजान (सारण, 1920), नेमदारगंज (नवादा, 1922) और मुजफ्फरपुर (1922) में आर्यसमाज की शाखाएँ खुल चुकी थीं। 1920 और 30 के दशक में भी नए-नए शहरों और कस्बों में इसका विस्तार जारी रहा। पूरे बिहार में आर्यसमाजियों की संख्या 1911 में 4,085, 1921 में 4,578 और 1931 में 6,763 थी। पटना जिले के फुलवारी थाना क्षेत्र में आर्यसमाज को बड़ा आधार मिला था। पूरे जिले में उनकी संख्या जहाँ 3,663 (1921) थी, वहीं केवल फुलवारी क्षेत्र में यह संख्या थी 2,575।

आर्यसमाजियों ने ही बिहार में जनेऊ आन्दोलन की शुरुआत की थी

(इसकी विस्तृत चर्चा हम बाद में करेंगे)। वे हिन्दुओं के बीच सुधार के हिमायती थे, जाति-भेद और छुआछूत का विरोध करते थे। फलतः पिछड़े और दलित समुदायों के प्रबुद्ध लोगों के बीच आर्यसमाज का प्रबल आकर्षण था। पटना जिले में ही आर्यसमाजियों के बीच ग्वालों की संख्या थी 826, कुर्मी और कहार थे क्रमशः 545 और 514 (1921)। इसके अलावा कोइरी, बढ़ई और दुसाधों की भी संख्या काफी थी।

आर्यसमाज के कार्यक्रमों में एक प्रमुख कार्यक्रम था वैदिक धर्म की श्रेष्ठता स्थापित करना और उन दलित समुदायों को जो मुसलमान या ईसाई बन गए थे, फिर से वैदिक धर्म के दायरे में ले आना। इसके लिए उसका तरीका था शास्त्रार्थ और शुद्धिकरण। फलतः यदा-कदा आर्यसमाज और इस्लाम के प्रचारकों के बीच ठन जाती। ऐसा ही एक वाकया मई 1912 में हुआ पटना सिटी में। सरकारी रिपोर्ट के अनुसार दिल्ली के अंजुमनेइस्लाम के एक प्रचारक मौलवी शाह कुतुबुद्दीन की एक तकरीर हुई जिसमें उन्होंने आर्यसमाज पर कुछ छींटाकशी की। जवाब में आर्यसमाजियों ने आगरा से प. रामभोज दत्त को बुला लिया और आर्यसमाज मंदिर में उनका प्रवचन हुआ जिसमें उन्होंने भी मुसलमानों पर तीखे प्रहार किए। थोड़े समय के लिए दोनों समुदायों के बीच माहौल तो गरमा गया, लेकिन बात ज्यादा आगे नहीं बढ़ी।

प्रदेश में जहाँ-तहाँ कुछ कबीर पंथी मठ भी थे जिनके अनुयायी मुख्यतः दलित और अतिपिछड़े समुदायों से आते थे, 'ना मैं धर्मी नाहिं अधर्मी, ना मैं जती न कामी हो।/ना मैं कहता ना मैं सुनता, ना मैं सेवक-स्वामी हो।/ना मैं बंधा ना मैं मुक्ता, ना मैं बिरत न रंगी हो।/ना काहू से न्यारा हुआ, ना काहू के संगी हो।/ना हम नरक-लोक को जाते, ना हम सुर्ग सिधारे हो।/सब ही कर्म हमारा कीया, हम कर्मनतें न्यारे हो।/या मतको कोई बिरलै बूझै, सो अटर हो बैठे हो।/मत कबीर काहू को छापै, मत काहू को मेटे हो॥

कुछ कबीरपंथी भी आर्यसमाज आन्दोलन के साथ जुड़ गए थे। 1922 में गठित मुजफ्फरपुर आर्यसमाज के प्रथम प्रधान ऊधव साहू पहले कबीरपंथी ही थे।

बहरहाल, उस समय सबसे अधिक सक्रियता जातीय सभाओं में देखी जाती है। 1912 से 1916 के बीच बिहार के विभिन्न अंचलों में यादवों की 38, कुर्मियों की 10, कोइरियों की 8, दुसाधों की 7, कहारों की 9, तेली और नाइयों की 3-3, चमारों, कुम्हारों और महुरियों की 2-2 तथा बनिया, बढ़ई, लोहार, बिन्द और बेलदार जाति की 1-1 जातीय सभा हुई (विस्तृत विवरण के लिए

देखिए, परिशिष्ट)। जातीय क्षेत्र में सबसे अधिक गतिशीलता उस समय बाभनों, यादवों, कुर्मियों, कोइरियों और दुसाधों में थी।

बिहार में उन दिनों ऊँच-नीच और छुआछूत का जो प्रचलन था, उससे खुद गांधीजी भी नहीं बच पाए थे। 1917 के आरम्भ में राजकुमार शुक्ल के साथ कलकत्ता से वे पटना आए। 'आत्मकथा' में वे लिखते हैं, 'पटना की मेरी यह पहली यात्रा थी। मुझे वे (राजकुमार शुक्ल) राजेन्द्र बाबू के घर ले गए। राजेन्द्र बाबू पुरी अथवा और कहीं गए हुए थे। बँगले पर दो-एक नौकर थे''''पर बिहार में तो छुआछूत का कड़ा रिवाज था। मेरी बाल्टी के पानी के छींटे नौकर को भ्रष्ट करते थे। नौकर को क्या पता था मैं किस जाति का हूँ। राजकुमार शुक्ल ने अन्दर के पाखाने का उपयोग करने को कहा। नौकर ने मुझे बाहर के पाखाने की ओर इशारा किया, मेरे लिए इसमें परेशान या गुस्सा होने का कोई कारण नहीं था। इस प्रकार के अनुभव कर-करके मैं पक्का हो गया था।' ('सत्य के प्रयोग', पृ. 352)।

अंग्रेजी शिक्षा और समुद्री यात्रा को अब भी कट्टरपंथी जाति-निकाला के लिए पर्याप्त कारण मानते। एक नमूना देखिए। अवध के अधिग्रहण के करीब एक वर्ष पूर्व गवर्नर-जनरल के अंगरक्षकों में एक देसी अफसर ने अपने बेटे का ब्याह आरा के नजदीक एक उच्च जाति हिन्दू परिवार की बेटी से तय किया, लेकिन ऐन शादी के वक्त लड़की पक्ष ने शादी रद्द कर दी क्योंकि उन्हें पता चल गया था कि लड़का अंग्रेजी स्कूल में पढ़ रहा था और इस कारण अपनी जाति गँवा बैठा था।

समुद्री यात्रा के बारे में पंडित तोताराम सनाढ्य का यह दिलचस्प संस्मरण पढ़िए : 'मेरे घर के पास फिजी टापू में एक गुलजारी नाम का कान्यकुब्ज ब्राह्मण रहता था। उसने बड़े परिश्रम से आठ वर्ष में लगभग तीन सौ रुपए इकट्ठे किए। इसको ब्राह्मण जानकर सब लोग प्रायः महीने की पूर्णमासी को सीधा दे दिया करते थे। भारतवर्ष में कन्नौज के रहनेवाले थे। इनके घर से इनके भाई ने पत्र भेजा, उसमें लिखा था कि तुम चले आओ। इस साल में तुम देश को नहीं आओगे तो तुमको एक सौ एक गौ मारने का पाप लगेगा। गुलजारी लाल ने भाई की लिखी जब ऐसी शपथ देखी तब ब्राह्मण धर्म सोचकर वे देश को चले आए। चलते समय इनको लोगों ने कुछ और दक्षिणा दी। जब ये अपने घर आए तो दूसरे घर में ठहराए गए। रुपया-पैसा सब भाई को सौंप दिया। तीन-चार दिन बाद पुरोहितजी बुलाए गए। ये महाशय कानून की पुस्तक साथ लेकर आए। गाँव के बड़े-बूढ़े सब मिलकर बैठे। समुद्र-यात्रा पर विचार हुआ। गुलजारी ने घर से निकलने से लेकर फिजी में पहुँचने तक जहाज का खाना-पीना बयान किया।

फैसले में सब तीर्थ बताए गए। भागवत सुनने को बताया गया। लगभग पाँच या छः गाँव का भोज बताया, कोई सात सौ या आठ सौ रुपया खर्च करने का फैसला दिया गया। गुलजारी ने खर्च करने के लिए भाई से अपने दिए हुए रुपए माँगे, भाई ने कोरा जवाब दिया, जातिवालों ने अलग कर दिया। गुलजारी के साथ गाँववाले बड़ी घृणा करने लगे, भाई लोग कट्टर शत्रु हो गए। बोले कि तुमने हम लोगों से कुछ रुपया छिपा लिया है, वही खर्च करो। यह रुपया हम न देंगे। लाचार गुलजारी ने फिजी में अपने इष्ट-मित्रों को कष्ट-कहानी की चिट्ठी भेजी और लिखा कि कसाई के हाथ से गाय छुड़ाने के समान मुझे बचाकर पुण्य के भागी हो। वहाँ से चन्दा करके छः सौ रुपया लोगों ने भेजा, तब गुलजारी 1914 ई. में फिजी पहुँचे। इसी तरह कितने ही लोग लौटकर फिजी गए हैं, और जाकर ईसाई और मुसलमान भी हो गए हैं। समुद्र-यात्रा की दफा में मुजरिम होकर हमारे बहुतेरे भाई मातृभूमि को अंतिम नमस्कार करके चले गए हैं और वहाँ पहुँचकर सनातन धर्म की जय बोलकर मसीह के रूल को पकड़ लिया है।' ('फिजी द्वीप में मेरे 21 वर्ष', पं. तोताराम सनाढ्य, पृ. 33-34)

अंग्रेजी शिक्षा और समुद्र यात्रा औपनिवेशिक-औद्योगिक काल में आगे बढ़ने के लिए जरूरी था। उन दिनों (आज के प्रचलित अर्थ में) उच्च जाति—ब्राह्मण, राजपूत, भूमिहार, और कायस्थ जाति—के लोग ही आर्थिक रूप से इसका पूरा लाभ उठाने की स्थिति में थे, लेकिन सामाजिक रूप से उन्हें अपनी ही जाति के कट्टरपंथियों का विरोध झेलना पड़ रहा था। यहीं इन जातियों के बीच सुधार और संगठन की प्रासंगिकता सामने आती है। इन जातीय संगठनों के कर्ताधर्ता अंग्रेजी शिक्षा में पले-बढ़े मध्यवर्ग के लोग थे और जातीय आन्दोलन औपनिवेशिक-औद्योगिक काल की स्थितियों के अनुरूप अपनी-अपनी जातियों को ढालने का आन्दोलन था।

पिछड़ी और दलित जातियों की स्थिति भिन्न थी। जातीय सुधार के उनके मुद्दे कुछ भिन्न थे। कुली-मजदूर के रूप में समुद्र-यात्रा तो वे भी करते, लेकिन ब्राह्मणों की तरह जाति गँवाने का उन्हें खतरा नहीं था। खैर, इन बातों पर और चर्चा बाद में होगी, पहले हम 1912-20 के बीच के जातीय हलचलों का एक संक्षिप्त जायजा लेंगे।

परम्परागत कृषि समाज में ब्राह्मणों और कुछेक विवादों के बावजूद राजपूतों की श्रेष्ठता समाज द्वारा स्वीकृत थी। उन्हें इसके लिए किसी सामाजिक आन्दोलन का सहारा नहीं लेना पड़ा। लेकिन, आज उच्च जातियों के रूप में सामाजिक रूप से स्वीकृत कायस्थों और भूमिहारों के साथ ऐसी बात नहीं थी।

इन दो जातियों को—जिनमें से एक बुकानन के शब्दों में 'पेनमैन' था और दूसरा 'जमींदार वर्ग'—अपनी श्रेष्ठता स्थापित करने के लिए जातीय संगठन और आन्दोलन का रास्ता अख्तियार करना पड़ा, और उन्हें इस शताब्दी के आरंभिक दशकों में आकर ही कामयाबी मिली। कायस्थों का विरोध शूद्रों की श्रेणी में रखे जाने के खिलाफ था और भूमिहारों का विरोध उन्हें ब्राह्मण न माने जाने के खिलाफ। इनमें से एक की श्रेष्ठता की मुहर कोर्ट से लगी और दूसरे की श्रेष्ठता की पहचान जनगणना में बाभन के साथ भूमिहार ब्राह्मण शब्द के जुड़ने से हुई।

दरअसल, बिहार के निर्माण और पटना हाई कोर्ट द्वारा बिहार के कायस्थों को क्षत्रिय मान लिए जाने के साथ बिहारी कायस्थों के जातीय आन्दोलन का एक अध्याय समाप्त हो गया। कायस्थों का जातीय आन्दोलन सबसे पुराने आन्दोलनों में से था। मुंशी काली प्रसाद ने 1873 ई. में ही इलाहाबाद में एक कायस्थ पाठशाला स्थापित कर, फिर कायस्थ धर्म सभा का गठन कर और उर्दू में कायस्थ समाचार (जिसका नाम बदलकर बाद में 'हिन्दुस्तान रिव्यू' कर दिया गया) प्रकाशित कर इसकी नींव रख दी थी। वैसे पहला अखिल भारतीय कायस्थ सम्मेलन 1887 में लखनऊ में हुआ। इस सम्मेलन के बाद प्रान्त के विभिन्न हिस्सों में कायस्थ सभाओं का गठन किया गया। डुमराँव राज के दीवान जयप्रकाश लाल ने अखिल भारतीय कायस्थ सभा की ओर से सामाजिक सुधार से सम्बन्धित एक पूरी सीरीज और कई अन्य किताबें प्रकाशित करने में काफी सहायता प्रदान की। बिहार में कायस्थ सभा की कार्यसूची में जो प्रमुख मुद्दे थे, वे इस प्रकार हैं : क्षत्रिय होने का दावा, सरकारी नौकरियों में बंगालियों के वर्चस्व का विरोध, शिक्षा, विदेश जाने पर धर्म-भ्रष्ट हो जाने के दकियानूसी रवैये का विरोध, उपजातियों के बीच वैवाहिक सम्बन्ध और बाल-विवाह पर रोक, आदि।

शूद्र अथवा क्षत्रिय विवाद में कलकत्ता उच्च न्यायालय ने 1884 में यह निर्णय दे दिया कि बिहार के कायस्थ भी शूद्र ही हैं। बिहारी कायस्थों की यह दलील थी कि वे बंगाल, अपर प्रोविन्स और बनारस के कायस्थों से भिन्न थे और यह कि जहाँ उन क्षेत्रों के कायस्थ शूद्र थे, वहीं बिहार के कायस्थ क्षत्रिय। उच्च न्यायालय ने यह दलील तो नामंजूर ही कर दी, बाद में यह भी माना कि किसी कायस्थ का विवाह तांती जाति अथवा डोम जाति की स्त्री के साथ हो जाना वैध है क्योंकि दोनों ही शूद्रों की उपजातियाँ हैं। खैर, यह लड़ाई प्रिवी काउन्सिल तक गई, पर काउन्सिल ने इसे खुला छोड़ दिया।

इधर इलाहाबाद उच्च न्यायालय ने पश्चिमोत्तर तथा अवध के चित्रगुप्तवंशीय कायस्थों को क्षत्रिय मान लिया। बाद में पटना उच्च न्यायालय ने

कलकत्ता उच्च न्यायालय से भिन्न मत रखते हुए यह फैसला दिया कि बिहार के कायस्थ क्षत्रिय हैं। जस्टिस ज्वाला प्रसाद ने अपने 49 पृष्ठों के फैसले में कायस्थों को क्षत्रिय अथवा कम-से-कम द्विज होने की व्यवस्था दी। (इस फैसले के लम्बे समय बाद जब आरक्षण का विवाद खड़ा हुआ, तो श्रेष्ठता की बात को दरकिनार कर कायस्थ समुदाय अपने को शूद्र कहलाने के लिए पटना उच्च न्यायालय की शरण में गया, लेकिन न्यायालय ने उसे खारिज कर दिया।)

बिहार के कायस्थों का दूसरा परन्तु सबसे महत्त्वपूर्ण मुद्दा नौकरियों में बंगाली वर्चस्व का विरोध करना था। इस मुद्दे पर वैसे तो उन्हें अन्य बिहारी समुदायों का भी समर्थन प्राप्त था, लेकिन इस वर्चस्व के खात्मे से सबसे अधिक लाभ उन्हें ही होना था। जैसा कि हम पहले ही देख चुके हैं, वे बिहार के सबसे अधिक शिक्षित समुदाय थे। अंग्रेजी शिक्षा में भी उन्हें अन्य समुदायों की तुलना में काफी अधिक बढ़त प्राप्त थी। सरकारी नौकरियों में भी बंगालियों के बाद सबसे अधिक स्थान उन्हीं के हिस्से में था।

1901 की जनगणना के अनुसार भारत सरकार के अफसरों में बिहार में ब्राह्मणों की संख्या थी 77, कायस्थों की 64, राजपूतों की 7, बैद्यों और यादवों की 5-5 और बाभनों तथा कोइरियों की 3-3। डाक-तार विभाग के अफसरों में ब्राह्मणों की संख्या जहाँ 44, बाभनों की 14 और राजपूतों की 9 थी, वहीं कायस्थों की संख्या थी 177। लेकिन इनसे प्रान्तीय नौकरशाही की संरचना का सही अंदाजा नहीं लगता है। प्रान्तीय नौकरशाही के बड़े पदों पर लगभग सभी-के-सभी अंग्रेज और बंगाली थे। उससे नीचे के पदों पर कायस्थों का लगभग वर्चस्व था। क्लर्कों और इन्स्पेक्टरों की श्रेणी में जहाँ कायस्थों की संख्या थी 4,221, वहीं ब्राह्मणों की मात्र 673, बाभनों की 371, राजपूतों की 169, यादवों की 86, कुर्मियों की 77 और कोइरियों की 31। स्थानीय निकायों के अधीन क्लर्क की श्रेणी में जहाँ कायस्थों की संख्या 85 थी, वहीं ब्राह्मणों की मात्र 11 और राजपूतों की मात्र 8। सिर्फ सरकारी नौकरियों में ही नहीं अन्य पेशों में भी यही हाल था। प्रोफेसर और शिक्षकों में कायस्थों की संख्या थी 3,768। ब्राह्मणों, राजपूतों, बाभनों, यादवों , कुर्मियों और कोइरियों की क्रमशः 1,601, 583, 391, 115, 174, 179 थी—यानी इन सभी प्रमुख जातियों की सम्मिलित संख्या से भी ज्यादा। वकीलों (उन दिनों राजनीतिज्ञों की सबसे अधिक संख्या इस पेशे से आती थी) और लॉ एजेण्टों के बीच भी अन्य सभी जातियों के लोगों की संख्या मात्र 639 थी, जबकि कायस्थ अकेले थे 1,289।

ऐसी स्थिति में जाहिर है बंगाली वर्चस्व के खिलाफ संघर्ष की बागडोर

कायस्थों (और उनके साथ अशराफ मुसलमानों) के हाथों में जानी ही थी। और इस वर्चस्व के खातमे का उपाय था प्रांतीय पुनर्गठन। इस तरह बिहारी कायस्थों का जातीय आन्दोलन पृथक् प्रान्त के अपेक्षाकृत व्यापक आन्दोलन में बदल गया।

ऐसा नहीं कि पृथक् प्रान्त के गठन के तुरन्त बाद बंगाली वर्चस्व समाप्त हो गया। 1919 में कुल 794 महत्त्वपूर्ण पदों में से 509 पदों पर बंगाली समेत बाहरी लोग ही काबिज थे—केवल 233 पदों पर बिहारी और 52 पदों पर उड़िया थे। लेकिन, प्रान्तीय पुनर्गठन के कारण सरकारी नौकरियों में इस वर्चस्व की समाप्ति की प्रक्रिया अवश्य शुरू हो गई।

कुल मिलाकर इस शताब्दी के आरम्भिक तीन दशक बिहारी कायस्थों का स्वर्णकाल था। शिक्षा में तो वे सबसे आगे थे ही, सरकारी प्रशासन में (जाहिर है अंग्रेजी अधीनता में ही) उनके वर्चस्व का मार्ग प्रशस्त हो चुका था और राजनीति में भी अशराफ मुसलमानों के साथ मिलकर वे प्रादेशिक राजनीति के कर्ता-धर्ता थे। 1921 में बिहार प्रदेश कांग्रेस कमेटी के बावन फीसदी सदस्य इसी जाति से आते थे। एक जमाने में जहाँ राजा रामनारायण, राजा सिताब राय, राजा कल्याण सिंह आदि इस जाति के संरक्षक थे, वहीं इस दौर में इसे हरवंश सहाय (1882 में बंगाल लेजिसलेटिव काउन्सिल में मनोनीत किए जानेवाले प्रथम बिहारी), जयप्रकाश लाल, महेश नारायण, डॉ. सच्चिदानन्द सिन्हा, राजा राजराजेश्वरी प्रसाद, तिलौथू राज परिवार, डॉ. राजेन्द्र प्रसाद, रामनवमी प्रसाद, बृजकिशोर प्रसाद, आदि का संरक्षण प्राप्त हुआ।

बहरहाल, प्रान्त गठन के बाद शीघ्र ही इस वर्चस्व को भी चुनौती दी जाने लगी। उन दिनों असन्तोष का पहला स्वर तो प्रान्तीय आन्दोलन में घनिष्ठ सहयात्री रह चुके मुसलमानों का ही उभरा। बाद में अन्य समुदाय भी सामने आए। नए-नए समीकरण बने-बिगड़े, लेकिन यह आगे की कहानी है।

यह वही समय था जब स्वामी सहजानन्द सरस्वती ने बाभनों के जातीय आन्दोलन की बागडोर सँभाली थी। 1914 में वे भूमिहार ब्राह्मण महासभा के बलिया अधिवेशन में शामिल हुए और करीब चौदह वर्षों तक इसको वैचारिक-सैद्धान्तिक और सांगठनिक नेतृत्व प्रदान किया। उन्होंने 'भूमिहार ब्राह्मण परिचय' (जिसका नाम बदलकर बाद में 'ब्रह्मर्षि वंश विस्तार' रखा गया), 'ब्राह्मण समाज की स्थिति', 'झूठा भय और मिथ्याभिमान' जैसी पुस्तकें लिखीं और भूमिहार ब्राह्मण समाज में एक नए सामाजिक जागरण के प्रतीक पुरुष बन गए।

वैसे भूमिहार ब्राह्मणों की 'प्रधान भूमिहार ब्राह्मण सभा' की स्थापना पटना

में मार्च 1889 में हो चुकी थी। बनारस के महाराजा बहादुर इसके संस्थापक अध्यक्ष थे। 1899 में भूमिहार ब्राह्मण सभा के मुजफ्फरपुर में हुए सम्मेलन में भूमिहार ब्राह्मण कॉलेज स्थापित करने का फैसला लिया गया। गणेश दत्त सिंह और लंगट सिंह नाम के एक रेलवे ठेकेदार ने भूमिहारों में शिक्षा के विकास के लिए भारी आर्थिक सहयोग दिया।

बिहार में जमींदारों का एक बड़ा हिस्सा इसी जाति से आता था। टिकारी, हथुवा, बेतिया जैसी बड़ी-बड़ी रियासतों के मालिक इसी जाति के थे। दूसरे पटना, गया, मुंगेर, मुजफ्फरपुर, चम्पारण आदि जिलों में कायमी रैयतों का एक अच्छा-खासा हिस्सा भी इसी जाति का था। प्रधान भूमिहार सभा को इन राजे-रजवाड़ों का सीधा संरक्षण प्राप्त था। बनारस के महाराजा तो अध्यक्ष थे ही, हथुवा, शिवहर, अमावाँ और इलाहाबाद के राजा इसके संयुक्त अध्यक्ष थे। जाति की इस अन्दरूनी संरचना के कारण भूमिहारों का जातीय आन्दोलन धीरे-धीरे दो दिशाओं में आगे बढ़ने लगा। एक धारा शिक्षा और संवैधानिक उपायों के जरिए जातीय उत्थान में लगी थी और इसका प्रतिनिधित्व सर गणेशदत्त जैसे नेता करते थे। दूसरी धारा आम भूमिहारों को ऊपर उठाने के क्रम में रैयतों के साथ अधिक-से-अधिक जुड़ती गई और बिहार में रैयतों के संगठित आन्दोलन की संस्थापक धारा बन गई। इसका प्रतिनिधित्व स्वामी सहजानन्द करते थे। वैसे एक सामाजिक-राजनीतिक शक्ति के रूप में भूमिहारों के उत्थान में इन दोनों धाराओं का सम्मिलित योगदान था। इसलिए आम भूमिहारों में गणेशदत्त और सहजानन्द दोनों काफी सम्मानित हैं, और श्रीकृष्ण सिंह जैसे नेता इन दोनों के प्रयासों की सम्मिलित उपज थे।

बहरहाल, आर्थिक रूप से काफी शक्तिशाली होने और कई राजे-रजवाड़ों की उपस्थिति के बावजूद सामाजिक रूप से भूमिहार ब्राह्मणों को उन दिनों पहचान के संकट का सामना करना पड़ रहा था। ब्राह्मण उन्हें अपनी पाँत में शामिल करने को तैयार नहीं थे और राजपूत उन्हें हिकारत की नजर से देखते थे।

खैर, प्रधान भूमिहार ब्राह्मण सभा की कार्यवाहियों और इस जाति में आए नए सामाजिक जागरण के कारण यद्यपि पुरोहिती के मामले में भूमिहारों को कोई खास सफलता तो नहीं मिली, अलबत्ता सरकार ने जनगणना में बाभन के साथ भूमिहार ब्राह्मण शब्द लिखना कबूल कर लिया। इसका औचित्य ठहराते हुए 1911 की जनगणना में कहा गया, 'भूमिहार ब्राह्मण का नाम सरकार ने स्वीकार कर लिया है और अब उन्हें बाभन (भूमिहार ब्राह्मण) के रूप में दर्ज किया जाएगा। बहरहाल, सिर्फ ब्राह्मणों के रूप में दर्ज किए जाने का उनका आग्रह

स्वीकार करना संभव नहीं है। अव्वल तो इसलिए कि उनके अपने पंथ के बंधु-बांधव उनका यह नाम और दर्जा स्वीकार नहीं करते और दूसरे इसलिए कि ऐसा करने से वे ब्राह्मणों की मुख्य श्रेणी में समाहित हो जाएँगे और एक समुदाय के रूप में उनके बारे में तमाम जानकारियाँ और साक्ष्य खत्म हो जाएँगे।' (सेंसस ऑफ इंडिया 1911, खण्ड V, भाग I, 444-5)।

सभा का 23वाँ सम्मेलन 30-31 दिसम्बर 1922 को सम्पन्न हुआ। सभा के मंत्री राम गोपाल चौधरी ने कहा, 'सन् 1889 से अब तक तैंतीस वर्षों की अवधि में महासभा ने जो कार्य किये हैं वे यद्यपि समयानुसार समुचित नहीं कहे जा सकते तथापि जो कुछ सेवा हम लोगों से बन पड़ी वह की गई है। आशा है कि भविष्य में हमारे उत्साही नवयुवकगण, जो कि अधिक संख्या में मेरे सम्मुख उपस्थित हैं, इस जातीय सभा की उन्नति में पूर्ण सहयोग देंगे, जिससे इस ब्राह्मण जाति की उत्तरोत्तर उन्नति होती जावे।' सम्मेलन में शिक्षा, तिलक-दहेज की कुप्रथा, पशुपालन, स्वास्थ्य, स्त्रियों की मर्यादा को लेकर प्रस्ताव पारित किए गए। बहरहाल, सभा के अन्दर मतभेद बढ़ते ही गए। फिर मई 1925 में मुंगेर जिले के लाखोचक गाँव में बाभनों के एक दल ने जनेऊ धारण करने और बेगारी जैसे विषयों पर विचार करने जमा हुई ग्वालों की सभा पर हिंसक हमला किया। (लाखोचक घटना की विस्तृत चर्चा बाद में की जाएगी)।

दूसरी तरफ स्वामी सहजानन्द सरस्वती ने 4 मार्च 1928 को पश्चिम पटना किसान सभा का गठन किया। 'आश्रम (स्वामीजी के बिहटा आश्रम) के प्रति जमींदारों के विरोध ने मुझे यह भी प्रत्यक्ष बताया कि जातीय सभाओं और जाति धर्म के नाम पर दिए जानेवाले दान का क्या अर्थ होता है। इन सभाओं को धनिक और चलते-पुर्जे लोग अपने हाथ का खिलौना बनाकर रखते हैं और समय-समय पर कुछ पैसा देकर अपनी जमींदारी, अपना व्यापार और अपना प्रभुत्व दृढ़ कर लेते हैं—न कि परलोक या उपकार के लिए कुछ करते हैं,' ('मेरा जीवन संघर्ष', पृ. 177)। 1929 में सभा का मुंगेर सम्मेलन उसका आखिरी सम्मेलन था। श्रीकृष्ण सिंह स्वागत समिति के अध्यक्ष थे। सभा में स्वामी सहजानन्द 'झंझट के बाद' गए। 'मैं दौड़कर सभा में पहुँचा तो हंगामा देखा····मैंने समझा-बुझाकर शान्त किया और (सभा में) न आने का कारण बताया····लेकिन यह तो ठीक है कि सभा सदा के लिए भंग हो गई। अच्छा ही हुआ। इससे भलाई तो कुछ होनी नहीं थी, हाँ, बुराई जरूर हो जाया करती थी।' (वही, पृ. 204)।

तीन प्रमुख पिछड़ी जातियों—कुर्मी, कोइरी और यादव—में सबसे पहले जातीय सुधार की कोशिश कुर्मियों के बीच शुरू हुई। कुर्मी क्षत्रिय इतिहास के

लेखक शिवराम सिंह के अनुसार 1870 ई. में ही जाति में छाई हुई अविद्या और बालविवाह की महाहानिकारक प्रथा पर विचार करने के लिए एक छोटी सभा दानापुर में की गई थी। इसके बाद उसी साल 25–26 नवम्बर को सोनपुर में बिहारी अवधिया भाइयों के प्रयत्न से एक सभा पटना निवासी स्वर्गीय ठाकुर प्रसाद सिंहजी के सभापतित्व में हुई। बहरहाल, पहला कुर्मी महासम्मेलन 29–30 दिसम्बर 1894 को लखनऊ में आयोजित किया गया। इस सम्मेलन का उद्देश्य मुख्य रूप से एक पुलिस सर्कुलर का विरोध करना था। इस सर्कुलर में कुर्मियों का नाम सरकारी पदों के लिए अयोग्य निम्नजातियों की सूची में डाल दिया गया था। बड़े–बड़े नेता सरकार से लिखा–पढ़ी करने लगे और अन्त में सरकार को अपनी भूल स्वीकार करनी पड़ी—यह स्पष्टीकरण दिया गया कि ऐसा सरकारी कर्मचारियों की असावधानी से हुआ। 21 मार्च 1896 को पश्चिमोत्तर प्रदेश, आगरा व अवध के इन्सपेक्टर जनरल ऑफ पुलिस ने यह माना कि कुर्मी जाति आदरणीय जाति है और मेरी यह बिल्कुल इच्छा नहीं कि ये लोग सरकारी नौकरियों से वंचित रहें।

1901 की जनगणना के समय कुर्मी जाति के लोगों ने अपना नाम कुर्मी क्षत्रिय के रूप में दर्ज कराने के लिए स्मारपत्र भेजा। इस समय तक जातीय पत्र–पत्रिकाओं का प्रकाशन शुरू हो चुका था। 1909 ई. में शाहाबाद जिले के इकलासपुर में 7–8 मई को अखिल भारतीय कुर्मी क्षत्रिय सभा का आयोजन किया गया और 5 मार्च 1910 को यह सभा पटना में अखिल भारतीय कुर्मी क्षत्रिय महासभा के नाम से पंजीकृत हुई। फिर विभिन्न जिलों में सम्मेलनों और सभाओं का दौर शुरू हुआ। खुद को क्षत्रिय घोषित करना और जनेऊ धारण करना, स्कूलों और छात्रावासों की स्थापना के लिए चन्दे इकट्ठा करना, बाल विवाह पर रोक लगाना, आदि—जातीय सभाओं में मुख्य रूप से इन्हीं बातों पर जोर दिया जाता था। 5 जून 1915 को राजापुर, पटना में अवधिया कुर्मियों की एक सभा हुई जिसकी अध्यक्षता बाँकीपुर के वकील मिथिला शरणसिंह ने की। इसमें एक स्कूल और छात्रावास खोलने के लिए धन जमा करने पर विचार हुआ, ब्रह्मदेव चौधरी ने शिक्षा के महत्त्व पर भाषण दिया। इस सभा में पटना के अलावा सारण, मुजफ्फरपुर आदि जिलों के अवधिया कुर्मी भी शामिल हुए। 26, 27, 28 दिसम्बर 1928 को अखिल भारतीय कुर्मी क्षत्रिय महासभा के मुजफ्फरपुर सम्मेलन में पहली बार छोटानागपुर के कुर्मी महतो शामिल किए गए। सम्मेलन में शामिल होनेवाले लोगों को बाजाब्ता जनेऊ धारण कराया गया।

अंततः खुद को क्षत्रिय घोषित करने की उनकी माँग को सरकार ने भी

1931 की जनगणना के ठीक पहले स्वीकार कर लिया। 25 नवम्बर 1930 को भारत के जनगणना आयुक्त जे. एच. हटन ने अखिल भारतीय कुर्मी क्षत्रिय महासभा को लिखा, 'आपके 6.11.'30 के पत्र संख्या 1944 के उत्तर में प्रार्थना है कि सेंसस के जेनरल सिड्यूल अर्थात् नक्शे में कुर्मी समाज के कुर्मी क्षत्रिय लिखवाने में मुझे कोई आपत्ति नहीं है यदि कुर्मी क्षत्रिय शब्द के अतिरिक्त स्थानीय जाति का नाम अर्थात् उपजाति का नाम भी दिया जाए जैसे राजवंशीय, कुनबी, रेड्डी, इत्यादि क्योंकि इसके बिना पूर्व मनुष्य गणनाओं में आपकी जाति की संख्या का मिलान आगामी मनुष्य गणना की संख्या से करना संभव न होगा। सेंसस के सभी सुपरिण्टेण्डेण्टों को इसकी सूचना दी जा रही है।'

कोइरियों के जाति-संगठन का निर्माण कुर्मियों की तुलना में तो बहुत बाद में हुआ, लेकिन उसकी माँगें और गतिविधियाँ बहुत कुछ समान ही थीं। वैसे यह जाति स्वभाव से शान्त और कठोर परिश्रमी मानी जाती है। बिहार में चुपचाप बैठनेवाले व्यक्ति को कहा जाता है—'का कोइरी के देवता जइसन बैठल बाड़'। चम्पारण की सर्वे सेटलमेण्ट रिपोर्ट में मि. स्टीवेंशन मूर ने इस जाति को बिहारी कृषक समाज की रीढ़शक्ति, कुशल उद्यमी और शान्त काश्तकार, सर्वश्रेष्ठ रैयत, बागवानी में निपुण, अथक परिश्रमी जैसे विशेषणों से सम्बोधित किया है। उनके अनुसार जमींदारों के बीच इस जाति के रैयतों की काफी माँग थी और वे इनके साथ जमीन बन्दोबस्त करने के लिए हमेशा तत्पर रहते थे।

वैसे तो कोइरी हितकारिणी सभा का पहला सम्मेलन मिर्जापुर के चुनार में मार्च 1912 में ही हो चुका था। बिहार में भी इसकी गतिविधि शुरू हो गई थी और 28-30 दिसम्बर 1913 को गया में इसका अखिल भारतीय सम्मेलन हुआ था, लेकिन बिहार में यह 31 जनवरी 1915 को अस्तित्त्व में आयी। आरा के रामछीज राम इसके सचिव थे। इसके तुरन्त बाद 1-3 फरवरी को सुलतानगंज, पटना के जीवधारी सिंह के बगीचे में हितकारणी सभा की बैठक हुई। चुनार के हरिप्रसाद लाल महतो और पंडित सीताराम इसके क्रमशः अध्यक्ष और सचिव थे। इस बैठक में कोइरी छात्रों को बेहतर शिक्षा देने पर बल दिया गया और एक स्कूल खोलने के लिए फण्ड इकट्ठा करने की अपील की गई। धीरे-धीरे सासाराम, आरा, दानापुर, समस्तीपुर आदि स्थानों पर सभाएँ आयोजित की गईं। शिक्षा के अलावा, अपने आपको क्षत्रिय घोषित करना और जनेऊ पहनना इन सभाओं में एक बड़ा मुद्दा हुआ करता था।

बिहार में एक कहावत है—'रोम का पोप, मधेपुरा का गोप'। उन दिनों मधेपुरा क्षेत्र के यादव प्रदेश के अन्य क्षेत्रों के यादवों की तुलना में अधिक समृद्ध

और शिक्षित थे। उनकी कुछ जमींदारियाँ भी थीं और उनके बीच खुशहाल कायमी रैयतों की संख्या भी अच्छी-खासी थी। इसीलिए यादवों के जातीय आन्दोलन का नेतृत्व भी तब इसी क्षेत्र से उभरा।

बिहार में गोपसभा की स्थापना मधेपुरा अनुमंडल के मुरहो गाँव में 1911 ई. में हुई थी। (बिहार के पहले यादव मुख्यमंत्री और मंडल आयोग के लिए विख्यात बिन्देश्वरी प्रसाद मंडल इसी गाँव के थे)। उसी गाँव के जमींदार (और बिन्देश्वरी प्रसाद मंडल के पिता) रासबिहारी मंडल को इसकी स्थापना का श्रेय जाता है। इस गोप सभा के अध्यक्ष थे अनन्त प्रसाद मंडल और जयनारायण मंडल तथा सचिव थे गिरिवर नारायण मंडल। उन दिनों के पुलिस रिकॉर्ड में पूरे प्रदेश में ग्वाला आन्दोलन संगठित करने की बावत बार-बार रासबिहारी मंडल का नाम आता है। एक ही साथ ग्वाला सभाओं के संगठनकर्ता के रूप में और फिर जिले के अधिकारियों के लिए अच्छी-खासी मुसीबत खड़ी करनेवाले कुख्यात अपराधी के रूप में भी।

दिसम्बर 1911 में मधेपुरा में बिहार के विभिन्न हिस्सों से आए ग्वालों की एक सभा हुई जिसमें सामाजिक, आर्थिक और नैतिक उत्थान की बावत प्रस्ताव पारित किए गए और प्रत्येक जिले में ग्वाला सभा गठित करने का निर्णय लिया गया।

अन्य जातीय आन्दोलनों की तुलना में ग्वाला आन्दोलन अधिक व्यापक और जुझारू था। अपने आपको चन्द्रवंशी/यदुवंशी क्षत्रिय घोषित करने और जनेऊ धारण करने के अलावा इन जातीय सभाओं में यादवों से बेगारी नहीं करने और उच्च जातियों के इसी तरह के जुल्म न सहने की भी अपील की जाती। उन्होंने ब्राह्मणों के बाद सबसे (राजपूतों से भी) श्रेष्ठ जाति होने का दावा किया क्योंकि 'राजपूत भी पुराने क्षत्रिय नहीं थे, जबकि वे कृष्ण के, क्षत्रियों के चन्द्रवंशी शाखा के वंशज थे।' अन्य जातियों की तरह उन्हें कोई नई कथा नहीं गढ़नी थी। कृष्ण का लोकप्रिय, सर्वविदित आख्यान उनके साथ था। इसके अलावा वे प्रदेश के लगभग सभी हिस्सों/अंचलों/गाँवों में मौजूद अकेली सबसे बड़ी जाति थे। श्रेष्ठता की इस भावना का एक परिणाम यह भी हुआ कि इन जातीय सभाओं में यादव जाति की महिलाओं से घर के बाहर काम न करने, गोयठा नहीं थापने और उसे घर-घर जाकर नहीं बेचने, बाजार-हाट नहीं जाने जैसी अपीलें भी की जाने लगीं। यहाँ तक कि यादवों से हल की मूठ नहीं पकड़ने और बाभनों का छुआ नहीं खाने की भी ताकीद की जाने लगी। ये प्रस्ताव कभी लागू नहीं हुए क्योंकि गरीब यादवों के लिए ऐसा करना संभव नहीं था। हाँ, समृद्ध तबकों में बात कुछ और थी।

वैसे वर्चस्वशाली ही श्रेष्ठता का मानदण्ड तय करते हैं, उनका आचरण ही श्रेष्ठता का पैमाना होता है। उन दिनों समाज के धनी-मानी लोगों के लिए श्रेष्ठता का पैमाना थे अंग्रेज हाकिम और कृषि समाज के पिछड़ों के लिए श्रेष्ठता का पैमाना थे—ब्राह्मण। ऊपर जो रुझान यादवों में दिखाया गया, वह रुझान कमोबेश अन्य सभी पिछड़ी और दलित जातियों में भी थी।

लगभग सभी पिछड़ी और दलित जाति की महिलाएँ मेहनतकश महिलाएँ थीं—वे खेत से लेकर घर तक हर तरह का श्रम करती थीं (हल चलाना छोड़कर)। इन जातियों में सम्बन्ध-विच्छेद और पुनर्विवाह तथा विधवा-विवाह की प्रथा थी। लेकिन इन जातियों के समृद्ध तबके 'श्रेष्ठ' होने के क्रम में इन सारे मामलों में ब्राह्मणों की देखा-देखी करने की कोशिश करते।

जाहिर है ग्वाला सभा के इन कदमों का (जिसे वे अपने लोगों पर कहीं-कहीं जबरन थोपने की भी कोशिश करते) उच्च जातियों ने जगह-जगह उग्र विरोध करना शुरू किया। वे अहीरों के मन बढ़ने और श्रेष्ठ बनने की कोशिशों से अत्यन्त नाराज थे। दिसम्बर 1912 और फिर 1913 में क्रमशः रोसड़ा और कुशेश्वरस्थान में ब्राह्मणों और राजपूतों ने छोटी-बड़ी कई सभाएँ कर जवाबी कार्रवाई करने का फैसला किया।

10-11-12 फरवरी 1913 को कंकड़बाग, पटना में गोप जातीय महासभा का अखिल भारतीय सम्मेलन हुआ। इसमें बिहार के विभिन्न जिलों के अलावा लाहौर, गोरखपुर, लखनऊ और अन्य जगहों से भी प्रतिनिधि आए थे। काफी बड़ी संख्या में यादव छात्र भी उपस्थित थे। इस सम्मेलन में शिवनन्दन प्रसाद ने स्वागत भाषण दिया और रासबिहारी मंडल ने पटना सिटी के दामोदर प्रसाद का नाम अध्यक्ष के लिए प्रस्तावित किया। सम्मेलन में सर्वप्रथम ब्रिटिश सरकार के प्रति विश्वास और कृतज्ञता प्रकट करते हुए[1] ग्वाला समाज की स्थिति का जायजा लिया गया। ग्वाला भाइयों से आपसी झगड़ों और मुकदमेबाजी में अपना धन और बल खर्च करने की बजाय ऐसे झगड़ों को आपस में ही शान्तिपूर्वक निबटा लेने की अपील की गई, शादी-ब्याह पर खर्च कम करने को कहा गया और यादवों के

---

1. लगभग हर जातीय सभा की कार्यसूची में औपचारिक रूप से पहला स्थान इसी कृतज्ञता-ज्ञापन का हुआ करता था। जातियाँ अभी ब्रिटिश साम्राज्य को चुनौती नहीं दे रही थीं, बल्कि हिन्दू समाज के अन्दरूनी शक्ति संतुलन में परिवर्तन के लिए लड़ रही थीं। वैसे आमतौर पर राष्ट्रीय आन्दोलन के प्रति उनकी सहानुभूति रहती, लेकिन वह उनका कार्यक्षेत्र नहीं था।

बीच प्राथमिक शिक्षा का प्रसार करने तथा अपनी स्थिति को बेहतर बनाने की आवश्यकता पर बल दिया गया। इस सम्मेलन के बाद जिलों और कस्बों में तो जैसे ग्वाला सभाओं की बाढ़-सी आ गई (देखें परिशिष्ट)। इन सभाओं में जिनमें सैकड़ों की संख्या में लोग भाग लेते, शिक्षा, जनेऊ धारण करने, महिलाओं द्वारा घर-घर जाकर गोयठा, दूध, दही आदि न बेचने, जमींदारों द्वारा घी-टैक्स लेने का विरोध करने के साथ-साथ चोरी (खासकर मवेशी चोरी) न करने और दूध में पानी नहीं मिलाने जैसे प्रस्ताव भी पारित किए जाते। ग्वाला भाइयों को यह चेतावनी दी जाती कि जो सभा के प्रस्तावों का उल्लंघन करेंगे उन्हें दण्ड भुगतना पड़ेगा।

यादव, कुर्मी, कोइरी के अलावा अन्य पिछड़ी जातियों में भी इसी तरह हलचल मची थी। खासकर ग्वाला जाति की सभाओं ने अन्य पिछड़ी हुई जातियों की गतिशीलता बढ़ा दी। अक्टूबर 1912 में गया में अखिल भारतीय क्षत्रिय स्वर्णकार सभा की बैठक हुई। इसके तुरन्त बाद 11-13 फरवरी 1913 को बिहार स्तरीय सुनारों का एक सम्मेलन हुआ जिसमें सारण, मुंगेर, पटना, हजारीबाग आदि के सुनार शामिल हुए। इसमें जनेऊ पहनने के साथ वर्मा टाइटल लगाने का फैसला किया गया। 18-19 मार्च 1913 को दरभंगा में बढ़इयों की सभा में रोजाना आठ आने से कम मजूरी पर काम न करने, जमाने से चली आ रही लकड़ी के सामानों की दर बढ़ाने, शादी पर खर्च कम करने और विधवा-विवाह पर रोक लगाने का फैसला लिया गया। छपरा में कहारों की सभा में तय किया गया कि वे अपने को रवानी कहेंगे, कहार नहीं। इसी समय आरा में भी कहारों की एक सभा हुई जिसमें चन्द्रवंशी क्षत्रिय-राजपूत होने का दावा किया गया—एक रामटहल राम ने टाइटल बदलकर अपना नाम रामटहल सिंह रख लिया।

दलित जातियों में संगठित आन्दोलन की पहल दुसाध जाति ने ली। अंग्रेजों ने इन्हें अपराधी जाति की श्रेणी में रख दिया था। कुछ अंग्रेज लेखकों ने 'मिलिट्री रेस' (सैन्य जाति) और 'वाचमैन' (दरबान, पहरेदार) के रूप में भी इस समुदाय की शिनाख्त की है। रिस्ले के अनुसार लार्ड क्लाइव के अधीन अधिकांश सिपाही दुसाध ही थे। वैसे कमिया और खेत मजदूरों की अच्छी-खासी तादाद इसी समुदाय से आती थी। अपने बारे में इनके तरह-तरह के दावे थे—हालाँकि सारे दावे क्षत्रिय होने की पुष्टि में ही थे। जनगणना में इन्होंने अपना नाम गहलौत राजपूत के रूप में लिखवाने का दावा किया था। ये अपने को पांडु-पुत्र भीम की सन्तान मानते थे। एक कथा यह भी है कि जब भगवान परशुराम ने क्षत्रियों का संहार किया था तो कुछ क्षत्रिय छिपकर उस संहार से बच गए थे। परशुराम के

सैनिकों से आमना-सामना होने पर जब उनसे जाति पूछी गई तो उन्होंने 'दूसरा जात' कहकर किसी तरह अपना पिण्ड छुड़ाया। कालक्रम में यही 'दूसरा जात' दुसाध में परिणत हो गया। मतलब यह कि दुसाध भगवान परशुराम के संहार से भी बच निकले क्षत्रिय हैं।

बहरहाल, दुसाधवंशीय क्षत्रिय महासभा की स्थापना 1891 ई. में की गई। साल में एक बार इसका सम्मेलन होता था और सभा में दो से तीन हजार लोग जुटते थे। अखिल भारतीय सभा का अध्यक्ष हर साल निर्वाचित होता था। कई जिलों में भी इसकी समितियाँ थीं। सबसे अधिक जोर शिक्षा पर दिया जाता, लेकिन साथ ही सामाजिक कुरीतियों (जैसे नशाखोरी, शादी-ब्याह में मांस खाना, आदि) को भी त्यागने की अपील की जाती। 4 मई 1913 को फतुहा के दुसाध सम्मेलन में, जिसमें करीब 300 लोग शामिल हुए, दहेज-प्रथा और दूसरी शादी के खिलाफ प्रस्ताव पारित किए गए। अपराध छोड़ने की भी चर्चा हुई। तीस साल से कम उम्र की महिलाओं को बाजार नहीं जाने की हिदायत दी गई और मृत्यु होने पर श्राद्ध आयोजित करने का फैसला लिया गया। इसी तरह दरभंगा और हिलसा में भी सभाएँ आयोजित की गईं। हिलसा की सभा में आपसी झंझटों को जातीय पंचायत के माध्यम से निपटाने, जिनके पास जीवनयापन का कोई उपाय नहीं है, उनकी जातीय पंचायत द्वारा व्यवस्था करने, जमींदारों के यहाँ चौकीदार या गोराइत के रूप में काम करने और चोरी न करने का निर्णय लिया गया।

1909 ई. में पटना के पुलिस अधीक्षक मि. नाइवेट ने सामाजिक दबाव के जरिए दुसाध जाति द्वारा अपने लोगों से अपराध-वृत्ति छुड़वाने का एक आन्दोलन शुरू किया था और उसकी सफलता से उत्साहित होकर वे इसे यादवों के बीच भी अमल में लाना चाहते थे। दुसाधों के बाद दलित जातियों के बीच चमार और भुइंया जातियों में भी उन दिनों कुछ सक्रियता दिखाई पड़ती है। अप्रैल 1913 में चम्पारण में चमारों की एक सभा हुई जिसमें मवेशियों को जहर देकर न मारने, शराब न पीने और बहुविवाह की प्रथा समाप्त करने का निश्चय किया गया। 1920 के दशक में साहेबगंज (संथाल परगना) में एक 'चमार सभा' सक्रिय थी। वे खुद को रैदास कहते और चमारों का सम्बन्ध राम-अवतार काल के एक बहिष्कृत ब्राह्मण से जोड़ते थे। इसी तरह भुइंया अपने को रिखियासन कहते। उनका दावा था कि वे प्राचीन काल में जंगलों में रहनेवाले ऋषि-मुनियों की संतान हैं।

राष्ट्रीय आन्दोलन : जातीय आन्दोलनों की इस गहमागहमी के बीच ही फरवरी 1919 में रौलेट बिल के खिलाफ गांधीजी ने सत्याग्रह की घोषणा कर

दी। ब्रिटेन के तुर्की-विरोधी रवैये से नाराज मुसलमानों का खिलाफत आंदोलन भी इसी समय भड़क उठा था। गांधीजी ने खिलाफत का समर्थन किया और भारत में पहली बार राष्ट्रीय आन्दोलन का सैलाब उमड़ पड़ा। 19 मार्च 1919 को पहली प्रदेशव्यापी हड़ताल हुई। छः प्रमुख शहरों में दुकानें पूरी तरह बन्द रहीं। अन्य शहरों में हड़ताल का आंशिक असर रहा। पूरे वर्ष सत्याग्रह की गहमागहमी रही। ऐसे ही माहौल में दिसम्बर 1919 में जमालपुर रेलवे वर्कशॉप्स के मजदूर भी हड़ताल पर चले गए। यह आम हड़ताल छः सप्ताह तक चली। फिर फरवरी 1920 में जमशेदपुर के मजदूरों की बारी आई। उनकी हड़ताल भी करीब एक महीने तक चली। असहयोग आंदोलन के बीच इन हड़तालों ने अंग्रेजी हुकूमत के लिए काफी मुश्किलें खड़ी कर दीं। इन औद्योगिक इलाकों में उन्हें सेना और पुलिस का भारी बन्दोबस्त करना पड़ा। जमशेदपुर में हड़ताल के दौरान पुलिस कार्रवाई के कारण पाँच हड़ताली मजदूर मारे गए और तेइस घायल हो गए। इसी बीच जलियाँवाला बाग का नृशंस हत्याकांड हुआ। अप्रैल 1920 में उसकी स्मृति में राष्ट्रीय सप्ताह मनाया गया। महीने की आखिर में मौलाना शौकत अली ने बिहार आकर बाजाप्ता असहयोग आन्दोलन का उद्घाटन किया।

उन दिनों प्रदेश कांग्रेस कमेटी का संगठन शहरों तक ही सीमित था। जनाधार भी ज्यादा व्यापक नहीं था। कांग्रेस का नेतृत्व पूरी तरह उच्च जाति जमींदारों और समृद्ध वकीलों के हाथों में था। 1910 में इलाहाबाद में हुए भारतीय राष्ट्रीय कांग्रेस के 25वें अधिवेशन में बिहार से भाग लेनेवाले 39 नेताओं में 30 कायस्थ, ब्राह्मण, राजपूत और भूमिहार थे, 5 मुसलमान और चार यादव थे। वैसे नए प्रांत के साथ एकजुटता प्रदर्शित करने के लिए दिसम्बर 1912 में अखिल भारतीय कांग्रेस कमेटी का 27वाँ अधिवेशन बाँकीपुर, पटना में ही आयोजित किया गया था, तथापि 1919-20 तक भी कांग्रेस एक व्यापक जनआन्दोलन का वाहक बनने की स्थिति में नहीं थी।

इस कार्य को अंजाम दिया सेवा समितियों ने। समाज सेवा के काम में जुटी ये समितियाँ कई वर्षों से अस्तित्व में थीं। समय-समय पर नशाखोरी और अन्य सामाजिक कुरीतियों के खिलाफ ये अभियान भी चलाती रहतीं। आन्दोलन के दरम्यान लगभग हर जिले में ऐसी समितियाँ कायम हो गईं, उनका तेजी से राजनीतिकरण हुआ और ये असहयोग आन्दोलन में छात्र-युवाओं की भर्ती का मुख्य माध्यम बन गईं। करीब सालभर के भीतर ही उसकी सदस्य संख्या बढ़कर 6,000 हो गई। 1920 के दिसम्बर में गांधीजी और मौलाना शौकत अली ने संयुक्त रूप से प्रदेश का दौरा किया जिससे आन्दोलन को नया आवेग मिला।

सरकारी स्कूल-कॉलेजों का बहिष्कार किया गया और एक राष्ट्रीय विद्यापीठ भी स्थापित की गई, जिसके पाठ्यक्रम में गाँवों में राजनीतिक प्रचार भी शामिल था। शराब-विरोधी आन्दोलन तो चल ही रहा था जिससे सरकारी राजस्व की काफी हानि हो रही थी। 1921 में अपनी नियुक्ति के दो महीने के भीतर जब गवर्नर लार्ड सिन्हा ने मुंगेर और भागलपुर का दौरा किया तो उन शहरों में सफल हड़ताल आयोजित की गई।

राष्ट्रीय आन्दोलन के इस दौरे में पूरे प्रदेश में जहाँ साम्प्रदायिक सद्भाव का वातावरण था, वहीं जातीय आन्दोलन भी कुछ समय के लिए पृष्ठभूमि में चला गया। 4 फरवरी 1922 को चौरी-चौरा काण्ड के बाद गांधीजी ने असहयोग आन्दोलन वापस ले लिया। इधर खिलाफत आन्दोलन भी ठंडा पड़ चुका था। 10 मार्च 1922 को गांधीजी गिरफ्तार कर लिए गए। राष्ट्रीय आन्दोलन का पहला ज्वार थम चुका था।

ऊपर हमने प्रांतीय पुनर्गठन के आसपास (खासकर बिहार बनने के बाद के पहले दशक, 1912-21, में) प्रदेश की स्थिति और उन दिनों चल रही विभिन्न गतिविधियों का एक सामान्य ब्यौरा प्रस्तुत किया है। अब हम सदी के आरम्भ में सामाजिक सोपान में विभिन्न समुदायों की स्थिति पर एक नजर डालते हुए यह अध्याय समाप्त करेंगे।

सामाजिक सोपान : किसी भी समाज में प्रचलित सामाजिक श्रेणीकरण पर बदलते परिवेश में सत्ता और धन के बदलते स्वरूपों का प्रभाव पड़ता रहता है और उसके अनुरूप विभिन्न समुदायों की सामाजिक हैसियत और उस हैसियत की छवि भी परिवर्तित होती रहती है। जमींदार होना, अंग्रेजी शिक्षा में शिक्षित होना, सरकारी नौकरी में होना, आदि कई कारक थे जो कमोबेश सामाजिक हैसियत भी प्रदान कर ही देते थे। नीचे हमने औपनिवेशिक काल में ऐसे ही कारकों और प्रचलित सामाजिक श्रेणीकरण के मेल से बने सामाजिक सोपान की एक आम रूपरेखा प्रस्तुत की है।

1. सामाजिक सोपान में सबसे ऊपर थे अंग्रेज और अन्य यूरोपियन हाकिम-हुक्काम। आम तौर पर वे अपनी 'श्रेष्ठ नस्ल' का दंभ भरते, आम जनों के साथ रंग-भेद पर अमल करते और खुद को उन्नत सभ्यता का वाहक मानते। संख्या में अत्यन्त कम होने के बावजूद (1931 की जनगणना में मात्र 6,380) शासक राष्ट्र का होने के कारण उनका सर्वव्यापी सामाजिक दबदबा था। समाज के धनी-मानी और मध्यमवर्गीय लोग उन्हीं के रहन-सहन, खान-पान, पोशाक, बोलचाल, आदि की नकल करते और उसे सामाजिक सम्मान पाने के लिए

अत्यावश्यक समझते। बात-बात में आम भारतीयों को अपमानित, प्रताड़ित और दंडित करने का कोई मौका ये यूरोपियन नहीं चूकते। बहरहाल, उनके अन्दर भी अपना एक श्रेणीकरण मौजूद था, हालाँकि उसकी चर्चा हम यहाँ नहीं करेंगे। हाँ बड़े अंग्रेज अफसर नीलहे यूरोपियन को उजड्ड मानते और उन्हें कमोबेश हिकारत की नजर से देखते थे। (यहाँ जाहिर है हम उन अनेक अंग्रेजों/यूरोपियनों का जिक्र नहीं कर रहे जो भारतीयों के प्रति सम्मान रखते थे और जिन्होंने भारत को जानने तथा भारतीयों के हक, उनकी अस्मिता और स्वतंत्रता के लिए अपना जीवन समर्पित कर दिया था।)

2. दूसरे स्थान पर थे ब्राह्मण, राजपूत और अशराफ मुस्लिम जमींदार। 1901 की जनगणना के अनुसार पूरे प्रदेश में 19,670 ब्राह्मण और 23,121 राजपूत जमींदार थे। इसी स्थान पर ऐंग्लो-इंडियन समुदाय को भी रखा जा सकता है। उनकी संख्या भी काफी कम थी—6,638 (1931)। वे भी अपने को अंग्रेजों के समान ही सबसे सभ्य, सुसंस्कृत समुदाय मानते। लेकिन उनकी स्थिति प्रेमचन्द की 'रंगभूमि' के सेवक परिवार जैसी थी। न अंग्रेज हाकिम उन्हें अपनी पाँत में शामिल करते और न वे आम भारतीय की पाँत में शामिल होना चाहते। वे अधिकतर अलग-थलग ही रहते। बिहार का आज उपेक्षित और उजाड़ पड़ा कस्बा मैक्लुस्कीगंज उनकी सामाजिक स्थिति का संकेत देता है।

3. तीसरे स्थान पर थे भूमिहार जमींदार। प्रदेश के कुल 94,286 जमींदारों (1901) में भूमिहार जमींदारों की संख्या थी 35,841—यानी जमींदारों के बीच अकेली सबसे बड़ी जाति।

कायस्थों को भी उनके साथ तीसरे स्थान पर रखा जा सकता है। हालाँकि उनके हाथों में भी 9,738 जमींदारियाँ थीं, तथापि उनकी सामाजिक हैसियत के और कारण भी थे। शिक्षा, वकालत, सरकारी नौकरी और राजनीति में वे (यूरोपियनों, ऐंग्लो—इंडियनों और बंगालियों को छोड़कर) ब्राह्मण-राजपूत-भूमिहार समेत अन्य सभी समुदायों से काफी आगे थे। (आँकड़े पहले दिए जा चुके हैं)। उच्च जातियों के बड़े पट्टेदारों को भी इसी श्रेणी में रखा जा सकता है।

4. चौथे स्थान पर थे ब्राह्मण-भूमिहार-राजपूत-कायस्थ जाति के कायमी रैयत।

5. पाँचवाँ स्थान यादव-कुर्मी-कोइरी जमींदारों और धनी-मानी बनियों का था। प्रदेश में उपर्युक्त तीन जातियों के कुल 5,589 जमींदार थे। (कुर्मी 4302, यादव 1217 और कोइरी-मात्र 70)।

6. यादव-कुर्मी-कोइरी-कलवार कायमी रैयत और कुछ प्रमुख कारीगर और सेवक जातियों—लोहार, बढ़ई, कुम्हार, हज्जाम आदि का अपेक्षाकृत खुशहाल हिस्सा छठे स्थान पर था। कायमी और अन्य रैयतों की सर्वाधिक आबादी इन्हीं समुदायों की थी।

7. अन्य पिछड़ी जातियों के कायमी रैयत, दुसाध और चमार जमींदार का सातवाँ स्थान था। दुसाधों में 210 और चमारों में 110 जमींदार थे। चौकीदारों, दफादारों और जमींदारों के गोराइतों में भी दुसाधों की संख्या अच्छी-खासी थी।

8. आठवें स्थान पर थे उच्च जातियों तथा दलित जातियों को छोड़कर अन्य सभी जातियों के दर रैयत, बटाईदार, बँधुआ और अन्य मजदूर।

9. नौवाँ स्थान दलित जातियों के दर रैयतों, बँधुआ और अन्य मजदूरों का था।

10. सबसे नीचे थीं डोम, भंगी आदि अछूत जातियाँ।

2

जाति लगान और जनेऊ आन्दोलन

शास्त्रीय अर्थशास्त्र में हमारा सामना लगान की कई किस्मों से होता है : श्रम लगान (बेगारी), उपज लगान (भावली) और नकद लगान। व्यावसायिक खेती के विकास के साथ सापेक्ष और निरपेक्ष लगान की श्रेणियाँ सामने आती हैं[1]। बिहार में लगान की ये सारी किस्में मौजूद थीं, लेकिन इनके साथ-साथ इसकी एक और किस्म थी जिसका वर्णन शास्त्रीय अर्थशास्त्र में नहीं मिलता। वह है जाति लगान, जमींदार जाति के आधार पर तरह-तरह के अबवाब तो लेते ही थे, लगान का निर्धारण भी जाति के आधार पर करते थे—उच्च जाति रैयतों की तुलना में पिछड़ी और दलित जातियों से लगान भी ज्यादा लिया जाता था। जाति लगान की इस परिघटना पर अपेक्षित चर्चा नहीं हुई है।

लगभग हर जिले की सर्वे सेटलमेण्ट रिपोर्ट में इस जाति लगान की स्थिति का खुलासा मिलता है। लेकिन इन रिपोर्टों के काफी पहले बुकानन और हंटर अपने विवरणों में इसकी काफी स्पष्ट तस्वीर पेश कर चुके थे। चम्पारण जिले के बारे में हंटर लिखते हैं—'पूरे जिले में पुरानी कृषि योग्य भूमि के बड़े हिस्से में लगान अब भी रैयत की जाति के आधार पर तय किया जाता है—उच्च जाति के रैयत को निम्न जाति के रैयत की तुलना में काफी कम लगान देना पड़ता है।

1. कृषि उपज की कीमत सबसे खराब और बाजार से सबसे दूर जमीन पर उत्पादन लागत और औसत मुनाफे के योगफल द्वारा निर्धारित होती है। मान लीजिए ऐसी ही एक 'क' किस्म की जमीन पर उत्पादन लागत 200 रु. है। यदि दस फीसदी के हिसाब से मुनाफा 20 रु. हो, तो कृषि उपज की कीमत होगी 220 रु.। स्वभावत: अच्छी और बाजार से अपेक्षाकृत नजदीक जमीन पर उत्पादन लागत कम होगी। ऐसी 'ख' किस्म की जमीन पर उत्पादन लागत अगर 150 रु. है, तो इस जमीन पर उत्पादित कृषि उपज की कीमत 170 रु. होगी। उसी तरह सबसे अच्छी और बाजार से सबसे नजदीक 'ग' किस्म की जमीन पर अगर उत्पादन लागत 100 रु. है तो उस जमीन पर कृषि उपज की कीमत होगी 120 रु.। सापेक्ष लगान खराब और अच्छी जमीन में कृषि उपज की उत्पादन लागत में फर्क से निर्धारित होता है। इस तरह 'क' जमीन के लिए सापेक्ष लगान (200-200) शून्य होगा। 'ख' जमीन के

अक्सर ऐसा पाया जाता है कि लगभग समान किस्म की जमीन के लिए ब्राह्मण और राजपूत रैयतों को दुसाध और अन्य निम्न जाति के रैयतों की तुलना में एक तिहाई लगान ही देना पड़ता है।' उन्होंने आगे लिखा है, 'कलक्टर की रिपोर्ट के अनुसार लगान की दरों में फर्क का कारण सिर्फ जमीन की उर्वरता और उसकी स्थिति ही नहीं है, बल्कि काश्तकार की जाति और उसकी स्थिति भी है। इस प्रकार एक उच्च जाति काश्तकार को एक कुर्मी की तुलना में कम लगान देना पड़ा है।' इसी तरह अपनी पूर्णिया रिपोर्ट में डॉ. बुकानन पाते हैं कि '·····मजदूर जाति के रैयतों को अन्य जातियों की तुलना में काफी ज्यादा लगान देना पड़ता है। प्रायः यह इतना असह्य होता है कि उन बेचारे गरीबों को, जिनके पास और कोई साधन नहीं है, अपनी जमीन–जायदाद छोड़कर गाँव से भाग जाने के लिए मजबूर होना पड़ता है·····उसी गाँव में एक आदमी के लिए एक बीघे जमीन का लगान अगर दो आने है तो दूसरे आदमी के लिए दो रुपए। खैर ये तो एक चरम उदाहरण है, इससे कम का, परन्तु बड़ा अन्तर—जैसे चार आने और एक रुपए का अन्तर—तो प्रायः पाया जाता है, और लगभग सर्वव्यापी है। मिट्टी की गुणवत्ता से इसका कुछ भी लेना-देना नहीं·····आमतौर पर सबसे अच्छी जमीन उच्च

लिए सापेक्ष लगान (200–150) 50 रु. होगा और 'ग' जमीन के लिए सापेक्ष लगान (200–100) 100 रु. होगा। प्रसंगवश यह कहना जरूरी है कि खराब-अच्छी, बाजार से दूर-नजदीक आदि सापेक्ष श्रेणियाँ हैं और इनमें विभिन्न कारणों से परिवर्तन घटित होता रहता है।

अब आइये निरपेक्ष लगान पर। मान लीजिए कृषि में अचल पूँजी (खाद, बीज, हल-बैल आदि कृषि उपकरणों का किराया, आदि) 200 रु. है, चल पूँजी (मजदूरी) 100 रु. है और अतिरिक्त मूल्य (मजदूरों द्वारा श्रम के जरिए जोड़े गये मूल्य और उनकी श्रमशक्ति के मूल्य, अर्थात् उनके जीवन निर्वाह के लिए दी गयी मजदूरी के अन्तर) की दर 100 फीसदी है, तो कृषि उपज का मूल्य होगा (200+100+100) 400 रु.। मुनाफे की औसत दर अगर 10 फीसदी हो तो औसत मुनाफा होगा 30 रु.। बाजार के लिए उत्पादन करनेवाले किसान को 100 रु. का अतिरिक्त मूल्य नहीं बल्कि 30 रु. का औसत मुनाफा ही प्राप्त होगा। निरपेक्ष लगान अतिरिक्त मूल्य और औसत मुनाफे के अन्तर से निर्धारित होता है। इसीलिए निरपेक्ष लगान होगा (100–30) 70 रु.। यह राशि भूस्वामी भूमि पर अपने निजी स्वामित्व के कारण किसान से वसूल लेता है और इस तरह यह राशि पूंजी-निर्माण का हिस्सा नहीं बन पाती। अतिरिक्त मूल्य और औसत मुनाफे के बीच अन्तर बढ़ जाने की स्थिति में भूस्वामी अपना निरपेक्ष लगान भी बढ़ा देता है।

जातियों के हाथों में है, लेकिन वे ही सबसे कम लगान देते हैं।' भागलपुर जिले के अपने विवरण में भी बुकानन इस जाति-लगान के तथ्य का ब्यौरा प्रस्तुत करते हैं।

मुजफ्फरपुर सर्वे सेटलमेंट रिपोर्ट (पृ. 181) में यह दिखलाया गया है कि जहाँ उच्च जाति की 18 मिल्कियतों पर लगान में कोई बढ़ोतरी नहीं की गई थी, वहीं निम्न जातियों की 81 मिल्कियतों का लगान बढ़ा दिया गया था। जहाँ उच्च जातियों की जमीन का लगान बढ़ा भी, तो वह बढ़ोतरी निम्न जातियों की जमीन पर की गई बढ़ोतरी की तुलना में अत्यन्त तुच्छ है।

30 जून 1898 ई. को बंगाल के लैण्ड रेकर्ड्स ऐण्ड एग्रीकल्चर डायरेक्टर को लिखे अपने पत्र में मि. स्टीवेंशन मूर ने सूचना दी है कि 'कृषि भूमि के विस्तार के बिना ही 365 मामलों में लगान बढ़ा दिया गया है। इनमें से दस मामलों में लगान-वृद्धि तो बिल्कुल जायज है, लेकिन कम-से-कम 346 मामलों में यह या तो गैरकानूनी है या फिर संदिग्ध। इस विवरण में इन 346 मिल्कियतों के काश्तकारों की जाति दर्शाई गई है। 177 मिल्कियतों में जहाँ लगान में रुपए में दो आने से अधिक की बढ़ोतरी की गई है, मात्र 14 मिल्कियत उच्च जातियों की हैं—यानि उच्च जाति की मिल्कियतों और निम्न जाति की मिल्कियतों का अनुपात यहाँ 7.91 : 92.09 है। 169 मिल्कियतों में जहाँ बढ़ोतरी रुपए में दो आने से अधिक नहीं है, 50 मिल्कियतें उच्च जातियों में हैं और 119 निम्न जातियों की। यहाँ अनुपात 29.59 : 70.41 है। दोनों तरह की वृद्धियों वाली मिल्कियतों को लें तो 64 उच्च जातियों की हैं और 282 निम्न जातियों की.... जिन उच्च जाति रैयतों का लगान बढ़ा है, वे शेख हैं जिनकी हालत वैसे भी ठीक-ठाक नहीं है और जो प्रतिरोध की स्थिति में भी नहीं हैं....लगान-वृद्धि से प्रभावित होनेवाले उच्च जाति रैयतों की संख्या उन जागीरों में ज्यादा है जहाँ बँटवारा कलक्टर के द्वारा किया गया है। वहाँ उच्च जाति रैयत लगान वृद्धि को रोकने में कामयाब नहीं हो पाए। इन रैयतों का भी कमोबेश ऐसा ख्याल है कि जहाँ सरकार जमींदारों की जागीर का बँटवारा करती है वहाँ जमींदार को लगान वृद्धि का अधिकार मिल जाता है—यह ध्यान देने योग्य बात है कि जिन 346 मामलों में लगान बढ़ाया गया है, उनमें 156, यानी करीब 40 फीसदी, जुलाहा, दुसाध और चमार हैं तथा इनमें से अधिकांश मामलों में वृद्धि रुपए में दो आने से अधिक है। निम्नतम जातियाँ ही जमींदारों के उत्पीड़न का सबसे अधिक शिकार बनती हैं।' (स्टेटमेण्ट II बी, सर्वे सेटलमेंट रिपोर्ट, मुजफ्फरपुर, एपेंडिक्स, पृष्ठ XXIX)।

इसी तरह धरमपुर गाँव का हवाला देते हुए मूर ने दिखाया कि किस तरह

उच्च जाति रैयतों का लगान बढ़ाने की कोशिश तक नहीं की गई, जबकि निम्न जाति के छः रैयतों का लगान 20.16 फीसदी बढ़ा दिया गया। (मूर का पत्र, स्टेटमेंट III, पृ. XXV)।

गया जिले के सर्वे सेटलमेंट के दौरान यह पाया गया कि गया के आसपास औसत नकद लगान 4 रु. से 10 रु. प्रति एकड़ तक है····लगान की रसीद की पर्चियों से पता चला कि औसतन 3 से 13 रु. तक वसूली की जाती है। सहायक सेटलमेंट पदाधिकारी द्वारा तय किए गए लगान से जमींदार खुश नहीं थे। फलतः उनकी अपील पर अधिकांश मामलों में लगान काफी बढ़ा दिया गया। कई रैयतों ने तो इस नाजायज 'समझौते' को मानने से इन्कार कर दिया, लेकिन कइयों के पास इसे मानने के सिवा कोई चारा नहीं था। कुछ रैयतों ने जब इस समझौते के खिलाफ अपील की तो ये मामले आयुक्त के सामने पेश किए गए और लगान में कुछेक संशोधन किए गए। बहरहाल, इस पूरे प्रकरण में जातीय भेदभाव का उदाहरण प्रस्तुत करने के लिए नीचे लिखे तीन मामलों पर नजर दौड़ाना पर्याप्त है (वैसे, ऐसे अनेक मामले थे जहाँ लगान 'समुचित लगान' की तुलना में दुगुना था):

रैयत	प्रति एकड़ नकद लगान (समान किस्म की भूमि)	रसीद के अनुसार प्रति एकड़ वसूली	सहायक सेटल-मेंट अधिकारी द्वारा तय लगान	समझौते से तय लगान
		रु.आ.पा.	रु.आ.पा.	रु.आ.पा.
1. **जादूगर कोइरी**	4 रु.	3 11 3	3 12 0	8 0 0
2. **हेमन दुबे**	4 रु.	3 3 3	3 6 6	7 13 0
3. **रामकिशुन महतो**	6 रु.	8 7 6	7 4 0	9 2 0

अन्य जिलों की सर्वे सेटलमेंट रिपोर्ट्स में भी ऐसे उदाहरण भरे पड़े हैं। जाति लगान एक प्रचलित तथ्य था। इतना ही नहीं, उच्च जाति रैयत प्रायः कम लगान देने में भी आनाकानी करते और इस ताक में रहते कि किसी बहाने उन्हें लगान में और माफी मिल जाए। सामाजिक रूप से, जमींदारों का प्रतिरोध करने की भी वे बेहतर स्थिति में थे। ऐसे ही एक मामले में शाहाबाद के जिला जज ने टिप्पणी करते हुए लिखा था, '····निम्न जाति के रैयत तो बिना ना-नुकुर किए अपना लगान अदा कर देते हैं, लेकिन उच्च जाति के रैयतों की तो ये पुरानी आदत है कि वे समय से अपना लगान जमा नहीं करते····' (शाहाबाद सर्वे सेटलमेंट रिपोर्ट, पृ. 160)।

इसी तरह भागलपुर की रिपोर्ट में बताया गया कि 'उन इलाकों में जहाँ

निम्न जाति (ग्वाला, मल्लाह, जुलाहा, धुनिया आदि) रैयतों की संख्या उच्च जाति (पठान, ब्राह्मण, राजपूत, बाभन आदि) रैयतों से काफी ज्यादा है, प्रभावशाली जमींदार जुल्म की धमकी देकर ही लगान बढ़वाने में कामयाब हो जाते हैं। (पश्चिमी सीमावर्ती इलाकों को छोड़कर) उत्तरी भागलपुर ऐसा ही एक क्षेत्र है, और यहीं लगान में नाजायज बढ़ोतरी की घटनाएँ भी सबसे ज्यादा देखने को मिलती हैं। वैसे रैयतों को डराने-धमकाने के लिए जमींदारों द्वारा प्रत्यक्ष हिंसा का सहारा लेना, मारना-पीटना, खड़ी फसल कटवा या लुटवा लेना, घरों में आग लगा देना—इधर प्रायः आम बात है। आतंककारी कार्यवाहियों के अतिरिक्त जमींदार आनाकानी अथवा विरोध करनेवाले रैयतों का सामाजिक बहिष्कार भी करवा देते हैं—यानी हज्जामों, धोबियों, लोहारों, बढ़इयों और मजदूरों को उन रैयतों का काम करने से मना कर देते हैं।' (भागलपुर सर्वे सेटलमेंट रिपोर्ट, लगान वृद्धि के विभिन्न रूप, XXX)।

जाति-आधारित लगान की चर्चा के बाद अब हम एक नजर जाति-आधारित अबवाबों पर भी डालेंगे। दरअसल अबवाब भी कई तरह के थे—कई अबवाब सभी रैयतों से लिए जाते थे, तो कुछ सिर्फ खास-खास जातियों से। कुछ अबवाब सीधे जमींदारों को प्राप्त होते थे तो कुछ उनके अमलों-कर्मचारियों को। इसलिए पहले हम ऐसे अबवाब की चर्चा करेंगे जो लिया तो प्रत्येक रैयत से जाता था, परन्तु वहाँ भी जाति-आधार पर फर्क था—यानी उच्च जातियों से कम और पिछड़ी-दलित जातियों से ज्यादा।

ऐसा ही एक अबवाब था जिसे पटना जिले में दहियाक और गया में नेग कहते थे। पटना जिले के बाढ़ और बिहार सबडिवीजन में तथा दक्षिण मुंगेर में उच्च जाति रैयतों से प्रति मन सवा सेर तथा अन्य रैयतों से प्रति मन ढाई सेर की दर से यह अबवाब (दहियाक) वसूला जाता था। अव्वल तो दहियाक अबवाब है या लगान का ही एक अंश, इसी विषय पर काफी विवाद था। जमींदार इसे अबवाब मानते ही नहीं थे। इस मामले में पहल कर न्यायालय जाने का श्रेय भी पिछड़ी जाति के ही एक रैयत बालकुवर कोइरी को जाता है। राधा प्रसाद सिंह बनाम बालकुवर कोइरी मामले (आइ. एल. आर., खण्ड XVII, कलकत्ता, 1890, पृ. 726) में उच्च न्यायालय की पूरी पीठ ने दहियाक को अबवाब घोषित कर इसे गैरकानूनी करार दिया। इसके पहले भावली अबवाबों के बारे में चुल्टन महतो बनाम तिलकधारी सिंह केस (आइ. एल. आर., खण्ड XI, कलकत्ता 1885, पृ. 175) में प्रिवी काउन्सिल ने भी जमींदारों और रैयतों के बीच आपसी समझौते से अथवा न्यायिक आधार पर तयशुदा राशि के अलावा किसी भी नाम से

कुछ भी अतिरिक्त वसूलने को गैरकानूनी करार दिया था। 1908-9 तक सेटलमेण्ट विभाग भी दहियाक को अबवाब ही मानता था। लेकिन उसी वर्ष के अन्त में उच्च न्यायालय के एक फैसले (अनरिपोर्टेड) का हवाला देकर दहियाक को अबवाब की जगह लगान का एक अंश घोषित कर दिया गया। (वैसे अतीत में कुछ-कुछ वर्षों के अन्तराल पर अबवाब के कुछ हिस्सों को लगान में समाहित किया जाता रहा था)।

खैर, गौर करनेवाली बात यह है कि दहियाक अथवा नेग यूँ तो लगभग सभी रैयतों से लिया जाता था, लेकिन उच्च जातियों की तुलना में पिछड़ी-दलित जातियों से दुगुना (सवा सेर प्रति मन की जगह ढाई सेर प्रति मन) वसूला जाता था।

गया सर्वे सेटलमेंट रिपोर्ट (पृ. 95) के अनुसार शेरघाटी थाने के सिमरा गाँव में (थाना नं. 81) ग्वाला जाति के रैयतों से 'घी रेंट' लिया जाता था। शुरू-शुरू में हो सकता है इसे पेशा कर के रूप में उन ग्वालों से लिया जाता हो जिनके पास मवेशी थे, लेकिन बाद में इसने एक कृषि लगान का रूप ले लिया। इसका मूल्यांकन जमीन के आधार पर किया जाने लगा और इसे उन ग्वालों से भी वसूला जाने लगा जिनके कोई मवेशी न थे। जमाबन्दी में इसे अलग शीर्षक 'एराजी बन्दोबस्ती घी' के नाम से दिखाया जाने लगा। यह 'लगान' प्रायः प्रति कट्ठा एक सेर की दर से चुकाना होता था।

इसी तरह मुजफ्फरपुर सर्वे सेटलमेण्ट रिपोर्ट में खपता की वसूली का जिक्र मिलता है जो विशेष फसल उगानेवाले रैयतों—आम तौर पर कोइरी रैयतों से उगाहा जाता था। इसी रिपोर्ट (पृ. 189) में ग्वालों से दो और अबवाब लेने का भी जिक्र है—खर-चराई और भैंसन्दहा। गाँव के चरागाह में अपना मवेशी चराने के एवज में चरवाहों/ग्वालों से खर-चराई ली जाती थी। भैंसन्दहा संभवतः दुधारू भैंसों पर लिया जानेवाला शुल्क था (प्रति भैंस करीब साढ़े पाँच आना)।

1930-31 में पटना जिले के मसौढ़ा परगने की जाँच-पड़ताल के दौरान पं. रामवृक्ष बेनीपुरी जी ने गैरकानूनी वसूलियों और सख्तियों की जो सूची तैयार की थी, वह इस प्रकार थी :

भावली इलाकों में : (1) नोंचा : रैयत के हिस्से में से फी मन करीब एक सेर; (2) माँगन : फी हल आधे मन से एक मन तक; (3) अमीन खर्चा : कीमत जोड़कर सैकड़े साढ़े बारह आना; (4) सलामी : फी बीघे एक पैसा; (5) हुज़ताना : फी बीघे एक पैसा; (6) स्कूल-अस्पताल : रुपए में दो पैसा; (7) कटौत : हाथी-घोड़े के लिए हरी फसल-ऊख : कट्ठे में एक धुर, चना :

कट्ठे में एक धुर, जनेरा : कट्ठे में एक धुर, मरुआरी : कट्ठे में एक धुर, धान फी हल दो से चार कट्ठे तक, खेसारी : फी हल 2 से चार कट्ठे तक, भुट्टा फी बीघा 20 बाल, भुट्टा देवोस्थान में फी किसान 20 डांट; (8) पुआल-भूसा आदि नाम के दाम में; (9) ओल, करैला, लौका, कोहड़ा आदि मुफ्त।

नकली इलाकों में : (1) बट्टा मामूली : फी रुपया एक आना; (2) बट्टा कम्पनी : फी रुपया डेढ़ आना; (3) तहरीर : फी रुपया आधा आना; (4) हुजताना : फी कलम एक आना। इसके अलावा प्रायः सभी से एक खस्सी आठ आने में लिया जाता था।

जाति-आधारित वसूलियाँ : (1) ग्वाले से : होली-दशहरा में रुपया में पाँच सेर घी; (2) कोइरी से : तीन पैसे पसेरी सभी तरकारी; (3) चमार से मुफ्त जूता, चरसा; (4) तेली से : रुपए में 16 सेर तेल (सोहराई में), रुपए में 11 सेर तेल (श्राद्ध आदि में), कचहरी खर्च के लिए कुछ तेल रोजाना मुफ्त; (5) डोम से : सूप, पिटारा, आदि नाम के दाम पर; (6) कुम्हार से : खपरैल रुपए में चार हजार, बर्तन जो खर्च हो मुफ्त में; (7) गड़ेरिया से : कम्बल और आसनी मुफ्त, चाहे भेड़ हों या न हों; (8) धोबी से : कचहरी के कपड़ों की मुफ्त धुलाई।

नाना तरह के बेगार : (1) हलवाहे को मजूरी तक नहीं देते; (2) गाड़ीवान को केवल खुराक; (3) ऊँची जाति को छोड़कर जिस किसी को जब चाहा मुफ्त खटाया।

अन्यान्य : दुकानदारों से तहबजारी के नाम से वसूला जाता है। दानाबन्दी भावली इलाकों में अनाप-शनाप दाना कर दिया जाता है। नकद की किश्त जमा न करने पर भारी सूद वसूल किया जाता है।

सख्तियाँ : ऐन खेती के समय ही हल का फाल निकालकर खेती बन्द कर दी जाती, खेल-खलिहान पर छापा देकर अन्न को सड़ा-गला दिया जाता है, दरवाजे पर दुसाध बैठाकर बाहर आना-जाना रोक दिया जाता, उन दुसाधों को खिलाना भी पड़ता, दरवाजे पर काँटा लगाकर आमदरफ्त बन्द कर दी जाती है, स्त्रियों को बड़ा कष्ट होता क्योंकि हर घर में पाखाना तो होता नहीं, धूप में बैठाया जाता, मारपीट की जाती, गालियाँ दी जातीं और जुर्माना वसूल किया जाता आदि। इसी तरह 1933 ई. में गया जिले में प्रांतीय किसान सभा द्वारा की गई जाँच-पड़ताल में 44 तरह की सख्तियों और अबवाबों का जिक्र किया गया है।

इन सबके अलावा, मनसेरी (मन में संभवतः आधा सेर), सोनारी (असल का बीसवाँ, अनाज तौलनेवाले का भाग), सड़क अधिभार (असल का बत्तीसवाँ भाग), आदि भी वसूला जाता। (असल लगान उपज का आधा हिस्सा होता।)

जमीन की खरीद-बिक्री (हस्तांतरण) पर जमींदारों द्वारा लिया जानेवाला शुल्क भी अलग-अलग जातियों के लिए अलग-अलग होता।

निम्न जाति के रैयतों को अपने बेटे-बेटियों की शादी पर अथवा अपने परिवार में विधवा विवाह पर जमींदारों को दिनगन्ना, मोरोचा आदि देना पड़ता। यह राशि प्रायः दो रुपए से दस आने तक होती। पूर्वी तिरहुत में यह शुल्क वियहन्दानी, सादियात, सादियाना आदि कहलाता (ग्रियर्सन, बिहार पीजेण्ट लाइफ, पृ. 317)। वहाँ लड़की की शादी पर यह शुल्क करीब सवा रुपए और लड़के की शादी पर दस आने था।

गिद्धौर राज के अन्तर्गत सिकन्दरा थाने के एक गाँव (नं. 231) बहरामा का ढढा (लगान की माँग और उसकी वसूली की वार्षिक विवरणिका), फसली वर्ष 1312

रैयत	उच्च जाति			निम्न जाति		
	म.	से.	छ.	म.	से.	छ.
गल्ला	4	5	–	7	0	
असल	2	2	8	3	20	0
दहियाक	–	–	–	–	8	12
मनसेरी	–	–	–		3	8
सड़क सेस	2	8	–		4	6
चन्दा	–	–	–		2	10
सोनारी	–	–	–		0	14
जमा गल्ला	2	5	0	4	0	2

(उच्च जाति रैयतों से उपज का करीब 51.5 फीसदी औसतन लगान के रूप में वसूला गया, जबकि निम्न जाति रैयतों से करीब 57.1 फीसदी। इस ढढे में सभी अबवाबों का जिक्र नहीं है, फिर भी इतना तो स्पष्ट है कि उच्च जाति रैयतों से असल के अलावा सिर्फ सड़क अधिभार लिया गया—दहियाक, मनसेरी, चन्दा, सोनारी कुछ भी नहीं)

जाति-आधारित लगान और अबवाबों का भुगतान करने के बाद भी इन पिछड़ी-दलित जातियों के रैयतों को छुटकारा नहीं मिलता। खेती के लिए सिंचाई जरूरी थी। इसीलिए समय-समय पर नहर, आहर, पाईन आदि की मरम्मत अथवा उनके निर्माण का काम चलता रहता। वैसे इन चीजों की देखभाल

जमींदारों की जिम्मेदारी थी, लेकिन जमींदार इन कार्यों में मजदूरों को सिर्फ कलेवा (अथवा खाना) देकर मुफ्त खटाते और मरम्मत का सारा खर्चा रैयतों से उगाह लेते। नहरवाले इलाकों में रैयतों को अलग से नहर टैक्स तो देना ही पड़ता। एक तो सबसे अच्छी जमीन अधिकांशतः उच्च जाति रैयतों के हाथों में थी। दूसरा आहर, पाईन, छोटी शाखा—नहरों का निर्माण-स्थल भी ऐसा चुना जाता कि जमींदारों की खुदकाश्त और उच्च जाति रैयतों की जमीन को ही सिंचाई सुविधाओं का सबसे ज्यादा लाभ मिलता। लेकिन इनके निर्माण और मरम्मत में दलित जाति के मजदूरों को बेगार श्रम देना पड़ता और रैयतों को (उन पिछड़ी जाति के रैयतों को भी जिन्हें इन सुविधाओं का लाभ मिलने की जरा भी उम्मीद न थी) उसका खर्च वहन करना पड़ता।

खैर, कुछ जमींदार तो इन सुविधाओं पर ध्यान भी देते, लेकिन बिहार की छाती पर कुकुरमुत्ते की तरह उग आए हजारों ऐसे जमींदार जिन्हें हमेशा इस बात का भय रहता कि कब उनकी जमींदारी नीलाम हो जाएगी और जिनकी दिलचस्पी सिर्फ लगान वसूली में होती, सिंचाई सुविधाओं का तो ख्याल भी नहीं करते। दक्षिण मुंगेर में तो ऐसे जमींदार आहर-पाईन की जमीन भी लगान के लिए बन्दोबस्त करने लगे थे। वैसे इन जमींदारों को रैयतों का विरोध भी झेलना पड़ता। कई जगह रैयत आपस में मिलकर, चन्दा उगाह कर ऐसे आहर-पाईन का निर्माण करते। वे भी आखिर हार माननेवाले कहाँ थे! 1923-24 में पटना सदर सबडिवीजन के लखना महाल में रैयतों ने करीब 3,000 रु. जमाकर स्थानीय सिंचाई-साधनों का निर्माण किया। यहाँ अधिकांश रैयत कुर्मी और ग्वाला थे—इनके बीच जातीय पंचायत की प्रथा थी और इससे जनगोलबन्दी में कोई समस्या उत्पन्न नहीं हुई। (सदर एस.डी.ओ. मौलवी नजीरुद्दीन का पटना के जिलाधिकारी के नाम खत, मार्च 1924।)

ऐसा नहीं लगता कि रैयतों के बीच जातीय भेद-भाव को लेकर और अधिक तथ्य देने की कोई जरूरत है। इसीलिए अब हम जाति-आधारित लगान के निहितार्थ पर थोड़ी चर्चा करेंगे।

मिट्टी की उर्वरता, सिंचाई सुविधा, वर्षभर में उगायी जानेवाली फसलों की संख्या तथा मंडी के लिहाज से जमीन की स्थिति—लगान-निर्धारण के इन प्रचलित कारकों के अलावा यहाँ हम एक और कारक का साक्षात्कार करते हैं। वह है सामाजिक सोपान में रैयत की स्थिति। अगर अन्य कारक समान हों तो लगान सामाजिक सोपान में रैयत की स्थिति के व्युत्क्रमानुपाती होता—यानी अगर वह सामाजिक सोपान में ऊपर है तो लगान कम और

अगर नीचे तो ज्यादा। लगान-निर्धारण में इस सामाजिक कारक की उपस्थिति का तात्पर्य क्या था? इसका तात्पर्य था : भूस्वामित्व उच्च जातियों का विशेषाधिकार है। पिछड़ी-दलित जातियों का काम तो इन भूस्वामी उच्च जातियों के लिए बेगार करना और उनकी सेवा-टहल करना है। अगर ये भूस्वामित्व के, जमीन पर कायमी हक के अनधिकृत क्षेत्र में प्रवेश करेंगे तो इन्हें दंड भुगतना ही पड़ेगा। इस तरह जाति-आधारित लगान एक दण्डात्मक लगान था ताकि ये जातियाँ दररैयती और बंधुआगिरी के अपने सीमा-क्षेत्र से बाहर कदम न रखें। लगान और अबवाबों के बोझ से खेती इनके लिए इतनी कष्टप्रद और अलाभकारी बना दो कि इन्हें जमीन पर अपना कायमी हक छोड़ने के लिए विवश होना पड़े। और ऐसा हुआ भी। इन जातियों के हजारों गरीब कायमी रैयतों की दसियों हजार एकड़ जमीन साल-दर-साल जमींदारों की खुदकाश्त जमीन बनती गई। धनी-मानी उच्च जाति रैयतों अथवा महाजनों ने ऐसी हजारों एकड़ जमीन का सौदा पटाया या फिर उसे गिरवी रख ली।

इस दंडात्मक सामाजिक लगान का एक और आयाम था। उच्च जाति के बड़े-बड़े जमींदार अपनी-अपनी जाति सभाओं के भी संरक्षक/अध्यक्ष अथवा मंत्री हुआ करते थे। अपनी-अपनी जाति के उत्थान के लिए—मेधावी छात्रों को छात्रवृत्ति देने और स्कूल-कॉलेज खोलने के लिए—वे इन सभाओं को अच्छी खासी रकम चन्दे में दिया करते थे। कृषि समाज से बाहर नौकरशाही-राजनीति-व्यवसाय में अपनी जाति का प्रभावशाली स्थान बनाने के लिए उनके द्वारा खर्च की गई रकम—जिसे वे अपना सामाजिक खर्च कहते थे—आखिर कहाँ से आती थी? इस सामाजिक खर्च का स्रोत यह सामाजिक लगान था। पिछड़ी-दलित जातियों के रैयतों से दण्ड वसूलो और अपनी जाति के उत्थान पर, उसके वर्चस्व को बनाए रखने पर उसे खरचो!

इस जाति-आधारित लगान के विरोध का स्वरूप क्या था? अगर सामाजिक सोपान में ऊँची स्थिति का मतलब था कम लगान तो जाहिर है, पिछड़ी जातियाँ सर्वप्रथम सामाजिक सोपान में अपनी ऊँची स्थिति का दावा पेश करेंगी। और उन दिनों जनेऊ धारण कर तथा खुद को ब्राह्मण अथवा क्षत्रिय घोषित कर वे यही कर रही थीं। जाति-लगान आर्थिक अतिशोषण था जिसके निश्चित सामाजिक आयाम थे। वहीं जनेऊ आन्दोलन एक सामाजिक आन्दोलन था जिसके निश्चित आर्थिक आयाम थे। जाति-लगान बनाम जनेऊ आन्दोलन—उन दिनों के बिहार की विशिष्ट लाक्षणिकता थी।

"एक दिन गाँव भर के बच्चे-बूढ़े एक साथ सर मुड़वाकर

आग के पास बैठकर गले में काछी के जैसा जनेऊ पहनते हैं, दो दिनों तक गाँव के स्त्री-पुरुष अलग रहते हैं, फिर एक साथ भात का भोजन खाकर वे अपने-अपने घर लौटते हैं, उसी दिन ततमा लोग 'दास' हो जाते हैं। ढोड़ाय भगत हो जाता है ढोड़ाय दास। महतो और नायबों के विरुद्ध जनेऊ लेने के दल का नेतृत्व कब और कैसे ढोड़ाय पर आ गया यह ढोड़ाय नहीं समझ सका था।"

(ढोड़ाय चरित मानस, सतीनाथ भादुड़ी, पृ. 90)

और इस पर उच्च जाति, यहाँ तक कि अशराफ मुस्लिम जमींदारों की क्या प्रतिक्रिया थी?

"अनोखी बाबू! आप चले जाइये जिरानिया। अनिरुद्ध मोख्तार से सलाह लेकर जोत के कोइरी रैयतों पर बाकी हरजाने के लिए नालिश ठोंक आइये... जबसे जनेऊ लेकर छत्री हुआ है, तब से चर्बी चढ़ गई है हरामजादे कोइरी लोगों को।"

(वही, पृ. 204-5)

शास्त्रों के अनुसार हर व्यक्ति जन्म से शूद्र है। उपनयन-संस्कार के बाद, जनेऊ धारण कर ही वह अपनी जाति में प्रवेश पाता है। जिनके बीच उपनयन-संस्कार नहीं होता और जो जनेऊ धारण नहीं करते वे शूद्र ही रह जाते हैं। उन दिनों उपनयन-संस्कार ब्राह्मणों और राजपूतों, तथा बाभनों और कुछेक वैश्य जातियों तक सीमित था—वे ही द्विज थे।

स्वामी दयानन्द सरस्वती के नेतृत्व में आर्यसमाज ने ऊँच-नीच का भेदभाव मिटाकर हिन्दू समाज को अन्दरूनी तौर पर मजबूत करने के उद्देश्य से शूद्र समझी जानेवाली जातियों के बीच यज्ञोपवीत धारण करने का आन्दोलन चलाया था। आर्यसमाजी धर्मसुधार के अपेक्षाकृत सीमित लक्ष्य को लेकर चले थे। पिछड़ी और दलित खेतिहर जातियों के बीच यह जनेऊ आन्दोलन उच्च जाति जमींदारों के खिलाफ एक व्यापक सामाजिक-आर्थिक आन्दोलन का रूप ले लेगा—शायद इसका उन्हें तब अन्देशा भी न हो।

यूँ तो 9 नवम्बर 1879 ई. को कायस्थ (जो उस समय शूद्र समझे जाते थे) बाबू माधोलाल का यज्ञोपवीत संस्कार सम्पन्न कर स्वामी दयानन्द ने खुद बिहार में जनेऊ आन्दोलन की नींव रख दी थी, फिर भी एक सामाजिक आन्दोलन के रूप में **हाथीटोला की घटना** इसका प्रस्थान-बिन्दु मानी जा सकती है। आर्यसमाज के धर्मसुधार आन्दोलन में अन्तर्निहित सामाजिक-परिवर्तनकारी पक्ष

इसी घटना के जरिए खुलकर सामने आया।

सन् 1899 ई. में पटना जिले के मनेर स्थित हाथीटोला आर्यसमाज के गठन का श्रेय ब्रजबिहारी लाल, ब्रजमोहन लाल, द्वारिका सिंह और बाबू फकीरचन्द शाह को जाता है। आर्यसमाज के प्रचार के प्रभाव से कई गण्यमान्य ग्वालों—बाबू टीपन प्रसाद सिंह, बाबू द्वारिका सिंह रईस, बाबू जगदीश सिंह, बाबू रामानन्द सिंह पहलवान तथा रामप्यारे सिंह ने यज्ञोपवीत ग्रहण किया। इन ग्वालों द्वारा जनेऊ धारण करना उच्च जाति कट्टरपंथी हिन्दुओं को बुरा लगा। ऐसे ही एक कट्टरपंथी बाबू त्रिवेणी सिंह ने इसके खिलाफ एक विशाल सभा का आयोजन किया। इस सभा में करीब 25,000 ग्वाले और अन्य जाति के लोग शामिल हुए। आर्यसमाज के कट्टर विरोधियों—पं. रायबहादुर दूबे, पं. भैरवचरण मिश्र, आदि को भाषण करने के लिए बुलाया गया। इसकी सूचना जब आर्यसमाजियों को मिली तो वे भी स्वामी ओंकार सच्चिंदानन्द, स्वामी मुनीश्वरानन्द और पं. रामचन्द्र द्विवेदी के साथ सभास्थल पर आए। जब स्वामी ओंकार सच्चिदानन्द ने ग्वालों द्वारा जनेऊ धारण करने के पक्ष में बोलना शुरू किया तो मनेर के बहादुर दूबे ने जनता में शोर मचाते हुए कहा कि यह साधु नास्तिक है और वे लोगों को भड़काने लगे। फिर उन्होंने जनता को स्वामीजी पर प्रहार करने का संकेत दिया। कुछ लोग ताबड़तोड़ लाठी चलाने लगे। स्वामीजी के सिर पर चोट लगी, काफी खून बहा। फिर भी उन्होंने आक्रमणकारियों पर मुकदमा करने से इन्कार कर दिया। (इस हिंसक वारदात के करीब बीस वर्ष बाद सन् 1918 ई. में इन्हीं विरोधियों ने बाबू टीपन प्रसाद सिंह से स्वामी दयानन्द सरस्वती को निमंत्रित करने का आग्रह किया।)

हाथीटोला की इस घटना के बाद के दस वर्षों के दौरान जनेऊ को केन्द्र कर हिंसक मुठभेड़ की कोई बड़ी वारदात तो नहीं हुई, लेकिन पिछड़ी-दलित जातियों के बीच जनेऊ धारण करने का संकल्प भी कमजोर नहीं पड़ा। उन दिनों ये जातियाँ अपना संगठन बनाने, क्षत्रिय अथवा ब्राह्मण होने के अपने दावे को पुष्ट करते हुए अपना इतिहास लिखने, अपनी जातीय-पत्रिकाएँ प्रकाशित करने, आदि क्रियाकलापों में व्यस्त थीं। इन संगठनों और पत्रिकाओं के जरिए अपनी जाति के बन्धु-बान्धवों से गाँव-गाँव में जनेऊ धारण करने की अपील की जाती। 1912 आते-आते इसने एक व्यापक जनआन्दोलन का रूप धारण कर लिया। इस सामाजिक आन्दोलन का नेतृत्व यूँ तो विभिन्न जातीय संगठन कर रहे थे, फिर भी इसका विस्तार बहुत हद तक स्वतःस्फूर्त ढंग से हुआ। बिहार का शायद ही कोई अंचल इस विराट आन्दोलन से अछूता रहा।

1912 के बाद जनेऊ को केन्द्र कर पिछड़ी और उच्च जातियों के बीच टकराव की अनेक घटनाओं का ब्यौरा मिलता है। सितम्बर 1912 में सारण जिले के बसन्तपुर थाने में एक खुशहाल कुर्मी के निधन पर जब उसके सगे-सम्बन्धी रीतिपूर्वक ब्राह्मणों और हज्जामों से उसका क्रिया-कर्म करवा रहे थे, तब स्थानीय उच्च जाति जमींदार ने ब्राह्मणों और हज्जामों को ऐसा करने से सिर्फ इसीलिए रोक दिया कि मृतक ने जनेऊ धारण कर रखा था। 1913 ई. में मोतिहारी कारखाने के मैनेजर ने उच्च जाति के नेताओं के समर्थन से ढाका (चम्पारण) के जनेऊ धारण किए कुर्मियों को कारखाने में घुसने से रोक दिया और उन्हें जनेऊ उतारने को विवश किया। जिन्होंने ऐसा करने से इन्कार किया उनके जनेऊ नोच डाले गए। बहरहाल, इन कार्रवाइयों से कुर्मियों के बीच जनेऊ पहनने का उत्साह थमा नहीं। 7-8 अप्रैल 1913 को सासाराम में कुर्मियों की एक सभा में जनेऊ पहनने के लिए ब्राह्मण बुलाया गया और पाँच-पाँच आने में जनेऊ बेचा गया।

इसी समय (1913 ई. में) दरभंगा जिले के अन्धराठाढी में जवाबी कार्रवाई के रूप में उच्च जाति जमींदारों ने 'छत्री' बननेवाले ग्वालों को मारा-पीटा और उन पर फर्जी मुकदमा दायर कर दिया। यादवों का विरोध करने में ये उच्च जाति जमींदार अपनी आर्थिक शक्ति का इस्तेमाल कर अन्य पिछड़ी और दलित जातियों को भी संगठित करने की कोशिश करते। यादवों का सामाजिक बहिष्कार करवाने में उन्हें कई जगह सफलता भी मिली। ग्वालों की खुदकाश्त जमीन छीन ली जाती और उन्हें अपने घरों से भी इस आधार पर बेदखल कर दिया जाता कि वह वासभूमि जमींदारों की है। पुरोहितों से कहा जाता कि वे अहीरों के धार्मिक क्रियाकलापों में, शादी-ब्याह में भाग न लें। चमारों को उनके मरे मवेशियों को दफनाने से मना किया जाता। चमइनों को उनके यहाँ धाई का काम करने से भी रोका जाता। हज्जामों को उनकी दाढ़ी न बनाने, कुम्हारों को उन्हें बर्तन न देने, धोबियों को उनका कपड़ा न धोने और लोहारों को उनका हल-फाल मरम्मत न करने की कड़ी हिदायत दी जाती। यानी इन पिछड़ी-दलित जातियों को साफ-साफ धमकी दी जाती कि भई, ग्वालों से कोई सटा-सटी, मेल-मुरव्वत नहीं रखना अन्यथा जो कुछ होगा उसके लिए हम जिम्मेदार नहीं होंगे।

अक्सर ऐसी स्थिति में इन पिछड़ी/दलित जातियों में ही फूट पड़ जाती और उपर्युक्त प्रतिबन्धों को कारगर ढंग से लागू करना मुश्किल हो जाता। 1913 ई. में दलसिंहसराय के हज्जामों ने ब्राह्मण जमींदारों के दबाव में आकर ऐसा फैसला तो ले लिया, लेकिन बाद में उनके बीच ही मतैक्य नहीं हो पाया और फैसले का कोई खास परिणाम नहीं निकला। दूसरी तरफ ग्वाले भी ऐसे फैसलों

के खिलाफ डटे रहते। एकंगरसराय, हिलसा, इस्लामपुर, सिलाव आदि जगहों में ग्वालों ने इन प्रतिबन्धों के खिलाफ सभाएँ कीं और यह तय किया कि बनिया के रूप में वे खुद अपनी दूकान चलाएँगे, ब्राह्मणों के धार्मिक क्रियाकलाप खुद ही संपन्न करेंगे और मृत मवेशियों को भी खुद हटाएँगे। बेलसण्ड, पारू और सकरा के ग्वालों ने तो (बिना पुरोहितों को बुलाए) खुद ही जनेऊ धारण कर लिया और प्रतिबन्धों की परवाह नहीं की।

पटना और मुजफ्फरपुर के ग्वालों की देखा-देखी दरभंगा जिले के ग्वालों ने भी जब ऐसा ही करना शुरू कर दिया तो चकसलेम गाँव में ब्राह्मण और बाभन जमींदारों के विरोध ने उग्र रूप धारण कर लिया। ग्वालों के गलों में जनेऊ देख-देखकर जले-भुने बाभनों के एक गिरोह ने एक ग्वाला लड़की के साथ दुर्व्यवहार किया और उसे नंगा छोड़ दिया। लड़की ने समस्तीपुर के एस.डी.ओ. के सामने अपना दुखड़ा रोया और शिकायत दर्ज की। लेकिन ऐसे मामलों में प्रशासन प्रायः उच्च जाति जमींदारों का ही पक्ष लेता। उसके साथ भी वही हुआ—बिना जाँच के उसकी शिकायत खारिज कर दी गई। न्यायालय से निराश ग्वालों ने पंचायत बुलाने का फैसला किया। इसी बीच चकसलेम के बाभनों ने ग्वालों द्वारा शिकायत दर्ज कराने के खिलाफ बदला लेने की ठानी। उस गाँव के एक ग्वाले के बगीचे से फल तुड़वा लिया गया और उन्होंने अपने ही एक घर में आग लगवा दी ताकि ग्वालों को झूठे मुकदमे में फँसाया जा सके। जब ग्वालों की पंचायत में यह खबर पहुँची तो वे भड़क उठे। एक बाभन का आम का बगीचा लूट लिया गया और एक दूसरे बाभन की पिटाई की गई। बाभनों के घरों को चारों ओर से घेर लिया गया। बाभनों ने तब अपने पक्ष में लड़ने के लिए करीब तीन सौ मल्लाहों को भाड़े पर तैयार किया। खैर जिलाधिकारी और पुलिस के हस्तक्षेप से एक बड़ा खून-खराबा होने से रह गया। किसी तरह मामले को शान्त किया गया।

कुछ दिनों बाद इसी तरह सीतामढ़ी के एक गाँव में जनेऊ पहनने को लेकर राजपूतों और ग्वालों में ठन गई। बाभन और राजपूत यादव, कुर्मी और कोइरी जाति के लोगों को जनेऊ पहने देख ताने कसते, कहीं-कहीं मारपीट भी करते और जनेऊ तोड़कर फेंक देते। बसौली गाँव में तो गाजे-बाजे, तलवार, लाठी और बन्दूक से लैस भीड़ ने जनेऊ धारण करनेवाले यादवों पर हमला कर दिया और एक यादव हेड कान्स्टेबल, एक बूढ़ी औरत और कुछ ग्वालों को मारा-पीटा। बिहार के विभिन्न हिस्सों में ऐसी छिटपुट वारदातें होती रहतीं। यहाँ हम इन वारदातों का सिलसिलेवार ब्यौरा तो प्रस्तुत नहीं कर पाएँगे; पर हाँ, एक घटना की विस्तार से चर्चा जरूर करेंगे—वह है तत्कालीन मुंगेर जिले के लखीसराय

थानान्तर्गत एक छोटे से गाँव लाखोचक की घटना।

लाखोचक : 26 मई 1925 को लाखोचक में अपशकुन के अंदेशे के बीच भी उत्सव का माहौल था। पूरे जवार के ग्वाले गाँव के पूरबारी बगीचे में जमा हो रहे थे। शाम साढ़े पाँच बजे तक हजार-डेढ़ हजार ग्वाले आ पहुँचे थे और विभिन्न दिशाओं और गाँवों से दल-बाँधे सैकड़ों लोग अभी आ ही रहे थे। अगले दिन होनेवाली इस ग्वाला सभा में सभी को सामूहिक रूप से जनेऊ धारण करना था। बेगारी तथा जमींदारी कों अन्य मनमानियों के बारे में राय-मशविरा भी होना था। अपशकुन का अंदेशा इसलिए था कि गाँव के जमींदार प्रसिद्ध नारायण सिंह के नेतृत्व में बाभन इस ग्वाला सभा को बलपूर्वक रोकने की धमकी दे चुके थे। अहीरों को ठंडा करने के लिए कुछ भी करने पर आमादा बाभनों की भीड़ भी प्रसिद्ध नारायण सिंह की कचहरी पर जमा हो रही थी।

लखीसराय थाने का वरिष्ठ सब-इन्स्पेक्टर दो दिन पहले ही छुट्टी पर चला गया था। सरकारी वकील के सहायक खान बहादुर शाह मुहम्मद याह्या ने बाद में मुख्य सचिव को बताया कि उन्हें पक्का यकीन था कि उस वरिष्ठ सब-इन्स्पेक्टर को बाभनों की हमलावर योजना की पूरी जानकारी थी, फिर भी उसने थाने की डायरी में इस बावत कोई प्राथमिकी दर्ज नहीं की। उनके अनुसार दक्षिण मुंगेर में पुलिस आमतौर पर बाभनों का पक्ष लेती रही थी।

खैर, सब-इन्स्पेक्टर शाह अनिसुर्रहमान ने 26 मई की सुबह ड्यूटी ज्वाइन की। चार्ज लेते ही मुंगेर थाने के शकरपुर गाँव के निवासी शीतलदास महतो थाने पहुँचे। वे जिला ग्वाला सभा के पंच थे। दस बजे सुबह उन्होंने थाने में सनहा दर्ज कराया। उन्होंने लाखोचक में प्रस्तावित ग्वाला सभा की सूचना दी और बताया कि जमींदार प्रसिद्ध नारायण सिंह और अन्य बाभनों द्वारा इस सभा पर हमले की आशंका है—इससे खून-खराबे की नौबत आ सकती है। दफादार द्वारका लाल और चार नं. सर्किल (जिसके अन्तर्गत लाखोचक गाँव आता था) के चौकीदार बाँका दुसाध ने भी इसी आशय का सनहा दर्ज कराया। सब-इन्स्पेक्टर अनिसुर्रहमान अपने सिपाहियों के साथ साढ़े पाँच बजे शाम को लाखोचक पहुँचे और वहीं डेरा डाल दिया। गाँव के ही बुधु महतो के घर पर बाहर से आए ग्वालों के ठहरने की व्यवस्था की गई थी। खाने के लिए पहले से ही बोरा-का-बोरा चना-गुड़-चूड़ा का जुगाड़ किया हुआ था। रात में रह-रहकर हल्ला उठता कि बाभनों की भीड़ बस्ती की ओर आ रही है। पर ऐसा कुछ नहीं हुआ। अगले दिन (27 मई को) अलस्सुबह पाँच बजे फिर हल्ला हुआ। तब तक जमालपुर से पाँच और सिपाही आ चुके थे। इस बार का हल्ला अकारण नहीं था। उत्तर-पश्चिम

दिशा से सचमुच करीब 3,000 बाभनों की भीड़ गोहार बाँधे बस्ती की ओर आ रही थी। ग्वाले भी ताव में थे, लेकिन पुलिसवालों ने किसी तरह उन्हें ठंडा किया। हाथी पर अपने कुछ खास लोगों के साथ बैठे विश्वेश्वर सिंह भीड़ का नेतृत्व कर रहे थे। आजू-बाजू दो घुड़सवार भी थे, जिनमें से एक तो खुद जमींदार प्रसिद्ध नारायण सिंह ही थे। भीड़ लाठी, फरसा, गड़ाँसा, तलवार और भाले से लैस थी। पुलिस की टुकड़ी भीड़ की तरफ बढ़ी और बाभनों को समझाने-बुझाने का प्रयास करने लगी। लेकिन, उन्होंने पुलिस की एक न सुनी। अपने नेताओं से इशारा पाकर भीड़ सब-इन्स्पेक्टर और पुलिस टुकड़ी पर टूट पड़ी। सब-इन्स्पेक्टर अनिसुर्रहमान और सिपाही रामकृपाल सिंह तथा जगदेव सिंह को बुरी तरह पीटा गया। वे बेहोश होकर लुढ़क गए।

पुलिस पर हमला होते देख 30-40 ग्वाले दौड़ते हुए आगे बढ़े, लेकिन बाभनों की उन्मत्त भीड़ ने लाठियों, भालों और गड़ाँसों से उन पर भी कातिलाना हमला किया। द्वारका गोप, पूना गोप, हरख गोप, रामलाल गोप, छतर गोप, सूखन गोप, टेंगर गोप, कान्तू गोप, पोखर महतो, छट्ठू महतो और गेंदा गोप बुरी तरह जख्मी हुए। इनके अलावा भी कई ग्वाले घायल हुए। इसी बीच 'अश्वत्थामा हतो....' की तर्ज पर हल्ला हुआ कि सब-इन्स्पेक्टर मारे गए। यह सुनते ही बाभनों की भीड़ उत्तर दिशा में भागने लगी। सब-इन्स्पेक्टर और अन्य घायलों को ग्वाले उठाकर बस्ती में ले गए और उनका प्राथमिक उपचार किया जाने लगा।

लाखोचक में खून-खराबे की आशंका को देखते हुए एस.डी.ओ. और पुलिस इन्स्पेक्टर के साथ पुलिस कप्तान (एस.पी.) सुबह छः बजे ही किउल स्टेशन से ट्रॉली पर सदलबल घटनास्थल की ओर रवाना हो चुके थे। गाछी के नजदीक पहुँचते ही कुछ ग्वालों ने उन्हें इस बात की इत्तिला दी कि सब-इन्स्पेक्टर, कुछ पुलिसकर्मी और ग्वाले बस्ती में गंभीर रूप से घायल अवस्था में पड़े हैं। पुलिस पार्टी जल्दी-जल्दी पूरबारी बगीचे में पहुँची जहाँ ग्वाला सभा हो रही थी। फिर बस्ती में घायलों के उपचार की समुचित हिदायत देकर प्राथमिकी लिखी जाने लगी।

प्राथमिकी अभी दर्ज ही की गई थी कि फिर खबर आई—बाभनों की और भी बड़ी भीड़ ग्वाला सभा की ओर बढ़ रही है। गाँव के उत्तर में पाईन था, पाईन से ठीक सटे एक छोटी पहाड़ी थी। इस बार करीब 5-6 हजार बाभनों की भीड़ तीन भागों में विभक्त होकर अर्धचन्द्राकार पंक्ति बनाते हुए इसी उत्तर दिशा की ओर से आ रही थी। पाईन के पार ठीक बीचोंबीच भीड़ का मुख्य हिस्सा था और

इस पार पुलिस पार्टी थी। हमलावर भीड़ का दायाँ बाजू लाखोचक बस्ती के ठीक सामने था, जबकि बायाँ भाग पूरबारी बगीचे के सामने जहाँ ग्वाला सभा हो रही थी। गोहार के दाएँ और बाएँ बाजू के आगे बढ़ने की स्थिति में पुलिस पार्टी पीछे से भी घिर जाती। और लगभग ऐसा ही हुआ। अपना जनेऊ दिखाते, लाठियाँ लहराते और 'जै दुर्गा' के नारे लगाते बाभनों की भीड़ बाएँ बाजू से पाईन पार कर बगीचे की ओर तेजी से बढ़ने लगी तथा ग्वालों और पुलिस पार्टी को घेर लेने की कोशिश करने लगी। लाठी, गड़ाँसे और भाले से वार-पर-वार होने लगे। कुहराम मच गया। हाथापाई भी होने लगी। एस.पी. और एस.डी.ओ. के समझाने-बुझाने का कोई असर नहीं हुआ। कोई उनकी बात सुन भी नहीं रहा था। ऐसी स्थिति में एस.डी.ओ. ने गोली चलाने का हुक्म दिया। थोड़े समय के लिए तो सन्नाटा छा गया, लेकिन शीघ्र ही भीड़ पुनः आगे बढ़ने लगी। बाभनों की ओर से भी बन्दूक से गोलियाँ दागी जाने लगीं। गोलाबारी के बीच ही वे पाईन पार कर ग्वालों की ओर बढ़ने लगे। तब एस.पी. ने भी गोली चलानी शुरू कर दी। एक बार जब वे अपनी रिवॉल्वर में गोलियाँ भर रहे थे तो पीछे से उनके सिर पर लाठी से वार किया गया। लहूलुहान होकर वे वहीं लुढ़क गए।

पुलिस ने कुल 118 चक्र गोलियाँ चलाईं। बाभनों के हमले में अनेक ग्वाले बुरी तरह जख्मी हुए। इन्हीं घायलों में से एक भादुस के शिवदयाल गोप की अगले दिन लखीसराय अस्पताल में मृत्यु हो गई। बाभनों की ओर से तीन व्यक्ति—द्वारिका सिंह, भागवत सिंह और मौजी सिंह—मारे गए और सात घायल हुए। हालाँकि स्थानीय लोगों और पुलिस को भी विश्वास था कि उनके बीच हताहतों की संख्या काफी ज्यादा थी। भीड़ कई लाशें भी उठाकर ले गई, इसलिए, मृतकों का सही अंदाजा लगाना संभव नहीं हो पाया—वैसे अनुमान 8 से 80 तक का था। बहरहाल, उसी दिन शाम सात बजे के आसपास जिलाधिकारी रायबहादुर सी.सी. मुखर्जी ने लाव-लश्कर के साथ मौका-ए-वारदात का मुआइना किया। नए सब-इन्स्पेक्टर जयनारायण लाल ने अगले दिन शाम को जाँच-कार्य की जिम्मेदारी ली और 20 जून 1925 को अभियुक्तों के खिलाफ आरोप-पत्र दाखिल किया।

इसी बीच (27 मई से 29 मई के बीच) बाभनों की ओर से जिलाधिकारी को दो तार भेजे गये जिनमें यह आरोप लगाया गया कि ग्वालों ने पुलिस के साथ मिलकर जमींदार प्रसिद्ध नारायण सिंह की ठेकी कचहरी पर भारी हंगामा किया और लूटपाट मचाई।

खैर, लाखोचक की घटना की बावत भारतीय दंड संहिता की धारा 147

और 159/149 के अन्तर्गत दो मुकदमे दायर किए गए। बाभनों ने अपनी ओर से बहस करने के लिए पटना के नामी-गिरामी वकील अली इमाम को बुलाया। 1 फरवरी 1926 को प्रथम श्रेणी के मजिस्ट्रेट मौलवी शम्शुल हुदा ने पहले मामले में 36 और दूसरे मामले में 33 व्यक्तियों को दोषी पाया और कुल 9,100 रु. का जुर्माना लगाया। अपराध दंड प्रक्रिया संहिता (सी आर पी सी) की धारा 106 के तहत कुछ प्रमुख अभियुक्तों पर एक साल के लिए कुछ बंदिशें भी लगाई गईं। कई अभियुक्त एक ही परिवार के सदस्य थे। अभियुक्तों पर 35 रु. से 550 रु. तक का जुर्माना लगाया गया था। प्रमुख अभियुक्तों विश्वेश्वर सिंह और प्रसिद्ध नारायण सिंह पर 550 रु. का, अम्बिका सिंह और रामेश्वर सिंह पर 280 रु. का, सोंधी के मुकुन्द सिंह उर्फ कामोबाबू पर 200 रु. का, सरजू सिंह पर 140 रु. का, और गाजो सिंह, धोधो सिंह, जादोलाल, निखेदी सिंह, राधेकिशुन सिंह, रामाधीन सिंह, सरजुग सिंह, रूपनारायण सिंह, परमेश्वरी सिंह तथा रामचरण सिंह पर 130 रु. का जुर्माना किया गया। शेष लोगों पर इससे भी कम का जुर्माना लगा। सालभर के लिए जिन लोगों पर कुछ बंदिशें लगाई गई थीं, वे थे—विश्वेश्वर सिंह, अम्बिका सिंह, मुकुन्द सिंह और परमेश्वर सिंह।

इस मुकदमे के पीछे चलनेवाली गतिविधियाँ काफी दिलचस्प हैं, लेकिन उसका बयान करने से पहले हम उपर्युक्त फैसले पर ब्रिटिश प्रशासन के अन्दर हुई प्रतिक्रियाओं पर थोड़ी नजर डालेंगे। फैसले के तुरत बाद (4 फरवरी को) गुप्तचर विभाग के डी. आई. जी. ने टिप्पणी की, 'दुर्भाग्यपूर्ण। पुलिस पर प्रहार करने और एस. पी. की हत्या करने की खुली कोशिश के लिए सजा—सिर्फ जुर्माना! बिल्कुल अपर्याप्त!' 24 फरवरी को बिहार के आरक्षी महानिरीक्षक मि. आर. जे. हर्स्ट ने न्यायालय के फैसले के खिलाफ रोष प्रकट करते हुए मुख्य सचिव को लिखा, 'एक भी अभियुक्त को एक मिनट के लिए भी जेल जाना नहीं पड़ा! मेरे विचार से इस फैसले के परिणामस्वरूप पूरे प्रदेश में पुलिस का मनोबल टूटेगा और भविष्य में पुलिस पर ऐसे हमलों को प्रोत्साहन मिलेगा। मुकदमे के पहले सुलह-समझौते की प्रक्रिया से एस.पी. हिचकॉक और सरकारी अधिवक्ता को अलग रखने का मैं कड़ा प्रतिवाद करता हूँ····आरक्षी महानिरीक्षक से भी इस बावत सलाह-मशविरा करना चाहिए था।' 31 मार्च को मुख्य सचिव मि. जे. डी. सिफ्टन ने अपने पत्र में जो स्पष्टीकरण दिया, वह कुछ इस प्रकार था, 'सरकार भी मानती है कि सजा पर्याप्त नहीं है और कम से कम भीड़ की अगुवाई करनेवालों को तो जेल जाना ही चाहिए था। फिर भी मुझे लगता है कि स्थानीय अधिकारियों को जिस चीज ने प्रभावित किया वह यह तथ्य था कि आम

रिपोर्टों के मुताबिक, डर से इलाज के लिए अस्पताल न जा पाने के कारण 70-80 बाभन अपने जख्मों के कारण मारे गए''''जहाँ तक हर्स्ट की आपत्ति का सवाल है, उन्हें यह जवाब भेज देना चाहिए कि सरकार भी यह मानती है कि और प्रभावकारी सजा दी जानी चाहिए थी, लेकिन पूरे मामले पर विचार करने के बाद वह अपील करने की जरूरत नहीं समझती''''जहाँ तक सुलह-समझौते का सवाल है (भागलपुर के प्रमण्डलीय) आयुक्त (मि. जे. टी. व्हिटी) को शायद यह गलतफहमी थी कि सरकार समझौता चाहती है। जैसे ही सरकार को उनकी इस गलतफहमी का पता चला, उन्हें यह हिदायत दी गई कि वे मामले को वापस न लें और इसे मजिस्ट्रेट की अदालत में फैसला होने तक चलने दें। हाँ, समझौते या मुकदमे की वापसी से सम्बन्धित विचार-विमर्श में मि. हिचकॉक को भी शामिल करना चाहिए था। माना कि (मुंगेर के) जिलाधिकारी (मि. एम. जे. डिक्सन) ने मामले को ठीक से नहीं निपटाया। फिर भी अब बात को और बढ़ाने से क्या फायदा?' (वैसे मि. डिक्सन ने 28 अप्रैल के अपने पत्र में नए मुख्य सचिव मि. एच. के ब्रिस्को को यह सफाई दी थी कि एसपी और सरकारी वकील को मुकदमे तथा सुलह-समझौते के बारे में बराबर जानकारी दी जाती रही।)

अब सुलह-समझौते और 'बिल्कुल अपर्याप्त सजा, अपील न करने के सरकारी फैसले तथा बात को और न बढ़ाने के आलाधिकारियों के निश्चय' के पीछे की कहानी। 5 जनवरी 1926 को जिलाधिकारी मि. डिक्सन ने आयुक्त को पत्र लिखा : '23 दिसम्बर 1925 को लाखोचक फसादवाले मामले में गोप समुदाय और भूमिहार ब्राह्मणों की ओर से एक याचिका मौलवी शम्शुल हुदा की अदालत में दायर की गई थी। उस याचिका में यह कहा गया था कि दोनों समुदायों के प्रमुख व्यक्तियों के हस्तक्षेप से आपसी विवाद निपटा लिए गए हैं। इसलिए मौजूदा मुकदमे को और आगे न बढ़ाया जाय। याचिका में यह भी कहा गया कि भूमिहार ब्राह्मणों ने घटना के लिए अत्यन्त दुःख प्रकट किया है। उन्होंने अदालत से मामले को वापस लेने की प्रार्थना की। इस याचिका को प्रस्तुत करनेवाले थे वकील बाबू बिशनुदेव नारायण सिंह। मैं नहीं मानता कि याचिका पर हस्ताक्षर करनेवालों को अपने-अपने समुदायों की ओर से अधिकारपूर्वक कुछ कहने की सम्मति प्राप्त है। दरअसल, छुट्टियों के दौरान खासकर बाबू बिशुनदेव नारायण सिंह ने दोनों समुदायों के बीच सुलह-सफाई के लिए काफी दौड़-धूप की। उन्हीं दिनों छपरा में आयोजित गोप महासभा में उन्हें थोड़ी-बहुत सफलता मिली।''''गोप महासभा के अध्यक्ष पटना के रायसाहब श्री बल्लभ प्रसाद और उसी महासभा की कार्यकारिणी के सदस्य मधेपुरा के वकील बाबू

शिवनन्दन मंडल कल मुझसे मिलने आए। पहले तो उन्होंने मुकदमे की वापसी को लेकर काफी तत्परता दिखाई, लेकिन जब मैंने उन्हें इस बात का ध्यान दिलाया कि महासभा में ऐसा कोई प्रस्ताव पारित नहीं किया गया था तो वे अचानक पलट गए। महासभा ने उन्हें सुलह के लिए अधिकृत किया है—ऐसा कोई पत्र भी वे प्रस्तुत नहीं कर सके।

खैर, उसी शाम बाबू बिशुनदेव नारायण सिंह के साथ वे दोनों लखीसराय गए। बाभनों और ग्वालों की संयुक्त जनसभा भी बुलाई गई। लेकिन उसका कोई नतीजा नहीं निकला····स्थानीय ग्वाले सुलह के एकदम खिलाफ हैं। मुकदमा चल रहा है।

जाहिर है, बाभन हमलावर थे····लेकिन उन्हें पहले ही काफी सजा मिल चुकी है। वे स्वीकार करते हैं कि उनके कम-से-कम आठ व्यक्ति मारे गये और 59 घायल हुए, जिनमें से कुछ बाद में मर गये····मुझे यह भी बताया गया कि कुछ अभियुक्तों के खिलाफ बस इतना ही साक्ष्य है कि उन्हें गोली लगी है····'

जवाब में आयुक्त व्हिटी ने डिक्सन को लिखा : 'ग्वालों और बाभनों के बीच मुकदमे के सम्बन्ध में अभी-अभी बाबू बिशुनदेव नारायण सिंह और रायसाहब श्रीबल्लभ दास से मेरी मुलाकात हुई है। अमावाँ के राजा बहादुर ने उन्हें मेरे पास भेजा था। वे सुलह के लिए तत्पर हैं····मैं जानता हूँ कि सरकार भी समुचित सुलह-समझौते के पक्ष में है, लेकिन स्थानीय ग्वाले····राजी नहीं हैं। खैर, एक सप्ताह का समय दिया जा सकता है।' अगले ही दिन डिक्सन ने व्हिटी को सुलह के लिए मुकदमे की सुनवाई एक सप्ताह तक मुल्तवी करने के फैसले की सूचना दी। साथ ही यह भी लिखा कि वे ज्यादा आशान्वित नहीं हैं। 'अगर सुलह नहीं हो पाती तो बाभन खुद को अदालत के रहमोकरम पर छोड़ देंगे। ऐसी स्थिति में कुछ जुर्माना पर्याप्त होगा।' 13 जनवरी को व्हिटी ने मुख्य सचिव सिफ्टन को लिखे अपने पत्र में डिक्सन के प्रस्ताव का समर्थन करते हुए यह दुहराया कि अगर ग्वाले सुलह से इन्कार करते हैं और बाभन अपने को अदालत के रहमोकरम पर छोड़ देते हैं तो उन्हें हल्की सजा दी जाए। जो भी हो बाभनों को अपनी गलती माननी होगी।

सुलह-समझौते की इस खबर से आशंकित स्थानीय ग्वालों ने 14 जनवरी को मुंगेर के जिलाधिकारी को तार भेजा : 'ग्वाले मुकदमे की वापसी के खिलाफ हैं····बाभन अभियुक्तों ने गवाह होने के कारण ग्वालों के खिलाफ कई झूठे दीवानी और फौजदारी मुकदमे ठोंक दिये हैं। अगर लाखोचक मुकदमा वापस लिया गया तो ग्वाले बेघर भिखमंगे बन जाएँगे। सुरक्षा चाहिए।' 18 जनवरी को

मि. सिफ्टन ने आयुक्त व्हिटी को सूचित किया कि अब मुकदमे की वापसी की बात छोड़ देना ही बेहतर है। 'ग्वालों में मतैक्य नहीं है''''सुनवाई लम्बी खिंचती जा रही है। महामहिम राज्यपाल मामले का शीघ्र निष्पादन चाहते हैं।'

19 जनवरी को शामलाल गोप, हुलो गोप और भोपाल गोप की ओर से बिहार और उड़ीसा के महामहिम राज्यपाल के नाम स्मारपत्र भेजा गया जिसमें महामहिम का ध्यान निम्नलिखित तथ्यों की ओर आकृष्ट किया गया : (1) लाखोचक बाबू प्रसिद्ध नारायण सिंह की जमींदारी है''''जब से जाँच-पड़ताल शुरू हुई, बाभन अभियुक्तों ने ग्वालों को, जिनमें से अधिकांश उन्हीं के रैयत/असामी हैं, गवाही देने से रोकने के लिए हर संभव कोशिश की है, लेकिन ग्वाले डटे रहे और गवाही दी; (2) बाभनों ने झूठे बहाने बनाकर एक-दो ग्वालों से सादे कागज पर अंगूठे का निशान ले लिया और उसी के आधार पर जिलाधिकारी के समक्ष मुकदमे की वापसी की याचिका दायर कर दी; (3) इसकी जानकारी मिलते ही ग्वालों ने जिलाधिकारी को तुरंत तार भेजा''''लेकिन अभियुक्त के आवेदन पर मुकदमे की सुनवाई 5 जनवरी तक के लिए स्थगित कर दी गई; (4) बाभनों ने लखीसराय में हजारों ग्वालों की एक जनसभा भी बुलाई। इस सभा में भी ग्वाले सुलह के लिए राजी नहीं हुए। इसी बीच बाभनों ने गवाहों के खिलाफ कई झूठे फौजदारी मुकदमे दायर किए हैं। कई हजार रुपए के बकाया लगान का भी झूठा दावा ठोंका जा रहा है; (5) इसके बाद से कोई-न-कोई बहाना बनाकर सुनवाई की तिथि बढ़ाई जाती रही है। ऐसी खबर मिली है कि बाभन मुकदमे की वापसी के लिए अधिकारियों को राजी करने में लगे हैं; (6) अगर मुकदमे को बिना शर्त वापस लिया गया तो''''बाभन ग्वालों को झूठे दीवानी और फौजदारी मुकदमों के जरिए कुचलने के लिए आजाद हो जाएँगे''''वे तो उनकी हत्या करने से भी नहीं चूकेंगे; (7) अगर ग्वालों को सुरक्षा प्रदान नहीं की जाती तो उनके सामने एकमात्र विकल्प यही बचेगा कि वे अपने पूर्वजों की जर-जमीन को छोड़कर अपने बीवी-बच्चों के साथ जीविकोपार्जन के लिए दूर-दराज के किसी अनजान जगह में जा बसें।

उपर्युक्त तथ्यों से यह स्वतः जाहिर है कि अगर ग्वाले डटे न रहते, मामले पर कड़ी नजर न रखते तो बाभनों को जुर्माने की यह हल्की सजा भी न होती।

लाखोचक में बाभनों द्वारा उग्र हमला करने और प्रशासन द्वारा बाभन भूस्वामियों को बचाने की भरपूर कोशिश के बावजूद ग्वालों का मनोबल काफी ऊँचा था। वे झुकने को तो तैयार नहीं ही थे, बल्कि उन्होंने अपनी लड़ाई को और भी आगे बढ़ाने का पक्का इरादा किया हुआ था। न्यायालय के फैसले के

करीब एक महीने बाद 6 मार्च 1926 को जिलाधिकारी मि. डिक्सन ने मुख्य सचिव मि. सिफ्टन को यह सूचना भेजी, 'मैंने पिछले दो दिन लाखोचक में ही बिताए। लाखोचक मुकदमे से सीधे तौर पर जुड़े कई दीवानी और फौजदारी मामलों के सिलसिले में सैकड़ों ग्वाले जमा हुए थे। ऐसे कई मामलों को तो मैंने तत्काल खारिज कर दिया, लेकिन बकाये लगान से सम्बन्धित कुछ मामले अब भी लम्बित हैं। ग्वाले बिल्कुल मदद नहीं कर रहे हैं और बकाये लगान के ऐसे दावों का बिल्कुल खण्डन कर रहे हैं। मुझे तो लगता है कि 'लगान के भुगतान से सम्बन्धित' ग्वालों के भी बहुत से दावे बिल्कुल झूठे हैं। दुर्भाग्यवश, ग्वालों और जमींदारों के बीच अब भी काफी तनाव है और यह तनाव दक्षिण के इलाकों तक—यहाँ तक कि गिद्धौर राज तक—फैल गया है। **जनेऊ धारण करने के बाद से यादव बेगारी करने से साफ-साफ इन्कार कर रहे हैं.....कुछ मामलों में तो गाँव-के-गाँव ग्वाले एकजुट होकर उन खेतों पर भी दावे कर रहे हैं जो उनसे बीस या तीस साल पहले छिन गए थे।** जमींदार जो भावली जमीन के लिए अधिकांश मामलों में पक्का रसीद नहीं देते, दीवानी और फौजदारी मुकदमे ठोंककर ग्वालों से बदला ले रहे हैं.....' 15 मार्च को मुंगेर के एसपी ने अपनी गोपनीय डायरी में लिखा, 'लखीसराय में बाभनों और ग्वालों के बीच अब भी काफी तनाव है। **ग्वालों ने इधर 1 मार्च को एक सभा भी की है जिसमें उच्च जाति हिन्दुओं के लिए भविष्य में बेगार बिल्कुल न करने और सभी ग्वालों द्वारा जनेऊ धारण करने का संकल्प लिया गया है।'**

बहरहाल, लाखोचक काण्ड का पटाक्षेप करते हुए, अप्रैल 1926 में आयुक्त व्हिटी को मुख्य सचिव की ओर से यह संदेश मिला—'महामहिम निर्णय को दुर्भाग्यपूर्ण मानते हैं—अभियुक्तों को महज जुर्माना किया गया और यहाँ तक कि (इस काण्ड के) सरगनों को भी जेल की सजा नहीं दी गई। बहरहाल, **सरकार का यह फैसला है कि किसी भी सजा में बढ़ोतरी करने के उद्देश्य से कोई कारवाई नहीं की जाए।'**

तो यह था लाखोचक का सच।

सामाजिक आन्दोलन के सामग्रिक परिदृश्य में लाखोचक की स्थिति समझने के लिए निम्नलिखित बातों को ध्यान में रखना जरूरी है :

1. लाखोचक की घटना के बाद पिछड़ी-दलित जातियों के जनेऊ धारण करने के खिलाफ उच्च जाति भूस्वामियों का उग्र सामूहिक विरोध लगभग समाप्त हो गया। 1899 ई. में मनेर के हाथीटोला की घटना जनेऊ धारण करने के खिलाफ सामूहिक हिंसक विरोध की यदि पहली घटना थी

तो लाखोचक अन्तिम। इसलिए, इस शताब्दी के आरम्भ में बिहार में चले इस विराट सामाजिक आन्दोलन का काल हम 1899 से 1925 ई. मानते हैं। औपनिवेशिक काल में प्रदेश के इस पहले सामाजिक जन-आन्दोलन का अंत, जाहिर है, पिछड़ी जातियों की जीत से हुआ।

2. एक बार इन पिछड़ी जातियों के क्षत्रिय होने और जनेऊ धारण करने के प्रति विरोध प्रायः समाप्त हो गया तो इन दावों के पीछे छिपी आकांक्षा—भूस्वामित्व और सत्ता में भागीदारी की आकांक्षा—अधिक खुलकर सामने आने लगी। जमींदार-विरोधी रैयत आन्दोलन और राजनीतिक क्रियाकलापों में इन जातियों की भागीदारी बढ़ने लगी। हालाँकि सामाजिक आन्दोलन की जरूरत अब भी प्रबल रूप से बनी हुई थी क्योंकि रैयतों के बीच जातिगत भेद-भाव ज्यों-का-त्यों बरकरार था। इस सामाजिक भेदभाव के रहते वे भला उच्च जाति रैयतों के साथ कैसे तादात्म्य स्थापित कर सकते थे? बहरहाल, लाखोचक के बाद—जाति-संगठनों और जनेऊ आन्दोलनों के बाद—इन जातियों की बलवती होती सामाजिक-आर्थिक-राजनीतिक आकांक्षाओं ने एक नए संगठन—'त्रिवेणी संघ' के रूप में आकार ग्रहण किया।

3. लाखोचक की घटना बिहार के कृषि समाज की दो प्रमुख जुझारू खेतिहर जातियों—बाभनों और यादवों के बीच खुली प्रतिद्वन्द्विता की पहली बड़ी घटना थी। उन दिनों बाभन जरूर वर्चस्वशाली थे, लेकिन इस घटना के कुछ दूरगामी संकेत थे। [यह प्रतिद्वन्द्विता आज तक चली आ रही है। यह भी ध्यान देने योग्य तथ्य है कि स्वतंत्रता के बाद बिहार में राजनीतिक स्थिरता के पहले दौर (1947-60) में भूमिहार ब्राह्मण प्रभावकारी स्थिति में थे, तो दूसरे दौर (1990-), में यादव। बिहार के ग्रामीण समाज में स्थायित्व बहुत हद तक इन दो प्रमुख खेतिहर समुदायों के बीच समन्वय और सद्‌भाव पर निर्भर करता है।]

4. लाखोचक ग्वालों के जातीय-सामाजिक आन्दोलन में भी आनेवाले बदलाव का संकेत दे गया। अब तक ग्वाला आन्दोलन का नेतृत्व मधेपुरा क्षेत्र के जमींदार ग्वालों के हाथों में था। यह नेतृत्व अब धीरे-धीरे प्रासंगिकता खो रहा था। इस घटना में भी अमावाँ के भूमिहार ब्राह्मण राजा के साथ मिलकर वे सुलह-समझौते की कोशिश में थे। ग्वाला और अन्य पिछड़ी-दलित जातियों के सामाजिक आन्दोलन का केन्द्र अब मधेपुरा-नालन्दा-पटना से खिसककर शाहाबाद की ओर जा रहा था। उसका नेतृत्व

भी उन इलाकों के ग्वाला-कुर्मी जमींदारों और बड़े वकीलों के हाथों से शाहाबाद जिले के खुशहाल कायमी रैयतों के हाथों में आ रहा था।

5. लाखोचक के बाद बाभनों का जातीय आन्दोलन भी बिखरने लगा। भूमिहार ब्राह्मण रैयतों और भूमिहार ब्राह्मण जमींदारों के बीच विभेद खुलकर सामने आने लगा। भूमिहार ब्राह्मणों के सर्वमान्य नेता स्वामी सहजानन्द बिहार में पहले संगठित रैयत आन्दोलन के संस्थापक बने। उन दिनों किसान सभा अपने प्रचार में जमींदारों के सामाजिक-आर्थिक उत्पीड़न का भण्डाफोड़ तो करती, लेकिन उसका आन्दोलन मुख्यतः (1929 की महामंदी के बाद युक्तप्रांत की तरह बिहार में भी) लगान कम करने, जमीन की खरीद-बिक्री में जमींदारों द्वारा लिये जानेवाले शुल्क को कम करने अथवा समाप्त करने तथा प्रस्तावित काश्तकारी अधिनियम के खिलाफ गोलबन्दी पर केन्द्रित था। ये माँगें उच्च जाति के कायमी रैयतों के ज्यादा मनमाफिक थीं। वस्तुगत रूप से ये रैयत ही रैयतों के पहले उभार का नेतृत्व करने की स्थिति में थे।

3

चुनाव और जातीय समीकरण (1922–33)

मांटेग्यू–चेम्सफोर्ड सुधारों के बाद सीमित मताधिकार के आधार पर प्रान्तीय काउन्सिल (विधान परिषद) के लिए चुनावों की प्रक्रिया शुरू हुई। चार उच्च लगानवाले जिलों में सालाना 64 रु., छः जिलों में सालाना 48 रु. और निम्न लगानवाले नौ जिलों में सालाना 16 रु. लगान देनेवाले रैयतों को वोट देने का अधिकार मिला। मोटा–मोटी 15 एकड़ औसत जमीन रखनेवाले रैयत अब निर्वाचक बन गए। जाहिर है, अत्यन्त खुशहाल रैयतों का यह तबका निर्वाचकों की मुख्य शक्ति के रूप में चुनावी राजनीति के केन्द्र में आ गया। 1929 ई. में प्रति हजार (गैर–मुस्लिम) ग्रामीण निर्वाचकों में रैयतों की संख्या थी 883, पट्टेदारों की 25, जमींदारों की 61, ग्रामीण व्यवसायियों की 18, आय कर देनेवालों की 7 और अवकाश प्राप्त सैनिकों की संख्या थी 3। महिलाओं को उस समय तक मताधिकार प्राप्त नहीं था। पंजीकृत मतदाताओं की कुल संख्या थी 3,74,812 जो कुल पुरुष आबादी का सवा दो फीसदी और वयस्क पुरुष आबादी का साढ़े चार फीसदी थी। दलित और गैर–क्रिश्चियन जनजातियों से दो–दो सदस्य नामजद करने का प्रावधान था, लेकिन नामजद व्यक्तियों का खुद दलित या आदिवासी होना जरूरी नहीं था। दलित और आदिवासी संगठनों अथवा हितों का प्रतिनिधित्व करनेवाला कोई व्यक्ति इस कोटे में नामजद किया जा सकता था।

मतदाताओं की कुल संख्या

निर्वाचक-श्रेणी (संख्या के साथ)	1920 की मतदाता सूची	1923 की मतदाता सूची	1926 की मतदाता सूची
1. गैर–मुस्लिम शहरी क्षेत्र (6)	39,000	43,272	50,067
2. गैर–मुस्लिम ग्रामीण क्षेत्र (42)	2,56,000	2,57,670	2,80,562
3. मुस्लिम शहरी क्षेत्र (3)	8,500	8,688	11,578
4. मुस्लिम ग्रामीण क्षेत्र (15)	24,000	26,025	29,216
5. यूरोपियन (1)	1,463	1,828	2,959

निर्वाचक-श्रेणी (संख्या के साथ)	1920 की मतदाता सूची	1923 की मतदाता सूची	1926 की मतदाता सूची
6. जमींदार (5)	370	389	389
7. बिहार प्लाण्टर्स (1)	64	56	50
8. खनन क्षेत्र (2)	321	303	196
9. विश्वविद्यालय (1)	1,163	296	795

जैसा कि सर्वविदित है, काउन्सिल में जाने के प्रश्न को लेकर कांग्रेस 'नो-चेंजर्स' और 'प्रो-चेंजर्स' के बीच बँट गई थी। 'प्रो-चेंजर्स' देशबन्धु चित्तरंजन दास के नेतृत्व में स्वराज पार्टी गठित कर चुनाव लड़े थे। मई 1923 ई. में इन दोनों धड़ों के बीच इस बावत समझौता हो गया था कि कांग्रेस स्वराज पार्टी के उम्मीदवारों का विरोध नहीं करेगी, बल्कि चुनावों में तटस्थ रहेगी। नवम्बर 1923 में संपन्न चुनावों में, स्वराज पार्टी केन्द्रीय विधान सभा की कुल 12 सीटों में से 8 पर तथा प्रान्तीय काउन्सिल की कुल 76 सीटों में से 12 पर विजयी रही। 1926 आते-आते लगभग सभी कांग्रेसी काउन्सिल प्रवेश के पक्षधर हो गए थे और विवाद काउन्सिल में भूमिका को लेकर रह गया था। इसी बीच कुछ कांग्रेसियों ने इंडिपेंडेण्ट कांग्रेस पार्टी का गठन भी कर लिया था और उन्होंने सरकारी और स्वराजी, दोनों उम्मीदवारों के खिलाफ अपने उम्मीदवार खड़े किए थे। खैर, हमारा इरादा इन चुनावों की तफसील में जाना नहीं है, बल्कि, काउन्सिल के निर्वाचित प्रतिनिधियों की सामाजिक संरचना और उसमें हो रही तब्दीलियों का जायजा लेना है। काउन्सिल के निर्वाचित सदस्यों की वर्गगत संरचना इस प्रकार थी :

वर्ग/पेशा	1920	1923	1926
1. जमींदार	38	30	27
2. वकील	30	25	22
3. राजनीतिज्ञ	2	9	21
4. यूरोपियन प्लाण्टर्स	2	2	2
5. लैंड एजेण्ट्स	1	4	1
6. खान-मालिक	2	2	2

वर्ग/पेशा	1920	1923	1926
7. अवकाश प्राप्त सरकारी पदाधिकारी	–	2	1
8. व्यवसायी/महाजन	1	2	–
कुल	76	76	76

(बंगाली प्रतिनिधियों की संख्या 1920 में 10 थी, जो 1926 में घटकर मात्र 4 रह गयी)

जहाँ तक काउन्सिल की सामाजिक संरचना का प्रश्न है, 9 दिसम्बर 1928 को बिहार-उड़ीसा के विशेष अधिकारी (सुधार) मि. जे. ए. हब्बाक ने इंडियन स्टेट्युटरी कमीशन के सचिव को पाँच जातियों—बाभन, वैद्य, राजपूत, ब्राह्मण और कायस्थ—की राज्य में आबादी और विधान परिषद में उनकी उपस्थिति का एक ब्यौरा भेजा। **उसका सार यह था कि ये जातियाँ कुल आबादी का महज 13 फीसदी हैं, लेकिन परिषद के निर्वाचित सदस्यों का 65 फीसदी इन्हीं जातियों के लोगों का है। और अगर सिर्फ हिन्दू निर्वाचित सदस्यों में यह प्रतिशत निकाला जाय, तो वह होगा 90।**

चूँकि मतदाताओं की भारी बहुसंख्या रैयतों की थी, इसलिए चुनाव प्रचार में उम्मीदवारों के लिए रैयतों का पक्ष लेना जरूरी हो गया। 1920 में स्वामी विद्यानन्द की किसान सभा के चार उम्मीदवार काउन्सिल में निर्वाचित हो चुके थे। अकेली सबसे बड़ी जाति होने के कारण ग्वालों का समर्थन हासिल करना भी काफी महत्त्वपूर्ण हो गया। स्वराज पार्टी ने ग्वाला जाति के नेताओं से समर्थन की माँग की थी और जमींदारों के खिलाफ रैयतों के हक का समर्थन किया था। 1924 के जिला बोर्डों के चुनाव में बिहार-उड़ीसा प्रदेश के 18 जिला बोर्डों में से 14 पर स्वराज पार्टी का कब्जा हो गया था। 1926 के काउन्सिल चुनावों में स्वराजियों को 76 में से 34 सीटें मिलीं और 1930 के जिला बोर्ड के चुनाव में उसके कुल 112 सदस्य विजयी हुए :

जिला	निर्वाचित	स्वराजी
शाहाबाद	30	6
हजारीबाग	19	11
पटना	30	8
पूर्णिया	27	5
रांची	21	–

जिला	निर्वाचित	स्वराजी
सारण	30	15
चम्पारण	27	14
दरभंगा	24	13
भागलपुर	27	12
मुंगेर	28	28
कुल	263	112

(स्रोत : बिहार केसरी अभिनन्दन ग्रन्थ, तथा फाइल संख्या 229/30, राज्य अभिलेखागार, पटना)

बहरहाल, गाँव में अब भी जमींदारों की आर्थिक सत्ता काफी मजबूत थी और बड़े जमींदार विभिन्न जाति के अपने रैयतों को अपने उम्मीदवार के पक्ष में मतदान के लिए विवश करते। ऐसा न करने पर तरह-तरह के आर्थिक दण्ड की न सिर्फ धमकी दी जाती बल्कि उस धमकी को अमल में भी लाया जाता। चुनाव को केन्द्र कर विभिन्न किस्म की धाँधलियाँ भी चुनाव प्रक्रिया के उस आरंभिक दौर में शुरू हो चुकी थीं; जैसे बोगस मतदान (सरकारी रिपोर्ट के अनुसार, 1923 के चुनाव में यह बड़े पैमाने पर हुआ), मतदाताओं को शराब और रुपए का लालच देना, जाति और साम्प्रदायिक उन्माद भड़काना, मतदाताओं को गाड़ी में बिठाकर मतदान केन्द्र तक पहुँचाना आदि। कुछेक जगह मारपीट की घटनाएँ भी घटीं। काउन्सिल चुनावों में उम्मीदवारों ने चुनाव-खर्च का जो ब्यौरा दिया, उस आधार पर एक उम्मीदवार का औसत चुनाव खर्च 1920 में 325 रुपए, 1923 में 550 रुपए और 1926 में 1,140 रुपए था। हालाँकि, इसमें कोई सन्देह नहीं कि इससे कहीं अधिक रुपए खर्च किए गए थे। उन दिनों चुनाव खर्च की कोई सीमा भी निर्धारित नहीं थी।

चुनाव-प्रक्रिया की और उस दौरान सामाजिक शक्तियों के बीच चलनेवाली रस्साकशी की ज्यादा स्पष्ट तस्वीर जिला बोर्डों के चुनाव में देखने को मिलती है। यहाँ मतदाताओं की संख्या भी काफी अधिक थी—चौकीदारी टैक्स देनेवाले सभी रैयतों को वोट देने का अधिकार था।

बंगाल स्थानीय स्वशासन अधिनियम, 1885 के तहत गठित ये जिला बोर्ड संथाल परगना को छोड़कर सभी जिलों में कार्यरत थे। (बंगाल अधिभार अधिनियम, 1880 के तहत संथाल परगना में एक जिला समिति की नियुक्ति की गई थी जिसके सदस्य नामजद किए जाते थे।) पहले इन जिला बोर्डों में भी नामजद सदस्यों की संख्या काफी ज्यादा थी। बिहार के गठन के समय 1912 ई.

में जिला बोर्डों में 127 सरकारी और 263 गैर-सरकारी सदस्य थे। 127 सरकारी सदस्यों में 112 तो पदेन सदस्य ही थे, बाकी 15 नामजद। 263 गैर-सरकारी सदस्यों में भी मनोनीत सदस्यों की संख्या थी 116, बाकी 147 निर्वाचित सदस्य थे। जिला बोर्डों की आय का सबसे बड़ा स्रोत लगान के 1/16वें हिस्से के रूप में लगाया गया स्थानीय अधिभार (शेष) था। इसकी आधी राशि रैयतों को देनी पड़ती और शेष आधी रकम जिले का वरिष्ठ जमींदार देता। इसके अलावा, खानों और वनों से प्राप्त मुनाफे पर भी यह स्थानीय अधिभार लगाया जाता। जिला बोर्डों का मुख्य काम पानी, ग्रामीण सड़क, पुल, दवाखाना, अस्पताल और ताल-तलैयों की देखभाल, मरम्मत आदि था। प्राथमिक और माध्यमिक शिक्षा का प्रबन्ध तथा छोटी लाइन की रेलवे की देखभाल भी उसी के जिम्मे था। इन जिला बोर्डों के नीचे ग्राम प्रशासन अधिनियम, 1922 के तहत यूनियन बोर्डों का गठन किया गया था। 1923 में ऐसी 61 यूनियन समितियाँ थीं जिनकी कुल आय 1,30,000 रु. थी जिसमें 45,000 रुपए स्थानीय करों के जरिए उगाहे गए थे। दरअसल, यूनियन बोर्डों के गठन के पहले दो वर्षों का व्यय जिला बोर्डों को ही वहन करना पड़ता। इसीलिए अधिकांश जिला बोर्ड इस अतिरिक्त व्यय-भार से बचने के लिए यूनियन बोर्डों का गठन करने से कतराते थे।

ग्रामीण इलाकों में स्थानीय स्वशासन की व्यवस्था का संक्षिप्त जायजा लेने के बाद हम 1920 के दशक में हुए इन जिला बोर्डों के चुनाव की चर्चा करेंगे। चूँकि यहाँ मतदाता रैयतों की संख्या ज्यादा थी और चुनाव-क्षेत्र छोटा था, इसलिए इन चुनावों में खुशहाल रैयतों की दखल कुछ ज्यादा ही थी। उच्च जाति भूस्वामियों के प्रभुत्व के बावजूद इन बोर्डों में पिछड़ी जाति के रैयतों ने, छोटे पैमाने पर ही सही, अपनी जगह बनानी शुरू कर दी थी। कायस्थ जो प्रादेशिक राजनीति में काफी प्रभावकारी स्थिति में थे, जिला बोर्डों की ग्रामीण राजनीति में उतने महत्त्वपूर्ण नहीं रह गए थे। दरअसल, **उन दिनों के जिला बोर्डों की सामाजिक-राजनीतिक संरचना में कोई स्वतंत्रता के बाद के तीन विधान सभाओं की सामाजिक-राजनीतिक संरचना की छवि देख सकता है।**

1927 के जिला बोर्डों के चुनाव का परिणाम यह था कि जहाँ राज्य भर में कुल 354 निर्वाचित सदस्यों में 236 ऊँची जाति (भूमिहार : 75, राजपूत : 68, ब्राह्मण : 52, और कायस्थ : 41) के थे, वहीं पिछड़ी जाति के सदस्यों की संख्या थी 39, (कुर्मी : 13, यादव : 7, कोइरी : 1, बनिया : 13, और कलवार : 5), आदिवासी 15 थे और मुसलमान 30। वर्ग आधार पर इन निर्वाचित सदस्यों में 154 जमींदार थे, खुशहाल काश्तकार 70, वकील 62,

दीवान 13, नौकरीपेशा 14, व्यवसायी 15, महंथ 7 और सूदखोर 4 थे। भूमिहारों की सबसे अधिक संख्या गया, मुंगेर, मुजफ्फरपुर, सारण और दरभंगा में थी, जबकि राजपूतों की शाहाबाद और गया में। 13 निर्वाचित कुर्मियों में 8 गया जिले में ही थे। 7 में से 3 निर्वाचित ग्वाले भागलपुर जिले में थे, जिसमें मधेपुरा क्षेत्र आता था।

1927 के बोर्ड चुनावों में, पटना में मुख्य मुकाबला बाभनों और कुर्मियों के बीच था। अधिकांश स्थानों पर मुसलमान बाभन और राजपूतों के साथ थे, तो कायस्थ कुर्मियों के साथ। शाहाबाद जिले में मुकाबला मुख्यतः राजपूतों और कायस्थों के बीच था, जिसमें कायस्थों को जबर्दस्त मुँह की खानी पड़ी। सासाराम में तो एक अपेक्षाकृत कमजोर राजपूत उम्मीदवार ने प्रभावशाली कायस्थ जमींदार बाबू राधा प्रसाद को शिकस्त दी थी। जिले में राजपूत मतदाताओं की संख्या काफी ज्यादा थी और जाति भावनाओं का पूरा उपयोग भी किया गया जिसके परिणामस्वरूप 17 राजपूत उम्मीदवार विजयी हुए। इसके अलावा जमींदारों ने अपने प्रभाव और ताकत का भी भरपूर इस्तेमाल किया।[1]

इसी तरह तिरहुत डिवीजन के आयुक्त मि. ए. पी. मिडलटन ने 16 अगस्त 27 की अपनी रिपोर्ट में लिखा, 'आम मतदाताओं की जिला बोर्ड प्रशासन के अमूर्त उसूलों में शायद ही कोई रुचि है। कांग्रेस भी यह जानती है। इसलिए उसने भी ऐसे उम्मीदवारों को खड़ा किया है जिनके जीतने की संभावना अधिक है····दरभंगा और मुजफ्फरपुर में मुकाबला बाभन और राजपूत के बीच था, जबकि सारण में बाभन और कायस्थों के बीच। अधिकांश बाभन उम्मीदवारों को कांग्रेस का समर्थन प्राप्त था।' गया में भी इसी तरह जाति आधार पर विभाजन रेखाएँ खिंची थीं। यहाँ बाभनों का वर्चस्व था, लेकिन एक उम्मीदवार बाबू सुरेन्द्र नारायण को ग्वालों के समर्थन से विजयश्री मिली। उन्होंने खुद बाभन न होने का फायदा उठाया और ग्वालों की सहानुभूति हासिल की।[2] कुल मिलाकर, जाति के उम्मीदवार अपनी जाति से, वकील अपने मुवक्किलों से, और जहाँ कृषि सम्बन्ध तनावपूर्ण नहीं थे, जमींदार अपने रैयतों से वोट माँग रहे थे। उम्मीदवारों के बीच पार्टी प्रतिबद्धता इन चुनावों में उतनी मजबूत नहीं थी। हाँ, गांधीजी का नाम हर उम्मीदवार अपने पक्ष में जरूर लेता था। जाति के नाम पर ऐसा भी प्रचार हुआ

1. पटना के जिलाधिकारी की 26 जुलाई, 1927, आयुक्त की 4 अगस्त, 1927 और शाहाबाद के जिलाधिकारी मि. जे. एल. मेरिमैन की 1 अगस्त, 1927 की रिपोर्ट।
2. गया के जिलाधिकारी जे.सी. दत्त की 20 जुलाई, 1927 की रिपोर्ट।

कि यदि पिछड़ी और दलित जाति के मतदाता अमुक-अमुक उम्मीदवार के पक्ष में मत डालेंगे, तो वे ऊँची जाति में शामिल हो जाएँगे।[1]

1930 के जिला बोर्डों के चुनाव में तो जातीय संगठनों और मंचों की सक्रियता और बढ़ गई। अब विरोधी मतदाताओं को बलपूर्वक रोकने की उग्र प्रवृत्ति भी प्रकट रूप में दिखाई देने लगी।

इस चुनाव के दौरान सासाराम सब-डिवीजन में सूर्यपुरा के राजासाहब ने अपनी ही जाति के उम्मीदवार के खिलाफ राजपूत उम्मीदवारों का समर्थन किया और उन्हें सफलता भी मिली। कायस्थों की सबसे उल्लेखनीय हार डिहरी में हुई जहाँ अपने ही क्षेत्र में तिलौथू के शक्तिशाली जमींदार बाबू राधा प्रसाद सिन्हा एक राजपूत उम्मीदवार के हाथों पराजित हुए।[2] पूर्णिया के कसबा खजांचीहाट केन्द्र पर तो एम एल सी राजा पी. सी. लाल चौधुरी और गढ़बनैली के जमींदार कुमार रामानन्द सिंह के समर्थकों के बीच मारपीट तक हो गई।[3]

चम्पारण में राजपूत समुदाय को बस तीन सीटें ही मिलीं। नमक सत्याग्रह में अंग्रेजों का साथ देने के कारण एक उम्मीदवार बाबू जयलाल को मुँह की खानी पड़ी। पिछले चुनाव में वे सबसे अधिक मतों से जीतनेवाले बोर्ड मेम्बर थे।[4]

इसी तरह दरभंगा जिले में जयनगर को छोड़कर प्रत्येक सर्कल में मैथिली ब्राह्मणों ने अपना उम्मीदवार खड़ा किया। लेकिन वे बाभनों की तरह संगठित नहीं थे, इसीलिए उन्हें उतनी सफलता नहीं मिली। समस्तीपुर सब-डिवीजन में मुख्य मुकाबला राजपूतों और भूमिहारों के बीच था।[5]

उधर मधेपुरा सब-डिवीजन में ग्वालों का दबदबा बरकरार रहा। स्वराज पार्टी के दो उम्मीदवार बाबू शिवनन्दन प्रसाद मंडल और बाबू कमलेश्वरी प्रसाद मंडल (गोप सभा के संस्थापक, मुरहो के जमींदार बाबू रासबिहारी मंडल के मँझले पुत्र) उन दिनों नमक कानून तोड़ने के कारण जेल में थे, फिर भी वे भारी बहुमत से विजयी हुए।[6]

---

1. मेमोरेण्डम फॉर द इंडियन स्टेट्युटरी कमीशन ऑन द वर्किंग ऑफ द रिफॉर्म्स इन बिहार ऐण्ड उड़ीसा, पटना, 1930, पृ. 119।
2. शाहाबाद के जिलाधिकारी एस.एन. मजुमदार की रिपोर्ट, 19 मई, 1930।
3. पूर्णिया के जिलाधिकारी श्री के. पी. सिन्हा की रिपोर्ट, 14 जुलाई, 1930।
4. चम्पारण के जिलाधिकारी मि. आर. ई. स्वानजी की रिपोर्ट, 28 मई, 1930।
5. दरभंगा के जिलाधिकारी मि. एम. जे. डिक्सन की रिपोर्ट, 14 जून, 1930।
6. भागलपुर के जिलाधिकारी डी.पी. शर्मा की रिपोर्ट, 7 अगस्त, 1930।

1933 के चुनाव में पूर्णिया जिले के धमदाहा, रुपौली, कोढ़ा, फारबिसगंज और रानीगंज इलाकों में जमींदारों ने अपने कर्मचारियों (मैनेजरों) के पक्ष में मतदान करने के लिए रैयतों को डराया, धमकाया, अपने कैम्प में नजरबन्द रखा और यहाँ तक कि मारा-पीटा भी।[1]

इस तरह, चुनावों ने पूरे प्रदेश में राजनीतिक हलचल मचा रखी थी। खासकर **जिला बोर्डों के चुनावों में तो आम रैयत भी राजनीतिक प्रक्रिया में खिंच आए थे। उन दिनों इस राजनीतिक प्रक्रिया पर ब्राह्मण, राजपूत, बाभन और कायस्थों का वर्चस्व था, लेकिन इन उच्च जातियों के बीच पर्याप्त प्रतिद्वन्द्विता थी और इस प्रतिद्वन्द्विता के कारण पिछड़ी-दलित जातियों के साथ इन जातियों के समीकरण बन रहे थे। प्रदेशव्यापी राजनीति में कायस्थों की जगह भूमिहार ब्राह्मणों का तेजी से उत्थान हो रहा था। मधेपुरा इलाके में यादव और पटना-गया इलाके में कुर्मी जिला-स्तरीय राजनीति में अपनी कारगर उपस्थिति दर्ज करा रहे थे।**

जिला-स्तरीय राजनीति में अलग-अलग जिलों में अलग-अलग जातीय समीकरण बन रहे थे। भागलपुर में यदि कायस्थ भूमिहारों के साथ मिलकर पंचगछिया परिवार के राजपूतों के विरुद्ध खड़े थे, तो पटना में कुर्मियों से मिलकर भूमिहारों के खिलाफ। दरभंगा में यदि लड़ाई मुख्यत: राजपूतों और बाभनों के बीच थी (और कुछ जगहों में मैथिली ब्राह्मणों और बाभनों के बीच) तो शाहाबाद के सासाराम सब-डिवीजन में राजपूत और कायस्थ आमने-सामने थे। इन जातियों की आपसी प्रतिद्वन्द्विता में विभिन्न अंचलों में यादव, कुर्मी, कोइरी, कलवार, दुसाध और चमार जातियों को भी अपनी शक्ति का एहसास होने लगा था। **चुनावी राजनीति में अब कोई अछूत नहीं रह गया था।**

दूसरी ओर इसी चुनाव प्रक्रिया के दौरान हम राजनीतिज्ञों की एक नई पेशेवर श्रेणी को भी विकसित होते देख सकते हैं। 1920 के काउन्सिल चुनावों में इनकी संख्या जहाँ मात्र 2 थी, 1926 में वह बढ़कर 21 हो गई—यानी जमींदारों और वकीलों के बाद तीसरी सबसे बड़ी श्रेणी। राजनीतिज्ञों की इस श्रेणी का केन्द्रीय लक्ष्य राजनीतिक सत्ता के संगठनों में अपना स्थान बनाना था—सत्ता प्राप्त करना और उसे बरकरार रखना। उनके नारे, उनकी नीतियाँ और उनकी सारी कार्यवाहियाँ इसी लक्ष्य के इर्द-गिर्द घूमतीं। एक चुनाव से दूसरे चुनाव के बीच वे जातियों, सम्प्रदायों और

1. पूर्णिया के जिलाधिकारी की रिपोर्ट, 24-25 अगस्त, 1933।

समुदायों के ऐसे समीकरण की जुगत भिड़ाने में व्यस्त रहते जो चुनावों में उन्हें विजयश्री दिला सके।

लेकिन, उन दिनों एक दूसरा नेतृत्व भी समाज में मौजूद था—आध्यात्मिक संत-नेतृत्व। राजनीति इस तरह के नेतृत्व के बहुत सारे कार्यों में से एक कार्य था। वे गाँवों में अपने आश्रमों के जरिए समाज को सामग्रिक नेतृत्व देने का प्रयास करते। उनका आश्रम न सिर्फ राजनीतिक गतिविधियों का केन्द्र होता, बल्कि वहाँ लोग अपनी निजी-पारिवारिक समस्याओं, खेतीबारी से सम्बन्धित तथा अन्य पेशागत मुश्किलों, सामाजिक और स्वास्थ्य-सम्बन्धी परेशानियों के निराकरण के लिए भी आते। इन आश्रमों के जरिए बहुत सारे रचनात्मक कार्य चलाए जाते। पाठशाला, पुस्तकालय और प्रकाशन-कार्य अक्सर इनके अभिन्न अंग होते। इस नेतृत्व का आम जनसमुदाय पर, खासकर किसानों पर गहरा प्रभाव होता, इसीलिए पहले किस्म के राजनीतिज्ञ भी इन नेताओं का 'आशीर्वाद' प्राप्त करने की कोशिश करते और अपने प्रचार-अभियान में इनके नामों का उपयोग करते। ये आध्यात्मिक संत-नेता किसानों की तरह सादा जीवन बिताते और चुनावों में खुद भाग नहीं लेते। राष्ट्रीय, रैयत और सामाजिक आन्दोलनों में उन दिनों इस आध्यात्मिक संत-नेतृत्व ने निर्णायक भूमिका अदा की। राष्ट्रीय आन्दोलन में महात्मा गांधी और उनके आश्रम तो सुविख्यात हैं ही, किसान आन्दोलन में स्वामी सहजानन्द और उनका सीताराम आश्रम, बिहटा, तथा त्रिवेणी संघ के काल में स्वामी सहस्त्रानन (यदुनन्दन मेहता) और उनका त्रिवेणी आश्रम, जितौरा भी इस संदर्भ में विशेष उल्लेखनीय है। (1919-20 में दरभंगा जिले में जो रैयत आन्दोलन चला, उसमें भी नेतृत्व करने के लिए सारण जिले के सुथर गाँव के पछिमा कायस्थ बिशुभरण प्रसाद को स्वामी विद्यानन्द का रूप धारण करना पड़ा।) आजादी के बाद यह आध्यात्मिक संत-नेतृत्व की परम्परा क्रमशः नष्ट हो गई।

सामाजिक-आर्थिक-राजनीतिक सत्ता हमेशा ताल मिलाकर नहीं चलती। जिनके हाथ में सामाजिक सत्ता हो, कोई जरूरी नहीं कि सारी आर्थिक सत्ता भी उन्हीं के हाथों में होगी। उसी तरह जिनके हाथ में राजनीतिक सत्ता है, वही सारी आर्थिक-सामाजिक सत्ता के स्वामी हों, यह कोई जरूरी नहीं। सबसे अधिक जमींदारियाँ भूमिहारों के पास थीं, लेकिन सामाजिक रूप से वे ब्राह्मणों और राजपूतों से पीछे माने जाते थे। राजनीति में कायस्थों की उपस्थिति उनकी सामाजिक-आर्थिक स्थिति की तुलना में

कहीं अधिक थी। ब्राह्मण समाज में सबसे ऊपर होने के बाद भी राजनीतिक-आर्थिक मामलों में कायस्थों और भूमिहारों से पीछे थे।

चुनावी प्रक्रिया के जरिए जो राजनीतिज्ञों की श्रेणी सामने आ रही थी, वह आर्थिक रूप से काफी संपन्न श्रेणी हो, ऐसी कोई बात नहीं। जमींदारों और बड़े वकीलों की तुलना में तो वह आर्थिक रूप से कमजोर थी ही। लेकिन, सत्ता का उपयोग/दुरुपयोग कर वे इस विभेद को पाटने की कोशिश करते। शीघ्र ही जिला बोर्डों में गबन और वित्तीय अनियमितताओं के साथ इन राजनीतिज्ञों के नाम भी जुड़ने लगे। 1925-26 में चार बोर्डों की वित्तीय समितियों में अनियमितता की शिकायतें मिलीं। यह पाया गया कि बोर्ड के दो सदस्य इसमें संलिप्त थे और उन्होंने अपने पद का फायदा उठाकर आर्थिक लाभ कमाया था। 1926-27 में ऐसी अनियमितताओं की ढेरों शिकायतें आईं और साल-दर-साल वह बढ़ती ही गईं।

प्रथम महायुद्ध के बाद (1918 से 1928 के बीच) कीमतों में जो तेजी आई, उससे नकद लगानवाले इलाकों में उच्च जाति कायमी रैयतों की आर्थिक ताकत काफी मजबूत हुई। प्रदेश की अधिकांश बेहतर जमीन उनके हाथों में थी। सर्वे-सेटलमेंट के बाद कायमी रैयतों के नकद लगान में जमींदारों द्वारा मनमानी वृद्धि काफी मुश्किल हो गई थी। फलतः इन उच्च जाति कायमी रैयतों के मुनाफे और सापेक्ष लगान में खासी वृद्धि हुई। अनेक छोटे-मँझोले जमींदारों से भी उनकी आर्थिक स्थिति बेहतर थी। पिछड़ी जातियों के खुशहाल कायमी रैयतों की तरह उनके सामने कोई सामाजिक अवरोध भी नहीं था। इस तरह 1920 के दशक से ही ये उच्च जाति धनी-मानी कायमी रैयत ग्रामीण सत्ता के नए केन्द्र के रूप में उभरने लगे। एक ओर जहाँ जमींदार अपनी प्रासंगिकता खो रहे थे, वहीं स्वातंत्र्योत्तर बिहार के प्रारंभिक दशकों का नया शासक वर्ग तैयार हो रहा था। काउन्सिल और डिस्ट्रिक्ट बोर्ड के चुनावों में उसकी प्राथमिक राजनीतिक शिक्षा पूरी हो रही थी।

4

सामाजिक आन्दोलन : पृष्ठभूमि और परिप्रेक्ष्य

किसी समाज पर शासन करने के लिए उस समाज को जानना जरूरी होता है। सम्बन्धित समाज के संघटक तत्त्वों को जानना, उनकी एकता और उनके भेदों को पहचानना, भेदों का वर्गीकरण करना और तदनुरूप नीति निर्धारित करना शासन क्रिया का अभिन्न अंग है। हाँ, किस जानकारी की कितनी अहमियत है, उसका लक्ष्य क्या है, यह सब जरूर शासकों के चरित्र पर निर्भर करता है।

तिजारत के लिए आई ईस्ट इंडिया कम्पनी ने धीरे-धीरे भारत में अपने उपनिवेश कायम करने शुरू किए। इन उपनिवेशों के कारण ईस्ट इंडिया कम्पनी के लिए भू-राजस्व के रूप में वसूले गए भारत के धन से ही तैयार और कच्चे भारतीय माल खरीदकर और, उसे यूरोप तथा विश्व की मंडियों में बेचकर अकूत मुनाफा कमाना संभव हो पाया। इसके अलावा इन उपनिवेशों ने अंग्रेजों को भारतीय समाज को नजदीक से जानने का अवसर भी प्रदान किया। ज्ञान की एक शाखा के रूप में भारत-विद्या का प्रादुर्भाव हुआ। एक महाद्वीपीय विस्तार वाला अतिप्राचीन देश जहाँ हजारों समुदाय बसते थे, न सिर्फ ईस्ट इंडिया कम्पनी और ब्रिटिश शासकों के लिए बल्कि अंग्रेज विद्वानों के लिए भी सोने का खजाना था। चार्ल्स विल्किंस, नथानिएल हालहेड, जॉन शोर, फ्रांसिस ग्लैडविन, जॉन कार्नेक, जोनाथन डंकन, कलकत्ता में एसियाटिक सोसायटी के संस्थापक विलियम जोन्स[1], पिता-पुत्र मिल, मुनरो, कोलब्रुक, बुकानन, हंटर, मार्टिन, रिस्ले, ग्रियर्सन, ओ' मैली····आदि के अध्ययन, विवरण, यात्रा-वृत्तांत, जनगणना रिपोर्टों के विश्लेषण भारत-विद्या के प्राथमिक स्रोत तथा अभिन्न अंग बने। वर्चस्व ने नए ज्ञान का मार्ग प्रशस्त किया, फिर इस ज्ञान ने वर्चस्व को सुनिश्चित करने में अहम भूमिका निभाई। **ज्ञान और वर्चस्व की एक दूसरे में रूपान्तरित**

1. 1784 ई. में गठित इस सोसायटी में सदस्य के रूप में भारतीय विद्वानों को शामिल करने की विलियम जोन्स ने इजाजत नहीं दी थी। 28 भाषाओं के ज्ञाता और प्राच्यविद्या के इस प्रख्यात विद्वान् द्वारा लगाई गई यह रोक 1829 ई. तक बरकरार रही।

होने की यह क्रिया उपनिवेशीकरण के पूरे दौर में चलती रही।

उपनिवेशवादियों का तर्क कुछ इस प्रकार चलता : 'वे ही भारत को जानते हैं ; इतना ही नहीं, भारत से भारतवासियों का परिचय भी उन्होंने ही कराया है। इसीलिए भारत पर शासन करने का उनका हक बनता है। अपने आप से अनजान असभ्य भारतीयों को सभ्य बनाने का दायित्व-भार उन्हीं पर है।' बहरहाल, 1857 के प्रथम स्वातंत्र्य युद्ध के बाद यह 'दायित्व-भार' और बढ़ गया। अब भारत का शासन ईस्ट इंडिया कम्पनी के हाथों से निकलकर सीधे ब्रिटिश महारानी के हाथों में आ गया। व्यवस्थित शासन के लिए भारत में बसनेवाले समुदायों की पहचान और उनका वर्गीकरण जरूरी समझा गया। 1867-71 के बीच पहली जनगणना हुई और हर दस साल पर यह क्रिया दुहराई जाने लगी। **कई जातीय संगठनों और आन्दोलनों की पृष्ठभूमि में दरअसल 1871 की यह पहली जनगणना भी एक कारक थी।** जातियों के श्रेणीकरण के क्रम में कुछ जातियों को अपराधी जाति घोषित कर दिया गया था तो कुछ को शूद्र, कुछ को नौकरी के लिए अयोग्य करार दिया गया था तो कुछ को ब्राह्मण अथवा क्षत्रिय मानने से इन्कार किया गया था।

ऐसा नहीं कि भारत में जातियों के श्रेणीकरण का यह कोई पहला प्रयास था। वैदिक काल से लेकर आज के पीपुल ऑफ इण्डिया प्रोजेक्ट तक हर कुछ सौ वर्षों के अन्तराल पर जातियों का श्रेणीकरण किया जाता रहा है। ऋग्वेद में चार वर्णों के अतिरिक्त कम-से-कम छः (व्यवसाय एवं शिल्प से संबंधित) समुदायों का जिक्र मिलता है—वप्ता (नाई), तष्टा (बढ़ई या रथनिर्माता), त्वष्टा (बढ़ई), भिषक् (वैद्य), कर्मार या कार्मार (लोहार) तथा चर्मम्न (चमार)। मनु ने 6 अनुलोम, 6 प्रतिलोम एवं 20 मिश्रित जातियों के साथ 23 व्यवसायों की, याज्ञवल्क्य ने चार वर्णों के अतिरिक्त 13 अन्य जातियों की तथा उशना ने 40 जातियों एवं उनके व्यवसायों की चर्चा की है। सभी स्मृतियों की तालिका से कम से कम 100 जातियों के नाम सामने आते हैं। डॉ. पाण्डुरंग वामन काणे ने ईसा पूर्व 500 से 1000 ई. के बीच स्मृतियों तथा अन्य धर्मशास्त्र ग्रन्थों में वर्णित 155 जातियों की सूची दी है (इनमें कुछेक नाम समानार्थक हैं)। चाणक्य के 'अर्थशास्त्र', 'मनुसंहिता', 'महाभारत' और 'आइने अकबरी' में जातियों-समुदायों की अखिल भारतीय सूची मिलती है। 1871 की जनगणना के करीब पाँच सौ वर्ष पहले मिथिला के कवि शेखराचार्य ज्योतिरीश्वर ठाकुर रचित 'वर्ण रत्नाकार' में 205 समुदायों का वर्णन मिलता है जिन्हें कम-से-कम आठ श्रेणियों में वर्गीकृत किया गया है—भद्र, मंद, राजसेवक, वनवासी, पहाड़ी,

अपराधी, वणिकपुत्र, राजपुत्र। इन आठ श्रेणियों के अलावा भिखारियों की भी एक श्रेणी है और कुछ बची हुई जातियों को अन्यान्य श्रेणी में रखा गया है।

अंग्रेजों के आने के समय भी जातियों का बनना-बिगड़ना जारी था। 18वीं सदी के मध्य में भारतचन्द्र द्वारा बँगला में रचित 'विद्यासुन्दर' में बंगाल की विभिन्न जातियों और उनके पेशों का विस्तृत ब्यौरा मिलता है। उन्हीं दिनों भागलपुर में लम्बे समय से बसी खेतौरी नामक खेतिहर जाति सैन्य जाति (क्षत्रिय) होने का दावा कर रही थी। पूर्णिया जिले में शूद्रों की कई जनजातियाँ आपस में मिलकर गौड़ ब्राह्मणों की एक बड़ी जाति का रूप ले रही थीं। 1770 ई. के महाकाल के दौरान कई हिन्दू जातियों के लोग अपनी-अपनी जातियों के कड़े नियमों, शुद्धि-अशुद्धि की कठोर रीति-रिवाजों का पालन न करने के कारण अपनी जाति गँवा बैठे—इन जाति-बहिष्कृत लोगों की एक पृथक् जाति बन गई : सूर्यूरिया। वे गोमांस नहीं खाते और खेती ही उनका मुख्य पेशा थी। उसी अकाल के दौरान भागलपुर-कहलगाँव-राजमहल क्षेत्र से बड़ी संख्या में लोग भागकर पहाड़ों पर चले गए जहाँ मकई, बोरा आदि खाकर किसी तरह उन्होंने अपनी जान बचाई। एक साल तक वे पहाड़ियों के बीच रहे और स्थिति जब कुछ सुधरी तो नीचे अपने गाँवों में लौटे। जाति-प्रथा इतनी कठोर और बर्बर थी कि गाँववालों ने उन्हें स्वीकार नहीं किया। जिन लोगों के बीच वे पले-बढ़े थे, जिनके साथ बचपन से जवानी तक की उनकी कितनी यादें जुड़ी थीं, उन्हीं लोगों ने उन्हें बहिष्कृत कर दिया। बाद में वे डकैती कर जीवनयापन करने लगे। असल में गाँव-समाज के वर्चस्वशाली लोग पहले तो कठोर सामाजिक नियमों का हवाला देकर ऐसे लोगों को जाति-बहिष्कृत करवा देते, फिर इन बहिष्कृत लोगों की जमीन-जायदाद हड़प जाते।

जातियों की पहचान और उनके श्रेणीकरण की समय-समय पर जरूरत भी इसलिए पड़ी कि जातियाँ भारतीय समाज में जड़ श्रेणियाँ नहीं रही हैं। नई-नई जातियाँ-उपजातियाँ बनती रहीं और नई-पुरानी जातियों की **सामाजिक सोपान में स्थिति भी बदलती रही।** सगोत्रीय/सजातीय विवाह पर **आधारित जनजातीय सामाजिक संगठन,** श्रम-विभाजन और विभिन्न **जनजातियों और समुदायों** का जमीनी स्तर पर सम्मिलन—इन सारी चीजों ने **मिलकर जाति-व्यवस्था का आकार** ग्रहण किया था। किसी तथाकथित पिछड़ी जनजाति का पुरोहित वर्ग कालक्रम में एक उपजाति के रूप में ब्राह्मणों की पाँत में शामिल हो गया और इसी तरह उसके सरदार क्षत्रियों अथवा राजपूतों की एक शाखा के प्रवर्तक बन बैठे। कोई शासक जनजाति/जाति कालक्रम में

पिछड़कर सामान्य खेतिहर जाति होकर रह गई। किसी बड़ी, प्रभावशाली पशुपालक जनजाति के इर्द-गिर्द अन्य छोटी पशुपालक जनजातियाँ अथवा दूसरी जनजातियों के भी पशुपालक समुदाय जमा होने लगे और कालक्रम में कई उपजातियों के साथ एक बड़ी पशुपालक जाति सामने आई। इन जनजातियों/जातियों के बीच जमीनी स्तर पर रहन-सहन, खान-पान, रीति-रिवाज, उपासना-पद्धति, मिथक आदि क्षेत्र में पर्याप्त पारस्परिक आदान-प्रदान होता रहता। इसके अलावा, नए-नए श्रम विभाजन के कारण जनजातियों/जातियों से नई-नई जातियों-उपजातियों का बनना भी जारी रहा।

आज के बिहार की तीन उच्च जातियाँ—राजपूत, भूमिहार और कायस्थ—गुप्तकाल के उत्तरार्ध में और उसके बाद ही अस्तित्व में आईं और एक शक्ति के रूप में उनका उत्थान ग्यारहवीं-बारहवीं सदी के बाद हुआ। गुप्त साम्राज्य के पतन के बाद सोन-दामोदर घाटी में खरवार, दक्षिण बिहार में डोम, भर और चेरो, दक्षिण मुंगेर में दुसाध और पूर्वी बिहार के हिस्सों में घटवाल राजनीतिक सत्ता के ग्रामीण केन्द्रों के रूप में उभरे। भर खुद को प्रतिहार राजपूत और जागीरों के मालिक खरवार अपने को सूर्यवंशी कहने लगे। इसी समय बिहार में पम्मार राजपूतों और अवधिया कुर्मियों का आगमन हुआ। मध्यकाल में ही मैथिल ब्राह्मण खेतिहर जाति के रूप में सामने आए। चण्डेश्वर (1300-1370 ई.) ने उन्हें जमीन जोतने की इजाजत दी, बशर्ते वे अपनी उपज का छठा हिस्सा राजा को, बीसवाँ हिस्सा देवताओं को और तीसवाँ हिस्सा ब्राह्मणों को दें। चौदहवीं सदी के 'वर्ण रत्नाकार' में दोनवार का जिक्र एक वनवासी जाति के रूप में आया है, जबकि आज वह भूमिहारों और राजपूतों की एक प्रतिष्ठित शाखा है। उसी 'वर्णरत्नाकार' में बाजीगर, सर्राफ जैसी नई जातियों का भी जिक्र है। कोइरी, कुर्मी, रजक (धोबी), नाऊ (हज्जाम) जातियों का वर्गीकरण राजसेवक और शुद्ध जातियों के रूप में किया गया है।

हजारों वर्षों के इतिहास में अनेकानेक समूह बिहार में आते और बसते गए—ऑस्ट्रलॉयड (मुण्डा भाषा परिवार की) जनजातियाँ, द्रविड़ (कुरुख भाषा परिवार की) जनजातियाँ, आरंभिक आर्य जनजातियाँ, राजपूतों और कुर्मियों की विभिन्न शाखाएँ, कर्नाट, कलचुरी, अफगान, 1770 के भयानक अकाल के बाद अवध से उत्तर बिहार में आकर बसी खेतिहर जातियाँ, आदि, आदि। ऐसे अनेकानेक समूहों के पारस्परिक संघर्ष और सम्मिलन से ही आज का समाज बना है।

बहरहाल, बिहार में अधिकांश समय गैर-ब्राह्मणों और गैर-क्षत्रियों का ही राजनीतिक शासन रहा—नन्द, मौर्य और पाल परम्परागत ब्राह्मण और क्षत्रिय

जातियों के नहीं थे और अधिकांश इतिहासकार गुप्तों को भी वैश्य ही मानते हैं। मध्य और आधुनिक काल के उच्च जाति जागीरदार और जमींदार भी अधिक-से-अधिक मुस्लिम सुलतानों और बादशाहों अथवा ब्रिटिश हाकिमों के अधीन मध्यवर्ती शासक ही थे।

कुल मिलाकर कोई एक जनजाति/जाति अथवा जनजातियों/जातियों का कोई समूह हमेशा शिखर पर, शासक-शोषक की भूमिका में नहीं रहा है। वर्चस्व और उत्पीड़न के खिलाफ दबी हुई जातियाँ और समूह विद्रोह समेत अनेक उपायों से प्रतिकार करते हैं और तदनुरूप सामाजिक संतुलन में परिवर्तन घटित होता रहता है। हाँ, कुछेक अपवाद जरूर होते हैं—इस ऐतिहासिक प्रक्रिया में कुछ जातियाँ अथवा जनजातियाँ इतनी पिछड़ जाती हैं, उत्पीड़न की अवस्था को इतना अपना लेती हैं कि फिर उन्हें समाज की मुख्य धारा के साथ जोड़ने के लिए विशेष सामाजिक प्रयास अपेक्षित हो जाता है।

बहरहाल, जातियों की गतिशीलता का इतिहास प्रस्तुत करना यहाँ हमारा उद्देश्य नहीं है। उन्नीसवीं सदी के अन्तिम वर्षों और बीसवीं सदी के शुरुआती दशकों में बिहार में जो सामाजिक आन्दोलन चल रहा था, उसकी पृष्ठभूमि समझने के लिए ही हमने जातीय गतिशीलता की उपर्युक्त संक्षिप्त झाँकी प्रस्तुत की है। नई स्थितियों में जातियाँ नए रूप में संगठित हो रही थीं और नए दावे प्रस्तुत कर रही थीं।

1871 ई. में शुरू हुई जातियों के श्रेणीकरण की कोशिश ने जातीय आन्दोलनों और विमर्श को जन्म दिया। बदले में इन आन्दोलनों और विमर्श ने जातियों के श्रेणीकरण को प्रभावित किया। जातियों के श्रेणीकरण और जातीय आन्दोलनों के बीच यह परस्पर क्रिया-प्रतिक्रिया 1871 से 1931 के बीच करीब 60 वर्षों तक लगातार चलती रही।

बहरहाल, सामाजिक जागरण के पीछे कुछ अन्य कारक भी थे।

उन्नीसवीं सदी का उत्तरार्ध आते-आते ब्रिटेन का शासक समूह भी बदल चुका था। तिजारती पूँजी की जगह औद्योगिक और वित्तीय पूँजी हावी हो चुकी थी। इन नए शासक समूहों के हित तिजारती समूहों के हितों से भिन्न थे। ईस्ट इंडियाँ कम्पनी की मुख्य दिलचस्पी भूराजस्व और व्यापार में थी, जबकि औद्योगिक और वित्तीय समूह भारत को अपने तैयार औद्योगिक माल का बाजार और अपनी अतिरिक्त पूँजी के निवेश का सुरक्षित ठिकाना बनाना चाहते थे। कमरतोड़ लगान के नीचे दबा और बार-बार दुर्भिक्ष का शिकार रैयत न तो उनके

तैयार माल का बाजार हो सकता था और न ही ऐसे रैयतोंवाला देश उनके पूँजीनिवेश का सुरक्षित ठिकाना। भारत की क्रयशक्ति और कुछ हद तक उसकी उत्पादन शक्ति को बढ़ाना इन नए शासक समूहों के लिए जरूरी हो गया। उपनिवेशीकरण का आर्थिक आधार बदलना था और ऐसा ही हुआ भी, हालाँकि ब्रिटिश शासक समूहों के अन्दरूनी अन्तर्विरोध और नौकरशाही जड़ता के कारण इसमें थोड़ा समय लगा। काफी विवाद के बाद भी लार्ड मेयो और ओ.ए. ह्यूम राजस्व विभाग का नाम बदलकर कृषि विभाग नहीं करवा सके। हाँ, इतनी छूट जरूर दी गई कि राजस्व के बाद कृषि शब्द जोड़ दिया गया। खैर, परिवर्तन की रफ्तार धीमी अवश्य थी, लेकिन उसकी दिशा स्पष्ट थी।

भारतीय वस्त्र निर्यात पर मनमाने ढंग से करों और चुंगी का बोझ लादकर तथा ब्रिटिश वस्त्रों के आयात पर करों और चुंगी की छूट देकर स्वतंत्र प्रतियोगिता के अलम्बरदार ब्रिटिश औद्योगिक पूँजीपतियों ने किस तरह भारतीय वस्त्र उद्योग का विनाश किया, यह अब आधुनिक भारत के आर्थिक इतिहास का चिरपरिचित विषय है। इसलिए यहाँ हम उसका विवरण नहीं देंगे। लेकिन इस भयानक विनाश के कारण ग्रामीण जीवन में भारी अफरातफरी मच गई। बड़ी संख्या में कारीगर बेकार हुए और कृषि पर दबाव काफी बढ़ गया। नील फैक्ट्रियों में थोड़ी-बहुत आबादी लगी और अन्य उपनिवेशों में आबादी का भारी पलायन भी हुआ, फिर भी विस्थापित आबादी इन सबसे कहीं ज्यादा थी। एक आकलन के अनुसार, 1809-13 में पटना-गया-भागलपुर-पूर्णिया-शाहाबाद में कताई-बुनाई पर आश्रित औद्योगिक आबादी जहाँ 11,24,331 थी, वहीं 1901 में घटकर वह मात्र, 1,48,716 रह गई। कुल औद्योगिक आबादी में कताई-बुनाई करनेवालों की संख्या 1809-13 में 62.3 फीसदी थी। 1901 में घटकर वह मात्र 15.1 फीसदी रह गई।

लगान के भारी बोझ और घरेलू वस्त्र उद्योग की तबाही के कारण 1850 ई. आते-आते भारत की क्रयशक्ति निम्नतम बिन्दु पर जा पहुँची। ब्रिटिश मैन्युफैक्चर की सालाना प्रति व्यक्ति खपत जहाँ ब्रिटिश वेस्टइंडीज में 14 शिलिंग थी, चिली में 9 शिलिंग 3 पेन्स, ब्राजील में 6 शिलिंग 5 पेन्स, क्यूबा में 6 शिलिंग 2 पेन्स, पेरु में 5 शिलिंग 7 पेन्स और मध्य अमरीका में 10 पेन्स थी, वहीं भारत में वह सबसे कम मात्र 9 पेन्स रह गई थी।

क्रयशक्ति बढ़ाने और पूँजी निवेश के लिए अनुकूल माहौल बनाने हेतु काश्तकारी कानूनों में संशोधन और रैयतों की दशा में सुधार जरूरी था। 1885 ई. में बंगाल काश्तकारी अधिनियम अस्तित्व में आया, 1892-93 से सर्वे-सेटलमेण्ट

का काम शुरू किया गया, 1898 और 1906 में उपर्युक्त अधिनियम में संशोधन किए गए।

कायमी रैयतों की बेहतरी के लिए कोऑपरेटिव सोसायटियों का गठन किया गया और इस तरह सहकारिता आन्दोलन की नींव रखी गई। मार्च 1904 में बाजाब्ता कोऑपरेटिव क्रेडिट सोसायटीज ऐक्ट पारित किया गया, और ओ' मैली ने 1903-4 से 1911-12 के बीच बंगाल, बिहार और उड़ीसा की जनता की भौतिक स्थिति पर एक विस्तृत स्मारपत्र तैयार किया। कृषि विकास के लिए 1905 में पूसा में इम्पीरियल एग्रीकल्चरल रिसर्च इन्स्टीट्यूट की स्थापना का जिक्र हम पहले कर चुके हैं। गरज यह कि ब्रिटिश शासक अब खुद रैयतों की दुर्दशा पर सहानुभूतिपूर्वक गौर कर रहे थे, अबवाबों और बेगारी प्रथा के खिलाफ कदम उठाने की बात कर रहे थे, सर्वे-सेटलमेंट रिपोर्ट के जरिए जमींदारों के विभिन्न किस्म के अन्यायों और गैर-कानूनी कार्रवाइयों की पोल खोल रहे थे। जमींदार तिजारती पूँजी के युग में औपनिवेशिक शासन के सामाजिक आधार थे—नई स्थितियों में वे बोझ बनते जा रहे थे। हालाँकि उन्हें ज्यादा छेड़ना अंग्रेजों के लिए न संभव था और न ही व्यावहारिक, फिर भी उनके सम्बन्धों में थोड़ा-बहुत तनाव आने लगा था। जमींदार काश्तकारी अधिनियमों में अंग्रेज़ों द्वारा बदलाव लाए जाने के विरुद्ध थे। इसे वे जमींदारों और रैयतों के आपसी मामलों में बाहरी दखल मानते थे।

बंगाल काश्तकारी अधिनियम, 1885 के करीब आठ वर्ष बाद 8 जून 1893 को गया के खेत मजदूरों की दयनीय स्थिति के विषय में ब्रिटेन के हाउस ऑफ कॉमन्स में एक प्रश्न पूछा गया। प्रश्न था : 'क्या भारत-मंत्री ने बंगाल सिविल सर्विस के मि. ग्रियर्सन द्वारा लिखित 'नोट्स ऑन डिस्ट्रिक्ट ऑफ गया' देखी है? 1881 की जनगणना के अनुसार गया जिले की आबादी 21 लाख 25 हजार है। नोट में यह दिखाया गया है कि किस प्रकार 12.5 एकड़ के काश्तकार की प्रति व्यक्ति औसत सालाना आमदनी मात्र 12 रुपए चार आने है। एक खेत मजदूर और उसकी पत्नी अगर सालोंभर मजूरी करे तब वे सालाना 41 रुपए 12 आने ही कमा सकते हैं। यदि चार जनों का परिवार हो तो प्रतिव्यक्ति आमदनी हुई दस रुपए सात आने। यह राशि 15 रु. की उस सीमा से चार रुपए नौ आने कम है जो मि. ग्रियर्सन के अनुमान के अनुसार (आवश्यक धार्मिक और सामाजिक खर्च को छोड़कर) सिर्फ जीवन की जरूरतों को पूरा करने के लिए चाहिए।'''क्या वे इस बात से अवगत हैं कि गया जिले में मजदूर वर्ग के लगभग सभी जनों तथा काश्तकार और कारीगर वर्ग के दस फीसदी लोगों (यानी जिले

की कुल आबादी के 45 फीसदी) को न तो पर्याप्त कपड़ा उपलब्ध है और न ही खाना? और क्या भारत-मंत्री भारत सरकार से इस बात की अनुशंसा करेंगे कि वह गया जिले के छोटे काश्तकारों और मजदूरों की आम दशा के बारे में जाँच-पड़ताल कर रिपोर्ट देने के लिए एक सक्षम आयोग नियुक्त करे? साथ ही बंगाल सूबे के अन्य जिलों में इसी तरह की स्थिति की जाँच के लिए कदम उठाये?' सांसद मि. केन के इस प्रश्न के उत्तर में अंडर सेक्रेटरी ने कहा, 'भारत-मंत्री भारत की जनता की स्थिति के बारे में किसी भी सूचना को काफी महत्त्व देते हैं, और प्रश्नों की एक प्रति भारत सरकार को पर्यवेक्षण के लिए अग्रसारित की जाएगी।' (प्रसंगवश, 1888 ई. में पटना के दो गाँवों की जाँच-पड़ताल से यह निष्कर्ष निकाला गया कि पाँच व्यक्तियों के परिवार के भरण-पोषण के लिए कम-से-कम सात बीघे—करीब ढाई एकड़ जमीन का होना जरूरी है। लेकिन, चालीस फीसदी रैयत परिवारों के पास तो चार बीघे से भी कम जमीन थी। गया में किए गए इसी तरह के एक सर्वेक्षण से पता चला कि 48 फीसदी परिवारों के पास पाँच बीघा जमीन भी नहीं है।)

हुआ यूँ था कि लार्ड डफरिन के निर्देश पर 17 अगस्त 1887 को भारत सरकार के सचिव ने राजस्व एवं कृषि विभाग को यह हिदायत दी थी कि भारत की आबादी के निम्न वर्गों, खासकर कृषि पर निर्भर निम्न वर्गों की स्थिति की जाँच की जाए। इसी निर्देश पर बंगाल सरकार ने सभी आयुक्तों को विशुद्ध काश्तकारों, मजदूरों, कारीगरों और दान पर जिन्दा रहनेवालों की स्थिति के सम्बन्ध में रिपोर्ट भेजने को कहा। पटना, गया, भागलपुर, पूर्णिया, छोटानागपुर की जाँच रिपोर्ट 1888 ई. में तैयार हुई। तब गया के कलेक्टर ग्रियर्सन ही थे। गया की रिपोर्ट 1893 ई. में प्रकाशित हुई। इसी रिपोर्ट पर हाउस ऑफ कॉमन्स में उठे सवालों के बाद हालाँकि 19 मार्च 1894 को खेत मजदूरों की दशा की जाँच-पड़ताल करने का निर्देश दिया गया, लेकिन प्रशासन ने ग्रियर्सन की रिपोर्ट की अच्छी तरह लीपापोती करने की कोशिश की।

इस लीपापोती की जिम्मेदारी दी गई उत्तर बिहार और गया के सेटलमेंट ऑफिसर मि. सी. जे. स्टीवेंशन मूर (आई सी एस) को। उनके निष्कर्ष कुछ इस प्रकार थे : 'गया के रैयत उत्तर बिहार के रैयतों की तुलना में ज्यादा सुखी हैं। हाँ, दोनों अंचलों में मजदूर वर्ग की स्थिति सचमुच दयनीय है। जहाँ तक कमिया प्रथा का सवाल है, तो यह कोई नई प्रथा नहीं है। आर्यों के आगमन के समय से ही क्षत्रिय राजन्य वर्ग ने आदिवासी निम्न जातियों का इस्तेमाल इस रूप में किया है''''बिहार की स्थितियाँ भिन्न हैं। यहाँ अनाज सस्ता है और यहाँ के लोग थोड़े

में ही गुजारा कर लेते हैं, इसलिए ठीक-ठाक जीवनयापन के लिए 15 रुपए प्रति व्यक्ति सालाना आय बिहारी रैयत के लिए पर्याप्त माना जाना चाहिए। हाँ, बंगाली रैयत के लिए यह राशि काफी कम होगी....' यहाँ हम आम बिहारी मजदूर और रैयत की वह छवि लेते देख सकते हैं जो कमोबेश आज तक कायम है : असभ्य, परम संतोषी, थोड़े में ही गुजर-बसर कर लेनेवाला मिहनती प्राणी। ज्यादा देने से ही उसका मन बढ़ जाता है और वह कामचोर होने लगता है। ऐसे रैयतों/मजदूरों की अन्य जगह के रैयतों/मजदूरों से तुलना की क्या तुक? निम्न वर्गों की स्थिति का पता लगाने के लिए किए गए सरकारी सर्वेक्षणों और जमींदारों के वक्तव्यों में भी बिहारी निम्न वर्गों की यही छवि मिलती है। मूर ने खेत मजदूरों की सालाना आमदनी का भी एक आकलन प्रस्तुत किया। इस आकलन की खासियत यह थी कि इसमें यह मान लिया गया कि खेत मजदूर चोर होते हैं और चोरी किए गए तथा कटनी के बाद खेत से चुन-बिछकर लाए अनाज को भी उनकी आमदनी का एक स्थायी स्रोत माना गया! उन दिनों एक पुरुष मजदूर को चार सेर कच्चा मजदूरी मिलती थी। साल में 9 महीने काम मिल जाया करता। इस तरह उसकी सालाना आमदनी की गणना मूर ने इस प्रकार की :

प्रतिदिन चार सेर कच्चा (2.4 सेर पक्का) मजदूरी की दर से 9 महीने की मजदूरी (मन में)	+	चोरी और चुनने-बिछने के जरिए हासिल अनाज (मन में)
$\frac{2.4\times30\times9}{40}$ (पक्का मन)	+	$1\frac{1}{5}$ (पक्का मन)

16 1/5+1 1/5 पक्का मन = करीब 18 मन (पक्का) = करीब 20 रुपया

इसी तरह मूर ने यह भी दिखलाया कि महिला मजदूर और बारह साल से ऊपर के लड़के की सालाना आमदनी भी (चोरी और चुनने-बिछने को मिलाकर) करीब 20 रु. हो ही जाती थी। इस तरह उन्होंने प्रति खेत मजदूर औसत सालाना आमदनी के डॉ. ग्रियर्सन के आकलन (11 रुपए 1 आना) को गलत ठहराया और बतलाया कि उनकी हालत उतनी बुरी नहीं है।

बहरहाल, इसी बीच 1897 का अकाल पड़ा। यह अकाल 1770 के अकाल के बाद सबसे बड़ा अकाल था। इसके कारण ग्रामीण जीवन में बेचैनी बढ़ने लगी। पटना प्रमंडल में फसलों और अनाजों की चोरी की घटनाओं में 67.41% वृद्धि हुई—मुजफ्फरपुर जिले में 133.40 फीसदी, दरभंगा में 101.36 फीसदी और पटना जिले में 73.12 फीसदी।

इस बावत कमिश्नर जे.ए. बुरदिल्लों की रिपोर्ट में चिन्ता प्रकट की गई कि

किसी तरह अनाज पाने के लिए अधिकाधिक लोग अपराध का सहारा ले रहे हैं। दरभंगा और चम्पारण में आगजनी की कई घटनाओं के पीछे भी ऐसा ही मकसद था। लोग अनाज के गोदामों में आग लगा देते ताकि इससे मची अफरातफरी में जितना भी हाथ आए अनाज लेकर भागने में सहूलियत हो।

उधर छोटानागपुर में इसी समय (1899) बिरसा मुण्डा का उल्गुलान भड़क उठा।

ऐसी स्थिति में अंग्रेज शासकों के लिए काश्तकारी अधिनियम में संशोधन जरूरी हो गया। मूर की लीपापोती के बावजूद सर्वे सेटलमेंट कार्यवाहियों को और तेज कर दिया गया। रैयतों की दुर्दशा पर आँसू बहाये जाने लगे और इसके लिए मुख्यतः औपनिवेशिक ब्रिटिश राज को नहीं, बल्कि जमींदारों के अतिशोषण को जिम्मेदार ठहराया गया।

इन सब कार्यवाहियों के परिणामस्वरूप बीसवीं सदी के प्रारंभिक दशकों में रैयतों के बीच अपने अधिकार के प्रति काफी जागरूकता दिखाई देती है। **रैयतों के बीच जागरण की लहर के साथ खेतिहर जातियों में आत्मसम्मान की हिलोरें भी उठने लगीं। आगे चलकर इन जातियों के सामाजिक आन्दोलन ने रैयतों के और भी बड़े आन्दोलन के लिए जमीन तैयार की।**

सामाजिक आन्दोलन की पृष्ठभूमि में तीसरा कारक हिन्दुओं के बीच चला सुधार आन्दोलन था। हिन्दू समाज में जाति-भेद और जातीय उत्पीड़न के खिलाफ समय-समय पर वैचारिक-सामाजिक आन्दोलन होते रहे हैं और कालक्रम में ऐसे आन्दोलन के प्रणेताओं को पूरे समाज में सन्त के रूप में स्वीकृति और सम्मान मिलता रहा है। स्वामी दयानन्द सरस्वती के नेतृत्व में आर्यसमाज आन्दोलन उन दिनों ऐसा ही एक सशक्त आन्दोलन था जिसने पिछड़ी और दलित जातियों में एक नए जागरण का सूत्रपात किया।

दरअसल, अन्य प्रदेशों की तरह बिहार में भी प्रबुद्ध लोगों के बीच सनातन धर्म में व्याप्त पाखंडों और कुरीतियों को लेकर गहरा असन्तोष था और वे इस बावत कुछ-न-कुछ करने की सोचते रहते। व्यक्तिगत स्तर पर कुछ-कुछ करते भी थे। बंगाल के ब्रह्मसमाज आन्दोलन पर उनकी नजर थी। वे शास्त्रों का अनुशीलन करते, विचार-चिन्तन-मनन पर बल देते और धार्मिक विषयों पर आपस में तर्क-वितर्क किया करते। उन्नीसवीं सदी के उत्तरार्ध में दानापुर में ऐसे ही प्रबुद्ध समाज-सुधारकों ने 'विचार-सभा' का गठन किया था। इस सभा के कुछ अग्रणी व्यक्ति थे—बाबू जनकधारी लाल, माधोलाल, रामनारायण, शिवगुलाम प्रसाद, ठाकुर प्रसाद शाह, बाबूलाल, श्यामलाल, हीरालाल, आदि।

बाद में इन लोगों ने पंजाब के सुधारवादी विचारक मुंशी कन्हैयालाल अलखधारी की पुस्तकों का अनुशीलन किया और उनके प्रभाव से 'विचार सभा' को 'हिन्दू सत्य सभा' का नया नाम दिया गया। फिर ये लोग स्वामी दयानन्द सरस्वती के 'सत्यार्थ प्रकाश' से परिचित और प्रभावित हुए, उनके साथ पत्राचार किया और बम्बई जाकर उनसे मिले। स्वामीजी की सलाह पर ही 'हिन्दू सत्य सभा' का नाम बदलकर 'आर्यसमाज' रखा गया। दानापुर आर्यसमाज की विधिवत् स्थापना 28 मार्च 1878 ई. को हुई। बाबू जनकधारी लाल इसके पहले प्रधान और बाबू माधोलाल इसके पहले मंत्री चुने गए। स्वामी दयानन्द 30 अक्तूबर 1879 ई. को खुद दानापुर पधारे और बीस दिन तक रहे। शीघ्र ही दानापुर पूर्वी भारत में आर्यसमाज का सर्वप्रमुख केन्द्र बन गया।

ऐसे हर सुधार आन्दोलन की तरह इस सुधार आन्दोलन के भी दो आयाम थे—एक, अन्य मतों और सम्प्रदायों के बरखिलाफ वैदिक धर्म को प्रतिष्ठित करना। इसका मुख्य तरीका था शास्त्रार्थ और शुद्धिकरण। दूसरा, हिन्दू समाज के अन्दर प्रचलित विभिन्न कुरीतियों और पाखंडों का विरोध और उनका ठोस निराकरण। पहला कार्य जहाँ आर्यसमाजियों को प्रायः अन्य मतावलम्बियों (खासकर मुसलमानों और ईसाइयों) के साथ टकराव की ओर ले जाता, वहीं दूसरा पक्ष उन्हें हिन्दू कट्टरपंथियों का कोपभाजन बनाता।

आर्यसमाजी जन्म को नहीं, बल्कि कर्म को प्राथमिकता देते थे, उन्होंने वेदों के पठन-पाठन पर ब्राह्मणों के एकाधिकार को चुनौती दी और मंदिरों में दलितों के प्रवेश का पुरजोर समर्थन किया, वे जातीय भेद-भाव और अस्पृश्यता के सख्त खिलाफ थे और पिछड़ी तथा दलित जातियों के बीच यज्ञोपवीत (जनेऊ) आन्दोलन शुरू करने का श्रेय उन्हें ही जाता है। उन्होंने विधवाविवाह को मान्यता दिलाने, बालविवाह रोकने, स्त्रियों के बीच पर्दाप्रथा हटाने और उन्हें शिक्षा देने के लिए आन्दोलन चलाया। इसके साथ ही उन्होंने कई पाठशालाओं और अनाथालयों की भी स्थापना की।

जाहिर है कि इस सुधार आन्दोलन का मध्यवर्ती और दलित जातियों पर जबर्दस्त प्रभाव पड़ा और बिहार में वे इस आन्दोलन की मुख्य शक्ति बन गए। अनुन्नत/दलित जातियों में आत्मसम्मान का भाव जागा और इस तरह एक वृहत्तर सामाजिक आन्दोलन की जमीन तैयार हुई।

सामाजिक आन्दोलन की पृष्ठभूमि में चौथा कारक राष्ट्रीय आन्दोलन था। उन दिनों राष्ट्रीय आन्दोलन यद्यपि प्रारंभिक अवस्था में था, फिर भी बंग-भंग, स्वदेशी, तिलक की गिरफ्तारी और निर्वासन जैसी घटनाओं का प्रभाव पड़ता ही

था। अधिकार की चेतना, न्याय और समानता की चेतना संक्रमणशील होती है। जब राष्ट्र के जन्मसिद्ध अधिकार की बात उठेगी, राष्ट्रों के बीच न्यायपूर्ण और समानता पर आधारित सम्बन्ध की माँग होगी, तो देर-सबेर समुदायों, जातियों और व्यक्तियों के मामलों में भी ऐसी माँगें दुहरायी जाएँगी। इसलिए राष्ट्रीय आन्दोलन प्रायः ऐसे कितने ही छोटे-बड़े आन्दोलनों को या तो जन्म देता है या फिर गति प्रदान करता है। प्रत्यक्षतः राष्ट्रीय आन्दोलन और जातीय आन्दोलनों के बीच (अगर छोटे कालखण्ड में देखें तो) परस्पर विरोध दिखाई देता है और कुछ हद तक होता भी है, लेकिन दूरगामी तौर पर यह पूरी प्रक्रिया समाज के वृहत्तर जनतांत्रिकरण की ओर ही ले जाती है। हाँ, अगर राष्ट्रीय आन्दोलन का नेतृत्व विवेक और दूरदर्शिता का परिचय न दे तो जटिल स्थितियाँ भी पैदा हो जाती हैं।

इस तरह उन दिनों बिहार में चले सामाजिक आन्दोलन की पृष्ठभूमि में यही चार कारक थे और उस पूरे दौर में जातियों के श्रेणीकरण की कोशिश और सामाजिक आन्दोलन, रैयतों के आन्दोलन और सामाजिक आन्दोलन, धर्म सुधार और सामाजिक आन्दोलन, तथा राष्ट्रीय आन्दोलन और सामाजिक आन्दोलन के एक दूसरे में रूपान्तरण की क्रिया चलती रही।

प्रसंगवश, यहाँ यह स्पष्ट कर देना जरूरी है कि समाज में जितनी विषमताएँ होती हैं, उन्हें दूर करने के लिए उतने प्रत्यक्ष किंवा अप्रत्यक्ष आन्दोलन और प्रयास भी चलते रहते हैं। प्रायः ये आन्दोलन अथवा प्रयास—भिन्न-भिन्न तीव्रताओं के साथ एक साथ ही चलते होते हैं। उनकी अपनी सापेक्ष सत्ताएँ होती हैं, अपना कार्यक्षेत्र और अपने लक्ष्य होते हैं। उन दिनों भी कुछ का कार्यक्षेत्र स्वतंत्रता आन्दोलन था। कुछ सामाजिक और धर्मसुधार आन्दोलन में लगे थे। कुछ रैयतों को अपने अधिकार के बारे में सचेत कर रहे थे, तो कुछ शिक्षा के प्रसार के लिए पाठशाला, स्कूल-कॉलेज आदि खोलने में अधिक व्यस्त थे। इन अलग-अलग क्षेत्रों में कार्यरत लोगों की कार्यशैली भी जाहिर है अलग-अलग थी, अंग्रेजी शासन के साथ उनके सम्बन्ध और विवाद भी अलग-अलग थे।

सामाजिक विकास ऐसे तमाम आन्दोलनों और प्रयासों का सम्मिलित प्रतिफल होता है। बहरहाल, सिद्धान्त रूप में हम ऐसे तमाम आन्दोलनों के आदर्श समन्वय की, एक आदर्श नेतृत्व में उनके बीच परस्पर सम्मान और समानता के सम्बन्ध की चाहे जो भी कल्पना कर लें, यथार्थ में ऐसे आन्दोलनों के बीच प्रायः शंकाओं/गलतफहमियों की गुंजाइश बनी रहती है;

यहाँ तक कि समय-समय पर टकराव की नौबत भी आती रहती है। प्रत्येक आन्दोलन में अक्सर एक सर्वग्रासी वृत्ति दिखाई देती है—अपनी सत्ता-सीमा का अतिक्रमण करने की, अपनी उम्र से अधिक जीने की लालसा। अपने हिस्से की धूप से असन्तुष्ट वह आकाश का एकमात्र दीप्तिमान सूर्य बनना चाहता है। स्वतंत्रता आन्दोलन के कुछेक नेताओं को ऐसा लग सकता है कि जातीय अथवा रैयतों के मसले खड़े करने से स्वतंत्रता आन्दोलन कमजोर पड़ सकता है—कुछ तो और आगे बढ़कर ऐसे आन्दोलन के नेताओं को अंग्रेजों का एजेण्ट अथवा पंचमाँगी दस्ता भी कह सकते हैं। सामाजिक आन्दोलन के नेताओं को लग सकता है कि स्वतंत्रता आन्दोलन के लगभग सारे-के-सारे नेता उच्च जातियों के हैं जो उनके हाथ का छुआ पानी तक नहीं पीते, जिनके सामने वे जूते नहीं पहन सकते और जिनके साथ वे न खटिया पर बैठ सकते और न खुलकर बातें कर सकते। जनेऊ के साथ, सम्मान के साथ आजादी अगर न मिली तो उस आजादी का क्या फायदा। उसी तरह जमीन के बिना आजादी दररैयतों और खेत मजदूरों के लिए बेमानी थी—उनकी नजर में स्वतंत्रता आन्दोलन के नेता जमींदारों के हिमायती थे, जमींदारों से उनकी आमदरफ्त थी। ऐसे बड़े लोगों का क्या भरोसा?

इस तरह स्वतंत्रता आन्दोलन, सामाजिक आन्दोलन और रैयतों के आन्दोलन के बीच टकराव का पूरा मौका था। यदा-कदा ऐसी तकरार होती भी रहती। आरोप-प्रत्यारोप चलता। फिर भी बिहार में अगर ये टकराव एक हद में रहे तो इसका कारण यह था कि कई प्रबुद्ध राष्ट्रीय नेताओं का इन तीनों आन्दोलनों के साथ सम्बन्ध था। उनकी विश्वसनीयता कायम थी। और, सबसे महत्त्वपूर्ण तो खुद महात्मा गांधी का नेतृत्व था। महात्मा गांधी ने स्वतंत्रता आन्दोलन को कमोबेश एक समग्र राष्ट्रीय आन्दोलन का रूप देने की भी कोशिश की थी—सामाजिक आन्दोलन, रचनात्मक कार्यक्रम, राष्ट्रीय शिक्षण-संस्थानों का निर्माण, आदि जिसके अभिन्न अंग थे। (बहरहाल, इस बात से इन्कार नहीं किया जा सकता कि हर आन्दोलन में ऐसे कुछेक अवसरवादी तत्त्व होते हैं जो अपने तात्कालिक/संकीर्ण स्वार्थ में कुछ भी करने, कुछ भी दाँव पर लगाने के लिए तत्पर रहते हैं। यहाँ हम ऐसे नेताओं अथवा तत्त्वों की बात नहीं कर रहे, बल्कि आन्दोलनों की बात कर रहे हैं।)

सामाजिक आन्दोलन की पृष्ठभूमि पर एक नजर डालने के बाद अब हम इसके परिप्रेक्ष्य की थोड़ी चर्चा करेंगे।

समाज में व्यक्ति अथवा समुदाय की पहचान, हैसियत और उनके

सम्मान का पैमाना कुछेक दशाब्दियों में बदलता रहता है। बीसवीं शताब्दी के इन ढलते वर्षों में हम अपनी नजरों के सामने एक नए समाज को आकार ग्रहण करते देख रहे हैं। सूचना-क्रान्ति के साथ अस्तित्व में आए इस समाज के केन्द्र में है ज्ञान। यह एक विश्व-समाज है जिसके लिए राष्ट्र-राज्य की प्रासंगिकता क्रमशः क्षीण होती जा रही है। इस नेटवर्क समाज की अपनी एक इंटरनेट बिरादरी है और इस बिरादरी में शामिल होने के लिए वर्ल्डवाइड वेब पर अपना एक ठौर-ठिकाना होना जरूरी है।

वैसे हर युग में मनुष्य के ठौर-ठिकाने का चरित्र भी बदलता रहा है। शिकारी और फलसंग्राहक अवस्था में उसका ठौर हुआ करता था कोई पहाड़ और उसकी कंदराएँ, या फिर जंगल का कोई हिस्सा और उस हिस्से में पत्तों से बनी उसकी झोंपड़ियाँ। उसने इन पहाड़ों और जंगलों को नाम दिया—कालक्रम में ये उसकी स्मृति के अभिन्न अंग और पहचान के पवित्र प्रतीक बन गए। आज भी कोई पहाड़ या जंगल का कोई हिस्सा कुछेक जनजातियों की पहचान का अभिन्न हिस्सा बना हुआ है और उसकी रक्षा के लिए वे बड़ी-से-बड़ी कुर्बानी देने को तत्पर रहते हैं। कृषि के आगमन के साथ मनुष्य ने गाँव बसाए, गाँवों का डीह एक किसान के कुल-खानदान का, उसके परिचय और पहचान का प्रतीक बना। कहत भिखारी नाई, कवन करीं उपाई/मुहवां के तोहरे दुलरवा हो बबुआ/ कुतुबपुर हउवे ग्राम, रामजी संवार काम/जाति के हजाम जिला छपरा हो बबुआ....हमारे लोक गायकों द्वारा लोकगीतों के जरिए अपना परिचय देने की यह प्रचलित विधि रही है। जाति और गाँव पहचान के मुख्य माध्यम बन गए। निरसो (दीना-भद्री की माँ) : मुसहर, उरसीडीह (मुसटोली)....एक सै एकैस घर मुसहर बसैत अछि उरसीडीह....

औद्योगिक समाज में डीह के साथ भावनात्मक लगाव कमजोर पड़ता गया। लोग औद्योगिक बस्तियों के क्वार्टरों अथवा झुग्गी-झोंपड़ियों में जमा होने लगे, यही उनका ठौर-ठिकाना हुआ। गंगा प्रसाद, क्वार्टर नं. 312, ब्लॉक बी, सेक्टर पाँच, धुर्वा, राँची, या फिर गंगा दास, उड़िया धौरा, बस्ताकोला कोलवरी, धनबाद। और, आज के ज्ञान समाज में तो हमारा ठौर-ठिकाना जंगल-पहाड़, गाँव और औद्योगिक बस्ती से होते हुए मायालोक (वर्चुअल वर्ल्ड) में जा पहुँचा है। अनन्त साइबरलोक में एक वेबसाइट, अपना एक अदद होमपेज। आइए हमसे मिलिए—डब्ल्यू डब्ल्यू डब्ल्यू डाट बिहारी डाट कॉम.

बिहार का समाज यद्यपि कृषि और औद्योगिक सभ्यताओं का मिला-जुला रूप है, फिर भी इसकी नींव में, इसके अन्दरूनी कक्षों, दरों-दीवारों और चौखटों

में कोई आज भी शिकारी और फलसंग्राहक जीवन के अक्स देख सकता है। वहीं दूसरी ओर, भविष्य की ओर खुलनेवाले इसके दरवाजों और झरोखों पर आज ज्ञान सभ्यता की आहट भी सुनी जा सकती है।

खैर, हम पहचान, हैसियत और सम्मान के पैमाने की बात कर रहे थे। ज्ञान सभ्यता की इस प्रारम्भिक अवस्था में मायाजगत में अपना एक होमपेज होना यथार्थ जगत में अपनी पहचान, हैसियत और सम्मान का एक पैमाना है। लेकिन, कभी-कभी मायाजगत में अपनी उपस्थिति दर्ज कराना अथवा अपने समुदाय का कोई नया पाठ रचना यथार्थ जगत में नई पहचान कायम करने और सम्मान हासिल करने का संकेत भी होता है। यह सम्बन्धित समुदाय को आसन्न सामाजिक संघर्ष के लिए मनोवैज्ञानिक रूप से तैयार करता है।

भारतीय कृषि समाज का भी अपना एक मायालोक (वर्चुअल वर्ल्ड) रहा है। हजारों वर्षों के इतिहास में अनेकानेक समुदायों की कथाओं के सम्मिश्रण से यह मायालोक, पौराणिक लोक अस्तित्व में आया—एक पौराणिक महाआख्यान। लेकिन, यह एक बन्द महाआख्यान नहीं था, इसकी शिराएँ खुली थीं, इसके बिम्ब अनेकार्थी थे। नए समुदायों के लिए इस महाआख्यान में अपना कोई नया कथा-सूत्र जोड़ देने का पूरा अवसर था, अनन्त स्पेस था। इसमें पुराने समुदायों को भी नई स्थितियों के अनुरूप अपनी कथाओं का नया भाष्य प्रस्तुत करने अथवा महाआख्यान में बिखरी सामग्रियों से कोई नया पाठ रचने का पूरा मौका था। और ऐसा ही हुआ भी। कथाओं पर कथाओं की परतें चढ़ती गईं; प्रतीक वर्तमान से अतीत की ओर और अतीत से वर्तमान होकर भविष्य की ओर आते-जाते रहे; शब्द वहीं रहने पर भी उसके ध्वन्यार्थ बदलते रहे; विभिन्न समुदाय पौराणिक लोक में अपने-अपने पृष्ठों को समयानुरूप सजाते-सँवारते रहे।

बीसवीं सदी के शुरुआती वर्षों में इस प्रदेश में यह क्रिया भी जोरों पर थी।

बाभन से भूमिहार-ब्राह्मण, कायस्थ/लाला से कायस्थ-क्षत्रिय, ग्वाला/अहीर से यदुवंशी क्षत्रिय, कुर्मी से कुर्मी-क्षत्रिय, कोइरी से कुशवाहा क्षत्रिय, बढ़ई-लोहार से विश्वकर्मा-ब्राह्मण, हज्जाम से नाई-ब्राह्मण, दुसाध से गहलौत राजपूत, कलवार से हैहेय क्षत्रिय, कहार से चन्द्रवंशीय क्षत्रिय, चमार से रविदास, भुइंया से रिखियासन और चंडाल से नामशूद्र ब्राह्मण आदि सिर्फ नाम का परिष्कार नहीं था। यह आनेवाले सामाजिक परिवर्तन का पूर्वाभास था। जातियाँ अखिल भारतीय आधार पर अपनी पहचान कायम कर रही थीं और संगठित हो रही थीं; औपनिवेशिक स्थितियों के अन्तर्गत अपनी-अपनी जातियों के उत्थान का वे नया एजेण्डा रच रही थीं। कुल मिलाकर, सेवा-कर्म में लगी लगभग सभी

जातियाँ ब्राह्मण होने का तथा बाभनों को छोड़कर, लगभग सभी खेतिहर जातियाँ क्षत्रिय होने का दावा कर रही थीं।

दरअसल, भूमि-केन्द्रित कृषि समाज में प्रचलित वितरण प्रणाली के तहत सेवक वर्गों को अपनी सेवाओं के एवज में यजमानी मिला करती। ब्राह्मणों की तरह। फर्क यह था कि ब्राह्मण जहाँ कृषि समाज की पारलौकिक बाधाओं का ख्याल रखते, वहीं ये सेवक वर्ग इस समाज की लौकिक बाधाओं का। बढ़ई-लोहार उनके हल-फाल आदि बनाते और ठीक रखते, हज्जाम उनकी दाढ़ी-मूँछ बनाते और देह की मालिश करते, चमार उनके मरे मवेशी उठाते और उनके जूते-चप्पल बनाते, चमइन जचगी के समय धाय का काम करती, मेहतर पाखाना-नाली आदि साफ करते और डोम मृतकों का क्रिया-कर्म करते। **कुल मिलाकर यदि ब्राह्मण अपने ज्ञान-कला-कौशल से पूजा-पाठ-हवन-यज्ञ आदि के जरिए कृषि समाज की पारलौकिक बाधाओं का निवारण करते तो ये कारीगर-सेवक जातियाँ अपने ज्ञान-कला-कौशल से अपने श्रम के जरिए कृषि समाज की लौकिक बाधाओं का निवारण करतीं और उसे क्रियाशील बनाए रखतीं। फिर वे ब्राह्मण क्यों नहीं? भेद सिर्फ लोक और परलोक का था और अधिक-से-अधिक यही कहा जा सकता था कि ये सेवक जातियाँ परलोक से च्युत ब्राह्मण थीं। लेकिन, थीं तो ब्राह्मण ही! चमार अपना नाता रामराज्य से बहिष्कृत एक ब्राह्मण से जोड़ते थे। बहरहाल, लोक और परलोक का प्रायः एक दूसरे में रूपान्तरण घटित होता रहता है। लोक में अस्पृश्य/दलित ये जातियाँ ब्राह्मणत्व का दावा कर पुनः परलोक पर धावा करने की तैयारी कर रही थीं और इस बात का ऐलान भी कि स्वर्ग से, परलोक से, रामराज्य से उनके बहिष्कार का, उनके वनवास और अज्ञातवास का युग अब समाप्त हो रहा है।**

अब एक नजर खेतिहर जातियों के क्षत्रियत्व के दावे पर। आखिर ऐसे देश में जहाँ खुद भगवान परशुराम ने इक्कीस बार धरती से क्षत्रियों का समूल विनाश किया था, क्षत्रिय होने की इतनी मारा-मारी क्यों थी? क्षत्रियत्व का निहितार्थ क्या था? भूमि-केन्द्रित कृषि समाज में क्षत्रिय होने का ध्वन्यार्थ था भूस्वामी होना, बलशाली होना और राजा होना अथवा राजसत्ता का हकदार होना। इसलिए नए नामों का सामाजिक अर्थों में एक क्रान्तिकारी मर्म था। भूस्वामित्व और राजकर्म से वंचित जातियाँ जब क्षत्रिय होने का दावा कर रही थीं तो इसका मतलब था कि वे भूस्वामित्व का और राजसत्ता में भागीदारी का अपना दावा पेश कर रही थीं। इसलिए मामला

नाम में तकनीकी परिवर्तन का नहीं था—दरअसल 'नाम में बहुत कुछ रखा था।' वह आनेवाले आर्थिक-राजनीतिक संघर्षों का आगाज था, वह उस संघर्ष के लिए पिछड़ी और दलित जातियों की मनोवैज्ञानिक-सामाजिक तैयारी का संकेत था।

यह इन जातियों के लिए एक तरह का आत्म-साक्षात्कार था। हर जाति पौराणिक आकाश में अपनी एक जगह बनाने में लगी थी। यादव यदुवंशी कृष्ण से अपना नाता जोड़ रहे थे, कुर्मी विष्णु के कूर्मावतार से। कोइरी (भगवान राम के पुत्र) कुश का वंशज होने का दावा कर रहे थे अथवा खुद को शिव की मानस-संतान घोषित कर रहे थे जिसे महादेव ने खुद अपने बगीचे की देखभाल के लिए सिरजा था। दुसाध तो खुद को उन क्षत्रियों का वंशज मानते जो किसी तरह परशुराम के कोप से बच गए थे।

स्वर्णिम अतीत की स्मृति वर्तमान के अन्धकारमय होने का प्रमाण है। वर्तमान की व्यथा-कथा ही विपरीत प्रतीकों में वंश की गौरव-गाथा के रूप में अभिव्यक्त होती है। लेकिन, साथ ही वह वर्तमान का नकार भी है, गौरव को पुनः हासिल करने की आकांक्षा का प्रतीक भी है।

विष्णु और शिव के संतानों की, राम और कृष्ण के वंशजों की यह दुर्दशा? अरे, हम भी बलशाली हैं, हममें भी तेज है, जमीन और राज पर हमारा भी हक है। फिर हम बेगारी क्यों करें, अनुचित अबवाब और जाति-लगान क्यों दें? राजसत्ता में हमारी भागीदारी क्यों नहीं?

जनेऊ धारण कर क्षत्रिय होने की प्रक्रिया हर जगह बेगारी और अनुचित लगान तथा अबवाबों के खिलाफ आन्दोलन के साथ जुड़ी हुई प्रक्रिया थी। असामी से आजाद किसान होने की दिशा में यह पहला कदम था।

खेतिहर जातियों में सिर्फ बाभन थे जो क्षत्रिय होने के बजाय ब्राह्मण होने का दावा कर रहे थे। दरअसल क्षत्रिय होने का जो ध्वन्यार्थ था, वह तो वे पहले से थे। बिहार की सबसे ज्यादा जमींदारियाँ उन्हीं के हाथों में थीं और अपनी जागीर में वे ही राजा थे। इसीलिए सामाजिक सोपान में उससे भी ऊँची स्थिति प्राप्त करना चाहते थे। हालाँकि ब्राह्मणों ने उनके इस दावे को कभी स्वीकार नहीं किया। यथार्थ में हुआ यह कि बाभनों की ऊँची सामाजिक स्थिति प्राप्त करने की आकांक्षा और मैथिली ब्राह्मणों के अपेक्षाकृत गरीब तबकों की अपनी बेटियों के ब्याह की चिन्ता के मेल से दरभंगा जिले में दोगमिया बाभनों की एक ई शाखा अस्तित्व में आई।

यद्यपि कायस्थों के हाथों में भी कुछेक हजार जमींदारियाँ थीं, फिर भी

क्षत्रियत्व के उनके दावे के पीछे मुख्य कारण उनका भूस्वामी होना नहीं, बल्कि राजकर्म में भागीदारी था। बहुत सारी जमींदारियों में दीवान का पद पुश्तैनी रूप से उन्हीं के हाथों में हुआ करता और उन दिनों नौकरशाही और राजनीति में भी अन्य जातियों की तुलना में वे काफी आगे थे।

बहरहाल, पिछड़ी और दलित खेतिहर जातियों के क्षत्रिय बनने और जनेऊ धारण का सबसे प्रबल विरोध बाभन और राजपूत भूस्वामियों ने किया। ब्राह्मण भूस्वामी भी इसके खिलाफ थे, लेकिन पुरोहित कार्य में लगा आम गरीब ब्राह्मण इसके खिलाफ नहीं था। इन गरीब ब्राह्मणों को हजारों-लाखों नए लोगों द्वारा जनेऊ धारण करने और उच्च जातियों के रीति-रिवाजों का अनुसरण करने से आर्थिक लाभ था। चार-पाँच आने में जनेऊ बेचने और उनके विभिन्न क्रिया-कर्मों से प्राप्त होनेवाले दान-दक्षिणा का लोभ संवरण कर पाना मुश्किल था। इसमें हर्ज ही क्या? आखिर जनेऊ पहन लेने से ही अहीर ब्राह्मण तो हो नहीं जाएगा? हाँ, ब्राह्मण पुरोहितों का काम जरूर बढ़ जाएगा। यजमान बढ़ेंगे तो आमदनी भी बढ़ेगी।

कायस्थों को तो खुद शूद्र में शुमार किया जाता था और खुद स्वामी दयानन्द ने एक कायस्थ का यज्ञोपवीत संस्कार कर जनेऊ आन्दोलन की नींव रखी थी। बिहार में आर्यसमाज के गठन में भी कायस्थों ने अग्रणी भूमिका अदा की थी। 1928 ई. में खुद डॉ. राजेन्द्र प्रसाद ने आर्यसमाज के अछूतोद्धार सम्मेलन की अध्यक्षता की थी और एक भंगी के हाथ से जल ग्रहण कर लोगों के सामने उदाहरण प्रस्तुत किया था। कुछेक अंचलों को छोड़कर भूस्वामित्व से भी इस जाति के कोई गहरे सरोकार न थे। इसलिए जनेऊ आन्दोलन से कायस्थों का कोई वैसा विरोध न था।

बहरहाल, कृषि समाज के बाहर अपनी जगह बनाने के लिए क्षत्रिय और जनेऊ जैसे प्रतीक अप्रासंगिक थे। जैसे-जैसे कृषि समाज के बाहर जगह बनाने की जरूरत बढ़ती गई, ये प्रतीक भी अपना महत्त्व खोते गए—यहाँ तक कि जनेऊ तोड़ने जैसे आन्दोलन भी चले। वैसे इस सामाजिक आन्दोलन के नेता भी इन सीमाओं से परिचित थे। इसलिए उन दिनों भी जहाँ एक ओर क्षत्रिय बनने का आन्दोलन चल रहा था, वहीं दूसरी ओर यादव महासभा ने साइमन कमीशन के समक्ष सामाजिक और शैक्षणिक रूप से पिछड़े वर्गों को सरकारी नौकरी, शैक्षणिक संस्थानों, विधान परिषदों और सेना में आरक्षण के जरिए आनुपातिक प्रतिनिधित्व देने की माँग भी रखी थी।

5

त्रिवेणी संघ का बिगुल

अइले त्रिवेणी संघ शाहाबाद जिलवा में
सब दुखियन के जगावेला भाईजी
हमनी के वोट लेके
हमनी के गला घोंटे
कतनो अकाल पड़े
खेत में सुखाड़ पड़े—जमींदरवा त रोपेये खाली चाहे ला भाईजी
जवन जाति अपना के जान से बेजान समझे
ओहू जतियन के जान दिलावे ला भाईजी
अइले त्रिवेणी संघ शाहाबाद जिलवा में
सब दुखियन के जगावे ला भाईजी...[1]

बिहार में सामाजिक बराबरी का आन्दोलन चौथे दशक के आरम्भ में एक राजनीतिक शक्ल ग्रहण करने लगा था। लम्बे समय से चल रहे जनेऊ आन्दोलन ने पिछड़ी जातियों में एक जागरण का संचार तो किया था, लेकिन इस आन्दोलन को जगह-जगह उच्च जाति भूस्वामियों का उग्र विरोध भी झेलना पड़ रहा था। 'किसी के जनेऊ तोड़े जाने लगे तो किसी का विवाह-शादी बन्द किया जाने लगा—किसी पर मालगुजारी की नालिश होने लगी तो किसी का खेत नीलाम किया गया। किसी के लिए ईनार-कुआँ बन्द किया जाने लगा तो किसी के रास्ते रोक दिए गए। किसी को गाली सुनाई जाने लगी तो किसी पर मार पड़ने लगी। किसी की दरखास्त गुम होने लगी तो किसी की नौकरी ही बरखास्त की जाने लगी। याने चारों तरफ से जालिमों ने दबाना शुरू कर दिया।'[2] प्रमुख राजनीतिक

---

1. भरहुवा के रामाश्रय साह तथा नरवर गाँव के वासुदेव सिंह त्रिवेणी संघ की सभाओं में जाते थे। उस समय गाँवों में यह गीत गाया जाता था। याद्दाश्त के आधार पर उन्होंने यह गीत सुनाया।
2. चौधरी जे.एन. पी. मेहता, 'त्रिवेणी संघ का बिगुल,' त्रिवेणी शक्ति कार्यालय, जितौरा, शाहाबाद, 1940, पृ. 7।

पार्टी कांग्रेस और किसान सभा की नेतृत्वकारी समितियों में भी इन जातियों की उपस्थिति नगण्य थी। नगरपालिका, जिला बोर्ड और काउन्सिल जैसे सत्ता के संगठनों में तो इन जातियों के इक्का-दुक्का लोग ही थे। ऐसी स्थिति में इन जातियों में यह एहसास बढ़ने लगा कि आपस में एकजुट हुए बिना, तमाम पिछड़ी-दलित जातियों का कोई साझा संगठन बनाए बिना वे न तो भूस्वामियों की उच्च जाति जमींदारों की संगठित ताकत से लोहा ले सकते हैं और न ही सत्ता के संगठनों में अपनी कोई जगह बना सकते हैं। **अब तक सामाजिक आन्दोलन की बागडोर अलग-अलग जाति संगठनों के हाथों में थी, लेकिन स्थितियाँ अब एक साझा संगठन की माँग कर रही थीं।** 'संघे शक्ति कलौयुगे।'[1]

विभिन्न पिछड़ी जातियों की सम्मिलित सभाएँ होनी शुरू हुईं। शाहाबाद जिले के रामगढ़ में अहीरों और कुर्मियों की ऐसी ही एक सम्मिलित सभा में स्थानीय ब्राह्मणों के विरोध के बावजूद न सिर्फ जनेऊ धारण करने का निर्णय लिया गया, बल्कि निम्न जातियों के साथ घुल-मिलकर रहने का संकल्प भी व्यक्त किया गया।[2]

इसी पृष्ठभूमि में 30 मई 1933 को शाहाबाद जिले के करगहर में त्रिवेणी संघ का जन्म हुआ। इसके 'जन्मदाताओं में चौधरी जे.एन.पी. मेहता, सरदार जगदेव सिंह यादव तथा डॉ. शिवपूजन सिंह आदि मान्य हैं। पहले-पहल इस संघ का संगठन कुशवाहा क्षत्रिय सभा, यादव क्षत्रिय सभा तथा कुर्मी क्षत्रिय सभा द्वारा जिला स्तर में होना शुरू हुआ पर उसका उद्देश्य तथा कार्यक्रम शोषित-शासित तथा दलित याने सभी अनुन्नत समाज की उन्नति के लिए हुआ····त्रिवेणी संघ है शोषित-शासित तथा दलित कृषक, मजदूर और व्यवसायियों के अश्रुओं की धारा तथा आहों का नगारा जिनके धार्मिक, सामाजिक तथा राजनैतिक अधिकारों को कुचलकर, भारत के ही नहीं····बल्कि संसार के अल्पसंख्यक लोग कर रहे हैं मौज····'[3] त्रिवेणी संघ की स्थापना की बात सबसे पहले सरदार जगदेव सिंह के मन में आई। उन्हें त्रिवेणी संघ की माता की संज्ञा दी गयी है।[4] उन्होंने इस सम्बन्ध में यदुनन्दन प्रसाद मेहता और डॉ. शिवपूजन सिंह से बातचीत की। श्री मेहता यादव और कुशवाहा सभा में सक्रिय थे। जनेऊ आन्दोलन में उन्होंने

1. त्रिवेणी संघ का आदर्श वाक्य, वही, पृ. 17।
2. फाइल के डब्ल्यू/1934; दिसम्बर 14, 1934।
3. 'त्रिवेणी संघ का बिगुल', पृ. 7-8 और 24।
4. वही, पृ. 6।

नेतृत्वकारी भूमिका अदा की थी और 1936 ई. में उन्होंने बर्मा जाकर प्रवासी कुशवाहों को जनेऊ धारण कराया था। नशाखोरी और बाल विवाह के खिलाफ भी उन्होंने अभियान चला रखा था। अच्छे लेखक तो वे थे ही—उन्होंने 'यादव जनेऊ विरोधियों का मुँह तोड़ जवाब' तथा 'कुशवाहा पुकार' नामक गुटके प्रकाशित कराए थे। अपने लेखों और भाषणों में वे हमेशा पिछड़ी जातियों की आत्मिक मजबूती पर तथा उनके बीच उद्यमिता के विकास पर जोर देते थे। करगहर के गरवे गाँव के सरदार जगदेव सिंह यादव यादव जाति सभा और जनेऊ आन्दोलन में सक्रिय थे। जगदीशपुर के डॉ. शिवपूजन सिंह करगहर में ही डिस्ट्रिक्ट बोर्ड अस्पताल में डॉक्टर थे। ये तीनों सामाजिक सुधार आन्दोलन के साथ-साथ कांग्रेस में भी सक्रिय थे, लेकिन वहाँ उनकी पूछ नहीं थी।

'कुर्मी क्षत्री, कुशवाहा क्षत्री और यदुवंशी क्षत्री, ये तीनों जातियाँ मिलकर राजपूतों और भूमिहारों के विरुद्ध खड़े होंगे, इन तीनों जातियों से मिलकर बना है त्रिवेणी संघ! क्या सुन्दर नाम है त्रिवेणी संघ। बूढ़ा गरभू पतनीदार को सुनाकर बिल्टा से पूछता है, इतनी बुद्धि भरी बात जिन्दगी में कभी सुनी थी? गीदड़ अब तक बोला नहीं। सभी के उठने के समय इतना ही कहता है, जो जाति सोई रहती है, वह जाति जीती नहीं है।'[1]

पापिन के पाप नाशै, त्रास यमदूतन के,
भव-रुज-परिवार नाशै धार त्रिवेणी की।
तिहि भाँति त्रास नाशै, दुष्ट अन्यायियों के,
गिरे को उठावे नीत, संघ त्रिवेणी की॥ 1॥
मान और गुमान नाशै, जाल दुष्ट जालिम के,
सबै भाँति सहाय करै, शोषित दल श्रेणी की।
देश धर्म लाज राखै, सबहिं समान राखै,
याही हेतु बही धार, संघ त्रिवेणी की॥ 2॥[2]

बहरहाल, यह सही है कि त्रिवेणी संघ के गठन में तीन प्रमुख पिछड़ी, जातियों—यादव, कुर्मी और कोइरी—के नेताओं ने पहलकदमी ली, लेकिन

---

1. सतीनाथ भादुड़ी, 'ढोड़ायचरित मानस', पृ. 256।
2. 'त्रिवेणी संघ का बिगुल', पृ. 5।
इसके अलावा, कुछ अन्य द्रष्टव्य सामग्रियाँ हैं : बनारस से प्रकाशित 'कुशवाहा क्षत्रिय बन्धु' (पृ. 116) तथा यदुनन्दन प्रसाद मेहता रचित 'आगे बढ़ने की राहें' (पृ. 30-36)।

कालक्रम में यह अन्य पिछड़ी जातियों, दलितों और विभिन्न क्षेत्रों में जातीय भेदभाव के कारण विक्षुब्ध लोगों का साझा मंच बन गया। 1935 ई. में इसका प्रदेश स्तर पर गठन किया गया और दासू सिंह इसके अध्यक्ष बनाए गए।

1940 ई. में यदुनन्दन प्रसाद मेहता द्वारा लिखित 'त्रिवेणी संघ का बिगुल' पुस्तक में इसके लक्ष्य, कार्यक्रम तथा कांग्रेस और स्वतंत्रता आन्दोलन के साथ इसके सम्बन्ध की विस्तार से चर्चा की गई है। त्रिवेणी को सृष्टि और समाज का सारतत्त्व बताते हुए उन्होंने लिखा—त्रिवेणी! यह तो वह पवित्र और व्यापक वस्तु है जिसके बन्धन में सारी सृष्टि तक बँधी हुई है। ईश, माया और प्रकृति की त्रिवेणी—जिससे सृष्टि की उत्पत्ति हुई। सृष्टि की तरफ नजर दौड़ाया तो सत, रज और तम की त्रिवेणी····लोक में भ्रमण किया तो दिव, अन्तरिक्ष और मर्त्यलोक की त्रिवेणी, देवलोक में गया तो ब्रह्मा, विष्णु, महेश इन त्रिदेवों तथा सरस्वती, लक्ष्मी और दुर्गा त्रिदेवियों की त्रिवेणी को देखा····भूतल पर दौड़ लगाया तो धन, बल और विद्या की त्रिवेणी देखी····शरीर का अन्वेषण किया तो बात, पित्त और कफ की त्रिवेणी पाया····योगसाधन के लिए तैयार हुआ तो इड़ा, पिंगला और सुषुम्ना की त्रिवेणी में स्थिति पाया····उत्थान की तरफ दौड़ा तो उसे शारीरिक, मानसिक और आत्मिक इन तीन शक्तियों की त्रिवेणी में विहार करते पाया····प्रयागराज पहुँचा तो गंगा, जमुना और सरस्वती के त्रिवेणी संगम को देखा····राष्ट्र तट पर खड़ा हुआ तो तिरंगे झंडे को फहराते हुए पाया····कार्यक्षेत्र में पदार्पण किया तो धार्मिक, सामाजिक तथा राजनीतिक धाराओं में सबको बहते हुए देखा····राष्ट्र की त्रिवेणी में किसान, मजदूर और व्यवसायियों को पाया····

त्रिवेणी संघ चाहता है धार्मिक, सामाजिक, राजनीतिक तथा आर्थिक साम्राज्यवादों का अन्त और उनके स्थान पर धार्मिक, सामाजिक, राजनीतिक और आर्थिक साम्यवाद का प्रचार तथा औद्योगिक क्रान्ति जिससे सभी फूल-फल सकें और हो सुख और शान्ति का सुराज्य····

धार्मिक साम्राज्यवाद : धर्म के ठेकेदार अपनी तोंद फुलाने के लिए, धर्म-अधर्म, पाप-पुण्य, नरक-स्वर्ग तथा मोक्ष आदि के अड़ंगे लगा-लगा, जनता को कूपमंडूक बना-बना, उनकी आँखों में धूल झोंक दिन दोपहर लूट रहे हैं जिसे हम कहते हैं धार्मिक साम्राज्यवाद····(वेदों तथा शास्त्रों से उद्धरण देते हुए बताया गया कि) जन्म से न तो कोई ऊँच है और न नीच, लोग अपने-अपने कर्तव्य से ऊँच-नीच हुआ करते हैं, वर्ण-श्रेणी क्लास या दर्जे को कहते हैं और उसकी ठीक-ठाक व्यवस्था का नाम वर्ण-व्यवस्था है। ब्राह्मण, क्षत्री आदि उसकी उपाधियाँ हैं, जो व्यक्ति जिस योग्य हो उसको उसी की उपाधि देना वर्ण-

व्यवस्था धर्म है····चरण से पैदा होने के सबब आप शूद्रों को सबसे नीच मानते हैं। लेकिन, मैं कहता हूँ कि सबसे उच्च हैं। क्योंकि गंगाजी की उत्पत्ति भी विष्णु के उन्हीं चरणों से हुई है····चरणों का ही चरणोदक होता है····उन्हीं चरणों पर माथा टेका जाता है। कहीं माथे पर माथा नहीं टेका जाता। यदि कोई माथे से माथा टेकाए तो कोई दूसरी ही आपत्ति चली आएगी। तो बतलाइए—उन्हीं चरणों से पैदा हुआ शूद्र क्यों नीच कहा जाए? पैर की तरह उसकी भी पूजा क्यों न की जाए?····खान-पान को जाति-पाँति और धर्म से सम्बन्ध लगाकर लोगों ने भारत को और भी गारत कर दिया है····खाने-पीने में ही सब धर्म समझ बैठे हैं····परन्तु यह सब सनातन धर्म के विरुद्ध है। सनातन धर्म की नींव इतनी मजबूत है कि उसका विच्छेद कालत्रय में भी नहीं हो सकता। परन्तु, वर्तमान सनातन धर्म में ऐसी बीमारी घुस गई है कि जिसके कारण सनातन धर्म का क्रमशः मूलोच्छेद होता जा रहा है····त्रिवेणी संघ धार्मिक धाँधलियों, लूटों, अन्यायों, अत्याचारों, अँधेरों और स्वार्थों का अन्त सदा के लिए कर देना चाहता है और उनके स्थान पर, धर्म का सच्चा रूप बताकर जनता को उजाले में लाना चाहता है····

सामाजिक साम्राज्यवाद : हमारे समाज के कुत्सित भाव ने ऐसा उग्र रूप धारण किया है कि उसे हम सामाजिक साम्राज्यशाही कहे बिना नहीं रह सकते। ऊँच-नीच और छूत-अछूत की भेदभावनाओं ने बड़े-बड़े महात्माओं और नेताओं को भी नहीं छोड़ा है। यही कारण है कि हमारे देश में एकता नहीं होने पाती····त्रिवेणी संघ ऐसे अन्यायों को मिटा देना चाहता है और इस अछूत शब्द को दुनिया से विदा कर देना चाहता है····

राजनीतिक साम्राज्यवाद : त्रिवेणी संघ किसी भी सरकार को, जो बुरी हो, दूर करना चाहता है, बल्कि वह भीतरी सरकार की जड़ को भी उखाड़ देना चाहता है। यह भीतरी सरकार जमींदार, पूँजीपति और अपने को ऊँच तथा दूसरों को छोटे समझनेवाले अभिमानियों से बनी हुई है जो गरीबों और अनुन्नत समाज के लिए विदेशी सरकार से भी अधिक खतरनाक है। जिसे हम कहते हैं राजनीतिक साम्राज्यवाद—जो पब्लिक वर्क्स से लेकर सरकारी महकमों तक या हेठ से ऊपर तक अपना आतंक फैलाए हुए है····यदि कोई भी अनुन्नत समाज का आदमी वहाँ पहुँच जाता है तो उन्हें छींक आने लगती है····ये बातें न केवल सरकारी नौकरियों तक रह गई हैं, बल्कि कांग्रेस ऐसी देशभक्त कहनेवाली संस्था में भी आ गई है, जैसा कि विगत चुनावों में देखा गया है····त्रिवेणी संघ इस भीतरी सरकार और ऐसी राजनीतिक साम्राज्यवादिता की जड़ को खोदकर फेंक देना चाहता है। इस देश की 90 प्रतिशत जनता अनुन्नत अवस्था में है, जिसे हम

बैकवार्ड कह सकते हैं····इसलिए त्रिवेणी संघ इस अनुन्नत समाज के लिए पब्लिक या सरकारी सभी जगहों में खास रियायत चाहता है जिससे पिछड़ी हुई जनता आगे बढ़ सके····

आर्थिक साम्राज्यवाद : इसके स्रष्टा हैं जमींदार, पूँजीपति तथा सरकार चाहे वह देशी सरकार हो वा विदेशी····आजकल जमींदार क्या करता है ?····वह खुला लगान तो लेता ही है, छिपा लगान भी हर वक्त लेता है; हरी, बेगारी, नजराना साथ लेता है। यह सब खुली लूट नहीं तो और क्या है ? त्रिवेणी संघ इन जुल्मों को तोड़, किसानों के साथ न्याय चाहता है····मुनाफे के अनुसार मजदूरी रखी जाय। मजदूरों की सर्विस का ख्याल किया जाए तथा प्रोविडेंड फण्ड या पेंशन की व्यवस्था की जाए····वेतन की असमानता और बेकारी दूर की जाए····अपने को बड़ा समझनेवाले पिछड़े हुए लोगों को धनी होने देना कभी भी मंजूर नहीं करते। यदि पिछड़े हुए समाज के किसी व्यक्ति की अवस्था कुछ अच्छी होने लगती है तो उनके लाद में सियार कूदने लगता है और बेचारे पर उनकी आँखें गड़ जाती हैं। उस बेचारे को बिगाड़ने के लिए, उसे गरीब बनाने के लिए, उसके धन को हड़पने के लिए—नाना प्रकार के जाल फेंके जाते हैं। और अनेक प्रकार के मुकदमे, चोरी, डकैती आदि नीच कर्म कराकर उसका सत्यानाश इसलिए करा दिया जाता है कि वह तरक्की न कर पावे। ब्राह्मणों ने तो यहाँ तक लिख डाला है कि यदि शूद्र धन संचय करने की भी शक्ति रखता हो तो वह धन संचय न करे····शूद्रों के पास धन हो तो ब्राह्मण उसे मालिक (राजा, जमींदार) से छिनवाकर ले लेवे····अब ऐसा न होगा महाराज! त्रिवेणी संघ ऐसे अन्यायों····को जड़ से साफ कर देना चाहता है····

धन पैदा करो क्योंकि 'अप्रसिद्ध और बेकद्रोकीमत लोगों को प्रतिष्ठित बनाने में जितना धन समर्थ है, उतना और कोई पदार्थ नहीं;' महात्मा तिरुवल्लुवर को उद्धृत करते हुए कहा गया—'धन इकट्ठा करो क्योंकि शत्रु का गर्व चूर करने के लिए उससे बढ़कर हथियार नहीं;' लेकिन 'जो धन, दया और ममता से रहित है, उसकी तुम कभी इच्छा मत करो और उसको अपने हाथ से छुओ मत।' देखो, 'जो धन पापरहित निष्कलंक रूप से प्राप्त किया जाता है उससे धर्म और आनन्द का स्रोत बह निकलता है;'—

त्रिवेणी संघ—जो आदमी एक अदना चपरासी, एक चार पैसेवाले महाजन, एक छोटे से जमींदार के सामने हुजूर अन्नदाता, मालिक कहकर नाक रगड़ता है, उसे आदमी बनाना चाहता है, और सभी के हृदय में स्वतन्त्रता का बिगुल फूँक देना चाहता है कि भारत की स्वतंत्रता शीघ्र प्राप्त हो जाए····

जमीन किसकी है ? जमीन अपने हाथ हल चलानेवाले किसानों की है····

हिन्दू-मुसलमान : हिन्दू-मुसलमान की समस्या ने तो और भी गजब ढा दिया है····राम-रहीम एक ही हैं····प्रायः इन दंगों को करानेवाले पंडित और मौलवी ही हुआ करते हैं····इसके अलावा कुछ मनचले गुण्डे भी दंगा फैला-फैलाकर लाभ उठाया करते हैं····भाई हिन्दू और मुसलमान, तुम लोग सावधान हो जाओ। अक्ल से काम करो। व्यर्थ के झगड़े में न फँसो। झगड़ा करानेवाले तो ताली पीट-पीटकर अपना मतलब साधते हैं, लेकिन गर्दन कटती है गरीब भाइयों की····अस्तु समझ-बूझकर काम करो और आपस में प्रेम रखो····

त्रिवेणी संघ और कांग्रेस : कुछ लोग प्रचार करते चलते हैं कि त्रिवेणी संघ कांग्रेस के खिलाफ की संस्था है। यह बात बिल्कुल झूठ है। त्रिवेणी संघ तो देश और समाज के लिए मर मिटनेवाला है। त्रिवेणी संघ किसी के खिलाफ नहीं है।

हाँ, कांग्रेस में कुछ ऐसे भी पुजारी हैं जो त्रिवेणी बन्धुओं को नोच-नोचकर खाते हैं और उनकी तरक्की देखना नहीं चाहते, उनके लिए तो त्रिवेणी संघ अवश्य खिलाफ है न कि कांग्रेस का····त्रिवेणी संघ तो परतन्त्र हृदय को स्वतन्त्र बनाना चाहता है। शोषित, शासित तथा दलितों को धार्मिक, सामाजिक तथा राजनीतिक अधिकारों को दिलाना चाहता है। कांग्रेस के खिलाफ है ? हाँ, यदि इन सिद्धान्तों के खिलाफ काल भी आवे तो त्रिवेणी संघ लड़ने के लिए तैयार है····

कुछ लोग ऐसा कहेंगे कि त्रिवेणी संघ तो यह झगड़ा फैला रहा है—बुझी हुई अग्नि को फिर से सुलगा रहा है। इसलिए यह देश की स्वतंत्रता का घातक है। ऐसा कहनेवाले प्रायः राष्ट्रवादी ही मिलेंगे····वे अपने छाती पर हाथ रखकर अपनी आत्मा से पूछें कि क्या वे सचमुच अपने देश की भीतरी अग्नि को शान्त कर दिए हैं ? वे तो इतना ही कर पाए हैं कि एक सड़े और भयंकर घाव पर पावडर छिड़ककर पट्टी बाँध दिए हैं जो भीतर ही भीतर घाव को और भी भयंकर बना दिया है। घाव को साफ कर उसके स्थान पर दवाई लगाना रोगी के लिए हितकर होगा या रोगी के चिल्लाने के भय से ऊपर ही पट्टी बाँधकर छोड़ देना ?····जो कहते हैं कि स्वतंत्रता प्राप्त कर लेने पर ये समस्याएँ हल हो जाएँगी, वे भ्रम में हैं। बिना इसे हल किए आप स्वतंत्रता प्राप्त ही नहीं कर सकते····[1]

---

1. 'त्रिवेणी संघ का बिगुल' के विभिन्न अध्यायों से।

इस लम्बे उद्धरण के बाद हम समझते हैं कि त्रिवेणी संघ की दृष्टि, उसके लक्ष्य और कार्यक्रम का अन्दाजा लगाया जा सकता है। अब हम 30 और 40 के दशक में संघ की गतिविधियों का, खासकर राजनीतिक क्षेत्र में उसकी चुनौती का जायजा लेंगे।

पहले से मौजूद जातीय संगठनों ने त्रिवेणी संघ के विस्तार के लिए बना-बनाया आधार प्रदान किया। जितौरा में यदुनन्दन प्रसाद मेहता द्वारा स्थापित त्रिवेणी आश्रम[1] शाहाबाद जिले में इस संघ की गतिविधियों का केन्द्र बना। संघ का संगठन खूब जोरों पर चला और सभी अनुन्नत समाजों ने इसमें भाग लिया, फलस्वरूप कितने ही गर्वियों के गर्व चूर हो गए। संघ ने अनुन्नत समाज के धार्मिक, सामाजिक तथा राजनीतिक तीनों क्षेत्रों में आन्दोलन शुरू कर दिया।[2] चुनावों की प्रक्रिया ने, खासतौर से राजनीतिक क्षेत्र में काफी सरगर्मी पैदा कर दी थी। जातीय संगठन विधान सभा, काउन्सिल, जिला बोर्ड, यूनियन बोर्ड, नगरपालिका तथा अन्य स्थानीय संस्थानों में पिछड़ी-दलित जातियों के पर्याप्त प्रतिनिधित्व की कोशिश पर बल दे रहे थे और इस मामले में पिछले चुनाव में हुए पक्षपात की भर्त्सना कर रहे थे।[3]

शाहाबाद जिले में 1927 से 1933 के बीच हुए जिला बोर्ड के चुनावों में पिछड़ी जातियों का सिर्फ एक-एक प्रतिनिधि ही जीत पाया था। बोर्ड की सीटों पर राजपूत, कायस्थ, ब्राह्मण और भूमिहार काबिज थे। जिले में दो रुपए आठ आने से अधिक चौकीदारी टैक्स देनेवालों की संख्या 45,533 थी। बिहार की कुल ग्रामीण आबादी के मात्र 0.06 प्रतिशत लोग ही यह टैक्स देने के काबिल थे।[4] और जो मालगुजारी के रूप में 64 रुपए देते थे, वही चुनाव लड़ सकते थे। जिले में यादवों की संख्या थी 2,73,005, कोइरी थे 1,48,659, कुर्मी 59,040 थे और कहारों की सख्या थी 67,574। लेकिन इन जातियों के प्रतिनिधि स्थानीय निकायों तक भी नहीं पहुँच पाते थे। अन्य जिलों में भी वही हाल था।

---

1. 1939 में डिप्टी एसपी सासाराम की रिपोर्ट में जयनारायण मेहता का पता है : त्रिवेणी आश्रम, जितौरा।
2. 'त्रिवेणी संघ का बिगुल', पृ. 8।
3. यादव महासभा एवं कुशवंशीय सम्मेलन की सरकारी रिपोर्ट, फाइल 17/39।
4. मेमोरेंडम टू दी बिहार ऐण्ड उड़ीसा फ्रेंचाइज कमेटी, पृ. 20, एनेक्सचर 2।

शाहाबाद जिला बोर्ड की जातिगत संरचना

वर्ष	1927	1930	1933	1939
राजपूत	18	18	20	10
कायस्थ	5	5	8	2
भूमिहार	2	3	6	1
ब्राह्मण	3	2	4	8
मुसलमान	1	1	1	1
कुर्मी	1	1	—	2
सूंढ़ी	—	—	1	—
अहीर	—	—	—	2
कोइरी	—	—	—	3
गोसाईं	—	—	—	1
कुल सीट	30	30	40*	30

इसी बीच 1937 का विधान सभा चुनाव आया। त्रिवेणी संघ ने कोशिश की कि कांग्रेस संघ के कुछ नेताओं के नाम पर विचार करे। शाहाबाद त्रिवेणी संघ के अध्यक्ष गौचरण सिंह ने कांग्रेसी नेताओं से बातचीत की। 'पहले ऐलान किया गया कि योग्य व्यक्तियों को लिया जाएगा। जब इन बेचारों ने योग्य व्यक्तियों को ढूँढ़ना शुरू किया तो कहा गया खद्दरधारी होना चाहिए। जब खद्दरधारी सामने लाए गए तो कहा गया कि जेल यात्रा कर चुका हो। जब ऐसे भी आने लगे, तो किसी को झिड़क दिया जाता था क्या वहाँ साग-भंटा बोना है, तो किसी को कहा जाता कि क्या वहाँ भैंस दुहना है ? तो किसी को व्यंग्य मारा जाता कि क्या वहाँ भेड़ें चरानी हैं ? तो किसी को फटकार दिया जाता कि क्या वहाँ नमक-तेल तौलना है ?'[1]

त्रिवेणी संघ के नेताओं ने डॉ. राजेन्द्र प्रसाद को पिछड़ी जातियों के प्रत्याशियों की एक सूची सौंपी थी। 'कांग्रेस ने एक न सुनी और सब उम्मीदवार उच्च जाति के रखे गए।' उस शाम बेगमपुर में तपसी महतो के घर पर जुटी भीड़

* 30 सीट पर सीधा चुनाव और 10 सीट मनोनीत; आँकड़े 1927–1939 के जिला बोर्ड चुनाव परिणाम से संकलित।

1. 'त्रिवेणी संघ का बिगुल', पृ. 43।

बौखला उठी, 'ये साले कांग्रेसवाले भीख माँगने से भी सीट नहीं देंगे।'[1] त्रिवेणी संघ ने पीरो से नन्दकिशोर सिंह तथा आरा से तपसी राम महतो को अपना उम्मीदवार बनाया। इन दोनों के अतिरिक्त गया से जादू महतो, बाढ़ से सरदार जगदेव सिंह, हाजीपुर से रामचरित्र चौरसिया, उत्तर सदर मुंगेर से गणपति मंडल, पटना से दासू सिंह, और दक्षिण मुंगेर से नवदीपचन्द्र घोष उम्मीदवार बनाए गए। उपर्युक्त दो उम्मीदवारों को छोड़कर सरकारी चुनावी सूची में बाकी उम्मीदवारों को निर्दलीय की श्रेणी में रखा गया था।

शाहाबाद, पटना, गया से लेकर भागलपुर तक सभाओं का दौर शुरू हो गया। एक तरफ बड़े नामी-गिरामी नेता थे, तो दूसरी तरफ पिछड़ों के अनजाने-अनचीन्हे नायक! 'कांग्रेस से हमनी के बहुत उम्मेद रहे। इहे दुख अब दूर करी रे किसनवा!! बनी-बनी कंगेरसवा के ओटवा के लइके। कौंसिल में गइलन जमींदरवा रे किसनवा।'[2]

नवदीपचन्द्र घोष श्रीकृष्ण सिंह के खिलाफ चुनाव लड़ रहे थे। त्रिवेणी संघ के मुंगेर जिला सचिव रामचरण सिंह मेहता तथा ठाकुर भरत सिंह यादवाचार्य के साथ उन्होंने खड़गपुर, तारापुर, दरियापुर आदि क्षेत्रों का दौरा किया। वह जहाँ कहीं गए कामगारों और मेहनतकशों ने अपना समर्थन जताया।[3]

शाहाबाद में नन्द किशोर सिंह और तपसी राम महतो के समर्थन में गीत गाए जाते—जीती जइहे त्रिवेणी संघ। करिहे बड़ा उपकार हो ना। जगह-जगह कुँआ खोदवइहे। जगह-जगह स्कूल खोलवइहे। पढ़ि-लिखी बनी जइहैं असली इन्सान हो ना।[4]

त्रिवेणी संघ के प्रान्तीय अध्यक्ष दासू सिंह, सचिव गणपति मंडल, लालधर प्रसाद, नवदीपचन्द्र घोष, देवगन प्रसाद, मंगलदास देव, मेघव्रत सिंह, वेधरान सिंह जैसे नेता चुनाव प्रचार की कमान सँभाले हुए थे। बाढ़, पटना और आसपास के क्षेत्रों में वे गाँवों के विकास के लिए त्रिवेणी संघ को वोट देने की अपील करते।[5]

---

1. 'त्रिवेणी संघ का बिगुल', पृ. 8, कल्याण मुखर्जी/राजेन्द्र सिंह यादव, 'भोजपुर में नक्सलवादी आन्दोलन', पृ. 31-32 तथा मास्टर केसरी सिंह से बातचीत।
2. 1939 के जिला बोर्ड चुनाव में रामगढ़ (शाहाबाद) से त्रिवेणी संघ के विजयी उम्मीदवार राम प्रसाद सिंह ने यह गीत सुनाया।
3. 'दि इंडियन नेशन,' 27 जनवरी 1937।
4. बुढ़ऊल गाँव के राजेन्द्र सिंह कुशवाहा ने यह गीत सुनाया।
5. एसडीओ पी. एन. टंडन की 6 फरवरी 1937 की रिपोर्ट, तथा मेमो 1609-साप्ताहिक रिपोर्ट, आरक्षी अधीक्षक, पटना, 17 जनवरी, 1937।

बाढ़ के एस. डी. ओ. ने पटना के जिलाधिकारी को बताया कि बाढ़ में त्रिवेणी संघ के प्रत्याशी सरदार जगदेव सिंह और कांग्रेस के उम्मीदवार शीलभद्र याजी (उर्फ लड्डू शर्मा) के बीच मुख्य टक्कर है। राय बहादुर लाख नारायण सिंह की कोई संभावना नहीं है।[1] उन्होंने लिखा कि सरदार जगदेव सिंह को यादवों का मत मिलने की संभावना है और साथ-ही-साथ देवशरण सिंह को कांग्रेस द्वारा टिकट नहीं दिए जाने के कारण कुर्मी खफा हैं और एक हद तक कोइरी भी। सरदार जगदेव सिंह ने प्रमुख ग्वाला सरदारों से चुनाव में मदद के लिए सम्पर्क किया है।

चुनावी दौरे के सिलसिले में पंडित जवाहरलाल नेहरू ने पटना प्रमंडल के तीनों जिलों का दौरा किया। शाहाबाद के आरा, बक्सर, ढकाईच, ब्रह्मपुर, सरैया और विक्रमगंज में उन्होंने चुनावी सभाओं को सम्बोधित किया। पटना और आरा की सभा में उन्होंने त्रिवेणी संघ की आलोचना की। उन्होंने (त्रिवेणी संघ जैसे) राजनीतिक सम्प्रदायों के उभरने पर आश्चर्य व्यक्त किया। बहरहाल, जात-पाँत के विचार से अपनी असहमति जताते हुए उन्होंने हर किसी से राष्ट्रीय हित को आगे बढ़ाने के लिए काम करने की अपील की।[2]

किसान सभा की नजर में भी त्रिवेणी संघ एक जातिवादी संगठन था। ग्रामीण क्षेत्रों में आयोजित सभा में संघ पर जबर्दस्त हमले किए जाते। क्वाथ (शाहाबाद) की सभा को संबोधित करते हुए भिक्षुक शिवानन्द ब्रह्मचारी ने कहा, 'आरा और सासाराम के खुदगर्ज वकीलों ने एक बोगस संस्था बनाई है और उसका नाम रखा है—त्रिवेणी संघ।' उन्हें इस बात का रंज था कि गरीब किसानों को उनकी दयनीय स्थिति से निजात दिलाने के लिए काम कर रही किसान सभा और कांग्रेस को चुनाव में इन्हीं गद्दारों के, अहीर, कुर्मी और कोइरी समुदायों के इन्हीं स्वनामधन्य नेताओं के विरोध का सामना करना पड़ रहा है।[3]

कांग्रेस समर्थित राष्ट्रवादी अखबार त्रिवेणी संघ को जमींदारों द्वारा संचालित संगठन साबित करने की कोशिश में लगे हुए थे। पटना से प्रकाशित 'नवशक्ति' ने 9 जनवरी 1937 को लिखा, 'चुनाव आते ही सम्प्रदायवादियों, निहित स्वार्थी तत्त्वों और सरकार की ओर से देश में साम्प्रदायिक और संकीर्ण आधार पर कई पार्टियाँ, लीग और गुट सामने आने लगे। यूँ तो कथित रूप से इनका गठन खास-खास सम्प्रदायों अथवा समुदायों के हितों की सुरक्षा के घोषित लक्ष्य को लेकर किया

1. पटना जिलाधिकारी आवास, बाँकीपुर, 26 जनवरी, 1937 की रिपोर्ट।
2. 'द इंडियन नेशन', 7 जनवरी, 1937।
3. 'द सर्चलाइट', 20 दिसम्बर, 1936।

गया, लेकिन यथार्थ में इनका काम कुछ निहित स्वार्थी तत्त्वों की सेवा करना और भारत को गुलाम बनाए रखना है····त्रिवेणी संघ भी ऐसा ही एक संगठन है। सर गणेशदत्त सिंह और सरकार के कुछ अन्य नुमाइन्दों की जघन्य साजिशों के जरिए चुनाव अभियान शुरू होने के ठीक पहले, प्रदेश के कोइरी, कुर्मी और अहीर जातियों के कुछ तथाकथित शुभचिन्तकों ने इसकी स्थापना की।'

कांग्रेस, त्रिवेणी संघ और जमींदारों के प्रतिनिधि चुनाव मैदान में थे। बक्सर से खुद डुमराँव महाराज चुनाव लड़ रहे थे। सरकारी अधिकारियों को यह आशा थी कि जमींदारों के प्रभाव एवं उनकी सक्रियता से कांग्रेस तथा किसान सभा का प्रभाव कम होगा। बहरहाल, शाहाबाद का जिलाधिकारी जमींदारों के सक्रिय नहीं होने से खुश नहीं था। 1936 के अन्त में उसने पटना के आयुक्त को लिखा, 'मुझे भय है कि जमींदारों की निष्क्रियता के कारण संभवत: भभुआ और बक्सर को छोड़कर सर्वत्र कांग्रेस की विजय होगी। जमींदार सुनियोजित साहसपूर्ण अभियान नहीं चला रहे। इस प्रकार पहल कांग्रेसी लोगों के हाथ में, विशेषकर किसान कार्यकर्ताओं के हाथों में है।'[1]

सघन प्रचार अभियान चलाने के बावजूद संघ के पास न तो कांग्रेस जैसी संगठित मशीनरी थी और न उसके जैसे प्रतिष्ठित नेता। चुनाव में संघ को भारी पराजय का मुँह देखना पड़ा। यदुनन्दन महतो (उत्तरी गया) और गणपति मंडल (उत्तरी मुंगेर) की जमानत जब्त हो गई। तपसी महतो, नन्दकिशोर सिंह, दासू सिंह, नवदीपचन्द्र घोष सभी नेता पराजित हुए। 'लेकिन इस हार के बावजूद पिछड़ी जाति के मतदाताओं के दिल-दिमाग में इसने विद्रोह की जो भावना पैदा की थी, उसका वोटों से कहीं ज्यादा महत्त्व था। सबको संघ की शक्ति को महसूस करना पड़ा।'[2] बरसों बाद त्रिवेणी संघ की चुनावी लड़ाई की बात याद आते ही मास्टर केसरी हों या वासुदेव सिंह जैसे बूढ़े-पुरनिया, उनकी आँखों में एक चमक आ जाती है। पिछड़ों का पहला संगठन त्रिवेणी संघ।

चुनाव के दौरान पिछड़ी जातियों के मतदाताओं में अभूतपूर्व उत्साह देखा गया। बाढ़ के एस.डी.ओ., पी.एन. टंडन ने अपनी रिपोर्ट में लिखा है, 'जाति पंचायतों का इन जातियों पर इतना असर है कि उनके कहने पर ये मतदाता दूर-दराज के गाँवों से गमछे में सत्तू बाँधे अपने खर्चे पर पैदल ही विभिन्न मतदान

---

1. के.के. दत्त 'बिहार में स्वातंत्र्य आन्दोलन का इतिहास', खण्ड III, पृ. 68।
2. 'त्रिवेणी संघ का बिगुल', और कल्याण मुखर्जी/राजेन्द्र सिंह यादव, 'भोजपुर में नक्सलवादी आन्दोलन'।

केन्द्रों पर आ पहुँचे।' बहरहाल, इनके सारे-के-सारे मत त्रिवेणी संघ के उम्मीदवार की झोली में ही गए हों, ऐसी बात नहीं, कांग्रेस की अब भी काफी धाक थी, और टंडन को यह आशंका थी कि अधिकांश ग्वालों ने संघ के प्रति सहानुभूति रखने के बावजूद मतदान-केन्द्र में जाकर सरदार के साथ छल किया और कांग्रेस को ही वोट दिया।

बहरहाल, चुनाव के क्रम में जातीय तनाव तो पैदा हो ही गया था। शाहाबाद से लेकर मुंगेर तक मारपीट की घटनाएँ घटीं। जगदीशपुर में चुनाव प्रचार के दौरान चार अहीर मार डाले गए। कांग्रेस की जीत के बाद जगदीशपुर के आयर गाँव के राजपूतों ने अहीरों और कोइरियों की बस्ती को लूट लिया। इस बस्ती-लक्ष्मीपुर के लोगों ने त्रिवेणी संघ का समर्थन किया था। मारपीट की घटना में एक राजपूत खोभारी सिंह भी मारे गए। उधर बाँका में कांग्रेस और त्रिवेणी संघ के कार्यकर्ताओं में मारपीट हुई और मुकदमा दर्ज हुआ।[1]

शाहाबाद में 'आयर हत्याकाण्ड' के नाम से चर्चित खोभारी सिंह हत्याकाण्ड में रामएकबाल अहीर, रामपरीखन कोइरी, रामदास अहीर और सीताराम कोइरी अभियुक्त बनाये गए। अपर सत्र न्यायाधीश एन.सी. चन्द्रा ने रामएकबाल अहीर को फांसी की सजा सुनाई, जबकि अन्य अभियुक्तों को तीन से पाँच वर्ष के सश्रम कारावास का दण्ड मिला। इस फैसले के खिलाफ त्रिवेणी संघ के लोगों ने हाई कोर्ट में अपील की। जस्टिस जे.एफ. डब्ल्यू. जेम्स तथा जस्टिस एस.बी. धावले ने मामले की सुनवाई की। रामएकबाल की फाँसी की सजा को तो आजीवन कारावास की सजा में बदल दिया गया, लेकिन साथ ही अन्य अभियुक्तों की सजा बढ़ा दी गयी। सभी को उम्रकैद का कड़ा दंड मिला।

बिहार के चुनावी इतिहास में इस आयर हत्याकाण्ड की कथा में बलप्रयोग की राजनीति, सामाजिक जागरण के खिलाफ सामंती हमले तथा पिछड़ों के संगठित प्रतिरोध की झलक दिखाई पड़ती है। पटना उच्च न्यायालय ने सुनवाई के बाद अपने फैसले में कहा कि अभियुक्तों के अनुसार घटना के बारे में उन्हें किसी तरह की कोई जानकारी नहीं थी। उस समय वे सभी वहाँ पर नहीं थे, बल्कि कहीं और थे। रामएकबाल को छोड़कर अन्य सभी अभियुक्तों ने कहा कि उन्हें गलत ढंग से इस मामले में फँसाया गया है, क्योंकि जनवरी में हुए चुनाव में उन लोगों ने तपसी राम (त्रिवेणी संघ के प्रत्याशी) के पक्ष में मतदान किया था, जबकि आयर गाँव के बाबू

---

1. कल्याण मुखर्जी/राजेन्द्र सिंह यादव, 'भोजपुर में नक्सलवादी आन्दोलन', पृ. 32; तथा पाक्षिक राजनीतिक रिपोर्ट, फाइल नं. 274/38।

साहबों की इच्छा थी कि वे कांग्रेस के उम्मीदवार हरिनन्दन सिंह के पक्ष में मतदान करें। लक्ष्मीपुर के लोगों ने त्रिवेणी संघ के प्रत्याशी को वोट दिया था। उन्हें सबक सिखाने के लिए आयर के राजपूतों ने लक्ष्मीपुर गाँव पर धावा बोल दिया। 'खोभारी, रामजी, भुवनेश्वर तथा आयर के (रामवल्लभ सहित) अन्य चार व्यक्ति उस समय घायल हुए जब वे सभी आयर के अन्य लोगों के साथ लक्ष्मीपुर गाँव में लूटपाट मचाने तथा कोइरियों के यहाँ आग लगाने आए थे।' उन्होंने कोइरियों की झोंपड़ी, ईख के खेत में आग लगा दी और गाँव को लूटा। न्यायाधीश की नजर में राजपूतों के खिलाफ लक्ष्मीपुर के कोइरियों का (पड़ोसी गाँवों के अहीरों तथा कुर्मियों के संगठन) त्रिवेणी संघ में शामिल हो जाना कतई अस्वाभाविक नहीं था। उनका राजपूतों से झगड़ा चलता था। इस तथ्य की पुष्टि इस बात से भी होती है कि 1934 के आसपास खोभारी अपने कोइरी रैयतों से 'बेठबेगारी' कराने में असफल हो गया था। (त्रिवेणी संघ का गठन 1933 में हुआ था), उसने रैयतों को बेदखल करने के लिए 'इभिक्शन सूट' दायर किया था (यह मामला तब भी कोर्ट में लम्बित था), और कोइरियों ने अपने आपको कुशवाहा राजपूत कहना शुरू कर दिया था। कोइरियों ने आयर के राजपूतों के खिलाफ उच्चाधिकारियों से शिकायत भी की थी। विधान सभा चुनाव के दौरान 26 तथा 28 जनवरी 1937 को उन्होंने राजपूतों के खिलाफ मारपीट का एक सनहा भी दर्ज कराया था। पटना हाईकोर्ट में इस मामले की पैरवी डब्ल्यू.एच. अकबरी, नकी इमाम, दासू सिंह तथा के. पी. वर्मा ने की थी।

चुनाव के बाद बाढ़ विधान सभा क्षेत्र में फतुहा के बीस कांग्रेसी कार्यकर्ताओं को चुनाव में त्रिवेणी संघ के उम्मीदवार की मदद करने के आरोप में पार्टी से निष्कासित कर दिया गया। उनमें से दो, रामकृष्ण कुर्मी तथा महादेव महतो ने कांग्रेस की सदस्यता के लिए पुनः आवेदन किया।[1]

विधान सभा चुनाव के बारे में अपनी सरकारी रिपोर्ट में मि. डब्ल्यू. जी. लेसी ने संघ के बारे में बस इतना ही लिखा—बदलते समय का एक संकेत था त्रिवेणी संघ जैसे संगठन का अभ्युदय। यह ग्वाला, कुर्मी और कोइरी मतदाताओं के समर्थन पर आश्रित था और इसने उन इलाकों में अपने कुछ उम्मीदवार भी खड़े किए जहाँ इन जातियों की संख्या ज्यादा थी। खैर, पराजय के बावजूद संघ की सक्रियता कम नहीं हुई। चुनाव अभियान के दौरान नेताओं और कार्यकर्ताओं का एक नया समूह सामने आया—शाहाबाद में कोकिल सिंह, धाना यादव, रामसकल सिंह, छट्टू दुसाध, चतुर्गुण सिंह यादव, छोटक यादव, अवध बिहारी

1. पटना के आरक्षी अधीक्षक की साप्ताहिक रिपोर्ट; 17 सितम्बर, 1939।

सिंह, कमलापति सिंह, रामप्रसाद सिंह, राजा महतो, रामानन्द, रामराज सिंह, आदि; गया-जहानाबाद में रघुनाथ सिंह, युगेश्वर सिंह यादव, रामनारायण सिंह, कुंजबिहारी सिंह, राधाकृष्ण, रामअनुग्रह नारायण, लाल बिहारी सिन्हा, आदि।

चुनाव के बाद यूनुस मंत्रिमंडल का गठन हुआ। त्रिवेणी संघ और किसान सभा के साथ आम दरफ्त रखनेवाले पिछड़े समुदाय के एक नेता गुरुसहाय लाल यूनुस मंत्रिमंडल में मंत्री बनाए गए। ('इंडियन नेशन', 18 नवम्बर, 1937।) इस सरकार को कांग्रेस (और कांग्रेस समाजवादियों) के प्रबल विरोध का सामना करना पड़ा। प्रदर्शन हुए। जयप्रकाश नारायण जैसे नेता गिरफ्तार हुए। फिर 20 जुलाई 1937 को डॉ. श्रीकृष्ण सिंह के नेतृत्व में पहला कांग्रेसी मंत्रिमंडल बना। इसमें पिछड़ी जाति का एक भी सदस्य शामिल नहीं था।

श्रीकृष्ण सिंह मंत्रिमंडल के कार्यकाल के दौरान त्रिवेणी संघ की गतिविधियों में और तेजी आयी। ग्रामीण क्षेत्रों में बड़ी-बड़ी सभाएँ आयोजित की गईं। 8 अक्टूबर से 19 अक्टूबर, '37 के बीच करगहर, कोचस, दिनारा, नटवार, धनगाईं, कोवाथ, रघुनाथपुर तथा चन्दा में सभाएँ हुईं। इसी दौरान 16-17 अक्टूबर को बड़हरा (पीरो) में शाहाबाद त्रिवेणी संघ का पाँचवाँ सम्मेलन हुआ। इसमें 5000 लोग शरीक हुए। अध्यक्षता की थी गणपति मंडल ने। सम्मेलन में शिवसुन्दर प्रसाद, शिवनन्दन प्रसाद, रामराज सिंह, रामसिंहासन सिंह, बच्चू लाल चौधरी, नन्दकिशोर सिंह, गोधन सिंह, रामविलास सिंह, रघुवीरशरण सिंह, लाल जी महतो, तपसीराम महतो, रिभूदेव ब्रह्मचारी आदि नेता शामिल थे।

गणपति मंडल ने संघ के उद्देश्यों पर प्रकाश डालते हुए उस पर लगाये जा रहे आरोपों का खण्डन किया। उन्होंने कहा कि संघ भारत माता की सेवा कर रहा है और देश की रक्षा के लिए जवानों (सिपाहियों) को तैयार कर रहा है। उन्होंने इस बात का खण्डन किया कि संघ सिर्फ तीन जातियों—कुर्मियों, कोइरियों और यादवों—का संगठन है, तथा इस बात पर बल दिया कि यह वास्तविक खेतिहर समुदायों, व्यवसायियों और मजदूरों का संगठन है। कांग्रेस को एक महासमुद्र की संज्ञा देते हुए उन्होंने आगाह किया कि आज इसमें खतरनाक जानवर भी घुस गए हैं। 'संघ ऐसे जानवरों को नियंत्रित करेगा।'

त्रिवेणी संघ की जब सभा चल रही थी, कांग्रेस के कार्यकर्ता बाधा डालने के उद्देश्य से वहाँ नगाड़ा बजाने लगे। लेकिन संघ के कार्यकर्ता अपने स्थान से हिले तक नहीं। बाधा डालने की ऐसी घटनाएँ नोखा के रतनाव में भी हुईं, लेकिन 'त्रिवेणी संघ की जै', 'महात्मा गांधी की जै', 'पंडित जवाहरलाल की जै' के नारों के बीच इन बाधाओं का कोई असर नहीं पड़ा। ('इंडियन नेशन', 26

अक्टूबर और 18 नवम्बर, 1937) बड़हरा के दो दिवसीय सम्मेलन में बाबू शिवसुन्दर सिंह (सासाराम) अध्यक्ष, बाबूलाल जी महतो (जगदीशपुर) तथा जगनारायण सिंह (पहरिया, दावथ) उपाध्यक्ष, बाबू रामराज सिंह मोख्तार महासचिव, बाबू जयगोविन्द सिंह, (अनाईठ, आरा) तथा बाबू रामसेवक सिंह सहायक सचिव, बाबू नंदकिशोर सिंह कोषाध्यक्ष तथा बाबू तपसी राम वर्मा (अंकेक्षक) चुने गये। ('इंडियन नेशन', वही।)

उभार के इस दौर में भागलपुर यादव सभा के पंडाल में बांका सबडिवीजन त्रिवेणी संघ की पहली सभा 12 जून, 1937 को आयोजित की गयी। पटना के वकील लालधर प्रसाद ने सभा की अध्यक्षता की। दासू सिंह, नवदीपचन्द्र घोष, श्रीमंत नारायण खिरहरी, हंसराज खिरहरी, स्वामी शीतलानन्द, राम ईश्वर मंडल, श्याम सुन्दर सिंह, आदि ने सभा को सम्बोधित किया। वक्ताओं ने वास्तविक किसानों-मजदूरों को संघ का सदस्य बनाने का आग्रह किया और कहा कि संघ के सदस्य आनेवाले चुनावों में अपने उम्मीदवारों को ही वोट दें।

इसी वर्ष 28-29-30 दिसम्बर को ऑल इंडिया त्रिवेणी संघ का पहला सम्मेलन छपरा में हुआ। ऑल इंडिया त्रिवेणी संघ की तैयारी समिति के संयुक्त सचिव बाबू शिवचन्द्र प्रसाद सिंह ने कार्यकर्ताओं से सम्मेलन की तैयारी के लिए 20 दिसम्बर तक छपरा पहुँच जाने का आग्रह किया। ('इंडियन नेशन', 19 दिसम्बर, '37।)

दो वर्ष बाद, 1939 ई. में जिला बोर्ड का चुनाव आया। इस चुनाव में त्रिवेणी संघ विधान सभा चुनाव में अपनी हार का बदला लेने और कम-से-कम बोर्ड में अपनी उपस्थिति दर्ज कराने के लिए कमर कसे था। शाहाबाद और गया में कुल 21 उम्मीदवार खड़े किए गए और फिर गाँव-गाँव में सभाओं का दौर शुरू हो गया।

त्रिवेणी संघ का पार बेड़ा
लाओ ए गोसइयाँ...
आँख दिखाकर काम करावे
तनिको न दर्द बुझैया।
खाना माँगे तो डंडा मारे
प्यारे मेरे भइया।
त्रिवेणी संघ का पार बेड़ा
लाओ ए गोसइयाँ।[1]

---

1. रामप्रसाद सिंह ने यह गीत सुनाया।

सरकारी रिपोर्टों में भी यह नोट किया गया कि 'त्रिवेणी संघ की गतिविधियों में काफी तेजी आ गई है। उसकी मुख्य दिलचस्पी जिला बोर्ड के आगामी चुनाव में है····उन्होंने कई क्षेत्रों में अपने उम्मीदवार भी खड़े किए हैं···· आरा, पीरो और संदेश में कांग्रेस, त्रिवेणी संघ और निर्दलीय के बीच कड़े संघर्ष की संभावना है।'[1]

भभुआ, सासाराम, विक्रमगंज, जगदीशपुर, अरवल, रामगढ़, कुदरा और पीरो में त्रिवेणी संघ के उम्मीदवारों की स्थिति काफी अच्छी थी। रामगढ़ में दासू सिंह सहित उत्तर प्रदेश के राजित सिंह तथा यादवाचार्य जैसे लोग प्रचार में जुटे थे।[2] चुनाव में पिछड़ों ने उत्साह के साथ भाग लिया और इसका परिणाम भी सामने आया। तीस सीटों के लिए हुए चुनाव में कांग्रेस के साथ खुली टक्कर के बावजूद त्रिवेणी संघ के पाँच प्रत्याशी विजयी हुए। कांग्रेस को 23 और किसान सभा को एक सीट पर जीत हासिल हुई। एक स्थान पर निर्दलीय विजयी रहा।

त्रिवेणी संघ के दबाव को देखते हुए कांग्रेस ने भी इस चुनाव में पिछड़ी जाति के तीन लोगों को अपना उम्मीदवार बनाया था—पीरो से किशुनदयाल यादव, सहार से देव नारायण सिन्हा (कोइरी) तथा जगदीशपुर से यमुना प्रसाद जायसवाल, यमुना प्रसाद त्रिवेणी संघ के प्रत्याशी रामसकल सिन्हा से पराजित हुए। कांग्रेस का पीरो प्रत्याशी (किशुनदयाल यादव) पहले त्रिवेणी संघ से जुड़ा हुआ था।[3] इस चुनाव में संघ एक शक्ति के बतौर उभरा। उसने पिछड़े समुदायों में चुनाव के प्रति आकर्षण बढ़ा दिया। लोगों को लगा कि हम जीत भी सकते हैं।

---

1. पाक्षिक रिपोर्ट; 18 दिसम्बर, 1938, फाइल 62/1938 पाक्षिक रिपोर्ट; 25 अप्रैल, 1939। [कन्फिडेंशियल रिपोर्ट फॉर द फोर्टनाइट एण्डिग 10 फेब्रुअरी, डी. एन. 273/सी] 1939।
2. जिलाधिकारी की रिपोर्ट, फाइल 361/39।
3. वही।

1939 ई. के जिला बोर्ड चुनाव में त्रिवेणी संघ के प्रत्याशियों की स्थिति

क्र० सं०	क्षेत्र	नाम	जाति	जीते (प्राप्त मत)	हारे
1.	भभुआ	गणेश सिंह	कुर्मी	4796	
2.	कुदरा–मोहनिया	सखीचन्द	,,		2533
3.	चैनपुर	कृष्णकांत सिंह	,,		1227
4.	रामगढ़	रामप्रसाद सिंह	यादव	1781	
5.	नवानगर	महाराज सिंह	कोइरी		1732
6.	राजपुर	रामानन्द	कानू		1035
7.	करगहर	राजा महतो	कुर्मी	2516	
8.	नोखा	शिवसुन्दर प्रसाद सिन्हा	,,		1842
9.	सासाराम	वंसरोपन महतो	कोइरी		3029
10.	चेनारी	रामबदन	यादव		2942
11.	दिनारा	रामसुभग महतो	कोइरी		1374
12.	विक्रमगंज	गोपाल चौधरी	कुर्मी	2774	
13.		श्यामलाल सिन्हा	यादव		2684
14.	आरा	छठू दुसाध	दुसाध		045
15.	जगदीशपुर	रामसकल सिन्हा	कोइरी		2888
16.	संदेश	देवीदयाल सिंह	यादव		959
17.	अरवल	लाल बिहारी सिन्हा	यादव		1146
18.		रामचरण	कोइरी		1467
19.	मखदुमपुर	यदुनन्दन महतो	दांगी		658
20.	कुर्था	बिन्देश्वरी प्रसाद सिन्हा	यादव		901
21.	घोसी	मधुरा दास	यादव		687

स्रोत : जिला बोर्ड चुनाव परिणाम, फाइल नं. 342/39 तथा 361/39

त्रिवेणी संघ के विजयी प्रत्याशियों में राजा महतो के पास दो हजार रुपए की जमींदारी थी; गोपाल चौधरी के पास करीब 60–65 बीघा जमीन थी; रामप्रसाद सिंह भी खुशहाल रैयत थे (साथ ही शिक्षक भी); गणेश सिंह के पास सिर्फ तीन बीघे की खेती थी और पढ़ा–लिखा नहीं होने के बावजूद रैयतों के बीच उनका काफी प्रभाव था; और रामसकल सिन्हा भी साधारण रैयत थे,

हालाँकि कोइरी जाति में उनकी अच्छी-खासी धाक थी।[1]

बोर्ड के चुनाव में रामगढ़ से चुनाव जीतने वाले रामप्रसाद सिंह की आँखों में उस चुनाव के सत्तावन वर्षों बाद भी जीत की चमक दिखाई देती है। वे स्कूल शिक्षक थे। सामाजिक क्रियाकलापों में उनकी भागीदारी को देखते हुए राजपूत जमींदारों ने उनका तबादला करवा दिया था। पहले तो उन्होंने तबादले को रुकवाने की कोशिश-पैरवी की, लेकिन जब उसमें सफल नहीं हुए तो नौकरी से इस्तीफा दे दिया। वे कांग्रेस के वालंटियर भी थे, इसलिए जब टिकट की बात चली तो उन्होंने भी अपना दावा पेश किया। बहरहाल, टिकट मिला एक बड़े राजपूत भूस्वामी को। रामगढ़ के अहीरों ने गोहारबाजी की। आरा जाकर पं. हरगोविन्द मिश्र से मिले, लेकिन टका-सा जवाब मिला—अहीरो वोट लड़ता? इस रवैये से आहत रामप्रसाद त्रिवेणी संघ के प्रत्याशी बन गए। बबुआनों के क्षेत्र से पहली बार कोई अहीर जीता। 'हमने कांग्रेस के लोगों को बता दिया कि असली ताकत हमारे पास है।'[2]

इस चुनाव में दुसाध भी त्रिवेणी संघ के साथ थे। चौकीदारों के बीच उनकी अच्छी-खासी संख्या थी। संघ को इस तरह गाँव-गाँव में अपना प्रचारक और एजेण्ट मिल गया। मतदान-केन्द्रों पर मतदाताओं की पहचान चौकीदार ही करते थे—और यह काम भी इन दुसाध चौकीदारों ने बखूबी निभाया। उन्होंने कई पर्दानशीन उच्च जाति की महिलाओं को पहचानने से इन्कार कर दिया। वैसे, इस चुनाव में महिलाओं को मताधिकार प्राप्त हो चुका था और पिछड़ी जाति की महिलाओं ने बड़ी संख्या में तथा काफी उत्साह के साथ इस अधिकार का उपयोग भी किया।[3]

पहले के चुनावों में शाहाबाद जिले में मुख्य मुकाबला राजपूतों और कायस्थों के बीच हुआ करता था। इस बार और पहली बार उच्च और पिछड़ी जातियों के बीच ध्रुवीकरण हुआ। भभुआ में ब्राह्मण और राजपूत कांग्रेसी उम्मीदवार मुकुंद पाण्डेय के पक्ष में खड़े थे तो कुर्मी, अहीर, दुसाध, चमार और अन्य निम्न जातियाँ त्रिवेणी संघ के उम्मीदवार गणेश सिंह के साथ थे। इस सबडिवीजन में पाँच में से दो सीट पर संघ ने कब्जा कर लिया।[4]

---

1. जिलाधिकारी की रिपोर्ट, फाइल 361/39।
2. रामप्रसाद सिंह के साथ बातचीत।
3. शाहाबाद के जिलाधिकारी मि. एस. एन. रसल की रिपोर्ट।
4. पाक्षिक रिपोर्ट, डी. ओ. नं. 751/सी; 23 मई, 1939।

त्रिवेणी संघ और किसान सभा के उम्मीदवारों के पास चुनाव खर्च के लिए कोई कोष नहीं था। उन्हें मुख्यत: जाति और संगठन के नाम पर ही वोट मिले थे। प्रचार के दौरान कांग्रेस और कुछ निर्दलीय उम्मीदवारों ने गाड़ियों का इस्तेमाल किया था। संघ के कार्यकर्ताओं ने सड़कों पर काँटियाँ बिखेरकर और गाड़ियाँ पंक्चर कर इसका जवाब दिया।

महिलाओं को पहली बार वोट देने का अधिकार मिला, लेकिन सरकारी अधिकारियों के अनुसार कांग्रेस को इसका कोई खास लाभ नहीं मिला। पर्दे के कारण उच्च जाति की बहुत कम महिलाएँ ही मतदान-केन्द्रों पर आईं। इसके विपरीत, पिछड़ी और दलित जातियों की महिलाओं के बीच मतदाताओं का प्रतिशत काफी ज्यादा था तथा इसका लाभ त्रिवेणी संघ को मिला। शाहाबाद के जिलाधिकारी मि.एस.एन. रसल ने चुनाव का सार-संकलन करते हुए अपनी 30 जुलाई की रिपोर्ट में लिखा, 'इस चुनाव से जिला बोर्ड में एक नई शक्ति का अभ्युदय हुआ है। जहाँ-जहाँ कांग्रेस और त्रिवेणी संघ का मुकाबला था, लड़ाई ने उच्च जाति बनाम निम्न जाति का रूप ले लिया। त्रिवेणी संघ एक राजनीतिक संगठन नहीं, बल्कि जाति प्रतिबद्धताओं पर आधारित एक जाति संगठन है। इस चुनाव की प्रमुख विशेषता त्रिवेणी संघ का एक राजनीतिक संगठन के रूप में उत्थान है। मताधिकार को व्यापक बनाने का, जाहिर है, ज्यादा लाभ निम्न जातियों को ही (त्रिवेणी संघ जिनका पक्षपोषण करता है) मिला है क्योंकि उच्च जातियों की तुलना में उनकी संख्या काफी ज्यादा है। आगामी बोर्ड चुनाव में उन्हें और बड़ी सफलता मिलेगी—यह मुझे अभी ही साफ दिखाई दे रहा है।'

बहरहाल, शाहाबाद और गया जिले में संघ के कुल ग्यारह प्रत्याशी एक हजार से लेकर तीन हजार से अधिक मत पाकर भी पराजित हुए। कुदरा, नावानगर, नोखा, सासाराम, चेनारी, विक्रमगंज और अरवल में संघ के प्रत्याशियों को अच्छा मत मिला।

करीब छ: वर्षों से त्रिवेणी संघ द्वारा चलाए गए अभियान ने, खासकर विधान सभा और डिस्ट्रिक्ट बोर्ड चुनावों के दौरान उसके सघन प्रचार ने अपना रंग दिखाना शुरू किया। संघ की कतारों में नई ऊर्जा का संचार तो हुआ ही, प्रदेश के अन्य हिस्सों में पिछड़ों और दलितों के बीच भी शाहाबाद बोर्ड चुनाव में संघ की (सीमित ही सही) जीत ने काफी उम्मीदें जगाईं। प्रदेश का प्रचलित जातीय संतुलन अब बदल रहा था और इसकी धमक सबसे पहले तो कांग्रेस के अन्दर ही सुनाई पड़ने लगी थी। (उच्च जातियों के बीच वर्चस्व की लड़ाई में पिछड़ों और दलितों का इस्तेमाल तो होने ही लगा था, अब ये जातियाँ अपना स्वतन्त्र

दावा भी पेश करने लगी थीं।)

1938 ई. में कांग्रेस के हरिपुरा अधिवेशन के लिए प्रतिनिधियों के चुनाव में काफी उठा-पटक हुई। कई मतदान-केन्द्रों पर अशान्ति फैल गई और बाढ़ सब-डिवीजन के बख्तियारपुर में तो सचमुच फसाद ही शुरू हो गया। आइ पी सी की धारा 148/324 के तहत मुकदमा दर्ज हुआ। कांग्रेस बाभन और कुर्मी, दो खेमों में बँट गई थी। कहा यह जा रहा था कि बाढ़ अनुमंडल कांग्रेस कमेटी पर त्रिवेणी संघ के कुर्मियों ने कब्जा जमा लिया है। उधर शाहाबाद जिले में आरा के नामी कांग्रेसी नेता बाबू विन्ध्याचल प्रसाद को एक 'अदने' व्यक्ति विश्वनाथ पनेरी के हाथों शिकस्त खानी पड़ी।[1]

1940 के आरम्भ में त्रिवेणी संघ को डुमराँव में एक नया नेतृत्व मिला—इलाहाबाद विश्वविद्यालय से ग्रेजुएट कोकिल प्रसाद सिंह का। 1941 ई. में इलाहाबाद से वे डुमराँव पहुँचे। मन्मथनाथ गुप्त के साथ वे जेल में रह चुके थे और पंडित जवाहरलाल नेहरू का उन्हें सान्निध्य-सुख मिला था। बकौल कोकिल सिंह, 'त्रिवेणी संघ को (मैंने) राष्ट्रीय चिन्तन के साथ जोड़ा।' 1942 के 'करो या मरो' आन्दोलन में संघ के नेता आन्दोलन के साथ थे। बहरहाल, उनके काल में सबसे उल्लेखनीय संघर्ष हुआ डुमराँव राज के खिलाफ।

डुमराँव थाना त्रिवेणी संघ ने एक पर्चा निकाला और उसके माध्यम से 26 दिसम्बर 1941 को शोषित-शासित-दलित सम्मेलन में लोगों से भाग लेने की अपील की गई। पर्चे में कहा गया, तुम कितने दबाए गए हो, तुम पर कितना भयंकर अत्याचार हो रहा है, यहाँ तक कि तुम्हारे नागरिक अधिकार पर जालिम छापा मार रहा है और तुम? टुक-टुक दो दम न कसिदम हाय! तुम्हारी आत्मा कुचल दी गई है, तुम्हारे भूख से तड़पते हुए बच्चे को देखकर जालिम मखौल उड़ाता है! तुम्हारी माँ-बहनों के बदन पर लुगरी झूलते देखकर निर्दयी हँसता है! नवजवानो होश सँभालो! देखो, सरमायेदारी एवं जमींदारी ने तुम्हें नंगा बनाया है, तुम्हें कमजोर बनाया है, तुम्हें आपस में लड़ाया, छोटा-बड़ा का झूठा ख्याल पैदा कराया। अब समय आ गया है उसके नाश का—तुम उठो, शांतिमय जायज तरीकों से अपने हक-हकूक के लिए लड़ो, तभी आजादी की साँस ले सकते हो।'[2]

---

1. पाक्षिक रिपोर्ट; 13 जनवरी, 1938 और 27 अप्रैल, 1938।
2. भोजपुर एस. पी. आवास (गोपनीय), फाइल संख्या 188।

त्रिवेणी संघ ने 26 दिसम्बर 1941 की सुबह डुमराँव में एक जुलूस निकाला और उसी दिन दोपहर डेढ़ बजे से शाम साढ़े चार बजे तक गुरु ट्रेनिंग स्कूल मैदान में संघ का डुमराँव सम्मेलन हुआ। सम्मेलन की अध्यक्षता करते हुए नन्द किशोर सिंह ने संघ के निर्माण और उसके उद्देश्यों पर प्रकाश डाला। उन्होंने इस बात पर जोर दिया कि त्रिवेणी संघ जमींदारों, बड़े व्यवसायियों और पूँजीपतियों तथा उच्च वेतनभोगी सरकारी अधिकारियों के बरखिलाफ किसानों, मजदूरों और व्यवसायियों का संश्रय है। दुलारचन्द हरिजन ने जमींदारों का अत्याचार तथा अस्पृश्यता मिटाने पर बल दिया और कहा कि अब अत्याचार बर्दाश्त नहीं किया जाएगा। उन्होंने आपसी एकता कायम कर स्वतंत्रता हासिल करने का आह्वान किया। दिनारा के शिवपूजन सिंह (यादव) ने कहा कि यद्यपि रैडिकल डिमोक्रेटिक पार्टी का सदस्य होने के कारण उनकी विचारधारा भिन्न है, फिर भी वे त्रिवेणी संघ के उद्देश्य की प्रशंसा करते हैं। उन्होंने यूरोप में चल रहे युद्ध पर प्रकाश डाला, डुमराँव राज के अत्याचार का बयान किया और सम्मेलन से किसानों की सहायता करने की अपील की।

यदुनन्दन प्रसाद मेहता ने किसानों और मजदूरों की दयनीय अवस्था का जिक्र करते हुए श्रोताओं से ताकीद की कि वे चुनाव और नौकरी में समान स्थिति प्राप्त करने के लिए अपनी पूरी ताकत लगा दें। उन्होंने पिछले चुनाव में संघ की मदद न करने के लिए ब्राह्मणों की आलोचना की। डुमराँव के शिवपूजन सिंह ने राज के खिलाफ प्रस्ताव का समर्थन करते हुए उसकी ज्यादती और पुलिस कार्रवाई का बयान किया। 23 दिसम्बर '41 को राज के लठैतों द्वारा एक किसान सदस्य रामप्रसाद की पिटाई की घटना का वर्णन करते हुए उन्होंने कहा कि राज के डर से गवाह बनने के लिए कोई तैयार नहीं। किसानों ने पुलिस के आला अधिकारियों से लेकर गर्वनर तक मदद के लिए गुहार लगाई, लेकिन कहीं कोई सुनवाई नहीं हुई। कुमारी त्रिपाठी ने भी डुमराँव के महाराज बहादुर तथा पीरो के जमींदार बाबू ईश्वरधारी सिंह के जुल्मों का विरोध किया और लोगों से सत्याग्रह शुरू करने की अपील की।[1]

त्रिवेणी संघ के इस सम्मेलन में करीब पाँच सौ लोगों ने हिस्सा लिया था। इनमें कुछ प्रमुख थे : यदुनन्दन प्रसाद मेहता, नन्द किशोर सिंह, कोकिल प्रसाद सिंह, शिवपूजन सिंह (दिनारा), शिवपूजन कोइरी, कुमारी त्रिपाठी, गया हलवाई, चुटुर राय, कपिलदेव राय, रामचन्द राम, दयाल हलवाई, रामप्रसाद हलवाई,

1. फाइल 188, भोजपुर एस पी आवास (गोपनीय)।

जगदीश सिंह, एकराम सिंह, लक्ष्मी राम, रामस्वरूप अहीर तथा दुलारचन्द।[1]

इस सम्मेलन की दो विशेषताएँ खासतौर से उल्लेखनीय हैं—पहला, इसमें विभिन्न पिछड़ी जातियों के किसानों, दलित मजदूरों और स्थानीय व्यवसायियों के प्रतिनिधि उपस्थित थे। दूसरा, इसमें कांग्रेस, किसान सभा तथा रैडिकल डिमोक्रेटिक पार्टी से जुड़े लोग भी शामिल हुए थे। कुमारी त्रिपाठी किसान सभा के नेता थे, तो शिवपूजन सिंह यादव रैडिकल डिमोक्रेटिक पार्टी के। दरअसल इसी सम्मेलन के साथ डुमराँव महाराज के अत्याचार और 'बेआयी टैक्स' के खिलाफ किसानों, मजदूरों और व्यवसायियों का, तथा कांग्रेस, त्रिवेणी संघ और किसान सभा का संयुक्त संघर्ष ठोस शक्ल लेने लगा था। पहली बार, स्थानीय स्तर पर ही सही, डुमराँव राज के खिलाफ इन तीनों धाराओं का संश्रय कायम हो रहा था।

इस सम्मेलन के निहितार्थ को समझने में सरकारी अधिकारियों ने भी गलती नहीं की। सेकंड ऑफिसर एस. के. महापात्र ने 27 दिसम्बर 1941 की अपनी रिपोर्ट में लिखा, 'पहले तो ऐसा लगा था कि यह मुख्यतः ग्वालों और कोइरियों का सामाजिक जमावड़ा भर है। कुछ वक्ताओं ने इस आशय के भाषण भी दिए कि ग्वालों, कोइरियों, चमारों और अन्य निम्न जाति के लोगों को अब दबकर नहीं रहना चाहिए। सभी व्यक्ति समान हैं (आदि, आदि)····(लेकिन) सभा की महत्त्वपूर्ण विशेषता थी इस आशय का प्रस्ताव पारित करना तथा वक्तव्य देना कि त्रिवेणी संघ डुमराँव महाराज के खिलाफ किसान आन्दोलन के साथ पूरी सहानुभूति रखता है।' सम्मेलन के दो दिन बाद 28 दिसम्बर 1941 को डुमराँव के एस.आई., पुलिस ने बक्सर के एसडीओ को यह सूचना भेजी, '····डुमराँव में त्रिवेणी संघ की सभा में काफी बड़ी संख्या में लोग जमा हुए। अन्य वक्ताओं के अलावा इस सभा में रामकुमार तिवारी और डुमराँव के शिवपूजन सिंह ने भाषण दिया। उन्होंने अपने भाषण में बक्सर के मजिस्ट्रेट और डुमराँव पुलिस की निन्दा की। उन्होंने कहा कि किसानों की शिकायतों को मजिस्ट्रेट दबा दे रहे हैं और उन्हें मजिस्ट्रेट की कार्रवाई पर रत्तीभर भी भरोसा नहीं है····मेरे विचार से उपर्युक्त दोनों व्यक्तियों ने सरकारी अधिकारियों के खिलाफ अपमानजनक बातें कहीं हैं और इस तरह सभा में शामिल व्यक्तियों को अप्रत्यक्ष रूप से सरकारी अधिकारियों की प्रतिष्ठा को क्षति पहुँचाने के लिए उकसाया है। इन दोनों

1. डी. आइ. बक्सर रिपोर्ट; फाइल 188। दुलारचन्द जिला बोर्ड के सदस्य और बिहार प्रान्तीय दलित वर्ग संघ के सचिव थे।

व्यक्तियों का उद्देश्य सभा में उपस्थित लोगों, और इस तरह त्रिवेणी संघ के सदस्यों को 1 जनवरी 1942 को कानून तोड़ने के लिए भड़काना है, क्योंकि मजिस्ट्रेट और पुलिस ने जानबूझकर किसानों की 17 सूत्री माँगें ठुकरा दी हैं····अत: मैं डुमराँव के रामकुमार तिवारी और शिवपूजन सिंह के खिलाफ आइपीसी की धारा 117 के अन्तर्गत उचित कार्रवाई करने की प्रार्थना करता हूँ।'

प्रशासन ने त्रिवेणी संघ की सभा में भाषण देनेवाले नेताओं की धर-पकड़ शुरू कर दी। कुमारी त्रिपाठी के घर पर छापा मारा गया, भाषण देने पर पाबन्दी लगा दी गई तथा 31 दिसम्बर की रात धारा 144 की भी घोषणा कर दी गई।

दरअसल डुमराँव राज द्वारा बेआयी की वसूली के खिलाफ स्थानीय लोगों का संघर्ष पहले से ही चल रहा था। 'बेआयी' एक प्रकार का 'सेल्स टैक्स' (टिकस) था, जो डुमराँव शहर की दूकानों से खरीदे गए सामान पर बेचने और खरीदने वाले, दोनों से वसूला जाता था। 'राज के पालतू गुण्डे सर पर साफा और हाथ में लाठी लिए किसी भी गरीब खरीददार को आतंकित कर पैसे वसूल करने के लिए काफी थे'·····'1940 के सितम्बर महीने में डुमराँव नगर के 113 व्यवसायियों ने इस कर से आक्रांत होकर महाराजा बहादुर के यहाँ एक दरख्वास्त दी और····उपरोक्त कर हटाने के लिए करबद्ध प्रार्थना की। किन्तु, अपनी आशाओं पर पानी फिरते देख उन लोगों ने अनुग्रह नारायण सिंह, जगतनारायण लाल और डॉ. राजेन्द्र प्रसाद के समक्ष बातों को रखा। एक प्रतिनिधिमंडल शाहाबाद के स्थानापन्न जिला मजिस्ट्रेट से मिला, लेकिन कोई फल न निकला।'[1]

इस संघर्ष के क्रम में स्थानीय लोगों ने 'प्रजा मंडल' नामक एक संगठन भी बनाया। इसी बीच यमुना कार्यी बिहार प्रांतीय किसान सभा के सभापति चुने गए और उन्होंने बेआयी टिकस के खिलाफ चलनेवाले संघर्ष का नेतृत्व थामा। वैसे किसानों की कुल सत्रह माँगें थीं, जिनमें से मुख्य थीं—बेआयी की वापसी; जंगल का रास्ता खोलना; गैर-मजरूआ, कैसर-ए-हिन्द तथा मिल्क लखीराज जमीनों की बन्दोबस्ती; लगान की बकाया रकम पर सूद लिए जाने का विरोध; एक ही जमीन के लिए विभिन्न रैयतों द्वारा सलामी जमा करने तथा राजकोषागार से पैसा निकालने में होनेवाली कठिनाइयों जैसी समस्याओं का निराकरण। श्री कार्यी ने डुमराँव का दौरा किया। बिहार प्रान्तीय जमींदार सभा के महामंत्री रायबहादुर श्यामनन्दन सहाय को पंच बनाया गया। पहले तो डुमराँव राज इसके

1. किसान सभा के सभापति रामसुभग पाण्डेय की ओर से जारी पर्चा 'डुमराँव राज को सत्याग्रह का अल्टीमेटम', 16 अगस्त, 1941।

लिए तैयार नहीं हुआ, लेकिन बाद में जब उसने हामी भरी तो श्यामनन्दन सहाय को पंचइती का मौका नहीं मिल सका।[1]

बहरहाल, त्रिवेणी संघ के उपर्युक्त सम्मेलन के बाद 1 जनवरी 1942 से सत्याग्रह शुरू करने की घोषणा की गई। ग्यारह आन्दोलनकारी नेताओं पर पहले से ही धारा 107 लागू थी। किसान सभा कार्यालय पर छापामारी हो चुकी थी और उसमें ताला लगा दिया गया था। फिर भी 1 जनवरी को भारी जनगोलबन्दी हुई। सर्चलाइट ने लिखा, 'बेआयी टैक्स के खिलाफ सक्रिय संघर्ष शुरू हो गया है। इस टैक्स की वसूली के खिलाफ रेलवे स्टेशन, चौक बाजार, जंगल बाजार, टेढी बाजार में शान्तिपूर्ण धरना शुरू हो गया है। अब तक किसी की गिरफ्तारी नहीं की गई है····।'[2]

आन्दोलन क्रमशः तेज होता गया। मुकदमे हुए। मारपीट हुई। राज के लठैतों ने दूकानों को लूटा। जनवरी से मार्च तक यह सिलसिला चलता रहा। इसी बीच आन्दोलन के दबाव में पटना के आयुक्त मारवुड को पंचइती का भार सौंपा गया।

राज के खिलाफ लड़ाई में कुछ ऐसे लोग भी शामिल थे जो पहले या तो राज के दोस्त थे या फिर उसके कर्मचारी। इनमें सर्वप्रमुख थे ऑनरॅरी मजिस्ट्रेट बाबू रामएकबाल राम, जिनसे एक समय राज की मित्रता थी। दूसरे थे राज के पूर्व दीवान बाबू कालिका प्रसाद और तीसरे थे छोटक अहीर जो पहले बेआयी वसूलने वाले (राज के) कारिन्दे थे और बाद में यह काम छोड़ डुमराँव त्रिवेणी संघ के सचिव बन गए।[3]

डुमराँव के किसानों और व्यवसायियों तथा राज से त्रस्त लोगों के संघर्ष का आखिरकार नतीजा सामने आया। मार्च 1942 में पटना के आयुक्त मि. एस.एल. मारवुड ने बेआयी को लेकर अपना फैसला सुना दिया। 'टिकस' वसूलने की प्रथा समाप्त हुई। डुमराँव राज ने इस फैसले को भी तोड़-मरोड़ कर प्रकाशित कराया। हालाँकि आयुक्त ने तत्काल ही, 28 मार्च 1942 को एक सूचना जारी कर इस तोड़-मरोड़ का खुलासा किया। सूचना में कहा गया, 'यूँ डुमराँव

---

1. किसान सभा के सभापति रामसुभग पाण्डेय की ओर से जारी पर्चा 'डुमराँव राज को सत्याग्रह का अल्टीमेटम', 16 अगस्त, 1941।
2. 'दि सर्चलाइट', 6 जनवरी, 1942।
3. एस पी शाहाबाद, 'नोट्स ऑन डुमराँव बेआयी डिस्प्यूट'; 4.4.'42. (एसपी आवास, आरा); 21 मार्च, 1942 को डी एस पी की नोट।

राज ने हिन्दी में एक नोटिस जारी किया है जिसमें हमारे दस्तख्त के ऊपर जाहिरा बेआयी के झगड़े पर कमिश्नर का फैसला दिया हुआ है, और चूँकि अनुवाद में वह हिस्सा गायब कर दिया गया है जिसमें लिखा है कि यह फैसला चन्दरोजा तभी तक के लिए है, जब तक डुमराँव राज हकीयत का मुकदमा दायर करके फैसला न करा ले, जिसके लिए सलाह उनको दी गई है, इससे मतलब बिगड़ गया है।'[1]

बहरहाल, राज ने इस आन्दोलन में सक्रिय लोगों को सबक सिखाने की कार्रवाई भी शुरू कर दी थी। 26 मार्च को त्रिवेणी संघ के ऐसे ही एक स्थानीय सदस्य दुर्गा हलवाई को राज के 'लठियलों' ने बुरी तरह मारा-पीटा। प्रतिक्रियास्वरूप दो दिन बाद ही 28 मार्च को तीन-चार अहीरों ने डुमराँव राज के पुरोहित विन्देश्वरी मिश्र पर हमला किया। श्री मिश्र ने पुलिस के सामने यह बयान दिया कि 23 और 25 मार्च को उन्होंने ठठेरी बाजार में त्रिवेणी संघ के विरोध में सभा की थी, इसीलिए त्रिवेणी संघ के लोगों ने उन पर हमला करवाया।[2] पुलिस अधिकारियों ने राज पुरोहित के इस कथन को झूठा पाया। इसी बीच किसान सभा के साथ मिलकर काम कर रहे त्रिवेणी संघ के अध्यक्ष कोकिल सिंह ने राज के चपरासियों और समर्थकों द्वारा दुर्गा हलवाई की दूकान लूटने का मामला दर्ज करवाया। जाँच के बाद पुलिस ने मार-पीट की तो पुष्टि की, लेकिन लूट की नहीं। कोकिल सिंह और ऑनररी मजिस्ट्रेट राम एकबाल राम ने थाने में एक रिपोर्ट दर्ज कराई जिसमें राज की ओर से गड़बड़ी किए जाने की आशंका व्यक्त की गई थी।

मारवुड फैसले के करीब एक महीने बाद 25 अप्रैल को राज के गुण्डों ने कोकिल सिंह और छोटक यादव पर दिनदहाड़े हॉस्पिटल मोड़ पर हमला किया। श्री सिंह बुरी तरह जख्मी हुए और कई सप्ताह तक पटना मेडिकल कॉलेज अस्पताल में मौत से जूझते रहे। कांग्रेस और किसान सभा ने इस हमले की तीव्र निन्दा की। कोकिल सिंह कहते हैं—'डुमराँव में निरंकुश राज था''''इतना बड़ा डिबॉच-किंग शायद ही कहीं देखने को मिले'''''लेकिन डुमराँव के लोगों ने उसे हरा दिया। हम जीते।'[3]

---

1. आयुक्त द्वारा प्रकाशित नोटिस। पूरी नोटिस परिशिष्ट में देखें।
2. शाहाबाद के जिलाधिकारी के समक्ष प्रस्तुत 'ए ब्रीफ रिपोर्ट ऑन द प्रजेण्ट सिचुएशन ऑफ डुमराँव'।
3. कोकिल प्रसाद सिंह से बातचीत। (21 मार्च, 1942 के डीएसपी नोट में कोकिल सिंह को अहीर बताया गया है। यह गलत है। वे जाति से कहार थे।)

इस आन्दोलन के दौर में किसान नेता स्वामी सहजानन्द सरस्वती जेल में थे। रिहा किए जाने पर 23 मार्च 1942 को आयोजित सभा में उन्होंने बेआयी टैक्स के खिलाफ संघर्ष में जीत हासिल करने पर डुमराँव के किसानों को बधाई दी और उन्हें यह सलाह दी कि राज के कारिन्दों द्वारा हमला किए जाने की स्थिति में भी वे हिंसा का सहारा न लें। उन्होंने सत्याग्रही किसानों से युद्ध के मद्देनजर आन्दोलन स्थगित करने की भी अपील की।[1] बाद में अपनी आत्मकथा 'मेरा जीवन संघर्ष' में उन्होंने लिखा, 'मेरे जेल में रहते एक और महत्त्वपूर्ण बात किसान सभा के इतिहास में हुई जिसने मेरा कलेजा बाँसों उछाल दिया। वह थी शाहाबाद जिले के डुमराँव में खुद महाराज की धाँधली और मनमानी बरजानी के विरुद्ध किसानों की संगठित लड़ाई जो किसान सभा के तत्त्वावधान में हुई और जिसने सभा का सिर ऊँचा किया। किसानों की उसमें भी जीत हुई। इससे न सिर्फ किसानों का बल्कि जनसाधारण तथा डुमराँव के बनियों का संकट भी हटा और सबने राहत की साँस ली।'[2]

बहरहाल, 19 जुलाई 1942 को कोकिल प्रसाद सिंह डुमराँव की हालत को लेकर शाहाबाद के कलक्टर से मिले और 'बेआयी' पर कमिश्नर के फैसले के बाद भी राज के अत्याचारों से उन्हें अवगत कराया।[3] इसी बीच 'करो या मरो' के नारे के साथ अगस्त क्रान्ति की गूँज गाँव-गाँव में फैल गई। कोकिल सिंह को भी भूमिगत हो जाना पड़ा। आजादी की जुझारू लड़ाई के इस दौर में त्रिवेणी संघ की गतिविधियाँ थम गईं। 1945 आते-आते इसका प्रायः पतन हो चुका था। यद्यपि कुछ लोगों ने अगले कुछ वर्षों तक इसके नाम को जिन्दा रखा, फिर भी इसके नेताओं का एक हिस्सा एक तरफ तो कांग्रेस और पिछड़ा वर्ग संघ की राजनीति से जुड़ गया, दूसरी तरफ इसकी निचली कतार का बड़ा हिस्सा कुछेक नेताओं के साथ एम.एन. राय की रैडिकल डिमोक्रेटिक पार्टी (आरडीपी) के साथ जा मिला। **त्रिवेणी संघ के समर्थन और आधारवाले इलाके आरडीपी के गढ़ बने। संघ (1933-42) के पतन और स्वतंत्रता के बाद डॉ. राम मनोहर लोहिया के नेतृत्व में सोशलिस्ट पार्टी के अभ्युदय के बीच के संक्रमणकालीन दौर में यही आर. डी. पी. पिछड़ों की पार्टी के रूप में क्रियाशील रही। एम. एन. राय को भी दूर शाहाबाद जिले में अपनी पार्टी**

---

1. आरा के डिप्टी मजिस्ट्रेट एस. एस. प्रसाद की 31 मार्च, '42 की रिपोर्ट।
2. स्वामी सहजानन्द, 'मेरा जीवन संघर्ष,' पृ. 351।
3. शाहाबाद कलक्टर की चिट्ठी डी. एन. 1032/सी; तथा कोकिल सिंह से बातचीत।

को मिले इस जनाधार से आश्चर्य हुआ होगा। इस परिघटना के पीछे भी निर्णायक कारण सामाजिक था, राय के सिद्धान्तों का आकर्षण नहीं।

दरअसल उन दिनों देश के विभिन्न हिस्सों में जागरूक तबकों के बीच वामपंथ और कम्युनिज्म के प्रति खासा आकर्षण था। त्रिवेणी संघ भी इससे अछूता न था—वामपंथी रुझान रखनेवाले उसके कुछ नेता और कार्यकर्ता कांग्रेस के बजाय किसी वामपंथी पार्टी से जुड़ने की इच्छा रखते थे। लेकिन, तब बिहार की किसान सभा और कम्युनिस्ट पार्टी पर भूमिहार ब्राह्मण जाति के नेताओं का एकछत्र प्रभुत्व था। इन नेताओं ने पिछले चुनाव में त्रिवेणी संघ की 'अंग्रेजों के इशारे पर बने जातिवादी संगठन' के रूप में काफी लानत-मलामत की थी। ऐसे भी सामाजिक मुद्दों की अवहेलना के कारण संघ ने ऐसे नेताओं के साथ कभी भी अपनापा महसूस नहीं किया था। उच्च जाति नेताओं के बीच वर्चस्व की आपसी लड़ाई में और विभिन्न प्रकार से दबाव डालकर, कांग्रेस में फिर भी वे अपनी कुछ जगह बना लेने की संभावना देख पाते थे, लेकिन कम्युनिस्ट पार्टी में तो बिल्कुल नहीं। वहाँ ऐसे मुद्दे उठाते ही उन पर जातिवादी होने का ठप्पा लग जाता।

संयोगवश बिहार में आरडीपी के एक नेता शिवपूजन सिंह शास्त्री पिछड़ी जाति के तो थे ही, त्रिवेणी संघ के नेताओं के साथ उनकी आमदरफ्त भी थी। (वैसे संघ की कतारों के जुड़ने के पहले बिहार में इस पार्टी का कोई जनाधार नहीं था और श्री शास्त्री भी अधिक-से-अधिक इस पार्टी के एक सम्पर्क-व्यक्ति ही कहे जा सकते थे।) संघ के संस्थापकों में से एक गरवे के सरदार जगदेव सिंह श्री शास्त्री के प्रभाव में आकर आरडीपी में शामिल हो गए। देखते-देखते संघ के प्रभाव क्षेत्र आरडीपी के कार्यक्षेत्र बन गए। पिछड़े नेताओं का एक नया समूह सामने आया—शिवपूजन सिंह शास्त्री, ज्ञानेश्वर प्रसाद, रामलाल वर्मा, रामचन्द्र चौधरी, रामबली सिंह, रामाशीष सिंह, हरिहर प्रसाद, धनुषधारी सिंह, आदि। आजादी की लड़ाई के साथ-साथ इन लोगों ने बेगारी, बकाश्त और जमींदारी-उन्मूलन को लेकर चली लड़ाइयों में भी महत्त्वपूर्ण भूमिका अदा की। भभुआ, करगहर, नोखा, राजपुर आदि संघर्ष के केन्द्र बने।

1946 के विधान सभा चुनाव में आरडीपी ने कुल ग्यारह प्रत्याशी खड़े किए—सभी पराजित हुए और सासाराम, भभुआ, बक्सर और मुंगेर-सह-जमालपुर फैक्ट्री क्षेत्रों को छोड़कर बाकी स्थानों पर उसके प्रत्याशियों को हजार से भी कम मत प्राप्त हुए। सबसे अधिक वोट उसे सासाराम में मिला (5,647; उम्मीदवार थे शिवपूजन सिंह)। उसके बाद भभुआ में रामलाल सिंह को 2,484

तथा बक्सर में ज्ञानेश्वर प्रसाद को 1,703 मत प्राप्त हुए। इस चुनाव में त्रिवेणी संघ के नाम पर भी चार उम्मीदवार खड़े थे—उत्तरी गया से यदुनन्दन महतो, दक्षिणी गया से चन्द्रप्रकाश, नवादा से ठकुरी महतो और पूर्वी शाहाबाद से नन्द किशोर सिंह। सहार (शाहाबाद) में संघ और कांग्रेस के समर्थकों के बीच झड़प भी हुई और कुछ कांग्रेस समर्थक गंभीर रूप से घायल हो गए।[1] चारों उम्मीदवार बुरी तरह पराजित हुए। वैसे शाहाबाद जिला त्रिवेणी संघ के अध्यक्ष ने एक वक्तव्य जारी कर प्रान्तभर के त्रिवेणी संघ के सदस्यों को चुनाव में कांग्रेस को ही वोट देने को कहा था। उन्होंने आगे कहा कि अगर एक वोट भी कांग्रेस के विरुद्ध गया तो समझना चाहिए कि साधुहृदय देशरत्न डॉ. राजेन्द्र प्रसाद के साथ अन्याय किया जा रहा है।[2]

बहरहाल, 1947 के जिला बोर्ड चुनाव में त्रिवेणी संघ के स्थान पर रैडिकल डिमोक्रेटिक पार्टी कांग्रेस के खिलाफ मुकाबले में आ गई। कांग्रेस सोशलिस्ट पार्टी और मुस्लिम लीग अधिकांशतः तटस्थ ही रही।[3] लेकिन इसी समय पिछड़ों की राजनीति में नए परिवर्तन घटित हो रहे थे। पिछड़ा वर्ग संघ जैसे संगठन तो बन ही रहे थे, डॉ. राममनोहर लोहिया (इतिहास चक्र, जैसी पुस्तकों, सप्तक्रान्ति की अवधारणा और 'पिछड़ा पावे सौ में साठ' जैसे राजनीतिक नारों के साथ) पिछड़ों का, सामाजिक क्रान्ति का अधिक परिपक्व विचारधारात्मक-राजनीतिक दर्शन विकसित करने में लगे थे। **पिछड़े राजनीति के हाशिये से तथा दबाव देनेवाले एक ग्रुप से बीच विपक्ष में आ रहे थे।**

त्रिवेणी संघ के एक प्रमुख नेता दासू सिंह पहले बिहार प्रान्तीय पिछड़ी जाति संघ में, फिर डॉ. राजेन्द्र प्रसाद की सलाह पर कांग्रेस में शामिल हो गए। उन्हें पटना जिला कांग्रेस कमेटी का अध्यक्ष और प्रदेश कांग्रेस कार्यसमिति का सदस्य भी बनाया गया। लेकिन, 1952 के पहले आम चुनाव में उन्हें टिकट नहीं मिला और वे पटना पश्चिम-सह-नौबतपुर क्षेत्र से निर्दलीय प्रत्याशी के रूप में खड़े हुए। वे यूनाइटेड किसान सभा के उम्मीदवार घोषित किए गए और भारतीय कम्युनिस्ट पार्टी की आपत्ति के बावजूद 'दी लेफ्ट यूनाइटेड इलेक्शन एलाएंस' ने उनके पक्ष में प्रचार किया।[4] वे चुनाव हार गए। बहरहाल, पिछड़ों के इस नेता को

1. विधान सभा चुनाव रिपोर्ट, पृ. 45-46; तथा 'द सर्चलाइट', 4 मार्च, 1946।
2. 'हुंकार'; 3 मार्च, 1946।
3. पाक्षिक (गोपनीय) रिपोर्ट; 11 जून, 1947।
4. पाक्षिक रिपोर्ट; 15 दिसम्बर, 1951।

कांग्रेस का अधिकृत उम्मीदवार बनने में पंद्रह साल लग गए और 1962 में जाकर ही वे नौबतपुर क्षेत्र से कांग्रेसी उम्मीदवार के रूप में चुनाव जीतकर विधायक बने।

त्रिवेणी संघ के दूसरे बड़े नेता और 1937 के चुनाव में डॉ. श्रीकृष्ण सिंह के खिलाफ उसके प्रत्याशी रह चुके नवदीपचन्द्र घोष भी बिहार प्रान्तीय पिछड़ा वर्ग संघ से जुड़े। वैसे संयुक्त प्रान्त में हिन्दू बैकवार्ड क्लासेज लीग की स्थापना 1929 में ही हो गई थी। लेकिन बिहार में 1946 में आकर ही ऐसी कोशिशें शुरू हुईं। 29 नवम्बर 1946 को पटना में उत्तर प्रदेश के शिवदयाल सिंह चौरसिया की अध्यक्षता में बिहार के पिछड़ी जाति के नेताओं की बैठक हुई। शामिल होनेवालों में थे—वीरचंद पटेल, अब्दुल कयूम अन्सारी, शिवपूजन शास्त्री, बलिराम भगत, नवदीपचन्द्र घोष, वासुदेव सिंह और डॉ. दुखन राम, आदि। इसी बैठक में प्रान्तीय पिछड़ा वर्ग संघ बनाने का फैसला लिया गया और नवदीपचन्द्र घोष को इसका सभापति बनाया गया। 14 दिसम्बर 1947 को आयोजित बिहार प्रान्तीय पिछड़ा वर्ग संघ की बैठक में जाति उन्मूलन तथा पिछड़े वर्ग के लोगों में राष्ट्रीय चेतना जगाने का प्रयास करने का फैसला लिया गया।[1] अगले ही दिन श्री घोष ने यह कहते हुए अपने पद से इस्तीफा दे दिया कि संगठन पर कांग्रेस का कब्जा हो गया है। (बाद में हरेकृष्ण प्रसाद को संघ का नया अध्यक्ष बनाया गया। 1953 में शिवनन्दन मण्डल इसके अध्यक्ष बने, फिर देवशरण सिन्हा को इसका कार्यकारी अध्यक्ष बनाया गया। वैसे 'भारत में ब्राह्मणराज और पिछड़ा वर्ग आन्दोलन' के लेखक आर.एल. चन्दापुरी का दावा है कि बिहार प्रांतीय पिछड़ी जाति संघ की स्थापना 10 सितम्बर 1947 को उनकी अध्यक्षता में हुई थी।)

जातीय पत्रिकाएँ तो निकल ही रही थीं, इसी '47-'48 के दौर में अब 'पिछड़ा वर्ग', 'पिछड़ा वर्ग संदेश,' 'शोषित पुकार' जैसी पत्रिकाएँ भी अस्तित्व में आईं। कांग्रेस को भी अब इन समुदायों की शक्ति का एहसास होने लगा था। फलतः पिछड़ा वर्ग संघ के अन्दर खींचतान शुरू हो गई। दो-दो संघ चलने लगे। एक का नेतृत्व कांग्रेसी कर रहे थे तो दूसरे का चन्दापुरी। दलितों को पिछड़ों से

---

1. द्वारिका प्रसाद अरुण से बातचीत

   बहरहाल, 1954 में पन्द्रह राज्यों में पिछड़े वर्गों के 88 संगठन कार्यरत थे। इनमें से 74 अलग-अलग समुदायों के प्रतिनिधि थे, तो 14 आम तौर पर पिछड़े वर्गों के····26 जनवरी, 1950 को अखिल भारतीय पिछड़ा वर्ग संघ अस्तित्व में आ चुका था। (मजुमदार, 1955; पृ. 474-75; उद्धृत मार्क ग्लांटर, पृ. 162।)

अलग करने की प्रक्रिया पहले से ही शुरू थी और इसमें कांग्रेस को सफलता भी मिल रही थी। दलित वर्ग संघ, प्रांतीय खेतिहर मजदूर संघ और फिर जगजीवन राम ने कांग्रेस-समर्थित पिछड़ा वर्ग संघ के गठन में महत्त्वपूर्ण भूमिका अदा की थी। पिछड़ी जातियों के कुछ नेताओं को कांग्रेस में जगह दी जाने लगी—शिवनन्दन प्रसाद मंडल तथा वीरचंद पटेल संसदीय सचिव बनाए गए और देवशरण सिंह विधान सभा के उपाध्यक्ष।

बहरहाल, कांग्रेस के अन्दर के पिछड़े नेता भी दो खेमों—श्रीकृष्ण सिंह और अनुग्रह नारायण सिंह के खेमों में बँटे थे। देवशरण सिंह, रामलखन सिंह यादव, अब्दुल कयूम अन्सारी और अहद मुहम्मद नूर श्री बाबू के साथ थे तो वीरचन्द्र पटेल अनुग्रह बाबू के साथ। पं. विनोदानन्द झा ने तो पिछड़ा वर्ग संघ में शामिल कांग्रेस के पिछड़े नेताओं को कांग्रेस से ही निकाल बाहर करने का प्रस्ताव रखा था।[1] लेकिन ऐसा हो नहीं सका। खुद वीरचन्द्र पटेल के अनुसार—'कुछ समय पहले पिछड़ा वर्ग सम्मेलन आरम्भ किया गया था। मैंने उसकी सभा का उद्घाटन किया था। उस पर मुझे नोटिस मिली। तुम फैसला करो कि कांग्रेस में रहना चाहते हो या जातीय संगठन में''''मेरे विचार में अखिल भारतीय कांग्रेस कमेटी ने ऐसी सभाओं में मेरे जाने पर प्रतिबन्ध लगाना चाहा''''अन्त में जिसने नोटिस जारी की थी, उसी ने वापस ले ली''''[2] श्री बाबू ने भी इस प्रस्ताव का विरोध किया था।

इस समय तक नौकरियों में पिछड़ों-दलितों के आरक्षण का सवाल प्रमुख सवाल बनने लगा था, वैसे यह माँग जातीय संगठनों और त्रिवेणी संघ द्वारा भी उठाई गई थी। 1937 ई. में सरकार के गठन के समय ही श्रीकृष्ण सिंह को इस सवाल से रू-ब-रू होना पड़ा था। पटना के गजाधर महतो के आवेदन पर पुलिस सब-इन्स्पेक्टरों की बहाली को लेकर हुई जाँच-पड़ताल से यह तथ्य उभरकर आया कि 24 रिक्त स्थानों पर हुई बहाली में केवल एक यादव और एक मोमिन उम्मीदवार की बहाली हो पाई थी। अधिकारियों ने मद्रास की तरह नौकरियों में आरक्षण के लिए प्रस्ताव भेजा था, लेकिन प्रधानमंत्री श्रीकृष्ण सिंह ने इसे ठुकरा दिया—'आई जी सरकार से यह जानना चाहते हैं कि क्या यहाँ भी मद्रासवाली व्यवस्था लागू की जाए। मैं बार-बार यह कह चुका हूँ कि ऐसी बन्द श्रेणियाँ मैं

---

1. जुगनू शारदेय, दिनमान; 23-29 सितम्बर 1990।
2. बिहार राज्य तैलिक वैश्य कार्यकर्ता सम्मेलन, उद्घाटन के मौके पर वीरचन्द पटेल का भाषण, 'पटेल स्मृति उपनयन', पृ. 89।

बनाना नहीं चाहता, लेकिन अगर नियुक्ति करनेवाले अधिकारी समुचित प्रतिनिधित्व का ऐसा कोई विचार रखते हैं तो निश्चय ही एक दिन सरकार को ऐसा करने के लिए बाध्य होना पड़ेगा, हालाँकि वह एक बुरा दिन होगा।'[1] बहरहाल, नौकरियों में दलित और पिछड़े वर्गों के लिए कोटा निर्धारित करने को लेकर श्रीकृष्ण सिंह मंत्रिमण्डल के सदस्य जगलाल चौधरी और ऑल इंडिया बैकवर्ड लीग के गया प्रसाद मौर्य ने डॉ. राजेन्द्र प्रसाद को पत्र लिखा। 1939 ई. में कांग्रेस के दलित विधायकों ने बैठकर जिला परिषदों, आदि में आरक्षित स्थानों की व्यवस्था करने का प्रस्ताव पास किया।[2]

1952 ई. में बिहार विधान सभा में पिछड़ी और दलित जातियों को नौकरी में आरक्षण दिए जाने से सम्बन्धित एक गैर-सरकारी विधेयक वैद्यनाथ सिंह द्वारा पेश किया गया। बाद में श्री सिंह ने विधेयक वापस लेने की पेशकश की, लेकिन उसे अस्वीकृत कर मत विभाजन कराया गया। प्रस्ताव 52 मतों के मुकाबले 180 मतों से गिर गया। दारोगा प्रसाद राय, हृदय नारायण चौधरी, बिन्देश्वरी प्रसाद मण्डल, अब्दुल कयूम अंसारी जैसे नेताओं ने विधेयक का समर्थन किया था, लेकिन मत विभाजन के दौरान उन्होंने उसके विरुद्ध मतदान किया। विधेयक के विरुद्ध मतदान करनेवाले पिछड़ी जातियों के बड़े नेताओं में कुछ प्रमुख थे— शिवनन्दन प्रसाद मंडल, बिन्देश्वरी प्रसाद मंडल, मुंगेरी लाल, रामलखन सिंह यादव, देवशरण सिंह, जगलाल चौधरी, लहटन चौधरी, कमलेश्वरी प्रसाद यादव, डुमरलाल बैठा, भोला पासवान शास्त्री, जगन्नाथ प्रसाद स्वतंत्र, आदि। विधेयक का समर्थन करनेवालों में 25 से अधिक आदिवासी विधायक थे। रामानन्द तिवारी, राधामोहन राय, रामसेवक शरण, दामोदर झा, रमेश झा, विवेकानन्द गिरि जैसे उच्च जाति के विधायकों ने भी इसका समर्थन किया था।[3]

खैर, बिहार के सामाजिक-राजनीतिक रंगमंच पर त्रिवेणी संघ के उभरने और फिर बिखरने की प्रक्रिया का जायजा लेने के बाद संघ के कांग्रेस तथा किसान सभा से सम्बन्धों पर थोड़ी चर्चा जरूरी है। हालाँकि, इस बावत पहले के विवरणों में भी कुछ जिक्र किया जा चुका है, फिर भी अलग से की गई चर्चा में स्थितियाँ और स्पष्ट होंगी। इसी सिलसिले में कांग्रेस के अन्दर जातीय संतुलन

---

1. फाइल पी आइ पी/1938।
2. डॉ. राजेन्द्र प्रसाद, सेलेक्टेड कॉरेस्पोण्डेंस, खण्ड II, पृ. 287, खण्ड III, पृ. 125, तथा खण्ड III, पृ. 304-5।
3. विधान सभा वाद-विवाद; 2 जुलाई, 1952।

तथा बनते-बिगड़ते जातीय समीकरणों की भी हम एक संक्षिप्त तस्वीर पेश करेंगे।

कांग्रेस, जाति और त्रिवेणी संघ

वर्ष 1937, विधान सभा चुनाव की पूर्ववेला।

उम्मीदवारों के चयन के सवाल पर कांग्रेस के विभिन्न नेताओं के बीच गहरे मतभेद पैदा हो गए। प्रदेश कांग्रेस पहले ही राजपूत-कायस्थ बनाम भूमिहार गुटों के बीच दो फाँक हो चुकी थी। मतभेद का तात्कालिक मुद्दा था—धनराज शर्मा, किशोरी प्रसन्न सिंह और यमुना कार्यी को टिकट देने न देने का सवाल। श्रीकृष्ण सिंह और स्वामी सहजानन्द धनराज शर्मा को टिकट देने के पक्ष में थे, जबकि श्री अनुग्रह नारायण सिंह खिलाफ। डॉ. श्रीकृष्ण सिंह के कहने पर भी अनुग्रह नारायण सिंह धनराज शर्मा के पक्ष में मुँह नहीं खोल सके। उन्हें टिकट नहीं मिला। किशोरी प्रसन्न सिंह और यमुना कार्यी स्वामीजी के प्रबल समर्थकों में थे और स्वामीजी खुद प्रदेश कार्यकारिणी के सदस्य थे। जब इन दोनों को भी टिकट नहीं दिया गया तो स्वामीजी ने क्षुब्ध होकर कार्यकारिणी से इस्तीफा दे दिया। उन्होंने देखा कि 'खाँटी कांग्रेसियों को टिकट नहीं मिला और जमींदार और उनके दोस्त लिए गए, कहीं जाति-पाँति की बात चलती थी, तो कहीं अपने प्रिय पात्रों और सगे-सम्बन्धियों की।' बाद में राजेन्द्र बाबू के हस्तक्षेप पर स्वामीजी ने इस्तीफा वापस ले लिया। यमुना कार्यी को टिकट मिला, लेकिन धनराज शर्मा और किशोरी प्रसन्न सिंह टिकट से वंचित रहे।

प्रान्तीय एसेम्बली के चुनावों के मुतल्लिक टिकट बँटवारे के सवाल पर डॉ. राजेन्द्र प्रसाद ने स्वीकार किया, 'उम्मीदवारों के चुनने में हमें इस बात का ध्यान रखना पड़ा कि कौन उम्मीदवार किस जाति का है····हमें यह सोचना पड़ा कि अमुक क्षेत्र से अमुक जाति के उम्मीदवार के जीतने की संभावना अधिक है····हमको यह भी सोचना पड़ा कि कितने उम्मीदवार नामजद किए गए, उनमें सभी जातियों के उम्मीदवार लिए गए या नहीं।'[1]

चुनाव में कांग्रेस की जीत हुई, अब विधायक दल का नेता चुने जाने को लेकर जोड़-तोड़ शुरू हुआ। श्रीकृष्ण सिंह और अनुग्रह नारायण सिंह प्रधानमंत्री पद के दो प्रबल दावेदार थे। एक दावा सैयद महमूद का भी था। औपचारिक रूप से सर गणेश दत्त का कांग्रेस से कोई सम्बन्ध न था, फिर भी वे श्रीकृष्ण सिंह के

1. डॉ. राजेन्द्र प्रसाद, 'आत्मकथा', पृ. 524।

पक्ष में समर्थन जुटाने में व्यस्त थे। दूसरी तरफ अनुग्रह नारायण सिंह के समर्थकों ने उनका नाम उछाला। इन दोनों का नाम आने से मौलाना अबुल कलाम आजाद खफा थे—पार्टी लीडर के चुनाव में डॉ. महमूद का नाम न आने का उन्हें मलाल था। 'जब कांग्रेस को पूर्ण बहुमत हासिल हो गया तो डॉ. महमूद का लीडर बनना और प्रान्तीय स्वायत्तता के अन्तर्गत बिहार का पहला मुख्यमंत्री बनना तय था। लेकिन, इसके बदले श्रीकृष्ण सिंह और अनुग्रह नारायण सिंह जो केन्द्रीय असेम्बी के सदस्य थे, को मुख्यमंत्रित्त्व के लिए तैयार किया जाने लगा। डॉ. राजेन्द्र प्रसाद ने बिहार में वही भूमिका अदा की जो सरदार पटेल ने बम्बई में की थी।'[1]

बहरहाल, नेता का मसला हल करने के लिए डॉ. राजेन्द्र प्रसाद को अधिकृत किया गया। तय हुआ कि विधायक दल के नेता के लिए जिनका नाम आया है (श्रीकृष्ण सिंह, अनुग्रह नारायण सिंह और रामदयालु सिंह), वे प्रान्तीय कार्यसमिति की बैठक से अलग रहेंगे। डॉ. प्रसाद ने एकान्त में विधायकों से बात करना शुरू किया। रामदयालु सिंह वहाँ जाकर जम गए। इस पर राजपूत और कायस्थ गुटों के नेताओं ने कड़ी आपत्ति की। जीमूतवाहन सेन ने डॉ. राजेन्द्र प्रसाद को ही नेता बनाने का प्रस्ताव रखा। खैर, अन्त में अनुग्रह बाबू ने ही श्री बाबू के नाम का प्रस्ताव रखा और डॉ. श्रीकृष्ण सिंह विधायक दल के नेता चुन लिए गए। डॉ. सैयद महमूद ने अनुग्रह बाबू को उलाहना भी दिया, 'जब तुम लीडर नहीं चुने गए, तब क्यों न मुझे इस पद के पाने में मदद दी।'[2]

मंत्रियों के चयन के सवाल पर भी कम विवाद न हुआ। जगलाल चौधरी बनाम जगजीवन राम का मामला तो गांधीजी तक गया। चौधरी मंत्री बने और राम संसदीय सचिव। पहले मंत्रिमंडल में 'पिछड़ी आबादी बहुल' इस राज्य का कोई पिछड़ा नेता मंत्री नहीं बन सका। हाँ, शिवनन्दन मंडल जरूर संसदीय सचिव बनाए गए। रामदयालु सिंह विधान सभा अध्यक्ष बने।

खैर, विधायक दल द्वारा गुप्त मतदान के जरिए नेता चुनने की प्रक्रिया की जगह विधायकों से एकान्त में बात कर 'सर्वसम्मत नेता' के रूप में विधायक अथवा गैर-विधायक का चयन करने की परम्परा उन्हीं दिनों से चली आ रही है। आखिरकार 22 जुलाई 1937 को श्रीकृष्ण सिंह मंत्रिमंडल ने शपथ ग्रहण किया।

वर्ष 1938। श्रीकृष्ण मंत्रिमंडल के एक साल की समीक्षा।

---

1. मौलाना अबुल कलाम आजाद, 'इंडिया वीन्स फ्रीडम', पृ. 17।
2. अनुग्रह नारायण सिंह, 'मेरे संस्मरण,' पृ. 224।

श्रीकृष्ण मंत्रिमंडल के एक साल के कार्यकलापों पर मौलाना अबुल कलाम आजाद ने एक रिपोर्ट तैयार की थी। 'मंत्रियों के जातिवाद में आकंठ डूबे होने' का जिक्र करते हुए उन्होंने लिखा, 'इस मामले में तो जातिवाद की हद ही हो गई। हालाँकि, अन्य मामले भी कम न थे। अभी हाल ही में मात्र ग्यारह वर्षों से सेवारत प्रान्तीय सेवा के एक भूमिहार पदाधिकारी को रेंट ऑफिसर के रूप में नियुक्त किया गया है, जबकि सिर्फ आई. सी. एस. पदाधिकारी ही इस पद पर नियुक्त किए जाते हैं। दो साल के अन्दर वह जिला मजिस्ट्रेट भी नियुक्त हो जाएगा। सवाल यह नहीं है कि वह प्रान्तीय सेवा का है। सवाल यह है कि वह बिल्कुल कनीय पदाधिकारी है और कितने ही लोगों को अवक्रमित कर उसकी नियुक्ति की गई है। उसकी एकमात्र योग्यता यही है कि वह भूमिहार है और कुछ समय तक प्रधानमंत्री का निजी सचिव रह चुका है।'[1] सरदार वल्लभभाई पटेल ने इस रिपोर्ट को डॉ. राजेन्द्र प्रसाद के पास भेजते हुए लिखा, 'इस रिपोर्ट में वर्णित तथ्य यदि सही हैं तो हमें बिहार में स्थिति को ठीक करने के लिए तत्काल कदम उठाने होंगे अन्यथा काफी विलम्ब हो जाएगा।'[2]

श्रीकृष्ण मंत्रिमंडल करीब 27 महीनों तक चला। इस बीच जातीय खींचतान बदस्तूर जारी रहा। 1942 में मौलाना आजाद को पटना भेजा गया। आरोप-प्रत्यारोप के बीच नेताओं से अलग-अलग बातें कर और उन्हें आपसी मनमुटाव दूर करने की सलाह देकर मौलाना लौट गए। उसी वर्ष 7-8 मार्च को कांग्रेस कार्यकारिणी की बैठक में कृष्ण बल्लभ सहाय ने डॉ. राजेन्द्र प्रसाद को प्रदेश कांग्रेस अध्यक्ष पद से हटाने तथा श्रीकृष्ण सिंह को अध्यक्ष और अनुग्रह नारायण सिंह को महासचिव बनाने का प्रस्ताव रखा था। वस्तुतः सहाय तब तक अपना पाला बदल चुके थे और श्रीकृष्ण सिंह के खेमे में शामिल हो चुके थे। रामचरित्र सिंह ने भी डॉ. राजेन्द्र प्रसाद पर आरोप लगाए। अनुग्रह नारायण सिंह तो इसके लिए राजी थे, लेकिन श्रीकृष्ण सिंह ही सहमत नहीं हुए और डॉ. राजेन्द्र प्रसाद अध्यक्ष चुने गए। लेकिन, शीघ्र ही श्रीकृष्ण सिंह के समर्थकों ने आरोप लगाया कि जो कार्यकारिणी बनी है, उसमें अनुग्रह नारायण सिंह के समर्थक भरे पड़े हैं। आरोप लगानेवाले थे—रामचरित्र सिंह, सारंगधर सिंह, श्याम प्रसाद सिंह और देवव्रत शास्त्री। बाद में रामचरित्र सिंह और श्याम प्रसाद सिंह ने

---

1. डॉ. राजेन्द्र प्रसाद, कॉरस्पोंडेन्स ऐण्ड सेलेक्टेड डॉक्युमेंट्स, खंड III, पृ. 175-76; तथा दि सलेक्टेड राइटिंग्स ऑफ मौलाना अबुल कलाम आजाद खंड I, पृ. 31-37।
2. वही, पृ. 174।

कार्यकारिणी से इस्तीफा दे दिया।

वर्ष 1946, विधान सभा चुनाव की पूर्ववेला

फिर '37 वाला बखेड़ा खड़ा हुआ। सहजानंद के खाँटी लोगों को टिकट नहीं मिल सका। 'उम्मीदवारों के चयन के समय कृष्ण बल्लभ सहाय तथा उनके साथियों का यह झुकाव अवश्य अभिलक्षित हुआ कि वे लोग श्रीबाबू केन्द्रित अपने गुट के लोगों को अधिक से अधिक उम्मीदवार बनाने में दत्तचित्त हैं।'[1] 'हिन्दुस्तान स्टैण्डर्ड' के पटना संवाददाता के अनुसार चयन विशुद्ध जातीय आधार पर हुआ। 76 स्थानों में 18 राजपूत, 15 भूमिहार ब्राह्मण, 13 कायस्थ, 8 पिछड़ी जाति के लोग, 8 बंगाली, 4 बनिया तथा 1 ईसाई उम्मीदवार चुने गए। जातीय बँटवारे के सामने योग्यता, बलिदान की कोई परवाह नहीं की गई।[2] 'हुंकार' (26 जनवरी, '47) का भी ऐसा ही मत था। चुनाव के बाद मौलाना आजाद की देखरेख में श्री बाबू पुनः विधायक दल के नेता चुने गये। बकौल अनुग्रह नारायण सिंह, श्रीबाबू ने मौलाना से कहा कि अगर वे मुख्यमंत्री नहीं बनाए गए तो दल से त्यागपत्र दे देंगे।

इस बार चार की जगह नौ मंत्री बनाए गए : श्रीकृष्ण सिंह, अनुग्रह नारायण सिंह, सैयद महमूद, कृष्ण बल्लभ सहाय, जगलाल चौधरी, रामचरित्र सिंह, आचार्य बदरी नाथ वर्मा, विनोदानन्द झा और अब्दुल कयूम अंसारी। इस बार भी पिछड़ी जाति का कोई प्रतिनिधि इसमें शामिल नहीं किया गया। (मंत्रिमंडल में दो भूमिहार, दो कायस्थ, एक राजपूत, एक ब्राह्मण, एक दलित और दो मुसलमान शामिल थे।) उधर 2 सितम्बर, 1946 को केन्द्र में नेहरू की अन्तरिम सरकार गठित की गई, जिसमें बिहार से डॉ. राजेन्द्र प्रसाद और जगजीवन राम शामिल किए गए।

यहाँ हमारा उद्देश्य कांग्रेस के अन्दर जातीय द्वन्द्व और समीकरणों का इतिहास प्रस्तुत करना नहीं है। ऊपर हमने प्रतिष्ठित कांग्रेसी नेताओं—डॉ. राजेन्द्र प्रसाद, अनुग्रह नारायण सिंह, मौलाना अबुल कलाम आजाद और सहजानन्द की जुबानी कांग्रेस की अन्दरूनी जातीय खींचतान की एक संक्षिप्त झाँकी प्रस्तुत की है। यह खींचतान, जाहिर है, 1937 से ही शुरू नहीं हुई थी, बल्कि कमोबेश शुरू से ही थी।

बिहार के सभी बड़े नेता—डॉ. सच्चिदानन्द सिन्हा, डॉ. राजेन्द्र प्रसाद,

---

1. अनुग्रह नारायण सिंह, 'मेरे संस्मरण', पृ. 408।
2. 'हुंकार'; 13 जनवरी, 1947।

श्रीकृष्ण सिंह, स्वामी सहजानन्द, अनुग्रह नारायण सिंह, आदि अपनी-अपनी जातीय सभाओं से जुड़े रहे थे। शुरुआती दौर में कांग्रेस पर कायस्थों का एकतरफा वर्चस्व था। 1934 ई. में प्रदेश कार्यकारिणी में उनकी संख्या 54 फीसदी थी। इस वर्चस्व को शीघ्र ही भूमिहार ब्राह्मणों, राजपूतों और ब्राह्मणों से चुनौती मिलने लगी। (1952 आते-आते बिहार प्रदेश कांग्रेस कार्यकारिणी में उनका प्रतिशत घटकर मात्र 5.26 रह गया) स्वभावत: अपनी अस्तित्व रक्षा और शक्ति संतुलन के लिए कायस्थों को राजपूतों के साथ तालमेल करना पड़ा। हालाँकि, उनका एक हिस्सा बाद में श्रीकृष्ण सिंह के खेमे के साथ भी जा मिला। बहरहाल, बिहार की राजनीति में '30 के दशक के उत्तरार्ध से दो केन्द्र लम्बे समय तक सक्रिय रहे—एक डॉ. श्रीकृष्ण सिंह का और दूसरा अनुग्रह नारायण सिंह का। अन्य छोटे खेमों का इन दोनों केन्द्रों के बीच आना-जाना चलता रहा।

चुनावों ने जातीय गोलबन्दी और जातीय समीकरण बिठाने की प्रक्रिया को और भी तेज कर दिया। बिहारी नेताओं की जातीयता की अनेक कहानियाँ प्रचलित हैं—गया डिस्ट्रिक्ट बोर्ड भंग किए जाने से जुड़ा सर गणेश दत्त और अनुग्रह नारायण सिंह के बीच टकराव, सहजानन्द का धनराज शर्मा को तथा डॉ. राजेन्द्र प्रसाद का भभुआ से रामायण प्रसाद को टिकट नहीं दिला पाने का दुख, काउन्सिल ऑफ स्टेट में डॉ. श्रीकृष्ण सिंह की पराजय, फिर डॉ. सच्चिदानन्द सिन्हा की हार, आदि की कहानियाँ। 'किसी साहब को एक्सक्यूटिव काउन्सिल की मेंबरी की धुन समायी, झट आपने कायस्थ सभा का नारा बुलन्द किया···· दूसरे साहब क्यों पिछड़ने लगे। वह भी झट भूमिहार ब्राह्मण सभा में लगे गला साफ करने····कंस्टीच्युएंसी में हमारी जाति के लोगों—भूमिहार ब्राह्मण, राजपूत, कायस्थ या कुर्मी की संख्या अधिक है, अपने हल्कों में जाति-जाति चिल्लाने लगे।'[1] और सुनिए स्वामी सहजानन्द के मुँह से, 'बिहार के उस चुनाव (1926 के काउन्सिल चुनाव) में जो-जो अनर्थ हुए हैं, वह भूलने के नहीं। कांग्रेस के प्रमुख लोग भीतर-ही-भीतर जात-पाँत की बात करते थे!····उक्त चुनाव ही नहीं, आज तक जितने भी चुनाव हुए हैं, उन सबों के बारे में मैं कह सकता हूँ (गुस्ताखी माफ हो) कि अधिकांश बिहारी राष्ट्रवादी नेता भीतर-ही-भीतर जातिवादी हैं। बिहार में दुर्भाग्य से राजनीति के भीतर दो पार्टियाँ हैं। एक पार्टी है

1. 'युवक'; अंक 1, 1930। यह लेख रामवृक्ष बेनीपुरी के आग्रह पर अम्बिका कांत सिंह ने लिखा था।

कायस्थ, राजपूत, मैथिल, ग्वाला, कुर्मी आदि की जो भूमिहारों के खिलाफ हैं। दूसरी भूमिहारों राजपूतों की जो कायस्थों के विरुद्ध हैं। कुछ भूमिहार मुसलमानों को मिलाकर कायस्थों आदि का जवाब देना चाहते हैं। भीतर ही भीतर यह पैंतरेबाजी खूब चलती रहती है। राजपूतों में दो दल हैं, एक कायस्थों के साथ, दूसरा भूमिहारों के साथ।'[1]

जातीय पक्षपात का आलम यह था कि 1933 के जिला बोर्ड चुनाव में भूमिहार ब्राह्मणों की एक प्रमुख रियासत टिकारी के महाराज कुमार ने किसान सभा के भूमिहार उम्मीदवार के पक्ष में पर्चा जारी किया। यह उम्मीदवार किसान सभा और कांग्रेस का संयुक्त उम्मीदवार था। गया का जिलाधिकारी महाराज कुमार की इस कार्रवाई से नाखुश था। उसने लिखा, 'किसान सभा के उम्मीदवार के पक्ष में टिकारी के महाराज कुमार द्वारा जारी किए गए एक मूर्खतापूर्ण पर्चे के कारण कांग्रेस-सह-किसान सभा पार्टी को और ताकत मिल गई है।' हालाँकि महाराज कुमार ने उन्हें बाद में यह सफाई दी कि उन्होंने अनिच्छापूर्वक ही ऐसा किया था।[2]

विभिन्न कांग्रेस नेताओं द्वारा अपनी-अपनी जातियों की रियासतों से समर्थन लेना तो आम बात थी। 1937 में पटना डिवीजन के जमींदारी क्षेत्र से प्रत्याशी सर गणेश दत्त को हराने और हरवल्लभ नारायण सिंह को जिताने के लिए अनुग्रह नारायण सिंह ने पुरजोर कोशिश की। वे चाहते थे कि बक्सर के कांग्रेस प्रत्याशी हरगोविन्द मिश्र डुमराँव महाराजा के खिलाफ चुनाव मैदान से हट जाएँ और महाराजा अपने प्रभाव का 15 वोट हरवल्लभ नारायण सिंह को दिलवा दें। अनुग्रह नारायण सिंह ने महाराजा से बात की। हालाँकि, ऐसा हो नहीं पाया और अन्ततः भूमिहार ब्राह्मणों का बड़ा नेता अनुग्रह बाबू के न चाहते हुए भी चुनाव जीत गया। इसी तरह शाहाबाद जिला बोर्ड के अध्यक्ष के चुनाव (1939 ई.) में तो कांग्रेस के ही दो दिग्गजों—पं. हरगोविन्द मिश्र और सरदार हरिहर सिंह के बीच ठन गई। डुमराँव के महाराजा बहादुर (जो जिले के राजपूतों के सिरमौर थे) ने खुलेआम सरदार हरिहर सिंह की मदद की।[3]

कोइलवर में दोनों गुटों के बीच टकराव हुआ। दोनों नेताओं के तार पटना के दो दिग्गज नेताओं से जुड़े थे। सरदार ने डिप्टी एस पी तथा एक इन्स्पेक्टर के

---

1. स्वामी सहजानन्द सरस्वती, 'मेरा जीवन संघर्ष', पृ. 178।
2. फाइल 125/133।
3. शाहाबाद एस पी रिपोर्ट, 1939।

खिलाफ उनके व्यवहार को लेकर शिकायत की और प्रधानमंत्री श्रीकृष्ण सिंह ने शिकायत पत्र को मुख्य सचिव के पास भेज दिया। जाँच-पड़ताल चली।[1]

पूरे प्रदेश में स्थानीय स्तर पर भी इस तरह के टकराव होते रहते—कहीं कायस्थ बनाम ब्राह्मण तो कहीं भूमिहार बनाम कायस्थ। कहीं राजपूत बनाम भूमिहार तो कहीं एक ही जाति के दो गुटों के बीच भी वर्चस्व की लड़ाई। कभी पंडित जवाहरलाल नेहरू से शिकायत की जाती तो कभी बाबू राजेन्द्र प्रसाद और सरदार पटेल से। कभी अनुग्रह नारायण मंत्रिमंडल से इस्तीफे की धमकी देते, तो कभी सहजानन्द राज्य कार्यकारिणी से।

भागलपुर और शाहाबाद में (1934) जिला कांग्रेस समिति के अन्दरूनी संघर्ष में पराजित नेताओं ने समर्थन के लिए किसान सभा की ओर हाथ बढ़ाया।[2] पूर्णिया में (1939) एक विजयी उम्मीदवार को जिला कांग्रेस समिति ने इस आधार पर निलम्बित कर दिया कि उसने दूसरे उम्मीदवार के साथ सहयोग नहीं किया था।[3] भभुआ के एक स्थानीय नेता ने (1936) डॉ. राजेन्द्र प्रसाद से यह शिकायत की कि एक स्थानीय ब्राह्मण नेता ने एक खास उम्मीदवार पर जातिवादी होने का आरोप लगाया है। उनकी नजर में असल मामला यह था कि वह उम्मीदवार कायस्थ था और इलाके के प्रभुत्वशाली ब्राह्मण नहीं चाहते थे कि कोई कायस्थ उनका प्रतिनिधित्व करे।[4] हजारीबाग जिला कांग्रेस समिति के अध्यक्ष राम नारायण सिंह ने (1938) बाबू कृष्णबल्लभ सहाय पर बंगाली-विरोधी और कायस्थ समर्थक होने का आरोप लगाया।[5] उधर सर सुल्तान अहमद ने बाबू राजेन्द्र प्रसाद को लिखा : मंत्रिमंडल में सम्प्रदायवाद से मेरा आशय सिर्फ हिन्दुओं और मुसलमानों के बीच टकराव से नहीं है, बल्कि भूमिहार ब्राह्मणों, कायस्थों, राजपूतों, बंगालियों अथवा बिहारियों के बीच होनेवाले टकरावों से भी

---

1. शाहाबाद एस पी की रिपोर्ट, तथा वाइ.ए. गोडबोले की जाँच रिपोर्ट, 1940; फाइल 65, शाहाबाद एस पी।
2. 'कांग्रेस ऐण्ड दि राज-यूनिटी ऑन ट्रायल', पृ. 302 उद्धृत जी ओ आइ बिहार रिपोर्ट, 1934।
3. पूर्णिया जिलाधिकारी का आयुक्त भागलपुर को पत्र; 20 जून, 1939; फाइल 361/91।
4. भभुआ के स्थानीय नेता का डॉ. राजेन्द्र प्रसाद को 9 नवम्बर, 1936 को लिखा पत्र; राजेन्द्र प्रसाद लेटर्स।
5. डॉ. राजेन्द्र प्रसाद, 'कॉरेस्पॉडेन्स ऐण्ड सेलेक्टेड डॉक्युमेंट्स', वाल्मीकि चौधरी, खंड III पृ. 282।

है।[1] बेतिया राज के मैनेजर वाली घटना के बाद तो श्रीबाबू और अनुग्रह बाबू के बीच मनमुटाव की खुलेआम चर्चा होने लगी है। लेकिन वे (बेतिया राज के मैनेजर बिपिनबिहारी वर्मा) कायस्थ हैं और प्रधानमंत्री भूमिहार। प्रधानमंत्री श्री वर्मा को पद नहीं देना चाहते। वित्त मंत्री (अनुग्रह बाबू) ने इस्तीफे की धमकी तक दे डाली है।[2] यह मामला डॉ. राजेन्द्र प्रसाद ने गांधीजी को सौंप दिया। गांधीजी ने निर्देश दिया कि वर्मा या तो मैनेजर रहें या विधायिकी छोड़ें। श्री वर्मा ने विधान सभा से इस्तीफा दे दिया।

चलते-चलते एक नजर भूमिहार ब्राह्मणों के दो प्रतिष्ठित नेताओं—सर गणेशदत्त और स्वामी सहजानन्द के बीच टक्कर पर। मौका बिहटा-पाली विधान सभा क्षेत्र में चुनाव (1937) का था। जमींदारों की ओर से रजनधारी सिंह और कांग्रेस की ओर से श्यामनन्दन सिंह के बीच कड़ा मुकाबला था। रजनधारी सर गणेशदत्त के पक्के अनुयायी थे, तो श्यामनन्दन के पक्ष में खड़े थे स्वामी सहजानन्द। चुनाव के दौरान एक गीत बहुत लोकप्रिय हुआ—'चढ़ावे जो गाड़ी, तो चढ़ लीजिए। खिलावे जो पूड़ी, कचर लीजिए/मगर कोठरी में जाके बदल जाइए।' 'बिहटा इलाके में रजनधारी इस तरह हारे कि होश न रहा। सबसे अच्छा अनुभव हमें उस चुनाव में यह हुआ कि जो लोग पैसे के लोभ में बोगस वोट उनकी ओर से देने गये थे, उनमें भी तीन चौथाई ने कांग्रेसी उम्मीदवार श्यामनन्दन सिंह को ही वोट दिया। उनमें से जो पकड़े जाते थे वे हाथ जोड़कर कहते थे कि हम गरीब हैं, पैसे के लिए जाते हैं। जाने और खाने दीजिए। मत रोकिए। उसी चुनाव में यह गीत खूब प्रचलित हो गया—मगर कोठरी में जाके बदल जाएँगे।'[3]

और अब अन्त में एक वाकया जिसमें खुद महात्मा गांधी को कट्टरपंथी उच्च जाति हिन्दू जमींदारों और नेताओं का विरोध झेलना पड़ा। बीस और तीस के दशक में गांधीजी के अस्पृश्यता-विरोधी आन्दोलन ने जहाँ दलित जातियों में एक नई आशा का संचार किया था, वहीं कुछ कट्टरपंथी हिन्दू उनसे खफा थे। इसी क्रम में आरा, बक्सर, सासाराम तथा देवघर में गांधीजी के खिलाफ इन्हीं तत्त्वों ने नारेबाजी की थी और उन्हें काला झंडा दिखाया था। बक्सर स्थित रामरेखाघाट के पंडों ने तो उस दिन मंदिर का पट ही नहीं खोला—इस डर से कि

---

1. डॉ. राजेन्द्र प्रसाद, 'कॉरेस्पोंडेन्स ऐण्ड सेलेक्टेड डॉक्युमेंट्स', वाल्मीकि चौधरी, खंड III पृ. 142।
2. वही, पृ. 175।
3. स्वामी सहजानन्द, 'मेरा जीवन संघर्ष', पृ. 295।

गांधी अछूतों को लेकर कहीं मंदिर में न घुस जाएँ। गांधीजी के आगमन पर एक पर्चा भी छपवाया गया जिसका शीर्षक था 'धर्मद्रोही गांधीजी का बहिष्कार करो।' पर्चे में गांधीजी पर नौ सूत्री आरोप लगाए गए थे।[1] इन सारी कार्यवाहियों में अगुवा भूमिका निभाई थी कुछ कट्टर हिन्दू उच्च जाति के नेताओं ने।

बहरहाल, ऊपर हमने कांग्रेस की जातीय संरचना और उसके अन्दर होनेवाली जातीय खींचतान का जो चित्र प्रस्तुत किया है, उससे त्रिवेणी संघ की माँगों और उसके दावों को समझने में काफी आसानी होगी।

1934 से 1947 के बीच, सिवा 1937-38 के, बिहार प्रदेश कांग्रेस की कार्यकारिणी में पिछड़ी जातियों का कोई प्रतिनिधित्व नहीं था। 1937 और 1938 में भी उनका प्रतिशत क्रमशः 7.70 और 5.88 ही था। अनुसूचित जातियों का प्रतिनिधित्व 1940 में 6.66 तथा '42 में 7.15 प्रतिशत था। 1934 से 1960 तक भूमिहार, राजपूत, ब्राह्मण और कायस्थ जातियों के नेता ही कार्यकारिणी पर काबिज रहे।[2]

1937 में गठित पहले विधान सभा में भी इन समुदायों का प्रतिनिधित्व नहीं के बराबर था। राज्य की सबसे बड़ी आबादी वाले यादव समुदाय से बस एक प्रतिनिधि विधान सभा में पहुँच पाया था—वह भी मधेपुरा से। दो कुर्मी और एक बनिया जाति के विधायक भी थे। कुल मिलाकर इनकी संख्या मात्र चार थी। 1946 के चुनाव में यह संख्या थोड़ी बढ़कर 12 हुई।

स्वतंत्रता आन्दोलन की वाहक कांग्रेस पार्टी की नेतृत्वकारी समितियों की जातिगत संरचना को यदि कोई स्वतंत्रता आन्दोलन में विभिन्न जातियों की भागीदारी का पैमाना माने तो वह इस भ्रामक निष्कर्ष पर पहुँचेगा कि पिछड़ी जातियाँ इस आन्दोलन से कमोबेश अलग-थलग ही रहीं या फिर उनकी भागीदारी काफी कम थी। प्रायः यह आरोप भी लगाया जाता है कि अपने जातीय सरोकारों में व्यस्त होने के कारण ये जातियाँ स्वतंत्रता आन्दोलन में उल्लेखनीय योगदान नहीं कर सकीं।

बहरहाल, तथ्य इसके बिल्कुल उलट है। सामाजिक अवरोधों के बावजूद ये पिछड़े समुदाय स्वतंत्रता आन्दोलन के हर दौर में उसके दृढ़ आधार बने रहे। उनकी व्यापक भागीदारी ने आन्दोलन को मजबूत जनाधार प्रदान किया। कोई

---

1. फाइल 13/1933-34; 9 सूत्री आरोप 'परिशिष्ट' में देखें।
2. रजनी कोठारी (सं.) 'कास्ट इन इंडियन पॉलिटिक्स' में 'कास्ट ऐण्ड पॉलिटिकल रिक्रूटमेण्ट इन बिहार' शीर्षक आलेख, पृ. 242-243।

चाहे तो 1919-21 के असहयोग आन्दोलन के दौरान सजा पाए हुए राजनैतिक कार्यकर्ताओं की (जिन्हें जेल से रिहा किया जाना था) सूची देख सकता है।[1] 1942 में शाहाबाद जिले में शहीद हुए कुल 79 व्यक्तियों में 51 पिछड़ी और दलित जातियों के थे।[2]

जनेऊ आन्दोलन के जरिए पिछड़ी जातियों में आत्मसम्मान का भाव जागा था और अब वे कांग्रेस तथा सत्ता के अन्य संगठनों में अपने समुचित प्रतिनिधित्व का दावा पेश कर रहे थे। कुल मिलाकर त्रिवेणी संघ तब पिछड़ों-दलितों के पक्ष में दबाव डालनेवाला एक सामाजिक-राजनीतिक संगठन था जिसने लगभग हर मौके पर सबसे पहले कांग्रेस का दरवाजा ही खटखटाया। जब वहाँ उसकी फरियाद अनसुनी रह गई और उसे दुत्कार दिया गया, तब ही उसने सामाजिक भेदभाव के खिलाफ विधान सभा तथा डिस्ट्रिक्ट बोर्ड के चुनावों में अपना स्वाधीन राजनीतिक अभियान चलाया। **यह एक स्वतंत्र राजनीतिक शक्ति के रूप में पिछड़ों का पहला उभार था। इन समुदायों द्वारा अपनी राजनीतिक पार्टी बनाने की पहली कोशिश थी—त्रिवेणी संघ।**

विधान सभा की जातिगत संरचना

जाति	1937	1945-46
भूमिहार	16	11
राजपूत	15	18
ब्राह्मण	11	9
कायस्थ	9	10
कुर्मी	2	5
यादव	1	2
बनिया	1	2
कोइरी	–	3
मारवाड़ी	–	2
बंगाली	6	4

उन दिनों एक अंग्रेजी शासन और दूसरी ओर स्वतंत्रता आन्दोलन का नेतृत्व कर रही कांग्रेस पार्टी—ये दो बड़े केन्द्र थे, दो ध्रुव थे। इन दो ध्रुवों के बीच अगर कोई तीसरी शक्ति, छोटे पैमाने पर ही सही, अपनी पहचान बनाने की कोशिश करे तो, भले ही वह स्वतंत्रता आन्दोलन की विरोधी न हो, उस पर अंग्रेजों और जमींदारों का एजेण्ट होने का ठप्पा लगने का खतरा रहता ही था। त्रिवेणी संघ के साथ भी ऐसा ही हुआ। उस पर भी

1. फाइल 51/1923; सूची 'परिशिष्ट' में देखें।
2. शहीदों की सूची देखें 'परिशिष्ट' में।

जातिवाद फैलाकर स्वतंत्रता आन्दोलन में फूट डालने तथा अंग्रेजों और जमींदारों का एजेण्ट होने जैसे आरोप लगे।

बहरहाल, यदि कांग्रेस में राज्य की आबादी के सबसे बड़े हिस्से का प्रतिनिधित्व करनेवाली जातियों के प्रतिनिधि सिरे से गायब थे अथवा नगण्य संख्या में थे, तो क्या यह खुद कांग्रेस के आत्म-मंथन का विषय नहीं था? क्या इसके लिए खुद कांग्रेसी नेताओं की सामाजिक भेदभाव की नीति, उनका उच्च जाति-परस्त जातिवाद जिम्मेदार नहीं था? सवाल योग्यता का भी नहीं था। इन नेताओं के लिए योग्यता का क्या मोल था, यह हम पहले देख चुके हैं। **अगर कुछ ऐतिहासिक कारणों से स्वतंत्रता आन्दोलन के आरंभिक काल में विभिन्न स्तरों पर नेतृत्व की बागडोर उच्च जाति नेताओं के हाथों में आ गई और नेतृत्वकारी संस्थाओं में उनकी भरमार हो गई, तो उन्होंने आन्दोलन के ही हित में इन जातियों को आगे लाने, उनके प्रतिनिधियों को नेतृत्वकारी संस्थाओं में लाने के लिए आखिर क्या किया? प्रायः निर्मम यथास्थिति को बदलने, उसे मानवीय बनाने की कोशिश करनेवालों पर ही शान्ति भंग करने का आरोप लगता है। उसी तरह उच्च जातियों के वर्चस्ववाली कांग्रेस में पिछड़ी जातियों के समुचित प्रतिनिधित्व की माँग करनेवालों पर ही जातिवाद का आरोप लगा।** अगर ये जातियाँ अपना स्वतंत्र राजनीतिक अभियान चलाने के लिए बाध्य हुईं, तो इसके लिए सर्वप्रथम कांग्रेस का उच्च जातिपरस्त जातिवाद ही जिम्मेदार था। **वैसे भी सामाजिक शक्ति संतुलन में इस तरह का परिवर्तन कुछेक नेताओं, चाहे वे कितने भी बड़े और प्रतिष्ठित क्यों न हों, की सद्इच्छाओं पर निर्भर नहीं करता। वह सशक्त सामाजिक आन्दोलन की माँग करता है।** शुरुआती दौर में हुआ यह कि त्रिवेणी संघ के सामाजिक-राजनीतिक अभियान के फलस्वरूप कांग्रेस में पहले से ही मौजूद मधेपुरा क्षेत्र के यादव जमींदारों एवं वकीलों तथा पटना-गया क्षेत्र के कुर्मी जमींदारों और वकीलों की पूछ थोड़ी बढ़ गई।

जहाँ तक इस आरोप का प्रश्न है कि त्रिवेणी संघ का गठन अंग्रेजों और जमींदारों की साजिश का परिणाम था, तो सर्वप्रथम इस साजिश का कोई प्रमाण मौजूद नहीं है। संघ के चुनाव प्रचार, उसके द्वारा किए गए खर्च, प्राप्त मतों आदि से इस बात का कहीं कोई प्रमाण नहीं मिलता कि अंग्रेजों अथवा जमींदारों ने प्रत्यक्ष अथवा अप्रत्यक्ष रूप से उसके पक्ष में समर्थन जुटाने की कोशिश की हो, उसे धन दिया हो अथवा प्रशासनिक स्तर पर उसके साथ कोई रियायत की हो। हाँ, बहुत सारे कांग्रेसी उम्मीदवारों के सन्दर्भ में ऐसे प्रमाण सहज ही उपलब्ध हो

जाएँगे। कुछ प्रमाण हम पहले दे भी चुके हैं। जहाँ तक त्रिवेणी संघ की अन्दरूनी संरचना का प्रश्न है, उसमें पिछड़ी जातियों के कई जमींदार जरूर शामिल थे, लेकिन कांग्रेस में शामिल छोटे-मँझोले जमींदारों की तादाद की तुलना में उनकी संख्या काफी तुच्छ ही मानी जाएगी।

अन्त में यह कहा जा सकता है कि कांग्रेस की सामाजिक भेदभाव की नीति पर प्रहार कर और कांग्रेस का वोट काटकर उसने जमींदारों की यूनाइटेड पार्टी और अंग्रेजों की ही मदद की। एक तो प्रादेशिक स्तर पर त्रिवेणी संघ ऐसी ताकत नहीं बन पाया था कि वह चुनाव परिणामों को बहुत हद तक प्रभावित कर सके। **उसके प्रचार अभियान की सफलता सीटों की प्राप्ति में नहीं, बल्कि कांग्रेसी नेताओं के जातीय भेदभाव की नीति के खिलाफ पिछड़ी जातियों में जागरूकता पैदा करने में थी।** हाँ, जिला बोर्डों के चुनाव में कुछ स्थानों में कांग्रेस के खिलाफ उसने जरूर जीत दर्ज की थी, लेकिन उससे जमींदारों को कोई फायदा हुआ हो, ऐसा बिल्कुल न था। दूसरे यदि उपर्युक्त तर्क को मान लिया जाय तो कांग्रेस की कुछेक नीतियों से असहमत प्रत्येक राजनीतिक धारा और संगठन को जमींदारों और अंग्रेजों का एजेण्ट मानना होगा। ऐसी स्थिति में किसी भी नई राजनीतिक शक्ति के उदय की संभावना ही खारिज हो जाती है।

बहरहाल, त्रिवेणी संघ ने कभी भी आमतौर पर कांग्रेस के खिलाफ प्रचार अभियान नहीं चलाया, न ही स्वतंत्रता आन्दोलन का विरोध किया। कांग्रेस के बड़े-बड़े नेताओं के प्रति हमेशा उसने सम्मान और श्रद्धा का भाव ही प्रदर्शित किया। उसके अनेक नेता और कार्यकर्ता कांग्रेस से जुड़े थे और कांग्रेस के क्रियाकलापों में उत्साहपूर्वक भाग लिया करते थे। उनका विरोध सामाजिक प्रश्नों पर कांग्रेस की उदासीनता अथवा उच्च जाति पक्षधरता से था।

हाँ, इस प्रश्न पर अपने प्रचार में कभी-कभी वे यह भी कहते थे कि ऊँच-नीच पर आधारित सामाजिक व्यवस्था विदेशी शासन से भी ज्यादा बड़ी शत्रु है। 'त्रिवेणी संघ का बिगुल' में भी एक जगह लिखा है, '(यह) भीतरी सरकार''''गरीबों और अनुन्नत समाज के लिए विदेशी सरकार से भी अधिक खतरनाक है।' इस एक वाक्य के आधार पर कोई यह कह सकता है कि इसमें 'भीतरी सरकार' के खिलाफ विदेशी सरकार के साथ संभावित संश्रय का सैद्धान्तिक आधार मौजूद है। बहरहाल, पिछड़े और अनुन्नत समाज के पक्ष में रियायतों के लिए संघ (अथवा पिछड़े समुदायों के अन्य संगठन) विदेशी सरकार पर अवश्य दबाव डालते रहते थे, लेकिन उसने विदेशी सरकार के साथ कोई

संश्रय कायम किया हुआ था, ऐसी बात बिल्कुल न थी। इसके अलावा उपर्युक्त वाक्य का आशय भी यह स्पष्ट करना था कि सामाजिक भेदभाव और उत्पीड़न विदेशी शासन से जुड़ी चीज न थी, कि वह इस शासन के पहले से चला आ रहा था और इस शासन के खत्म होने के बाद भी रहनेवाला था, कि उसे मिटाने के लिए अनुन्नत समाज को दीर्घकालिक आन्दोलन में उतरना था और यह कि स्वतंत्रता-प्राप्ति से ही यह समस्या हल होनेवाली नहीं थी।

एक दूसरा कारण जिसके आधार पर उसके ऊपर विदेशी शासन के साथ सहयोग करने का आरोप लगाया जा सकता है, वह जून 1941 में जगदीशपुर में आयोजित बिहार प्रदेश त्रिवेणी संघ की सभा में पारित प्रस्ताव है जिसमें लोगों से युद्ध के मद्देनजर सरकार की मदद करने का आह्वान किया गया था और पिछड़ी जातियों के नैतिक, बौद्धिक और शारीरिक उत्थान पर बल दिया गया था।[1] अव्वल तो जून 1941 में सोवियत संघ के युद्ध में शामिल होने के बाद ऐसे प्रस्ताव कम्युनिस्टों और किसान सभा की ओर से भी पारित किए गए थे। यहाँ तक कि कुछ कांग्रेसी नेताओं का भी ऐसा ही विचार था। बहरहाल, इस बात के कोई प्रमाण सरकारी दस्तावेजों में भी नहीं मिलते कि संघ ने अथवा उसके नेताओं/कार्यकर्ताओं ने सरकार की ऐसी कोई मदद की हो, भारत छोड़ो आन्दोलन अथवा अन्य क्रान्तिकारी आन्दोलन में शामिल लोगों की निन्दा-भर्त्सना की हो अथवा मुखबिरी कर उन्हें पकड़वाया हो। हाँ इसके विपरीत प्रमाण अवश्य प्रचुर मात्रा में मिलते हैं। **इसके नेताओं और कार्यकर्ताओं ने भारत छोड़ो आन्दोलन में सक्रियता से हिस्सा लिया, उपर्युक्त प्रस्ताव के बावजूद भूमिगत हुए, जेल गए और शहीद हुए। शाहाबाद जिले में इसके प्रभाव क्षेत्र के गाँव लसाढ़ी, जमीरा, डुमराँव, ओरइयाँ, संझौली आदि स्थान आन्दोलन के प्रमुख केन्द्रों में थे जहाँ लोगों ने संघर्ष में अपनी जानें दीं।** उन दिनों संघ की सबसे सक्रिय इकाई थी डुमराँव में। वहाँ उन दिनों के इसके सबसे चर्चित नेता कोकिल प्रसाद सिंह और छोटक सिंह यादव समेत कई कार्यकर्ता—शिवदयाल हलुवाई, गया हलुवाई, रामस्वरूप यादव जैसे अनेक लोग जेल गए। छोटक सिंह यादव को कुल सात वर्ष की सजा हुई। इस दौर में शामिल किसी भी व्यक्ति को अधिकतम दो वर्ष की सजा हुई थी। 'छोटक यादव पर तीन कित्ता केस था'।[2] क्या अब भी त्रिवेणी संघ पर लगाए गए आरोपों के सम्बन्ध में

1. पाक्षिक रिपोर्ट; 11 जून, 1941।
2. छोटक सिंह यादव के चचेरे भाई राम नरेश सिंह से बातचीत।

स्पष्टीकरण जरूरी है?

त्रिवेणी संघ और किसान सभा

जैसा कि हम पहले ही देख चुके हैं कि **उच्च जाति के कायमी रैयत, और उनमें भी खासकर भूमिहार ब्राह्मण कायमी रैयत ही वस्तुगत रूप से रैयतों के पहले उभार का नेतृत्व करने की स्थिति में थे। फलतः किसान सभा पर इन्हीं भूमिहार-ब्राह्मण जाति के खुशहाल कायमी रैयतों का वर्चस्व था।** ऊपर से नीचे तक लगभग सारे-के-सारे नेता भूमिहार थे। एकाध राजपूत, ब्राह्मण और कायस्थ भी थे, लेकिन पिछड़ी जातियों (जो कायमी और दर रैयतों की विशाल बहुसंख्या थी) के नेताओं की संख्या तो न के बराबर थी।

स्वामी सहजानन्द के अलावा, यमुना कार्यी, यदुनन्दन शर्मा, किशोरी प्रसन्न सिंह, इन्द्रदीप सिन्हा, शीलभद्र याजी, योगेन्द्र शर्मा, रामवृक्ष बेनीपुरी, रामनन्दन मिश्र, गंगा शरण सिंह, धनराज शर्मा आदि किसान सभा के बड़े नेता थे। 1946 में बिहार प्रांतीय किसान सभा के पदाधिकारियों की सूची देखिए—स्वामी सहजानन्द (सभापति), यमुना कार्यी तथा रामसुभग पाण्डेय (उपसभापति), पं. रामचन्द्र शर्मा (मंत्री), पं. यदुनन्दन शर्मा (गया), डॉ. मुहम्मद कासिम (पटना), पं. रामदहिन पाण्डेय (छपरा), पं. हनुमान प्रसाद मिश्र (मुजफ्फरपुर), डॉ. रामप्रकाश शर्मा (दरभंगा), महंथ सियाराम दास (मुंगेर), श्रीनारायण प्रसाद (हजारीबाग) तथा सरजू नारायण ओझा—सभी सदस्य[1]। निचले स्तर पर थाना कमेटियों तक में लगभग यही स्थिति थी। पटना जिले के नौबतपुर में, जो स्वामीजी के बिहटा आश्रम के पास ही अवस्थित है, 29 मार्च 1946 को थाना कमेटी का चुनाव हुआ। इसके स्थायी सभापति हुए राम बुझावन शर्मा और अन्य सदस्य थे—डॉ. एम. कासिम, इन्द्रदेव शर्मा, हरिनन्दन प्रसाद सिंह (मालवीय), नंदपति प्रसाद, संत प्रसाद सिंह, बच्चू नारायण सिंह, राजकुमार शर्मा, विनोद नारायण सिंह, लाल नारायण सिंह, राघव प्रसाद सिंह। इसी प्रकार शेखपुरा किसान सभा थाना कमेटी को लीजिए—रामधनी सिंह (सभापति), राम परीक्षण पांडेय और चन्द्र किशोर प्रसाद सिंह (उपसभापति), महेन्द्र प्रसाद सिंह (प्रधानमंत्री), अंतुराम वर्मा तथा कपिलदेव सिंह (सहायक मंत्री)। चुनाव यहाँ भी मार्च 1946 में संपन्न हुए थे।[2] 8 मई 1947 से 17 मई 1947 तक बिहटा आश्रम में बिहार

---

1. हुंकार; 7 अप्रैल, 1946।
2. वही।

प्रांतीय किसान शिक्षण शिविर का आयोजन किया गया था। इसमें 101 किसान कैडर शामिल हुए थे। इनमें पिछड़ी जाति के कैडरों की संख्या दस से अधिक नहीं थी।[1] 1950 में शाहाबाद यूनाइटेड किसान सभा की जिला कमेटी का भी यही हाल था। अध्यक्ष थे रामसुभग पाण्डे और सचिव थे राम प्रवेश पाण्डे और अवध बिहारी सुमन।[2]। यहाँ हम हर जिले की सूची देने का इरादा नहीं रखते। उपर्युक्त तथ्य ही किसान सभा की जातीय संरचना स्पष्ट करने के लिए काफी हैं। **जैसे आरम्भिक दशकों में कांग्रेस पर कायस्थों का वर्चस्व था, वैसे ही, बल्कि उससे कहीं ज्यादा किसान सभा पर भूमिहार ब्राह्मणों का। शायद ही ऐसा कोई संगठन था (जाति संगठनों को छोड़कर), जिस पर किसी एक जाति का इतना निर्णायक प्रभुत्व था।** वाल्टर हाउजर ने भी लिखा है, 'सामाजिक दृष्टि से किसान सभा के नेतृत्व में भूमिहारों का प्रभुत्व था। इसमें राजपूत, ब्राह्मण और कायस्थ भी थे, लेकिन इनकी संख्या काफी कम थी। नेतृत्व की सामाजिक संरचना में विभिन्नता का आभास जिला स्तर पर मिलता था, जहाँ स्थानीय स्तर पर प्रमुख जाति के लोग दिखाई देते थे—इनमें कभी-कभार कोइरी और कुर्मी भी होते थे।'[3]

किसान सभा के बड़े नेताओं ने भी कभी इस बात की गहराई में जाने की कोशिश नहीं की कि आखिर सभा में पिछड़ी जातियों की अनुपस्थिति का कारण क्या है? कारण, खैर, पिछड़ी जातियों का 'जातिवाद' तो नहीं ही था। लगान की कमी, काश्तकारी विधेयक आदि किसान सभा के आन्दोलन के मुख्य मुद्दे थे। लेकिन पिछड़ी जातियों के कायमी रैयतों से जमींदार उच्च जाति रैयतों की तुलना में अधिक लगान लेते थे, तरह-तरह के जाति अबवाब वसूलते थे और उनको विभिन्न उपायों से अपमानित और उत्पीड़ित करते थे। लगान में जातीय भेदभाव के कारण पिछड़ी-दलित जातियों के रैयतों से लिए जानेवाले अधिक लगान को त्रिवेणी संघ के लोग छिपा लगान कहते थे। दर रैयतों और खेत मजदूरों को अगर छोड़ भी दिया जाए तो सभी जातियों के कायमी रैयतों को एकजुट करने के लिए भी यह जरूरी था कि लगान में आमतौर पर कमी की माँग के साथ-साथ छिपे लगान अथवा जाति-लगान/अबवाबों की समाप्ति की माँग भी की जाए।

---

1. 'हमारे किसान सेवक'; हुंकार पुस्तक माला।
2. पाक्षिक रिपोर्ट, 15 दिसम्बर, 1950।
3. वाल्टर हाउजर, 'दि बिहार प्रोविंशियल किसान सभा', 1929-42, पृ. 77-78 (जोर हमारा)।

समान किस्म की जमीन पर सभी जातियों के रैयतों से समान दर पर लगान लेने की माँग पिछड़ी जाति के कायमी रैयतों में किसान सभा के प्रति विश्वास पैदा करती। उनमें यह उम्मीद बँधती कि सभा लगान के मामले में भी उनके प्रति किए जा रहे सामाजिक भेदभाव तथा उनके सामाजिक उत्पीड़न को लेकर संवेदनशील है। बहरहाल, ऐसा नहीं हुआ। बाभनों की सामाजिक स्थिति के प्रति, उन्हें ब्राह्मण प्रमाणित करने को लेकर स्वामीजी ने जो संवेदनशीलता दिखाई थी, पिछड़ी जातियों के सामाजिक प्रश्नों के प्रति उनमें वही संवेदनशीलता नहीं दिखाई पड़ी।

पिछड़ी जातियों के रैयतों के मन में स्वामीजी के प्रति काफी सम्मान था। उनमें से बहुतेरे तो शिकायत लेकर उन्हीं के पास जाते थे। एक बार बिहारशरीफ से यादव सभा के मंत्री ने स्वामीजी को लिखा कि राजा अमावाँ के अमले यादवों के स्त्री-पुरुषों के सिर पर दही का हड़िया रखवाकर उन्हें दही पहुँचाने के लिए बुलाते हैं। यह आत्मसम्मान के खिलाफ है। स्वामीजी ने राजा को समझाया कि यह सब बन्द करें। 'मैं ईमानदारी से मानता था कि जमींदारों को समझाकर तथा उनसे मिल-मिलाकर किसानों के कष्ट दूर किए जा सकते हैं। इसी भाव से राजा सूर्यपुरा से समझौते की कोशिश की थी....उसी भाव से मैंने सन् '33 के उत्तरार्ध में (राजा अमावाँ को) मंसूरी पत्र भी लिखा कि मेरे सामने अँधेरा है कि क्या करूँ, कोई रास्ता नहीं सूझता कि किसानों का कष्ट कैसे दूर करूँ'[1]....'शुरू में जब हमने किसान सभा को जन्म दिया तो किसानों तथा जमींदारों के समझौते तथा उनके हकों के सामंजस्य को सामने रखकर ही यह काम किया। यही कांग्रेस का उस समय का सिद्धान्त था और आज भी है कि किसान, जमींदार, पूँजीपति, मजदूर, अमीर, गरीब आदि सभी के परस्पर विरोधी हकों, अधिकारों और हितों का सामंजस्य करना और मिलाना।'[2]

खैर, किसान सभा रैयतों के आर्थिक और सामाजिक संघर्ष का समन्वय नहीं कर पाई। वह उच्च जाति तथा पिछड़ी जाति रैयतों के बीच कोई पुल नहीं बना सकी। फलतः किसान सभा और त्रिवेणी संघ के बीच (बेआयी टैक्स को लेकर डुमराँव के महाराज के खिलाफ संघर्ष को छोड़कर) कोई रिश्ता, कोई अपनापा नहीं विकसित हो पाया। 'जिनके बाप-दादों के लिए हल चलाना पाप है, वे भी किसान सभा की लीडरी गाँठते हैं, और जिनके दरवाजे पर अछूतों को

---

1. स्वामी सहजानन्द सरस्वती, 'मेरा जीवन संघर्ष', पृ. 248। (इसी तरह का एक पत्र डॉ. राजेन्द्र प्रसाद ने दरभंगा महाराज को लिखा था।)
2. वही, पृ. 193।

मार पड़ती है, वे भी अछूतों के भक्त होते हैं। सभा में बैठना हुआ तो खद्दर की धोती पहन ली और कलक्टर साहब से हाथ मिलाना हुआ, तो झट हैट-पैण्ट पहन लिया। बाप जमींदार और बेटा किसान सभा का लीडर और उन्हीं की जमींदारी में किसानों का निकल जाता है पिसान! यह बगुला भगत की चाल नहीं है तो क्या है, इसीलिए सावधान!'[1]

1937 के विधान सभा चुनाव और 1939 के जिला बोर्ड के चुनाव में तो किसान सभा ने कांग्रेस से कुछ आगे बढ़कर ही त्रिवेणी संघ पर हमले किए। इन दोनों चुनावों में किसान सभावाले कांग्रेस की टिकट पर ही चुनाव लड़े थे। मजेदार बात यह है कि जहाँ कांग्रेस के कुछ नेता त्रिवेणी संघ को जमींदारों तथा सरकार की साजिश का परिणाम मानते, वहीं किसान सभा ने तो सभा के उम्मीदवार को सहयोग न देनेवाले कांग्रेसियों पर ही इसे खड़ा करने का आरोप लगाया।

1939 के जिला बोर्ड के चुनाव की बावत खुद स्वामी सहजानन्द के मुँह से सुनिए, 'जब सन् 39 की गर्मियों में वहाँ डिस्ट्रिक्ट बोर्ड के चुनाव हुए और किसान सभावाले कांग्रेस की ओर से वहाँ खड़े हुए, तो कांग्रेसी दोस्तों ने बेहयायी से जमींदारों और प्रतिगामियों के साथ गट्ट करके हमारे आदमी का सख्त विरोध किया। उन्होंने जाति-बिरादरी का भयंकर बावेला खड़ा कर दिया। कोइरी जाति के एक आदमी को विरोध में खड़ा करवा कर कोइरी, कुर्मी और अहीर का गुट त्रिवेणी संघ और दलित संघ के नाम से करना चाहा। ऐसा तूफान खड़ा किया कि लाठी राज्य और गुण्डा राज्य बना दिया।'[2] (स्वामीजी जिस चुनाव का जिक्र कर रहे हैं उस चुनाव में पूरे गया जिले में 12 भूमिहार, 9 राजपूत, 2 कायस्थ, 2 सैयद, 2 यादव, 2 कोइरी और एक रजवार जाति का उम्मीदवार जीता था। सभी कांग्रेस की टिकट पर ही जीते थे। मखदुमपुर क्षेत्र से कांग्रेस की टिकट पर किसान सभा के प्रत्याशी रामचन्द्र शर्मा भूमिहार जाति के थे और त्रिवेणी संघ के उम्मीदवार थे यदुनन्दन महतो जो कोइरी दांगी जाति से थे। त्रिवेणी संघ का उम्मीदवार पराजित हुआ। इस चुनाव में मारपीट तथा मुकदमेबाजी भी हुई थी। बाद में कोर्ट ने यदुनन्दन महतो को विजयी घोषित किया।)[3]

1. यदुनन्दन प्रसाद मेहता, 'त्रिवेणी संघ का बिगुल', पृ. 84-85।
2. स्वामी सहजानन्द, 'किसान कैसे लड़ते हैं,' पृ. 80।
3. बिहार राज्य पिछड़ा वर्ग आयोग के एक सदस्य रामेश्वर प्रसाद सिंह से बातचीत। श्री प्रसाद यदुनंदन महतो के रिश्तेदार हैं।

एक तरफ स्वामीजी कांग्रेसी दोस्तों को त्रिवेणी संघ के गठन के लिए जिम्मेवार ठहरा रहे थे, दूसरी तरफ राहुल सांकृत्यायन इसे जमींदारों की कारस्तानी मानते थे, 'जब से किसान आन्दोलन ने जोर पकड़ा है, तब से जमींदार श्रेणी किसानों की शक्ति कमजोर करने के लिए मजबूर हुई है। विशेषकर पिछले चुनावों के बाद जब उन्होंने देख लिया कि हुकूमत उनके हाथों से जा रही है, जिसकी नींव किसानों पर है, तब से उन्हें चिन्ता हो गई है। इसी आधार पर खेतिहर मजदूर आन्दोलन वैसे ही उठाना चाहा जैसे कि पिछले चुनावों में उन्होंने त्रिवेणी संघ को सलाह और सबसे बढ़कर रुपयों की मदद दी थी, वहाँ तो वे नाकामयाब रहे, लेकिन अब उनकी शक्ति खेतिहर मजदूर दल को खड़ा करने में लग रही है।'[1]

चुनाव को लेकर त्रिवेणी संघ पर जैसे प्रहार किए जा रहे थे, उसे देखने से ही पता चलता है कि उनमें गंभीरता का कितना अभाव था। त्रिवेणी संघ एक ऐसा बलि का बकरा था जिसे जो जब चाहे ठीहे पर चढ़ा देता।

प्रसंगवश यहाँ यह याद दिलाना जरूरी है कि जब खुद किसान सभा का गठन किया जा रहा था तो कुछ कांग्रेसियों ने इस पर आपत्ति की थी और यह सुझाव रखा था कि कांग्रेस की एक शाखा के रूप में ही किसानों का संगठन बनाया जाए। तब खुद डॉ. राजेन्द्र प्रसाद ने इस सुझाव का विरोध करते हुए मद्रास में किसानों के एक डेपुटेशन से कहा था, '**कांग्रेस तो सभी वर्गों की सभा है। अतः वह कोशिश करेगी कि सभी वर्गों के स्वार्थों का वह समन्वय करती चले""यह तो किसानों पर निर्भर करता है कि वे कांग्रेस को अपनी माँग स्वीकार करने के लिए कहाँ तक बाध्य करते हैं—क्योंकि कांग्रेस उनकी माँग ठुकरा नहीं सकती""यदि उनका अलग संगठन न हो तो ऐसा होना असंभव है""हमें किसान सभा को कांग्रेस से अलग रखना ही पड़ेगा, किसान सभा और कांग्रेस दोनों का हित इसी में है।**'[2]

सामाजिक उत्पीड़न और भेद-भाव की जो स्थिति थी, उसमें सामाजिक आन्दोलन के लिए एक पृथक् संगठन की भी उतनी ही जरूरत थी। लेकिन ऐसा संगठन अस्तित्व में आते ही कांग्रेस और किसान सभा के कई नेता उस पर टूट पड़े।

---

1. राहुल सांकृत्यायन, 'दिमागी गुलामी', पृ. 45।
2. बिहार प्रान्तीय किसान सभा की रिपोर्ट, नवम्बर 1929 से नवम्बर 1935 तक। (जोर हमारा)।

यह सर्वविदित है कि किसान सभा के शुरू के वर्षों में स्वामीजी जमींदारी उन्मूलन के प्रस्ताव के खिलाफ थे। मुजफ्फरपुर जिला किसान सम्मेलन में जब रामवृक्ष बेनीपुरी ने जमींदारी उठाने का प्रस्ताव रखा, तो वे बेनीपुरी पर नाराज हुए। 'उनकी धारणा यह थी कि अभी यह प्रस्ताव नहीं आना चाहिए''''उनकी तटस्थता के बावजूद यह प्रस्ताव पास हो गया। यह प्रस्ताव मैंने सम्मेलन में रखा, वह विशाल बहुमत से पास हो गया।'[1] इस प्रस्ताव के विरोध में उन्होंने किसान सभा की कार्यकारिणी से त्यागपत्र दे दिया था। त्यागपत्र इस आधार पर दिया गया था कि इससे किसान सभा के वे समर्थक विरुद्ध हो जाएँगे जो छोटे जमींदार या बड़े किसान थे।[2] ये छोटे जमींदार और बड़े किसान कौन थे, कहने की जरूरत नहीं।

बहरहाल, समय सिखाता है, बहुत-सारे जख्म भर देता है। स्वामीजी का चिन्तन निरन्तर विकासमान रहा। वर्षों बाद (26 जून, 1950 को अपनी मृत्यु से कुछ पहले) उन्होंने लिखा, 'समाज के जो स्तर और दल जितने ही गरीब और नीचे हैं, उतने ही हमारे निकट हैं। इसलिए जो सबसे नीचे के या खेत मजदूर और हरिजन हैं, वे हमसे अत्यन्त निकट हैं। उसके बाद टुटपुँजिये खेतिहर आते हैं और वहीं पर किसानों का वर्ग समाप्त हो जाता है''''लेकिन, **अफसोस है कि ये असली किसान समाज के ऊपर तबके वाले हम लोगों में विश्वास नहीं करते''''उन्हीं लोगों में, जो किसान सभा के विकास की वर्तमान दशा में अधिकांश उसमें काम करते और चलाते हैं। यह भी ठीक ही है। इसीलिए हमारा अनिवार्य कर्तव्य है कि हम अपने अमल और बर्ताव द्वारा उनके प्रति नेकनीयती का सबूत दें और इस तरह अपने को उनका प्रिय पात्र बनाएँ।**'[3]

त्रिवेणी संघ पर यह चर्चा समाप्त करने से पहले हम कुछ बातों की ओर ध्यान आकृष्ट करना चाहेंगे।

1. त्रिवेणी संघ के स्थापना काल को लेकर अनेक भ्रान्तियाँ हैं। ढेर सारे लेखक और शोधार्थी बिना किसी ठोस प्रमाण के अलग-अलग वर्ष का उल्लेख करते हैं। 'चेंजिंग रोल ऑफ कास्ट एसोसिएशन' (पृ. 64) में के. के. वर्मा ने संघ का स्थापना काल बीस के दशक के मध्य में बताया है। अनुग्रह नारायण सिंह

---

1. रामवृक्ष बेनीपुरी, 'मुझे याद है,' पृ. 139।
2. विपनचन्द्र, 'भारत में उपनिवेशवाद और राष्ट्रवाद', पृ. 309।
3. स्वामी सहजानन्द, 'महारुद्र का महातांडव', पृ. 39; स्वामी सहजानन्द का वसीयतनामा, संपादक : त्रिवेणी शर्मा सुधाकर (जोर हमारा)।

ने ('मेरे संस्मरण', पृ. 158 में) इसके गठन का काल 1930 के पूर्व लिखा है। 'भोजपुर : बिहार में नक्सलवादी आन्दोलन' के लेखक श्री कल्याण मुखर्जी और श्री राजेन्द्र सिंह यादव इसका स्थापना काल 1934 मानते हैं। इतिहासकार ज्ञानेन्द्र पाण्डेय ने (अभिलेखागार फाइल नम्बर 4/1942 का हवाला देते हुए) इसकी स्थापना के बारे में सही सूचना दी है। (हालाँकि इस फाइल में त्रिवेणी संघ से जुड़ी सामग्री अब गायब है।) **वस्तुतः त्रिवेणी संघ की स्थापना 30 मई 1933 को हुई थी। इसका उल्लेख त्रिवेणी संघ के संस्थापकों में से एक यदुनन्दन प्रसाद मेहता ने 'त्रिवेणी संघ का बिगुल' नामक अपनी पुस्तक में किया है।** यह पुस्तक 1940 में जगदीशपुर से प्रकाशित हुई थी। चूँकि अब तक त्रिवेणी संघ से जुड़ा कोई दस्तावेज उपलब्ध नहीं था, इसीलिए भ्रान्तियाँ स्वाभाविक थीं। **'त्रिवेणी संघ का बिगुल' अब उपलब्ध है।** इसीलिए इस सम्बन्ध में अब कोई भ्रान्ति नहीं रहनी चाहिए।

2. विचारधारा प्रायः आवरण का काम करती है। वह मूर्त, यथार्थ संघर्षों की पर्दादारी कर उसे आम सार्विक स्वरूप प्रदान करती है। फिर इसी बुनियाद पर राजनीतिक सम्प्रदाय खड़े होते हैं। 'त्रिवेणी संघ का बिगुल' में त्रिवेणी नाम की जो व्याख्या है, उसमें हम पिछड़ों की विचारधारा की पहली झलक देख सकते हैं। **अलग-अलग जाति-आधारित मिथकों से पिछड़ों की एक सम्मिलित विचारधारा विकसित करने की दिशा में यह पहला कदम था।** बाद में डॉ. राममनोहर लोहिया की विचारधारा में इसने परिपक्वता हासिल की। बहरहाल, विचारधारा का आवरण चीरकर मूर्त, यथार्थ संघर्षों की नब्ज पहचानना और पकड़ना जरूरी होता है।

3. हर व्यक्ति को अपना कर्म-क्षेत्र चुनने का अधिकार है। इसीलिए उसका मूल्यांकन भी उस कर्मक्षेत्र के मानदंडों के आधार पर ही किया जाना चाहिए। **स्वतंत्रता आन्दोलन के मानदण्ड लेकर सामाजिक आन्दोलन अथवा किसान आन्दोलन में लगे लोगों का सही मूल्यांकन नहीं किया जा सकता। उसी तरह सामाजिक अथवा किसान आन्दोलन के मानदण्डों के आधार पर स्वतंत्रता आन्दोलन में कार्यरत व्यक्तियों का सही आकलन नहीं हो सकता।** ठीक उसी तरह जैसे इंजीनियरिंग के मानदण्ड लेकर आप चिकित्सा-क्षेत्र के व्यक्तियों का मूल्यांकन नहीं कर सकते।

4. हर आन्दोलन अपने-अपने ईश्वर/कुलदेवता की रचना करता है। फिर ये ईश्वर सम्बन्धित आन्दोलनों के प्रतीक-चिन्ह-टोटेम बन जाते हैं। चूँकि हर आन्दोलन की अपनी दिक्-काल सीमाएँ हैं, इसीलिए इन ईश्वरों

को भी उन दिक्-काल सीमाओं में ही, सम्बन्धित आन्दोलनों के अपने-अपने मानदंडों पर ही जाँचा-परखा जाना चाहिए। इन दिक्-काल सीमाओं से परे हर ऐसे ईश्वर मिथ्या ईश्वर ही साबित होंगे। बहरहाल, हर आन्दोलन के अनुयायियों में अपने-अपने ईश्वरों को सार्विक ईश्वर बनाने की प्रवृत्ति भी प्रायः परिलक्षित होती है। हर कोई अपने प्रतीक-पुरुषों को पूर्णावतार घोषित करना चाहता है, अंशावतार नहीं।

त्रिवेणी संघ ने तो अपना कोई ईश्वर अथवा कुलदेवता भी नहीं गढ़ा। उसने महात्मा गांधी को ही त्रिवेणी का साक्षात् अवतार माना।[1]

अन्त में प्रस्तुत है त्रिवेणी संघ के कुछ प्रमुख नेताओं का संक्षिप्त जीवन-परिचय।

यदुनन्दन मेहता उर्फ स्वामी सहस्रानन

'त्रिवेणी संघ' के संस्थापकों में से एक और इसके प्रमुख सिद्धान्तकार यदुनन्दन प्रसाद मेहता का जन्म शाहाबाद जिले के जितौरा गाँव के लाखनटोला में 18 फरवरी 1911 को हुआ था। उनकी शिक्षा-दीक्षा स्थानीय स्तर पर ही हुई थी। युवावस्था में प्रवेश करते ही जनेऊ आन्दोलन और शाहाबाद जिला यादव संघ में उन्होंने अपने सार्वजनिक जीवन का पहला कदम रखा। जाति से कोइरी होने के बावजूद लम्बे समय तक वे यादव सभा में सक्रिय रहे। उन्होंने 'यादव जनेऊ विरोधियों का मुँहतोड़ जवाब' तथा 'कुशवाहा पुकार' नामक गुटके लिखे और जातीय सभाओं के माध्यम से स्थानीय स्तर पर अपने साथियों के साथ मिलकर पिछड़ों के बीच बेगारी, ऊँच-नीच और शोषण-उत्पीड़न के खिलाफ आन्दोलन और प्रचार चलाते रहे।

10 मई 1933 को करगहर थानान्तर्गत गरवे गाँव के सरदार जगदेव सिंह के साथ मिलकर उन्होंने त्रिवेणी संघ की स्थापना की। इसके बाद लगभग तीन वर्षों तक उन्होंने समर्पित भाव से इसका प्रचार-कार्य चलाया। शाहाबाद जिले के गाँव-गाँव में संघ को ले जाने का श्रेय उन्हें ही जाता है। शायद ही ऐसा कोई गाँव हो, जहाँ इसके आदमी न थे। मेहता ने अपने गाँव जितौरा में त्रिवेणी आश्रम की स्थापना की और सामाजिक सुधार के लिए युवकों को संगठित किया। उन्होंने जगदीशपुर में एक प्रेस की भी स्थापना की थी। वे अच्छे-खासे लोकप्रिय वैद्य भी थे।

---

1. 'त्रिवेणी संघ का बिगुल', पृ. 21।

1936 में शाहाबाद जिले के प्रवासी कुशवाहा लोगों को जनेऊ धारण कराने वे बर्मा गए। पैसे नहीं थे तो अपनी तीन बीघा जमीन बेच दी। बाद में अपना नाम बदलकर उन्होंने स्वामी सहस्नानन सरस्वती रख लिया और गेरुआ वस्त्र धारण कर लिया। उन्होंने कई गीतों और भजनों की भी रचना की थी।

1940 ई. में उन्होंने त्रिवेणी बन्धु चौधरी जे.एन.पी. मेहता के नाम से 'त्रिवेणी संघ का बिगुल' नामक पुस्तक की रचना की। प्रकाशक के रूप में नाम था—त्रिवेणी शक्ति कार्यालय, जितौरा शाहाबाद। यह पिछड़ों का अपना विचारधारात्मक-राजनीतिक दर्शन विकसित करने का संभवतः पहला प्रयास था। अब तक सामाजिक आंदोलन की बागडोर पिछड़ी/दलित जातियों के अलग-अलग जातीय संगठनों के हाथों में थी। 'त्रिवेणी संघ' ने उन्हें एक सूत्र में बाँधने की कोशिश की और 'त्रिवेणी संघ का बिगुल' पुस्तक के जरिए श्री मेहता ने इस कोशिश का सैद्धान्तिक आधार प्रस्तुत किया।

यदुनन्दन मेहता ने इसके अतिरिक्त और भी कई पुस्तकें लिखी थीं। जैसे : 'आगे बढ़ने की राहें', 'गाँव का सोना', 'आगे बढ़ो', 'कुशवाहा प्रकाश', आदि। 1948 ई. में उन्होंने एक पत्रिका 'शोषित पुकार' का सम्पादन किया। वे पिछड़ों-दलितों के सामाजिक उत्थान के लिए आजीवन सक्रिय रहे। जगजीवन राम, दासू सिंह, नवदीप चन्द्र घोष और अब्दुल कयूम अंसारी जैसे पिछड़ों-दलितों के नेताओं से उनका गहरा सम्बन्ध था। चतुर्गुण सिंह यादव उनके पक्के दोस्त थे। बिहार में, और खासकर शाहाबाद जिले में सामाजिक आन्दोलन के इस प्रमुख स्तम्भ का 3 जनवरी 86 को देहावसान हो गया।

सरदार जगदेव सिंह

त्रिवेणी संघ की स्थापना की पहल करनेवाले, संघ की माता के रूप में विभूषित सरदार जगदेव सिंह का जन्म 7 अप्रैल 1886 ई. को हुआ था। शाहाबाद जिले के गरवे गाँव की मिट्टी में वे पले-बढ़े (यह गाँव अब रोहतास जिला में पड़ता है)। सरदार पढ़े-लिखे नहीं थे, लेकिन युवावस्था तक पहुँचते-पहुँचते वे सामाजिक भेद-भाव के खिलाफ और पिछड़े समुदायों की शिक्षा-दीक्षा के लिए सक्रिय हो गए। वे एक पेशेवर किसान थे और जमींदारों द्वारा पिछड़े खेतिहर समुदायों को दबाना उन्हें काफी खलता था। वे बेगारी और छुआछूत के भी सख्त खिलाफ थे।

त्रिवेणी संघ की स्थापना के पूर्व सरदार ने अपने क्षेत्र में व्यापक जनेऊ

आन्दोलन चलाया था। वे यादव महासभा में सक्रिय थे और अन्य पिछड़ी जातियों के संगठन के साथ मिलकर उन्होंने इस आन्दोलन को लोकप्रियता दी थी। इस आन्दोलन में पिछड़ों में शिक्षा का प्रसार, सामाजिक सुधार, दलितों के साथ बराबरी का बर्ताव, उन्हें खाट पर बैठाना, शादी-ब्याह में जयमाला की प्रथा का श्रीगणेश, आदि शामिल थे। अपने इलाके में दलितों को खाट पर बैठाना और उनके साथ खाना खाना उन्होंने ही शुरू किया था।

करगहर थाने के विभिन्न गाँवों में जनेऊ आन्दोलन खूब जोरों पर चला। रामलाल वर्मा, शिवपूजन शास्त्री, रामाशीष सिंह, जे. एन. पी. मेहता, डॉ. शिवपूजन सिंह, शिवधारी पंडित, आदि के साथ वे गाँव-गाँव में पिछड़े लोगों को जनेऊ पहनाते, जन्म से कोई बड़ा नहीं होता, कर्म से बड़ा होता है—ग्रामीण सभाओं में इस तरह के संदेश सुनाए जाते और जनेऊ बाँटे जाते। इस क्रम में दिनारा में उच्च जाति के लोगों के साथ मारपीट भी हुई थी।

सरदार अखिल भारतीय यादव महासभा की कार्यकारिणी के सदस्य थे। 30 मई 1933 को त्रिवेणी संघ का स्थापना सम्मेलन उनके ही गाँव गरवे में हुआ था। जिला-जवार से बड़ी संख्या में पिछड़ी जातियों के लोग गरवे में जुटे थे। वे एक अच्छे संगठक थे।

शिक्षा के प्रसार के लिए वे जीवनपर्यन्त प्रयत्नशील रहे। डिभियाँ, करगहर, कोचस आदि स्थानों में उनके प्रयास से स्कूल खुले। डिभियाँ में स्कूल के लिए उन्होंने अपनी पाँच बीघा जमीन दान दे दी।

1939 ई. के डिस्ट्रिक्ट बोर्ड चुनाव के समय यद्यपि वे त्रिवेणी संघ के किसी पद पर नहीं थे, फिर भी उनका अपने इलाके में पिछड़े समुदायों पर काफी प्रभाव था। उनके प्रभाववाले क्षेत्रों से ही संघ के उम्मीदवार विजयी हुए थे।

उनके प्रभाव को देखते हुए कांग्रेस के कई बड़े नेता चाहते थे कि वे कांग्रेस में शामिल हो जाएँ। एक बार जब डॉ. राजेन्द्र प्रसाद करगहर थाने के सिरिसिया गाँव आए तो उन्होंने भी सरदार के समक्ष यह प्रस्ताव रखा था, लेकिन वे तैयार नहीं हुए।

नवाडेरा-डुमराँव के रघुनाथ सिंह बताते हैं कि जगदेव सिंह ने जनेऊ आन्दोलन में और त्रिवेणी संघ के लिए खूब काम किया। वे हमेशा कहते, 'हीन भावना मन में मत लाओ और यह मत समझो कि किसी से छोटे हो।' नोनसारी के 78 वर्षीय होम्योपैथिक डॉक्टर धनुषधारी सिंह की नजर में सरदार और उनके साथियों ने पिछड़ों को एकसूत्र में बाँधा।

त्रिवेणी संघ के बाद वे शिवपूजन शास्त्री के विचारों से प्रभावित होकर

रैडिकल डिमोक्रेटिक पार्टी में सक्रिय हुए। 12 सितम्बर 1969 को उनका देहावसान हो गया।

(सरदार जगदेव सिंह के पुत्र श्री कालिका सिंह, स्वतंत्रता सेनानी श्री हरिहर प्रसाद और श्री शिवप्रसन्न राय 'मानव', और श्री धनुषधारी सिंह के साथ बातचीत पर आधारित।)

दासू सिंह

1935 ई. में शाहाबाद जिले की सीमा लाँघकर प्रान्तीय त्रिवेणी संघ की स्थापना की गई। भागलपुर के गणपति मंडल, पटना के नवदीपचन्द्र घोष और नालन्दा के देवगन प्रसाद के साथ मिलकर संघ को प्रदेश स्तर पर संगठित करने का श्रेय जाता है तत्कालीन गया (और अब जहानाबाद) जिले के सिकरिया गाँव में जन्मे दासू सिंह को।

पटना के प्रसिद्ध वकीलों में से एक और कुर्मी-क्षत्रिय महासभा में सक्रिय रहे दासू सिंह संघ की स्थापना के पूर्व किसान सभा और कांग्रेस से जुड़े थे। कांग्रेस के अन्दर जातीय भेदभाव को देखते हुए वे शाहाबाद त्रिवेणी संघ की ओर आकर्षित हुए। 1937 ई. में वे खुद विधान सभा चुनाव में खड़े हुए तथा शाहाबाद, गया, भागलपुर और नालंदा आदि अंचलों में त्रिवेणी संघ के उम्मीदवारों के पक्ष में सघन प्रचार अभियान चलाया। हालाँकि संघ के सभी उम्मीदवार पराजित हो गए, फिर भी इस चुनाव ने पिछड़ी जातियों की संगठित ताकत का एहसास करा दिया। इस चुनाव के बाद कांग्रेस के नेताओं को भी पिछड़ी जातियों में बलवती होती राजनीतिक आकांक्षाओं का और त्रिवेणी संघ की शक्ति का कुछ-कुछ एहसास होने लगा था। ऐसे में डॉ. राजेन्द्र प्रसाद की पहल पर दासू सिंह पुनः कांग्रेस में शामिल हो गए।

1947 ई. से 1949 ई. तक वे बिहार प्रदेश कांग्रेस कार्यकारिणी के सदस्य रहे। इसी दौर में वे पटना जिला कांग्रेस समिति के अध्यक्ष भी चुने गए। दो वर्षों तक कांग्रेस में रहने के बाद भी वहाँ उनका मन रमा नहीं। फिर उन्होंने प्रांतीय डिमोक्रेटिक कांग्रेस पार्टी बनाई। आजाद भारत के पहले चुनाव में कांग्रेस का टिकट नहीं मिलने पर वे निर्दलीय प्रत्याशी के रूप में खड़े हुए। प्रगतिशील स्वतंत्र मोर्चा ने उनका समर्थन किया। फिर हारे।

प्रान्तीय त्रिवेणी संघ के संस्थापक-अध्यक्ष दासू सिंह बाद के दौर में कांग्रेस से ही जुड़े रहे। पिछड़ों के इस प्रतिष्ठित नेता को कांग्रेस का टिकट पाने में ढाई दशक लग गए। 1962 ई. में नौबतपुर विधान सभा क्षेत्र से वे कांग्रेस के

टिकट पर चुने गए। उन्होंने 'मानव संहिता' के नाम से पुस्तिकाओं की भी रचना की थी।

नवदीप चन्द्र घोष

नवदीप चन्द्र घोष का जन्म 1889 ई. में बंगाल प्रांत के ढाका जिले के कलातिया गाँव में हुआ था। कलकत्ता विश्वविद्यालय से उन्होंने संस्कृत में स्नातकोत्तर की डिग्री हासिल की। वे प्रथम श्रेणी में उत्तीर्ण हुए थे। वहीं से उन्होंने बी.एल. की डिग्री भी ली और 1920 ई. में पटना आकर वकालत करना शुरू किया। थोड़े ही समय में वे फौजदारी मामलों के नामी वकील बन गए।

उन दिनों जनेऊ आन्दोलन का दौर था। लाखोचक की घटना से नवदीप बाबू काफी आहत हुए। पटना, शाहाबाद, संथाल, परगना, भागलपुर, गया आदि क्षेत्रों में जनेऊ आन्दोलन में उन्होंने सक्रिय भूमिका निभाई। वे यादव सभा में भी सक्रिय थे और रासबिहारी मंडल के बाद यादवों के सर्वप्रमुख नेताओं में उनकी गिनती होती थी। 1928 ई. में यादव महासभा की ओर से जिस प्रतिनिधिमंडल ने साइमन कमीशन को ज्ञापन दिया था, उसमें नवदीप बाबू भी शामिल थे।

1935 ई. में उन्होंने दासू सिंह के साथ मिलकर प्रांतीय त्रिवेणी संघ की स्थापना की थी। 1935-37 के बीच उन्होंने मुंगेर को ही अपना कार्यक्षेत्र बनाया और 1937 के चुनाव में डॉ. श्रीकृष्ण सिंह के खिलाफ त्रिवेणी संघ के उम्मीदवार बने। पटना, गया, मुंगेर, शाहाबाद आदि जिलों में त्रिवेणी संघ के उम्मीदवारों के पक्ष में प्रचार कार्य चलाया। चुनाव में हार जाने के बाद भी वे पिछड़े वर्गों को संगठित करने के काम में जुटे रहे।

वे बिहार राज्य पिछड़ा वर्ग संघ के संस्थापक-अध्यक्ष चुने गए; लेकिन संगठन पर कांग्रेस के कब्जे और कुछ कर पाने में अपनी असमर्थता को देखते हुए संघ से इस्तीफा दे दिया। अब्दुल कयूम अंसारी, बलिराम भगत, रामलखन सिंह यादव, दासू सिंह, वीरचन्द्र पटेल आदि के साथ उनका घनिष्ठ सम्पर्क रहा।

1952 ई. के पहले आम चुनाव में वे पटना से लोक सभा के निर्दलीय प्रत्याशी बने। कांग्रेस के खिलाफ सोशलिस्ट पार्टी, कम्युनिस्ट पार्टी, संयुक्त किसान सभा, फॉरवर्ड ब्लॉक का प्रगतिशील संयुक्त मोर्चा बनाने का प्रयास हुआ था। इसमें वे भी शामिल थे। इसमें कुछ अन्य प्रमुख लोग थे—देवव्रत शास्त्री, शीलभद्र याजी, दासू सिंह, टी. परमानन्द आदि। बहरहाल, मोर्चा बन नहीं सका और कांग्रेस के उम्मीदवार सारंगधर सिंह विजयी हुए। कृषक मजदूर प्रजा पार्टी के नामी उम्मीदवार पी. आर. दास की जमानत जब्त हो गई। हारे तो नवदीप बाबू

भी लेकिन पिछड़ों का अच्छा-खासा समर्थन पा जाने से उनकी जमानत बच गई। उन्हें कुल 23,650 मत मिले।

1948 ई. में जब जगदीशपुर से यदुनन्दन प्रसाद मेहता ने 'शोषित पुकार' नामक पत्रिका प्रकाशित की तो उसके प्रति शुभकामना प्रकट करते हुए श्री घोष ने लिखा, 'हिन्दू समाज में शोषितों की संख्या अधिक है, लेकिन उन लोगों की पुकार न कोई सुननेवाला है, न सुनानेवाला'''समाज में भेदभाव का अवसान होगा।'

(पूर्व सांसद बिन्देश्वरी प्रसाद सिंह और पूर्व मंत्री भोला सिंह से बातचीत, आर.एल. चन्दापुरी की किताब 'भारत में ब्राह्मण राज', 'हुंकार', 24 दिसम्बर 1951, 'दि इंडियन नेशन', 27 जनवरी 1957, 1937 की चुनाव रिपोर्ट और नवदीप चन्द्र घोष के पुत्र बी. पी. घोष से बातचीत के आधार पर तैयार।)

गणपति मंडल

गणपति मंडल का जन्म 1902 ई. में बीहपुर (उत्तरी भागलपुर) के दियारा क्षेत्र के एक गाँव पुनामा में हुआ था। (यह गाँव कटाव में विलीन हो चुका है।) वे और उनके भाई वैरागी मंडल कम उम्र में ही जातीय सभाओं में सक्रिय हो गए थे। उनकी शिक्षा-दीक्षा भागलपुर में हुई थी और दोनों भाइयों ने बी.ए.बी.एल. की डिग्री हासिल की थी। अपने गाँव पुनामा में दोनों ने जमींदारों द्वारा बेगारी कराए जाने के खिलाफ आन्दोलन चलाया था। गाँव के अस्सी साल के बूढ़े तक ने यज्ञोपवीत धारण किया था। पिछड़े लोगों के लिए एक स्कूल भी खोला गया। रासबिहारी मंडल के साथ इन लोगों का सम्पर्क था। सन् 30 के आसपास श्री वैरागी आबकारी विभाग में इन्स्पेक्टर बन गए।

1935 ई. में जब त्रिवेणी संघ का प्रादेशिक स्तर पर गठन किया गया, तब गणपति मंडल इसके सचिव बनाए गए। भाई वैरागी मंडल से विचार-विमर्श के बाद 1937 के चुनाव में गणपति मंडल उत्तर सदर मुंगेर विधान सभा क्षेत्र से प्रत्याशी बने। इस क्षेत्र से कांग्रेस के प्रत्याशी थे (कम्युनिस्ट पार्टी के नेता सुनील मुखर्जी के पिता) नृपेन्द्र मुखर्जी। यादवों के तब के एक चर्चित नेता श्रीमंत नारायण खिरहरी भी उत्तर भागलपुर सदर सह किशनगंज क्षेत्र से उम्मीदवार थे। गणपति और उनके साथी यह चाहते थे कि कांग्रेस पिछड़ी जातियों के लोगों को भी प्रत्याशी बनाए, परन्तु ऐसा नहीं हुआ। 'शोषित समाज के लोगों को कांग्रेस टिकट न दे, तो भद्रता से उसका विरोध किया जाना चाहिए'''हम लोग आँखें फाड़-फाड़कर देखते रहे, चारों ओर कई स्थानों में शोषित समाज ने चुनाव में

कांग्रेस का टिकट प्राप्त करने की कोशिश की। मगर जब हमने देखा हमारे सदस्य बहुत कम लिए गए तो हमने उसे कांग्रेस की नीति में भयंकर गलती समझी।'[1] कांग्रेस के अन्दर शोषित समाज को समुचित प्रतिनिधित्व मिले, इसके लिए उन्होंने किसान सभा, मजदूर संघ, हरिजन संघ, मध्यस्थ श्रेणी संघ जैसी संस्थाएँ स्थापित करना जरूरी समझा। वे इस निष्कर्ष पर पहुँचे कि यदि कांग्रेस किसानों के नाम पर जमींदारों को, अथवा शोषक मनोवृत्ति वालों को, ऋणग्रस्तों के बदले सूदखोरों को, श्रमजीवियों के बदले पूँजीपतियों को टिकट दे, तो उस हालत में स्वतंत्र संस्थाओं को सीना तानकर कांग्रेस का विरोध करना चाहिए और चुनाव क्षेत्र में उतरना चाहिए।[2] इन्हीं तर्कों के आधार पर वे चुनाव मैदान में उतरे।

उम्मीदवारों की सूची से सम्बन्धित सरकारी रेकॉर्ड में गणपति मंडल का नाम निर्दलीय उम्मीदवार के रूप में दर्ज है। लेकिन पटना जिलाधिकारी के आवास से उपलब्ध फाइल में त्रिवेणी संघ के फतुहा प्रत्याशी सरदार जगदेव सिंह के चुनाव प्रचार में शामिल लोगों का जो ब्यौरा एसडीओ ने दिया है, उसमें गणपति मंडल का नाम त्रिवेणी संघ के सचिव के रूप में दर्ज है।

मंडल के पुत्र प्रताप नारायण मंडल ने बताया कि बाबूजी और श्रीमंत नारायण खिरहरी त्रिवेणी संघ से जुड़े थे और त्रिवेणी संघ का संविधान भी तैयार किया गया था। कांग्रेस से जुड़े मधेपुरा के कमलेश्वरी मंडल और शिवनन्दन मंडल जैसे नेताओं का भी उन्हें नैतिक समर्थन प्राप्त था। वे कहते थे, 'खूब चलाऊ, तब हक मिलत।'

गणपति मंडल के साथ रघुनन्दन चौधरी भी जुड़े हुए थे। 1937 के चुनाव में कांग्रेस और त्रिवेणी संघ के बीच मारपीट की घटना घटी थी। इस मामले में सरकारी रिपोर्ट में चौधरी का जिक्र आया है। वे भरको रामपुर गाँव के थे।

बहरहाल, चुनाव की तैयारी जोरों पर थी। मुंगेर के चार थाने—खगड़िया, गोगरी, चौथम और बख्तियारपुर—रणभूमि बने हुए थे। गणपति मंडल पैदल ही गाँव-गाँव घूमकर प्रचार में लगे थे। इसी बीच उनके भाई वैरागी मंडल की एक दुर्घटना में मृत्यु हो गई। उन्हें गहरा सदमा लगा। चुनाव में भी उनकी हार हुई। उन्हें चुनाव में हार का गम नहीं था। उनका कहना था कि शोषित खड़े हो रहे हैं, इसी में उनकी जीत है।

---

1. गणपति मंडल, 'वैरागी जीवन', युनाइटेड प्रेस लिमिटेड, भागलपुर, 1938, पृ. 206-7।
2. वही, पृ. 202-3 (भावार्थ)।

भाई वैरागी की मृत्यु से आहत गणपति मंडल ने उनकी याद में 'वैरागी जीवन' नामक संस्मरणात्मक पुस्तक लिखी। 1938 ई. में यह भागलपुर से प्रकाशित हुई। इस पुस्तक में उन दिनों के संघर्षों का ब्यौरा है। उन्होंने मुंगेर-भागलपुर क्षेत्र में त्रिवेणी संघ के लिए जबर्दस्त काम किया। बाद में गणपति मंडल भागलपुर के पब्लिक प्रोसेक्यूटर (पीपी) बने। उनकी मृत्यु सन् 1962 में हुई।

(गणपति मंडल के पुत्र प्रताप नारायण मंडल से पटना में बातचीत और संबंधित सरकारी दस्तावेजों के आधार पर तैयार।)

यदुनन्दन महतो

गया की धरती पर त्रिवेणी संघ को गाँव-गाँव तक पहुँचाने की बागडोर सँभाली थी यदुनन्दन महतो ने। अन्य नेताओं की तरह उन्होंने भी अपने सार्वजनिक जीवन की शुरुआत जातीय सभाओं और जनेऊ आन्दोलन से की थी। वे गया जिले के कुर्था थानान्तर्गत ज्ञानी बिगहा गाँव के रहनेवाले थे। शिक्षा समाप्त करने के बाद वे जूनियर इंजीनियर बने, लेकिन सरकारी नौकरी में उनका मन नहीं लगा। इस्तीफा देकर वे दांगी महासभा और त्रिवेणी संघ के पूर्णकालिक कार्यकर्ता बन गए।

अंग्रेजी राज के दौरान 1937 के पहले विधान सभा चुनाव में वे गया से त्रिवेणी संघ के उम्मीदवार बने। अन्य क्षेत्रों की तरह यहाँ भी त्रिवेणी संघ का उम्मीदवार पराजित हुआ। फिर 1939 के जिला बोर्ड के चुनाव में वे मखदुमपुर सीट से त्रिवेणी संघ के प्रत्याशी बने। उनकी टक्कर किसान सभा के उम्मीदवार रामचन्द्र शर्मा के साथ थी। चुनावी लड़ाई ने ऊँची जाति बनाम पिछड़ी जाति का रूप ले लिया। कई जगह मार-पीट की घटनाएँ भी घटीं; यदुनन्दन महतो (किसान सभा के रामचन्द्र शर्मा द्वारा) पराजित घोषित किए गए। (इस चुनाव का जिक्र स्वामी सहजानन्द सरस्वती ने अपनी पुस्तक 'किसान कैसे लड़ते हैं' में किया है; पृ. 80-81।)

श्री महतो ने चुनाव को न्यायालय में चुनौती दी। न्यायालय का फैसला श्री महतो के पक्ष में हुआ और वे जिला बोर्ड के सदस्य बन गए। इस चुनाव का पूरा ब्यौरा श्री महतो के साथी श्री रघुनाथ सिंह ने 'मखदुमपुर हत्याकांड' शीर्षक पुस्तिका में दिया है।

1945-46 में वे पुनः गया से त्रिवेणी संघ के टिकट पर चुनाव लड़े, लेकिन पराजित हुए। त्रिवेणी संघ के कांग्रेस और बैकवर्ड क्लास फेडरेशन में

विलय के बाद वे शोषित वर्ग संघ में सक्रिय हुए। आजादी के बाद 1952 में हुए पहले चुनाव में वे शोषित वर्ग संघ की टिकट पर खड़े हुए, हालाँकि वे फिर पराजित हुए। वे लम्बे समय तक दांगी महासभा के सचिव रहे। राजेन्द्र प्रसाद सिंह (उपरौली, परैया, गया) ने 1931 में जनेऊ धारण किया और जनेऊ धारण करनेवाली सभाओं में आने-जाने लगे। उन दिनों उच्च जाति के लोग उन्हें घृणा की दृष्टि से देखते थे। 'उरेब' बोलते थे।

बाद में यदुनन्दन महतो द्वारा गया में त्रिवेणी संघ की स्थापना की गई तो कई लोग इसमें सक्रिय हुए—बारुन के केशो यादव, जहानाबाद के रामचरण यादव, उपरौली के ही रामअनुग्रह नारायण सिंह, गया के राधाकृष्ण, कोल्हुवार के कुंज बिहारी सिंह, गुलचरिया चक के राम नारायण सिंह आदि।

(बिहार राज्य पिछड़ा वर्ग आयोग के सदस्य रामेश्वर प्रसाद सिंह तथा राजेन्द्र प्रसाद सिंह के साथ बातचीत के आधार पर।)

देवगन प्रसाद सिंह

पुराने पटना जिले के नालन्दा अंचल में त्रिवेणी संघ को लोकप्रिय बनानेवालों में सर्वप्रमुख थे देवगन प्रसाद सिंह। उनका जन्म हिलसा थाने के सैदनपुरा गाँव में हुआ था। वे कोचइसा कुर्मियों के बीच जनेऊ आन्दोलन, शिक्षा और अन्य सामाजिक सुधार-कार्यों में काफी सक्रिय रहे। कई स्कूल-कॉलेजों और अस्पतालों को भी उन्होंने संरक्षण दिया। वे आर्यसमाज से भी जुड़े थे।

त्रिवेणी संघ की स्थापना के पहले से ही वे राजनीति में सक्रिय थे। जिला बोर्ड में चुने भी गए थे। 1937 के विधान सभा चुनाव में उन्होंने दासू सिंह के साथ मिलकर सरदार जगदेव सिंह के पक्ष में प्रचार-कार्य किया था।

नन्दकिशोर सिंह

नन्दकिशोर सिंह का जन्म 1890 ई. में जगदीशपुर (शाहाबाद) के तेन्दुनी गाँव में हुआ था। जगदीशपुर के आयर, हदियाबाद, पीरो, बलिगाँव सहित आसपास के गाँवों में जनेऊ आन्दोलन में उन्होंने सक्रिय भूमिका अदा की थी। गाँव-जवार में नए वस्त्र पहनना, खाट पर बैठना, शादी-ब्याह में बाजा बजाना बबुआनों को नहीं सुहाता था। त्रिवेणी संघ ने सामाजिक अत्याचार के खिलाफ आन्दोलन शुरू किया। गाँव-गाँव में सभाएँ होतीं। पिछड़ों ने नाम के साथ 'सिंह' लगाना शुरू किया। बबुआन पूछते—कौन सिंह हव? पुरनका कि नवका?

जितौरा लाखन टोला के यदुनन्दन मेहता, गरवे के सरदार जगदेव सिंह और

जगदीशपुर के डॉ. शिवपूजन सिंह (तीनों त्रिवेणी संघ के संस्थापकों में से थे) के साथ-साथ उत्साही लोगों की एक नई टोली सामने आई—नन्दकिशोर सिंह, जितौरा संगमटोला के रामसकल सिंह, जितौरा के ही शिक्षक श्री चतुर्गुण सिंह, इसाढ़ी के अवध बिहारी सिंह, डुमराँव टोला के कमलापति सिंह महतो, बराँव के धाना सिंह यादव, आदि। इनके अलावा, आरा के छठु दुसाध, केशरी मास्टर और तपसी महतो भी त्रिवेणी संघ के सक्रिय सदस्य थे।

नन्द किशोर सिंह ने 1937 और 1946 का विधान सभा चुनाव लड़ा और दोनों बार पराजित हुए। लेकिन आगे चलकर जगदीशपुर सामाजिक लड़ाई का प्रमुख केन्द्र बना। आजादी के बाद, इन्हीं के परिवार के सदस्य सत्यनारायण सिंह विधान सभा के लिए चुने गए। श्री सिंह की मृत्यु 1952 ई. में हुई।

6
बीच विपक्ष में

सन् 1946-47। एक ओर जहाँ पूरे मुल्क में आजादी की गहमागहमी थी, वहीं दूसरी ओर बिहार के देहाती इलाकों में बकाश्त जमीन को लेकर जंग छिड़ी थी। जमींदार ये जानते थे कि आजादी के साथ ही जमींदारी उन्मूलन की दिशा में कदम उठाए जाएँगे। इसीलिए उन्होंने खेती योग्य अधिक-से-अधिक जमीन को अपनी बकाश्त जमीन के रूप में हड़पना शुरू कर दिया। वर्षों से खेत जोत रहे गरीब कायमी और दर रैयतों को अनेक बहाने बनाकर, उन्हें कायमी हक से वंचित कर, बेदखल किया जाने लगा। जमीन के खतियान तो चालीस-पचास साल पुराने थे ही, जमींदार लगान की रसीद तक नियमित रूप से कहाँ देते! फलतः जिस जमीन को रैयत दादा-परदादा के जमाने से जोतते आ रहे थे, वह जमीन भी जबरन उनके हाथ से छीनी जाने लगी। 1946 में पूरे प्रदेश में ऐसी बकाश्त जमीन थी करीब 20 लाख एकड़! देश जहाँ आजादी का हक हासिल कर रहा था, वहीं बिहार के किसानों के हक पर जमींदार डाके डाल रहे थे।

रैयतों को बेदखल कर लठैतों के जरिये जमीन पर जबरन कब्जा, लगान की बकाया रकम की वसूली के नाम पर ऐसी जमीन को बंधक रख लेना, और (खासकर सजातीय) खुशहाल कायमी रैयतों के हाथों ऐसी जमीन की बिक्री—जमींदारों द्वारा की गई जमीन की इस अभूतपूर्व लूट के ये कुछ प्रचलित रूप थे। 1950 ई. में बिहार सरकार द्वारा प्रकाशित चतुर्मासिक रिपोर्ट में जमीन की बिक्री और बंधकी से सम्बन्धित जो आँकड़े दिए गए थे, उससे साफ जाहिर होता है कि 1946 से '50 के बीच बिहार के गरीब किसानों के हाथों से बिक्री और बंधकी के जरिये प्रत्येक वर्ष 30 करोड़ रुपए की जमीन निकलती चली गई![1]

बहरहाल, अब गरीब रैयत भी चुप रहनेवाले कहाँ थे! पूरे प्रदेश में बकाश्त जमीन को केन्द्र कर किसानों का जुझारू आन्दोलन भड़क उठा। एक ओर रैयतों को बेदखल करने पर आमादा जमींदार थे, तो दूसरी ओर जमीन पर अपने कायमी हक के लिए मर-मिटने को तैयार किसान। **जमीन की संभवतः सबसे बड़ी लूट**

1. रामनन्दन मिश्र, 'किसानों की समस्याएँ', दरभंगा, 1952।

की आक्रामक मुहिम के खिलाफ किसानों का अब तक का सबसे बड़ा उभार! शाहाबाद, पटना, गया, दरभंगा, पूर्णिया, मुजफ्फरपुर—लगभग हर जिले में किसानों का सैलाब उमड़ पड़ा।

शाहाबाद जिले के सिर्फ भभुआ अनुमंडल में 1789 गाँवों में बिखरी कम-से-कम 2 लाख बीघा बकाश्त जमीन थी। दो फीसदी गाँवों में यह फी गाँव हजार बीघे से ऊपर, पाँच फीसदी गाँवों में 500 बीघे से ऊपर, दस फीसदी गाँवों में 100 बीघे से ऊपर, पच्चीस फीसदी गाँवों में 50 बीघे से ऊपर तथा पचास फीसदी गाँवों में 25 बीघे से ऊपर अथवा कम थी।[1] राजपुर थाना के कैथरकला गाँव के कायस्थ भूस्वामियों ने प्रधानमंत्री डॉ. श्रीकृष्ण सिंह को पत्र लिखा कि जयनारायण अहीर, रामनारायण अहीर, नारायण अहीर, बाबूलाल अहीर, रामलगन नोनिया, गरीब चमार, गंगा चमार, हीरालाल चमार, वासुदेव चमार और सुखा चमार उन पर अत्याचार कर रहे हैं और उनकी फसल काट ले रहे हैं। डॉ. सिंह ने जिलाधिकारी को जाँच का आदेश दिया।[2] विधायक सरदार हरिहर सिंह, गुप्तनाथ सिंह, हरगोविन्द मिश्र तथा जगन्नाथ प्रसाद सिंह ने शाहाबाद के नोखा, करगहर और राजपुर थाना क्षेत्रों में अपराध और हिंसा की घटनाओं को लेकर पत्र लिखा। साथ ही भूमिहीनों की हड़ताल से उत्पन्न स्थिति पर आवश्यक कदम उठाने को कहा।[3] जून 1946 से जमींदारों ने रैयतों को खेत जोतने से रोकना शुरू कर दिया। वे उन खेतों पर बकाश्त जमीन के रूप में दावा करने लगे। पुलिस के आमतौर पर उनके पक्ष में होने के बावजूद, वे खुद संगठित हो रहे थे। इसी क्रम में रामस्वार्थ चौधरी के नेतृत्व में जमींदारों और उनके लठैतों ने 25 घरों की मुख्यतः पासियों की बस्ती तमाढ़ी पर हमला बोल दिया। यह हमला 'गांधीजी की जै' बोलते और तिरंगा फहराते हुए किया गया। शिवनाथ पासी की हत्या की गई और सुखदेव पासी, भुली पासी, रामकिशुन पासी, भुक्खर पासी तथा सनाथ पासी घायल हो गए। बक्सर के राजपुर में चमार तथा भर जाति के रैयत भी इस आन्दोलन में उतर पड़े। वे आधे बीघे की जगह तीन बीघे जमीन की माँग कर रहे थे। दुर्गावती में रामलाल वर्मा के नेतृत्व में हजारों किसानों का प्रदर्शन हुआ। फिर 4 जुलाई ('46) को 8 गाँवों के 20 हजार रैयतों की विशाल सभा हुई[4] जिसमें किसान सभा, कांग्रेस

1. रैडिकल डिमोक्रेटिक पार्टी द्वारा राज्यपाल को ज्ञापन, फाइल नं. 336/46।
2. देखें पत्र, फाइल नं. 336/46।
3. वही।
4. फाइल 336/46।

सोशलिस्ट पार्टी और रैडिकल डिमोक्रेटिक पार्टी (आरडीपी) ने मिलकर संघर्ष चलाने का फैसला लिया। किसानों की मुख्य माँग थी जमींदारों की बकाश्त जमीन की उनके नाम से बन्दोबस्ती और नजराना-प्रथा की समाप्ति।[1] 31 अगस्त 1946 को रामपुर में आयोजित आरडीपी की सभा में जमींदारों की बन्दूकें जब्त करने तथा गरीबों को बन्दूकें मुहैया करने की माँग की गई। माँगें पूरी न होने तक उन्होंने मजदूरों द्वारा काम बन्द रखने की भी घोषणा की। सभा में तमाढ़ी में मारे गए लोगों के प्रति संवेदना भी व्यक्त की गई।

शाहाबाद के जिलाधिकारी ने पटना के आयुक्त को लिखा, 'किसान सभा, आरडीपी और सोशलिस्ट पार्टी के सदस्य मजदूरों को काम करने से रोक रहे हैं, जबरन बकाश्त जमीन पर कब्जा कर रहे हैं तथा जमींदारों के धन और जीवन पर खतरा मँडरा रहा है। पंडित सूर्यदेव ओझा के नेतृत्व में भभुआ लैण्ड होल्डर्स एसोसियेशन का गठन किया गया है।'

माहुर से लेकर राजपुर, करगहर, रामगढ़ आदि क्षेत्रों में रैयत गोलबन्द हो रहे थे। इस गोलबन्दी में अगुवा भूमिका निभा रहे थे—शिवपूजन सिंह शास्त्री, ज्ञानेश्वर प्रसाद, रामलाल वर्मा, दशरथ तिवारी, शिवपरीखा सिंह आदि नेता। 'संघर्ष कर रहे किसानों में 30 से 35 प्रतिशत अनुसूचित जाति और पिछड़ी जाति के थे।'[2]

उधर उत्तर बिहार के दरभंगा और समस्तीपुर जिलों में सोशलिस्ट संघर्ष की बागडोर थामे थे। दरभंगा के कोकल गाँव में रैयतों ने जमींदार के 44 मन अनाज पर कब्जा कर लिया। अदमा, नेहरा, जगदीशपुर, अँधरी आदि गाँवों में जबर्दस्त संघर्ष फूट पड़ा। दरभंगा में योगेन्द्र शुक्ल की अध्यक्षता में 8,000 लोगों की सभा हुई जिसमें करीब 300 महिलाएँ भी शामिल थीं। 1947 में सूर्यनारायण सिंह, कर्पूरी ठाकुर, देवनारायण गुरमैता, पद्मानन्ददास, रामकृष्ण यादव, वैद्यनाथ झा समेत 21 नेताओं पर कार्रवाई हुई।[3] फरवरी 47 में दरभंगा में आयोजित भूख मार्च के दौरान सूर्यनारायण सिंह समेत 50 सोशलिस्ट गिरफ्तार किए गए। दरभंगा जेल से ही सूर्यनारायण सिंह ने महात्मा गांधी को पत्र लिखा, 'जगदीशपुर, थाना बहेड़ा, दरभंगा में सन् 1939 से ही किसानों ने अपने हकों की लड़ाई में गोलियाँ खाई हैं। तत्कालीन जिलाधिकारी ने किसानों को जमीन दिला दी। अब फिर

1. **'अमृत बाजार पत्रिका'**, 11 जुलाई 1946।
2. फाइल 336/46।
3. फाइल 6 (VII)/1947।

उनकी जमीन जमींदार दखल करना चाहते हैं। अटहर, अलमास, खानपुर, विक्रमपुर में 107 और 144 लागू कर दिया गया है। गत मार्च से ही दमनचक्र समाजवादी कार्यकर्ताओं पर चल रहा है। रैलियों पर प्रतिबंध लगाया गया है और हमारे साथियों पर बिहार मेंटनेन्स ऑफ पब्लिक ऑर्डर एक्ट लगाया जा रहा है। अब तक 97 व्यक्ति गिरफ्तार कर जेल भेजे गए हैं। बापू! आदर्श क्या जमीन पर उतरकर इतना घिनौना हो जाता है?'[1]

गया जिले में भी इसी अवधि में जबरन फसल काटने के 291 मामले दर्ज किए गए। नामा, इमादपुर, सरना, मसउरुल, हबीबपुर, टाली आदि गाँवों में बकाश्त संघर्ष छिड़ा हुआ था। जमुआँव और मंदिल गाँवों के ग्वाला तथा कुर्मी रैयतों ने भूमिहार भूस्वामियों को चुनौती दे रखी थी। '24 जनवरी, 1947 को कांग्रेस सोशलिस्ट पार्टी के नेताओं के नेतृत्व में डाँगरटोली के 40 पुरुषों, महिलाओं और बच्चों ने शाही को जिरात खेती करने से रोक दिया था। 18 रैयत तत्काल गिरफ्तार कर लिए गए थे।'[2]

इसी बकाश्त संघर्ष के दौर में डॉ. राममनोहर लोहिया ने जून 1947 में चम्पारण में मिलहों द्वारा जमीन की लूट की जाँच की थी। (1946 ई. में ही कांग्रेस सोशलिस्ट पार्टी के कानपुर अधिवेशन में लोहिया कमीशन बहाल किया गया था।) डॉ. लोहिया ने दस हजार किसानों के बयान लिये। उदाहरण के लिए, भोलादास सा. लक्ष्मण टोला, मोतिहारी की दस एकड़ जमीन एक सौ रुपए के कर्ज में लेकर सहयोगी बैंक ने मोतिहारी मिल के हाथों बेच दी। गांधीजी के चम्पारण से जाने के बाद करीब 2.5 लाख एकड़ जमीन चम्पारण के किसानों के हाथों से निकलकर महाजनों, मिल मालिकों और अन्य फार्म मालिकों के हाथों में चली गई। 'निलहे गये तो मिलहे आये।'[3]

'जोत की जमीन से मत हटो, बकाश्त पर कब्जा करो' के नारे के साथ कम्युनिस्ट पार्टी भी इस संघर्ष में सक्रिय थी। मुंगेर, भागलपुर, पूर्णिया, मधुबनी, दरभंगा, सहरसा, चम्पारण और सीवान के ग्रामीण इलाकों में पार्टी गरीब कायमी रैयतों, बटाईदारों और खेत मजदूरों के बीच अपना आधार विकसित कर रही थी। भागलपुर के गाँवों की सभाओं में 'लाल फौज जिन्दाबाद', 'नेहरू सरकार

---

1. फाइल 6 (VIII)/1947।
2. फाइल 6 (2) 2/1947; तथा दामोदरन, 332।
3. रामनन्दन मिश्र, 'किसानों की समस्याएँ', 'लोहिया कमीशन की रिपोर्ट', पृ. 65-66।

मुर्दाबाद' जैसे नारे गूँजते।[1] सीवान में पार्टी कोइरी, ग्वाला, चमार आदि पिछड़ी दलित जातियों के रैयतों को जमींदारों के खिलाफ संगठित कर रही थी और दक्षिण मुंगेर में आधार क्षेत्र निर्माण की योजना के साथ कार्यानन्द शर्मा डटे थे।[2] मधुबनी और सिकटा (चम्पारण) में खेत मजदूरों की हड़ताल संगठित की गई, सोनपुर में खेत मजदूर संघ की स्थापना हुई और इसी तरह का एक संगठन पकड़ीबरावाँ (गया) में भी बनाया गया।

पूर्णिया, सहरसा और भागलपुर के सीमावर्ती ग्रामीण इलाकों में उन दिनों नक्षत्र मालाकार की धूम मची थी। 'किरांती चलित्तर कर्मकार! जाति का कमार है। मोमेंट के समय गोरा मलेटरी इसका नाम सुनते ही पेशाब करने लगता था।'[3] श्री फणीश्वरनाथ रेणु के 'मैला आँचल' का यह पात्र चलित्तर कर्मकार असल में नक्षत्र मालाकार ही है। अंग्रेजी और देशी राज की फाइलों में 'ए नोटोरियस कम्युनिस्ट डकैत' अथवा 'रॉबिनहुड' के रूप में चर्चित मालाकार[4] प्रायः 50 से

---

1. जेनरल रिव्यू ऑफ द एक्टविटी ऑफ द कम्युनिस्ट पार्टी इन बिहार-स्पेशल ब्रांच, मेमो नं. 13525 (26) एस. बी. (पृ. 14)।
2. वही, पृ. 17-19; साथ ही देखें, पाक्षिक रिपोर्ट, 28 जुलाई, 1949।
3. फणीश्वरनाथ रेणु, 'मैला आँचल', पृ. 121।
4. नक्षत्र मालाकार का जन्म 1909 ई. में पूर्णिया जिले के एक गरीब खेतिहर परिवार में हुआ था। उम्र के दसवें साल में ही नक्षत्र ने अपने क्रान्तिकारी भविष्य की भूमिका बाँध दी थी जब दरभंगा राज के अमले से पिटते अपने पिता के बचाव में वे उस अमले पर टूट पड़े थे। उस समय तो उनकी जमकर पिटाई हुई, लेकिन उनके भीतर आक्रोश की आग कभी बुझी नहीं। अपने राजनीतिक जीवन की शुरुआत उन्होंने (पूर्णिया में कांग्रेस के संस्थापकों में से एक वैद्यनाथ चौधरी की सलाह पर) कांग्रेस से की थी। 1930 में उन्हें छः माह की कैद हुई। शीघ्र ही कांग्रेसियों से उनका मोहभंग हो गया। नक्षत्र फिर स्वामी सहजानन्द से काफी प्रभावित हुए। 1936 ई. में कांग्रेस सोशलिस्ट पार्टी में शामिल होने के बाद उन्हें कटिहार जूट मिल के कर्मचारियों को संगठित करने का जिम्मा सौंपा गया। फिर गिरफ्तार हुए। 1942 के 'करो या मरो' आन्दोलन के दौरान, पूर्णिया के उन इलाकों में जहाँ नक्षत्र का प्रभाव था, पुलिस की कैम्पिंग बढ़ा दी गयी थी। नक्षत्र की अगुवाई में ही जयप्रकाश और डॉ. लोहिया को हनुमान नगर जेल से छुड़ाया गया, हालाँकि इनके बारे में नक्षत्र की राय अच्छी नहीं बनी।

   इसी बीच वे कम्युनिस्ट पार्टी में शामिल हो गए। 1949-50 के बीच दल बनाकर कई जमींदारों की कचहरियों पर उन्होंने धावा बोला। पुलिस का मानना था

1000 के दल में जमींदारों की कचहरी पर धावा बोलते और उनकी सम्पत्ति जब्त कर उसे गरीब रैयतों में बाँट देते। 28 मई ('50) को नक्षत्र मालाकार और लक्ष्मण ततवाँ के नेतृत्व में करीब तीन सौ लोगों के दल ने धौबा (रुपौली) गाँव के मेदिनी कुमार की कामत लूट ली (जिसमें 100 मन अनाज भी शामिल था)। 29 मई को उसने (नक्षत्र मालाकार ने) एक हजार ग्रामीणों को संगठित किया। घोड़े पर सवार होकर ढोलबज्जा बाजार थाना नौगछिया की तीन अनाज की दूकानों को लूटा। अनाज की कीमत करीब पचास हजार रुपए थी।'[1] इसी तरह एक दल ने अंजारी गाँव की और दूसरे दल ने (जिसमें 400 लोग शामिल थे) कुलदीप नारायण सिंह, लक्ष्मीपुर की कचहरी लूट ली। दल का नेतृत्व मालाकार और मोतीलाल पंडित कर रहे थे। दल में रेपुरा, अकबरपुर, झालरी, लक्ष्मीपुर, कुशहारीटोला और आसपास के गाँवों के गरीब खेत मजदूर शामिल थे। इसी तरह उसी समय भागलपुर जिले के तुलसीपुर गाँव के मेदी राय, लाठीसूरत गाँव के रघुनी भगत तथा बेंके गाँव के अयोध्या प्रसाद की कचहरियाँ लूटी गईं। बुचन गोप के नेतृत्व में 70 लोगों ने रुपौली थाना के सीरसीबारी गाँव के प्राणमोहन बाबू से अनाज की माँग की। डर के मारे उन्होंने अनाज दे दिया। सरकारी रिपोर्टों के अनुसार मालाकार सीधी कार्रवाई में विश्वास रखते, सूदखोरों-महाजनों से मोर्चा लेते और 'मुसहर गरीब किसानों को धनियों को लूटने को प्रेरित करते।'[2]

कि नेपाल और बंगाल के भूमिगत कार्यकर्ताओं से भी उनके सम्पर्क थे और वहीं से उन्हें हथियार प्राप्त होता था। उनके दल में प्रायः पिछड़ी-दलित जातियों के गरीब किसान और मजदूर होते। बहरहाल, उनकी कार्यशैली से कम्युनिस्ट पार्टी का नेतृत्व भी परेशान ही रहता। पार्टी ढाँचे में उन्हें कोई खास स्वीकृति नहीं मिली।

मालाकार पूर्णिया जिला किसान सभा तथा कटिहार खेत मजदूर यूनियन के अध्यक्ष समेत इलाके के किसानों-मजदूरों के कई संगठनों के अध्यक्ष रहे। 'मैला आँचल' में रेणु के चलित्तर को कभी जेल नहीं होती। पर वास्तविक जिन्दगी में नक्षत्र कई बार जेल गये। और तो और आजादी के बाद के 40 वर्षों में 18 वर्ष उन्होंने जेल में ही काटे।

('एक्टिविटीज ऑफ दि कम्युनिस्ट पार्टी इन बिहार', निर्मल सेनगुप्त की 'बटाईदारी मूवमेण्ट', सरकारी रिपोर्टों और अन्य स्रोतों पर आधारित।)

1. 'एक्टिविटीज ऑफ दि कम्युनिस्ट पार्टी इन बिहार', पृ. 14।
2. वही, पृ. 19-20।

बहरहाल, बकाश्त आन्दोलन के दौरान पूरे प्रदेश में रैयतों को जमींदारों के हमलों तथा प्रशासन की दमनात्मक कार्रवाइयों का सामना करना पड़ रहा था। बीहट (बेगूसराय), बलीपुर (दरभंगा), पथुआ (मुंगेर), मधेपुर (दरभंगा), महुरी (बिहारशरीफ), दरीगाँव (शाहाबाद), अलावलपुर और नवीगंज (गया) कुरसेला (पूर्णिया) आदि में कई रैयत मारे गए और घायल हुए।[1] जमींदार निजी सेनाएँ गठित कर रहे थे। 18 अप्रैल '47 को जमींदारों के साथ बातचीत में गांधी जी ने बिहार के जमींदारों को आगाह किया, 'जमींदार या पूँजीपति अगर अब मजदूरों या किसानों को दबाएँगे तो वे टिक नहीं सकेंगे। अब आप मालिक की तरह नहीं (बल्कि) हिस्सेदार की तरह, मित्र की तरह उनके साथ व्यवहार करें और ट्रस्टी बनकर रहें, तो ही आप जी सकते हैं। अंग्रेजी राज में बहुत समय तक आपने मजदूरों और किसानों को चूसा है। इसलिए आपके भले के लिए मैं यह सलाह देता हूँ कि आप चेतेंगे नहीं तो अब आपका निभना मुश्किल है।'[2] दो दिन बाद 20 अप्रैल, '47 को सोशलिस्ट नेता रामनन्दन मिश्र ने गांधीजी के नाम खुला पत्र लिखा, 'किसानों के शान्तिपूर्ण किन्तु शक्तिशाली आन्दोलन का दमन करने में जमींदार परस्त अधिकारी कहीं आपके भाषण का इस्तेमाल न करें, इस बात का बड़ा खतरा है। प्रदेश के प्रत्येक हिस्से में चल रहे मौजूदा संघर्ष की तो बुनियाद ही है : किसानों को बलपूर्वक और हिंसात्मक उपायों से अपनी जमीन से बेदखल करने की जमींदारों की कोशिश।' उन्होंने अपने पत्र में सरकारी रिपोर्ट के आधार पर बड़हिया के वैद्यनाथ सिंह उर्फ हिटलर की कारगुजारियों का हवाला दिया।[3] कुछ महीने बाद (अगस्त की शुरुआत में) अपनी एक प्रार्थना सभा के पहले गांधीजी ने कहा, 'अनेक जमींदार, शायद जमीन जोतनेवालों को धूल चटाने के लिए, निजी सेनाएँ संगठित करने में व्यस्त हैं। काश, ये खबरें सही नहीं हों।'[4] खबरें सही थीं। जमींदारों के आक्रामक अभियान के परिणामस्वरूप, बिहार प्रांतीय किसान सभा की मुजफ्फरपुर रिपोर्ट के अनुसार, बिहार के 70 लाख रैयत इस बीच 10 लाख एकड़ जमीन से बेदखल किए जा चुके थे।

इन्हीं संघर्षों के बीच 1950 ई. में प्रदेश को भीषण खाद्यान्न संकट का

---

1. 'दि सर्चलाइट', 20 मार्च, 3 अप्रैल, 21 अप्रैल, 19 मई, 20 मई, 9 जून, 11 जुलाई, 15 जुलाई, 8 जुलाई, 12 अगस्त, 14 अगस्त, 1947।
2. 'बिहार की कौमी आग में मनुबेन गांधी', पृ. 206।
3. निर्मल सेनगुप्त, 'लास्ट फ्रांटियर ऑफ किसान सभा'।
4. 'दि सर्चलाइट', 10 अगस्त, 1947।

सामना करना पड़ा। भभुआ, बक्सर, आरा में भूख मार्च संगठित किया गया। गोगरी जमालपुर, बीहपुर, गया, सासाराम, जामताड़ा, दरभंगा, हजारीबाग और भागलपुर में इसी तरह सभाएँ आयोजित की गईं। रामनन्दन मिश्र ने अपने एक भाषण में सरकार को आगाह किया कि 'अगर समय पर पर्याप्त खाद्यान्न की आपूर्ति नहीं की गई, तो 50,000 लोग भूख से मर जाएँगे।'[1] डॉ. लोहिया ने सूखा प्रभावित क्षेत्रों में सरकारी आदेश न मानने का आह्वान किया। (उधर पूर्णिया में नक्षत्र मालाकार के अनाज-दखल अभियान का हम पहले जिक्र कर चुके हैं।) यहाँ हमारा उद्देश्य 1946-50 के बीच किसान संघर्षों का विस्तृत ब्यौरा देना नहीं है। उपर्युक्त संक्षिप्त विवरण से उन दिनों की स्थिति का अन्दाजा सहज ही लगाया जा सकता है। इसी उथल-पुथल के बीच देश आजाद हुआ, भयानक साम्प्रदायिक दंगों के बीच उसके दो टुकड़े हुए। उसी वर्ष, दिसम्बर 1947 में, बिहार विधान सभा में जमींदारी उन्मूलन से सम्बन्धित विधेयक पेश हुआ। जमींदारों के उग्र विरोध के बावजूद मई 1950 में यह बिहार भूमि सुधार अधिनियम विधान सभा में पारित तो हो गया, लेकिन पटना उच्च न्यायालय ने उसे रद्द कर दिया। फिर 1951 में संसद ने संविधान में पहला संशोधन पारित किया और इसके तहत जमींदारी उन्मूलन को न्यायिक समीक्षा की परिधि से बाहर कर दिया गया। जमींदारों ने सर्वोच्च न्यायालय में इस पहले संशोधन को चुनौती दी। चुनौती तो खारिज हो गई, लेकिन इन अड़चनों को पार करते हुए अधिनियम का कार्यान्वयन 1954 से जाकर ही शुरू हो सका। कार्यान्वयन में नौ वर्ष लगे। इस तरह 1947 से 1963—जमींदारी उन्मूलन में कुल 16 वर्ष लगे! जमींदारों को आखिर कितना समय चाहिए था। इसके अलावा, उन्हें मुआवजा मिला, निजी जमीन रखने की छूट मिली। भूमि हदबन्दी कानून के आने और उसके आधे-अधूरे क्रियान्वयन में तो और दस-पन्द्रह वर्ष लगे।

बहरहाल, 1793 ई. से चली आ रही जमींदारी प्रथा का आखिरकार अन्त हुआ। तब बिहार में कुल 4,74,000 जमींदार परिवार थे। इनमें से 80 फीसदी छोटे जमींदार थे जिनकी लगान से होनेवाली सालाना आमदनी 5,000 रु. या इससे भी कम थी। 20,000 रु. और उससे अधिक की आमदनीवाले बड़े जमींदार तो कुल जमींदारों के मात्र 4 फीसदी ही थे। जमींदारी छिनने के बावजूद इन पूर्व जमींदारों के हाथों में करीब 16 लाख एकड़ जमीन थी। ग्रामीण समाज के सबसे निचले हिस्सों—करीब तीस लाख दर रैयत और खेत मजदूर परिवारों

1. रामनन्दन मिश्र का भाषण, 30 नवम्बर 50।

की स्थिति में जमींदारी-उन्मूलन से कोई खास फर्क नहीं आया;[1] हाँ, 71 लाख कायमी रैयत परिवार जिनके हाथों में 2 करोड़ 20 लाख एकड़ जमीन थी, आजाद भूस्वामी किसानों में बदल गए। **उच्च जातियों के बीच इनका धनी-मानी तबका पूर्व जमींदारों के एक बड़े हिस्से के साथ मिलकर कांग्रेसी शासन का मुख्य आधार बन गया था, जबकि पिछड़ी जातियों के बीच इनका धनी-मध्यम हिस्सा विपक्ष की मुख्य शक्ति के रूप में संगठित हो रहा था। पिछड़ी जातियों के जमींदार (खासकर मधेपुरा के यादव तथा पटना-गया के कुर्मी जमींदार) तो कांग्रेस में पहले ही जा चुके थे, हालाँकि अपनी-अपनी जातियों के सामाजिक-राजनीतिक गतिविधियों से वे सम्पर्क बनाए रखते ताकि 'उपयुक्त' वक्त आने पर पाला बदलने में सहूलियत हो।** खैर, विलम्ब और तमाम खामियों के बावजूद जमींदारी-उन्मूलन का दूरगामी महत्त्व था। इसकी आगे हम और चर्चा करेंगे।

1946-50 के बीच ही स्वतंत्र भारत का संविधान बना और लागू हुआ। 1952 में सार्विक मताधिकार के आधार पर विधान सभा और लोक सभा के पहले चुनाव हुए। इसी दौर में स्वतंत्रता आन्दोलन के दौरान कांग्रेस के अन्दर क्रियाशील विभिन्न धाराएँ-अन्तर्धाराएँ खुलकर सामने आने लगीं और पृथक्

1. 1949 ई. में एक सरकारी जाँच के अनुसार, एक खेतिहर मजदूर परिवार की औसत सालाना आमदनी थी 444.4 रु. और खर्च था 615.8 रु.। खर्च का ब्यौरा इस प्रकार था :

भोजन	:	521.7 रु.
वस्त्र/जूता	:	30.0 रु.
जलावन/रोशनी	:	10.1 रु.
घर का किराया	:	3.0 रु.
विविध	:	51.0 रु.
कुल		615.8 रु.

1946-47 में करीब 2 करोड़ एकड़ जमीन से कुल आमदनी हुई 200 करोड़ रु.—प्रति एकड़ लगभग 100 रु.। पाँच एकड़ से कम जमीन जोतनेवालों की संख्या थी करीब 70 फीसदी। इस तरह के औसत खेतिहरों के खेत से सालाना आमदनी 300 से 150 रु. से अधिक नहीं थी। (रामनन्दन मिश्र, 'किसानों की समस्याएँ', दरभंगा, 1952)। खर्च को जीवन-निर्वाह के न्यूनतम स्तर पर सीमित रखकर सहायक आर्थिक क्रियाकलाप, बटाई पर खेती और कर्ज—मुख्यत: इन्हीं उपायों से इस घाटे को पूरा किया जाता था।

राजनीतिक पार्टियों के रूप में संगठित होने लगीं। महात्मा गांधी की हत्या हो चुकी थी। नेहरूजी के नेतृत्व को, कमजोर ही सही, चुनौती दी जाने लगी थी। स्वतंत्रता के बाद, कांग्रेस के सत्तासीन होने की स्थिति में विपक्ष नए रूप में संगठित हो रहा था। उसे एक सुदृढ़ सामाजिक आधार की तलाश थी। **सामाजिक-आर्थिक और राजनीतिक आन्दोलनों के बीच जमींदारी उन्मूलन और सार्विक मताधिकार पर आधारित लोकतांत्रिक प्रणाली ने पिछड़ी जातियों के राजनीतिक उत्थान में अहम भूमिका अदा की।** इस उत्थान की कहानी हम आगे कहेंगे, लेकिन पहले दो राजनीतिक धाराओं—सोशलिस्ट और कम्युनिस्टों के उद्भव और विकास पर नजर डालना जरूरी है।

सोशलिस्ट धारा

बिहार में सोशलिस्ट पार्टी की स्थापना 1931 ई. में हुई।[1] कांग्रेस में सक्रिय नेताओं ने ही इसकी स्थापना की थी। इसके निर्माण के लिए पहले एक अस्थायी समिति बनाई गई। अब्दुल बारी समिति के सभापति थे, मंत्री थे फूलन प्रसाद वर्मा, राहुल सांकृत्यायन और गंगाशरण सिंह तथा कोषाध्यक्ष थे अम्बिका कान्त सिंह, समिति के अन्य सदस्य थे—जयप्रकाश नारायण, शिवकाली बोस, मणीन्द्र नाथ राय, हरिप्रसाद शास्त्री, ज्ञान साहा, विश्वनाथ मिश्र तथा जहरुल हुसैन हाशमी। 'युवक' पत्रिका का कार्यालय समिति का सम्पर्क स्थान था।[2]

सोशलिस्ट पार्टी का उद्देश्य था भावी स्वराज्य का समाजवादी सिद्धान्तों के आधार पर निर्माण करना। **इस समाजवाद के तीन संघटक तत्त्व थे : मार्क्सवाद, गांधीवाद और पश्चिमी उदारवादी जनवाद। इसके नेताओं पर इन तीन संघटक तत्त्वों का प्रभाव जरूर अलग-अलग था। वे सम्पत्ति पर सामाजिक नियंत्रण तथा सहकारी खेती के हिमायती थे और स्वतंत्रता**

1. 1930 के दशक के दौरान कांग्रेस के भीतर और बाहर कई सामाजिक-राजनीतिक धाराओं का प्रादुर्भाव हुआ। स्वतंत्रता आन्दोलन जितना परिपक्व होता जा रहा था, ये धाराएँ उतनी ही ठोस शक्ल ले रही थीं। 1931 में सोशलिस्ट पार्टी बनी जिसने 34 में अखिल भारतीय रूप लिया। 1932 में जमींदारों की यूनाइटेड पार्टी गठित हुई, 1933 में त्रिवेणी संघ और डिप्रेस्ड क्लासेज लीग (जगजीवन राम के नेतृत्व में), 1934 में किसान सभा का प्रांतीय स्तर पर गठन हुआ, 1937 में जगजीवन राम के ही नेतृत्व में बिहार प्रांतीय खेत मजदूर सभा अस्तित्व में आई और 1938 ई. में आदिवासी महासभा।
2. 'युवक'; दिसम्बर 1931; पृ. 348।

आन्दोलन में मजदूरों, किसानों और अन्य मेहनतकश समुदायों की जुझारू भागीदारी चाहते थे। स्थापना के साथ ही पार्टी राजनीतिक सर्कल में प्रसिद्ध हो गई। इसने नौजवानों से पार्टी में शामिल होने की अपील की।

1932 में असहयोग आन्दोलन का दूसरा चरण शुरू हुआ। समाजवादी नेताओं ने इसमें बढ़-चढ़कर हिस्सा लिया और वे जेल में डाल दिए गए। 'नासिक जेल से लौटने के बाद जयप्रकाश नारायण अखिल भारतीय सोशलिस्ट पार्टी के संगठन की योजना लाए थे। उनके पास कागज पर कांग्रेस सोशलिस्ट पार्टी के विधान का खाका था।'[1] अखिल भारतीय पार्टी के गठन के लिए पटना में सम्मेलन आयोजित किया गया और 17 मई 1934 को कांग्रेस सोशलिस्ट पार्टी का विधिवत गठन हुआ। आचार्य नरेन्द्र देव अध्यक्ष तथा जयप्रकाश नारायण संगठन मंत्री बनाए गए। (पं. जवाहरलाल नेहरू कांग्रेस के अन्दर समाजवादियों के नेता माने जाते थे, हालाँकि वे इस संगठन में शामिल नहीं हुए।), इन समाजवादियों के पश्चिमी देशों के सामाजिक-जनवादियों तथा उनके सोशलिस्ट इण्टरनेशनल से अच्छे ताल्लुकात थे।[2]

पार्टी गठन के साथ ही इसके नेता किसान सभा में सक्रिय हो गए। दो वर्षों के भीतर ही स्थिति यह हो गई कि सभा की प्रांतीय कार्यकारिणी समिति के पन्द्रह सदस्यों में से तेरह सीएसपी के सदस्य थे। जयप्रकाश नारायण किसान आन्दोलन को समाजवादी आन्दोलन का हिस्सा मानते। हरिजन सेवक संघ में भी उनकी खासी दिलचस्पी थी। उन्हें शाहाबाद, मुंगेर, भागलपुर, गया, मुजफ्फरपुर और पटना में अच्छे परिणाम की उम्मीद थी।[3]

बहरहाल, जयप्रकाश नारायण, किशोरी प्रसन्न सिंह, बी.पी. सिन्हा, अब्दुल बारी, रामवृक्ष बेनीपुरी, फूलन प्रसाद वर्मा, गंगाशरण सिंह, श्यामनन्दन मिश्र, रामनन्दन मिश्र आदि समाजवादी नेताओं की सक्रिय भागीदारी से किसान सभा को नया आवेग मिला। समाजवादियों ने इसे वर्गीय आधार देने और जुझारू बनाने की कोशिश की। 'कांग्रेस के बाहर हमारा सर्वप्रमुख कार्य किसानों, मजदूरों तथा

1. रामवृक्ष बेनीपुरी; 'मुझे याद है'; पृ. 144।
2. आगे चलकर सोशलिस्ट पार्टी और इसकी उत्तराधिकारी पार्टियाँ सोशलिस्ट इन्टरनेशनल की बाजाब्ता सदस्य रहीं। वर्ष 1997 में जनता दल वे पहली बार सोशलिस्ट इण्टरनेशनल के सम्मेलन की मेजबानी की।
3. फाइल नं. के डब्ल्यू 20/1935। साथ ही देखें, बी. आर. टॉमलिंसन, 'दि नेशनल कांग्रेस ऐण्ड दी राज, 1929-42', पृ. 54। फाइल नं. 10/1934, राज्य अभिलेखागार (रंजन कुमार द्वारा उद्धृत)।

जनता के अन्य शोषित तबकों का स्वतंत्र संगठन विकसित करना है।....इन वर्ग संगठनों के अलावा, निम्न मध्यमवर्ग के सबसे सक्रिय तत्त्वों को गोलबन्द करने की खातिर हमें युवकों को संगठित करने का प्रयास भी करना चाहिए।'[1]

सोशलिस्ट पार्टी और किसान सभा के बीच तालमेल के कारण जहाँ किसान सभा के संघर्षों की धार पैनी हुई, वहीं सोशलिस्टों को भी अपने संगठन के विस्तार का अच्छा अवसर मिला। वाल्टर हाउजर के अनुसार, 'सोशलिस्ट-किसान सभा संश्रय से दोनों ग्रुप लाभान्वित हुए। किसान सभा को एक बिल्कुल नई विचारधारात्मक दिशा मिली और मिले नेतृत्व के लिए अतिरिक्त कार्यकर्ता। इससे सभा को जरूरी शक्ति प्राप्त हुई।'[2]

1934 ई. में गया में आयोजित प्रांतीय किसान सम्मेलन में जमींदारी उन्मूलन के सवाल पर स्वामी सहजानन्द ने इस्तीफा देने तक की धमकी दे डाली थी। लेकिन अगले ही वर्ष हाजीपुर सम्मेलन में इस बावत प्रस्ताव पारित हुआ। उसी वर्ष रामवृक्ष बेनीपुरी की अध्यक्षता में सम्पन्न पटना जिला किसान सम्मेलन में जमींदारी उन्मूलन का प्रस्ताव पारित किया गया।[3] मुजफ्फरपुर, शाहाबाद, गया और पटना की सभाओं में समाजवादी प्रभाव के अन्तर्गत रैयतों के बुनियादी अधिकार के रूप में जमींदारी उन्मूलन की माँग की गई।[4] इसी समय स्वामीजी ने समाजवादियों के साथ मिलकर कई सभाओं को सम्बोधित किया—शाहाबाद जिले के दिनारा में गंगाशरण सिंह के साथ और जितौरा में जयप्रकाश नारायण के साथ। जितौरा में आयोजित सम्मेलन में मालगुजारी तथा नहर रेट कम करने का प्रस्ताव भी पारित किया गया।[5] 1934-35 के बीच राज्य के विभिन्न जिलों में किसानों की लगभग 500 सभाएँ आयोजित की गईं।

1935 में वाम विचारों से जुड़े नेताओं ने मेरठ में अखिल भारतीय किसान सभा के गठन का फैसला किया। मेरठ की इस बैठक में बिहार प्रान्तीय किसान सभा के नेता भी शामिल हुए थे। अगले वर्ष कांग्रेस के लखनऊ अधिवेशन में इस

---

1. 'ऑल इंडिया कांग्रेस सोशलिस्ट पार्टी', पृ. 25।
2. वाल्टर हाउजर, 'दि बिहार प्रोविन्सियल किसान सभा'।
3. किसान सभा की स्थापना के समय बेनीपुरीजी ने यह कहकर उसका विरोध किया था कि कांग्रेस के रहते इसकी क्या जरूरत?
4. अवधेश्वर प्रसाद सिंह, 'प्रान्तीय किसान सभा', पृ. 68।
5. पाक्षिक रिपोर्ट, 27 अक्टूबर 35; फाइल 20/35 तथा पटना आयुक्त की पाक्षिक रिपोर्ट (जनवरी पूर्वार्ध, 1936); के. के. दत्त, II पृ. 260।

मुद्दे पर बहस हुई कि किसान सभा के कृषि कार्यक्रम को कांग्रेस मान्यता दे या नहीं। डॉ. राजेन्द्र प्रसाद जयप्रकाश नारायण और सहजानन्द के विचारों के खिलाफ थे। बहरहाल, 1936 के अन्तिम माह में फैजपुर में किसान सभा का पहला अखिल भारतीय सम्मेलन सम्पन्न हुआ। स्वामी सहजानन्द सभा के अध्यक्ष बनाए गए। इस अखिल भारतीय किसान सभा के गठन में सोशलिस्टों और कम्युनिस्टों ने महत्त्वपूर्ण भूमिका अदा की थी।

'कांग्रेस के लखनऊ अधिवेशन के बाद नेहरू की वर्किंग कमेटी में तीन समाजवादी (जयप्रकाश नारायण, नरेन्द्रदेव, अच्युत पटवर्धन) सम्मिलित किए गए। कांग्रेस के चुनाव घोषणा पत्र (अगस्त, 1936) की सामाजिक-आर्थिक धाराओं में और फैजपुर अधिवेशन में स्वीकृत अस्थायी कृषि कार्यक्रम में मुख्य रूप में कराची प्रस्ताव को ही दुहराया गया था। इसमें अखिल भारतीय किसान सभा के किसान घोषणा-पत्र की न्यूनतम माँगों को सम्मिलित करने की दिशा में भी कुछ प्रगति हुई थी—राजस्व लगान में कमी, कृषि पर आयकर, काश्तकारी का स्थायी किया जाना, ऋणों का कम किया जाना, जबरी मजदूरी की समाप्ति, वन अधिकारों एवं कृषक यूनियनों को मान्यता।'[1]

1937 के विधान सभा चुनाव में समाजवादी और किसान सभा के नेताओं ने कांग्रेस के समर्थन में सघन प्रचार अभियान चलाया। चुनावी सभाओं में जमींदारी उन्मूलन समेत किसानों की अन्य माँगें भी रखी गईं। चुनाव में कांग्रेस की भारी जीत हुई। कांग्रेस द्वारा सरकार बनाने से इन्कार करने की स्थिति में मुहम्मद यूनुस की अन्तरिम सरकार बनी। 1 अप्रैल 1937 को यूनुस सरकार के खिलाफ उनके आवास पर विशाल प्रदर्शन किया गया। इस प्रदर्शन में जयप्रकाश नारायण, रामवृक्ष बेनीपुरी, बसावन सिंह, मंजूर हसन, कामता प्रसाद, अब्दुल बारी, अनिसुर्रहमान, शाह अहमद हबीब, चन्द्रावती देवी, राम अवतार, विशुनदेव नारायण, बाडो नान, हरी गोप, बिन्देश्वरी प्रसाद, जगदीश कुर्मी आदि शामिल थे। इसके आयोजन में सोशलिस्टों ने बड़ी भूमिका निभाई थी। उन्हें गिरफ्तार किया गया, लेकिन शीघ्र ही उन पर से मुकदमा उठा लिया गया।[2]

यूनुस मंत्रिमंडल के बाद डॉ. श्रीकृष्ण सिंह मंत्रिमंडल का गठन हुआ। कांग्रेसी शासन में भी समाजवादियों पर नजर रखने के निर्देश जारी किए गए।

---

1. सुमित सरकार, 'आधुनिक भारत', पृ. 388।
2. राय बहादुर अतुल्य नारायण बनर्जी, ऑफिसिएटिंग डिस्ट्रिक मजिस्ट्रेट, पटना को पत्र; डी.ओ. पत्रांक 1248 पी. गोपनीय। (पटना डी एम आवास)।

सोशलिस्ट पार्टी की स्थापना के समय उसकी गतिविधियों को लेकर मुख्य सचिव ने कहा था कि पार्टी वर्तमान में खतरनाक नहीं है, बल्कि निगरानी की जरूरत है।[1] 18 फरवरी 1937 को डेपुटी इन्स्पेक्टर जनरल ऑफ पुलिस ने सभी जिलों के आरक्षी अधीक्षकों को लिखा, 'कांग्रेस सत्ताधारी पार्टी है····अब देश में सबसे महत्त्वपूर्ण शक्ति है कांग्रेसी वामपंथ····बिहार में यह पहले ही आगे बढ़ चुका है····कांग्रेसी वामपंथी संगठन देश के युवकों के जरिये जनसमुदाय में क्रान्तिकारी भावना फैलाने के उद्देश्य से हर जिले में, यहाँ तक कि गाँव में भी, अपनी शाखाएँ स्थापित करने का इरादा रखता है।' समाजवादी विचारधारा के संगठनों की गतिविधियों पर निगरानी रखने का निर्देश जारी किया गया।[2]

सरकार बनाने के बाद कांग्रेस को चुनाव के दौरान किसानों से किए गए अपने वायदों से रू-ब-रू होना पड़ा। विधान सभा में जब किसानों के हित में कदम उठाने से सम्बन्धित सवाल उठे, तो सरकार टालमटोल करने लगी। सोशलिस्ट और किसान सभा के नेता देख रहे थे कि कांग्रेस खेतिहर समस्याओं के समाधान से पीछे हट रही है। उनके पास ऐसी स्थिति में संघर्ष के सिवा कोई रास्ता नहीं था। 23 अगस्त '37 को विधान सभा के सामने हजारों किसानों ने प्रदर्शन किया। ऐसा पहली बार हुआ था। 'विधान सभा की छत पर सैकड़ों स्वयंसेवक हाथ में झंडा लेकर चढ़ गए। विधान सभा भवन प्रदर्शनकारियों से भर गया। मुश्किल से बहुत कोशिश करने पर (उन्हें) वहाँ से हटाया गया।'[3] किसान आन्दोलन पुनः जोर पकड़ने लगा। पटना, सारण, गया, शाहाबाद और मुंगेर में इसका विस्तार हो रहा था। किसान दिवस मनाये जा रहे थे। 27 अक्टूबर को पटना के आयुक्त ने सरकार को सूचित किया कि 'किसान आन्दोलन खतरनाक होता जा रहा है।' किसानों के अलावा समाजवादी मजदूर मोर्चे पर भी सक्रिय थे।

किसान आन्दोलन के दबाव से खेतिहर समस्याओं के मद्देनजर सरकार को कुछ कदम उठाने के लिए विवश होना पड़ा। 1937 में ही बिहार काश्तकारी (संशोधन) बिल सामने आया। लगान में पच्चीस फीसदी की कमी की गई। भावली से नकदी में रूपान्तरण की व्यवस्था भी की गई, लेकिन दर काफी ऊँची (उपज का 9/20) थी। रैयतों को जमींदारों की पूर्वानुमति के बिना जमीन

---

1. फाइल 34/1931।
2. 1937 का सर्कुलर नवम्बर 5, बिहार स्पेशल ब्रांच, (डी एम आवास फाइल 107 बिहार 37)।
3. अनुग्रह नारायण सिंह, 'मेरे संस्मरण', पृ. 239।

हस्तांतरित करने का अधिकार मिला। इस हस्तांतरण पर जमींदारों द्वारा लिया जानेवाला शुल्क भी काफी घटा दिया गया। लगान का भुगतान न कर पाने की स्थिति में रैयतों की पूरी मिल्कियत बेच देने से जमींदारों को परहेज करने को कहा गया। हाँ, बकाये लगान के बराबर जमीन का टुकड़ा बेच देने की उन्हें छूट थी। गैरकानूनी अबवाबों की वसूली पर भी रोक लगाने की बात कही गई। 1938 ई. में बकाश्त जमीन को लेकर भी एक कानून बना। हालाँकि उसमें इतने छिद्र थे कि व्यावहारिक धरातल पर उसकी कोई खास उपयोगिता नहीं रही। 1939 ई. में बिहार मनी लैंडर्स बिल भी पेश हुआ।[1] इन कानूनों के जरिए किसान आन्दोलन के ज्वार को सरकार ने थामने की कुछ हद तक कोशिशें कीं। डॉ. राजेन्द्र प्रसाद के नेतृत्व में जमींदारों और कांग्रेस के बीच एक समझौता भी हुआ। लेकिन '37-39 के बीच, खासकर बकाश्त जमीन को लेकर, आन्दोलन और तीखा हो गया।

यहाँ बकाश्त की बावत कुछ चर्चा अप्रासंगिक नहीं होगी। **बकाश्त जमीन का मुद्दा रैयतों के आन्दोलन में शुरू से विद्यमान था। दरअसल यह मुख्यतः गरीब कायमी रैयतों तथा दर रैयतों का मुद्दा था। इन रैयतों में पिछड़ी-दलित जातियों के रैयत विशाल बहुसंख्या में थे।** इन रैयतों की जमीन की आकांक्षा सर्वप्रथम जमींदारों की बकाश्त जमीन पर कब्जे के रूप में ही अभिव्यक्ति पाती थी। यह जमीन दरअसल उन्हीं की जमीन थी जिस पर कायमी हक से जमींदारों ने उन्हें वंचित कर रखा था। किसान सभा के पहले दौर (1929-35) में लगान में कमी, काश्तकारी कानून में संशोधन और जमीन के हस्तांतरण पर जमींदारों द्वारा लिया जानेवाला शुल्क मुख्य मुद्दा था। यह खासकर उच्च जाति के खुशहाल कायमी रैयतों के ज्यादा मनमाफिक मुद्दे थे। इन्हीं मुद्दों पर 1937-39 के दौरान कांग्रेसी सरकार ने कुछ कदम उठाए। इन कदमों से किसान सभा पूरी तरह संतुष्ट तो नहीं हुई, लेकिन ये माँगें ठंडी जरूर पड़ गईं। इसी बीच 1936-39 के दौरान बकाश्त का मुद्दा सतह पर उभरकर आ गया और जैसा कि हम पहले देख चुके हैं, 1946-'50 के बीच वह अपने चरम पर जा पहुँचा। बकाश्त संघर्षों ने पिछड़ी-दलित जाति के रैयतों को एक शक्ति के रूप में उभरने में महत्त्वपूर्ण भूमिका निभाई।

बहरहाल, 1938 ई. में बकाश्त के मुद्दे पर रेवड़ा (गया) में किसान सभा के नेतृत्व में जुझारू संघर्ष फूट पड़ा। जमींदारों के हिंसक हमलों और यातनाओं के बावजूद किसान डटे रहे और आखिरकार जिलाधिकारी ने विवादास्पद जमीन का

---

1. फ्रेन्सिन आर. फ्रेंकल, 'कास्ट, लैण्ड ऐण्ड डोमिनेन्स इन बिहार, ब्रेकडाउन ऑफ दि ब्राह्मणिकल सोशल ऑर्डर', पृ. 78; मेक्डोनाल्ड, पृ. 308।

4/5 हिस्सा रैयतों के बीच बाँटने का आदेश दिया। जब किसान नेता यदुनन्दन शर्मा ने उच्च और निम्न सभी जातियों के बीच बराबर-बराबर जमीन बाँटने का निर्णय सुनाया तो भूमिहार रैयतों ने अपनी नाराजगी जतायी।[1] (इसके पहले 1936 में कार्यानन्द शर्मा के नेतृत्व में बड़हिया टाल क्षेत्र में भी बकाश्त को लेकर जंगी आन्दोलन हुआ था। इस आन्दोलन में धानुक रैयतों ने अहम भूमिका निभायी थी।)

चारों ओर किसान आन्दोलन से घिरी कांग्रेस सरकार ने आन्दोलन का नेतृत्व करनेवाले किसान सभा और सीएसपी के नेताओं के खिलाफ सख्त रवैया अख्तियार किया। 'कैसे लोगे मालगुजारी, लट्ठ हमारा जिन्दाबाद' जैसे नारे से कांग्रेसियों को हिंसा का खतरा महसूस होता था। सो कांग्रेस कमेटियों ने चम्पारण, सारण और मुंगेर में सहजानन्द के प्रवेश पर रोक लगा दी। बाद में डॉ. राजेन्द्र प्रसाद की अध्यक्षता में कांग्रेस कार्यकारिणी ने इस निर्णय की पुष्टि भी कर दी।[2] स्वामीजी ने प्रदेश कार्यकारणी समिति से इस्तीफा दे दिया। इस पर जयप्रकाश नारायण की प्रतिक्रिया थी, 'बिहार में कार्यकारिणी की कार्रवाई निरन्तर बढ़ते वामपंथ के खिलाफ कांग्रेस के दक्षिणपंथी नेताओं द्वारा चलाई गई राष्ट्रव्यापी आक्रामक मुहिम का एक हिस्सा लगती है। दक्षिणपंथी संसदीय कार्यवाहियों को जन-आन्दोलन और संघर्ष से विलग करना चाहते हैं। वामपंथी इसमें बाधा साबित हो रहे हैं। इसीलिए अहिंसा के नाम पर यह अभियान चलाया जा रहा है।' कांग्रेस की कमेटियों से, खासकर प्रांतीय कार्यकारिणी से कांग्रेस समाजवादियों तथा किसान सभाइयों को अलग किया जाने लगा। जनवरी 1938 में अखिल भारतीय कांग्रेस कमेटी के 36 सदस्यों में से 5 किसान सभाई या समाजवादी थे। इनमें से एक को भी प्रान्तीय कार्यकारिणी में शामिल नहीं किया गया। हरिपुरा कांग्रेस के लिए प्रतिनिधियों के चयन के मसले पर कांग्रेसियों ने दरभंगा में नारेबाजी की—'उजला बक्सा में वोट दो, लाल बक्से का गला घोंट दो'। लाल बक्सा कांग्रेस समाजवादियों का था। रामनन्दन मिश्र ने कहा, 'हमारी सभाओं में लाठियाँ लेकर शेम-शेम के नारे लगाना, चरखा संघ से हमारे साथियों को निकालना, अत्याचारी जमींदारों और महाजनों का सहयोग लेना, पोलिंग स्टेशनों पर लाठी, बरछा और दोनाली बन्दूक लेकर जाना और बोगस वोट डलवाना यदि अहिंसा और गांधीवाद में दाखिल हो गया तो मालूम नहीं हिंसा किसे कहते हैं।'[3]

---

1. फ्रेन्सिन आर फ्रेंकल, वही, पृ. 79।
2. स्वामी सहजानन्द, 'मेरा जीवन संघर्ष', पृ. 311।
3. रामविलास शर्मा, 'स्वाधीनता संग्राम के बदलते परिप्रेक्ष्य', पृ. 46।

खैर, किसान आन्दोलन निरन्तर विस्तार पा रहा था। 'कांग्रेस के विरोध के बावजूद किसान खेत नहीं छोड़ रहे थे। वे जमींदारों, उनके लठियलों और पुलिस के हमलों का मुकाबला कर रहे थे।'[1] 16 जनवरी 1938 से 30 अप्रैल 1938 के बीच रैयतों और जमींदारों के बीच संघर्ष की बावत पटना में 4, गया में 17, शाहाबाद में 2, सारण में 1 और मुंगेर में 3 मामले दर्ज किए गए।[2] संघर्ष के इलाकों में गोरखा मिलिट्री को लगाया गया। पटना के गाँव भी अशान्त थे। 30 जुलाई 1938 को तीसखोरा, नौबतपुर में एक बराहिल मारा गया। पुलिस ने 90 रैयतों को गिरफ्तार किया। गया और शाहाबाद में भी इसी तरह तनाव बरकरार था।[3] बड़हिया से लेकर गया, पटना, शाहाबाद, दरभंगा, सारण आदि जिले इस आन्दोलन की चपेट में थे।

16–17 नवम्बर 1938 को मसौढ़ी में पटना जिला किसान सम्मेलन हुआ जिसकी अध्यक्षता डॉ. राममनोहर लोहिया ने की। दो दिनों बाद लखीसराय किसान सम्मेलन में भी लोहिया शामिल हुए।[4] किसान सभा और समाजवादियों के संघर्ष का कुछ नतीजा भी सामने आया। जयप्रकाश–डैनबी पैक्ट के तहत (दरभंगा) राज की 14,000 एकड़ जमीन किसानों के बीच वितरित की गई।[5]

इन संघर्षों के दरम्यान समाजवादी नेताओं को भी किसानों की समस्याओं को नजदीक से जानने–समझने का मौका मिला। ये नेता प्रायः उच्च जाति बुद्धिजीवियों के बीच से अथवा सम्पन्न घरानों से आये थे, लेकिन वैचारिक रूप से और संघर्षों में उत्पीड़ित समुदायों के साथ थे। पिछड़ी–दलित जातियों के रैयतों से उनके जीवन्त सम्बन्ध बन रहे थे। सामाजिक और आर्थिक ढाँचे तथा जनसमुदाय की गरीबी के बीच के अन्तःसम्बन्ध को वे समझ रहे थे। देख रहे थे कि किसान समस्या की जड़ें एक वर्ग द्वारा दूसरे वर्ग के शोषण पर आधारित सामाजिक ढाँचे में निहित हैं, कि यह समस्या पूरे समाज को, उसके हरेक पहलू को प्रभावित करनेवाली वृहत्तर समस्या का ही एक अंग है, और यह कि इसे

1. बिहार लेजिस्लेटिव एसेम्बली प्रोसीडिंग, खण्ड III, भाग 3, पृ. 3721–22।
2. बिहार लेजिस्लेटिव काउन्सिल में श्रीकृष्ण सिंह का उत्तर, खण्ड III, नं. 29, पृ. 1481/91।
3. पाक्षिक रिपोर्ट, 13 अगस्त 1938।
4. त्रिवेणी शर्मा सुधाकर, 'कार्यानन्द शर्मा : महान जीवन, लघु परिचय' (पृ. 7–8) तथा के. के. दत्त, खण्ड II, पृ. 309।
5. 'जनता', शहीद सूरज नारायण स्मृति विशेषांक, 1982, पृ. 4; रंजन कुमार, 'पीजेण्ट स्ट्रगल इन बिहार' द्वारा उद्धृत, पृ. 152।

अलग-थलग ढंग से सुलझाना संभव नहीं।[1]

प्रसंगवश, यहाँ यह जिक्र कर दें कि जातीय सुधार सभाओं के आयोजन का सिलसिला तीस के दशक में भी थमा नहीं था। पटना जिले में 1935 में इस बावत हुई गतिविधियों पर नजर डालना ही यहाँ पर्याप्त होगा। विक्रम थाने के देकुली गाँव में मुसहरों की एक सभा में बच्चों को पढ़ाने, अपराध छोड़ने तथा डिप्रेस्ड क्लास के बतौर आर्थिक सहयोग की माँग से सम्बन्धित फैसले लिये गए। दानापुर में बिन्दों और कोइरियों की सभा में सामाजिक जातीय सुधारों की बातें हुईं। पुनपुन में हलवाइयों की बैठक में जनेऊ पहनने का फैसला किया गया। बिहारशरीफ में ग्वालों और कुर्मियों की सभा में शराब आदि पर रोक लगाने का प्रस्ताव पास हुआ।[2]

इस दौरान समाजवादियों ने मजदूर आन्दोलन में भी सिद्दत के साथ शिरकत की। 37-38 के बीच उनके नेतृत्व में ग्यारह सफल हड़तालें हुईं। अब्दुल बारी ने टाटा वर्कर्स यूनियन स्थापित की। रामवृक्ष बेनीपुरी और अब्दुल बारी बिहटा चीनी मिल में सक्रिय थे, तो बसावन सिंह डेहरी-आन-सोन लाइट रेलवे और बौलिया क्वैरी में।[3] बिहार प्रांतीय समाजवादी आन्दोलन के पहले अधिवेशन (5-6 दिसम्बर 1936) में डॉ. लोहिया ने इस बात पर जोर दिया था कि 'अगर हम अब भी राष्ट्रीय आजादी में किसानों, मजदूरों और अन्य दलित श्रेणियों की तड़प और उनकी निजी उन्नति की चाहों का समावेश नहीं करते तो उसके मानी साम्राज्य-विरोधी युद्ध से मुँह मोड़ना है।'[4]

बहरहाल, किसान सभा और सीएसपी के साथ कांग्रेस की दूरी निरन्तर बढ़ती जा रही थी। कांग्रेस मंत्रिमंडल के खिलाफ तथा जमींदारी उन्मूलन और करों में कमी के समर्थन में लगातार धरना-प्रदर्शन का कार्यक्रम चल रहा था। जहानाबाद की एक सभा में रामवृक्ष बेनीपुरी ने कहा—जमींदार, पंडे, पूँजीपति और अंग्रेजी राज किसानों के चार दुश्मन हैं····कांग्रेस सरकार या तो पगला गयी है या बेईमान हो गई है।[5] 13-15 मई 1938 को कुमिल्ला (बंगाल) में अखिल

---

1. 'दि सर्चलाइट', 3 अप्रैल 1941। निर्मल सेनगुप्ता द्वारा उद्धृत।
2. एस पी की साप्ताहिक रिपोर्ट, 10 जून 1935; 24 अप्रैल 1935; 10 अगस्त 35।
3. के.के. दत्त, खण्ड II, पृ. 316-17; पाक्षिक रिपोर्ट नवम्बर, 1938।
4. बिहार सोशलिस्ट पार्टी के सचिव किशोरी प्रसन्न सिंह द्वारा प्रकाशित बुकलेट 'सभापति राममनोहर लोहिया का भाषण,' पृ. 8।
5. पाक्षिक रिपोर्ट, 13 जुलाई 1938।

भारतीय किसान सम्मेलन के मंच से स्वामी सहजानन्द ने घोषणा की थी कि वह समय नजदीक आ रहा है जब किसान सभा के सदस्यों को कांग्रेस के अन्दर काम करना जरूरी नहीं होगा। उन्हें कांग्रेस छोड़कर स्वतंत्र रास्ते पर आगे बढ़ना होगा।[1] लेकिन जयप्रकाश नारायण तब इस तरह के कदम उठाने के पक्ष में नहीं थे। उन्होंने किसानों, खेतमजदूरों और युवा लीग को कांग्रेस के झण्डे तले गोलबन्द रहने की घोषणा की और बकाश्त के मसले पर एक सुलह समिति (बकाश्त कॉन्सिलिएशन कमेटी) के गठन की घोषणा की।[2] 3–4 दिसम्बर 1938 को दरभंगा के ओइनी में और 9–10 अप्रैल 1939 को गया में किसान सभा का क्रमशः प्रान्तीय और अखिल भारतीय सम्मेलन हुआ। स्वामी सहजानन्द कांग्रेस के साथ सम्बन्ध-विच्छेद के पक्ष में थे, लेकिन जयप्रकाश नारायण और आचार्य नरेन्द्र देव ऐसा करने के खिलाफ थे। श्री नारायण और आचार्य ने स्थानीय कांग्रेस संगठनों के साथ किसान सभा का सौहार्दपूर्ण सम्बन्ध बनाने पर जोर दिया। गया सम्मेलन में जमींदारी प्रथा समाप्त करने, कांग्रेस-जमींदार समझौता रद्द करने, मंत्रिमंडल द्वारा बकाश्त समस्या के हल की दिशा में कदम उठाने तथा जमींदारों की ज्यादती समाप्त करने, फैजपुर कांग्रेस के कृषि कार्यक्रम और चुनाव घोषणा-पत्र के अनुबन्धों का कार्यान्वयन करने[3] आदि माँगें की गईं। किसान सभा के लाल झण्डे के सवाल पर भी मतभेद उत्पन्न हो गया। आचार्य ने लाल झण्डे के खिलाफ भाषण दिया और कहा कि किसान सभा का रुख तिरंगे झंडे के प्रति सम्मानात्मक नहीं है।[4] कुल मिलाकर कांग्रेस के साथ रिश्ते को लेकर सहजानन्द और कांग्रेस समाजवादियों के बीच विवाद शुरू हो गया था।

1939–41 के बीच स्वामी सहजानन्द गांधीवादियों और कांग्रेस के विकल्प के रूप में संयुक्त वाम मोर्चे के गठन के पक्ष में थे। इन्हीं दिनों कम्युनिस्टों और समाजवादियों के बीच भी मतभेद बढ़ता जा रहा था। सीएसपी में कार्यरत कई कम्युनिस्ट नेता अब सीधे कम्युनिस्ट पार्टी के संगठन में लग रहे थे और अपने साथ कुछेक समाजवादियों को भी ले जा रहे थे। खुद स्वामीजी का कम्युनिस्टों की ओर झुकाव बढ़ रहा था।

त्रिपुरी कांग्रेस और उसके बाद गांधीवादियों और वामपंथियों के बीच

1. पाक्षिक रिपोर्ट, 1 मई 1938।
2. पाक्षिक रिपोर्ट, 26 जुलाई 1938।
3. के. के. दत्त, II, पृ. 313–14; तथा दि एनुअल रजिस्टर, खण्ड I, पृ. 411।
4. स्वामी सहजानन्द, 'मेरा जीवन संघर्ष', पृ. 327।

मतभेद काफी बढ़ गया था। खुद समाजवादी भी नेताजी सुभाषचन्द्र बोस के पक्ष में थे, लेकिन वे गांधीजी की सर्वोच्चता को चुनौती देने के लिए तैयार नहीं थे। अन्ततः वे महात्मा गांधी के ही साथ रहे। उधर कांग्रेस के रामगढ़ अधिवेशन के समय स्वामी सहजानन्द की अध्यक्षता में एक समझौता-विरोधी सम्मेलन का आयोजन किया गया। फिर बम्बई में संयुक्त वाम मोर्चा बनाने की खातिर एक सम्मेलन हुआ। कांग्रेस नेतृत्व ने बिना समुचित निर्देश के सत्याग्रह अथवा आन्दोलन चलानेवालों के प्रति कड़ा रुख अख्तियार किया। सहजानन्द के अनुसार, इसका सीधा अर्थ था बिहार का किसान आन्दोलन बन्द कर देना। ऐसे में सुभाष बाबू के साथ मिलकर विरोध करने का फैसला किया गया। संयुक्त वाम कमेटी की कलकत्ता बैठक में 'राष्ट्रीय संग्राम सप्ताह' मनाने का निर्णय हुआ। समाजवादी न इसमें शामिल हुए न नागपुर के साम्राज्य-विरोधी सम्मेलन में। 7 नवम्बर 1939 को बिहटा आश्रम से स्वामी सहजानन्द ने समाजवादियों को इन स्थितियों की बावत एक लम्बा पत्र लिखा।[1]

इसी बीच द्वितीय विश्वयुद्ध शुरू हो गया था और श्रीकृष्ण सिंह मंत्रिमंडल इस्तीफा भी दे चुका था। 24-25 फरवरी 1940 को मोतिहारी में संपन्न किसान सभा के सातवें प्रान्तीय सम्मेलन में आचार्य नरेन्द्र देव और जयप्रकाश नारायण कांग्रेस के साथ तालमेल की जरूरत पर बल देते रहे, लेकिन यमुना कार्यी को कांग्रेस से सम्बन्ध-विच्छेद के मुद्दे पर डिगा नहीं सके।[2] आखिरकार 8-9 मार्च 1941 को डुमराँव में हुए आठवें प्रान्तीय सम्मेलन में एकता टूट ही गयी। सभा के महासचिव अवधेश्वर प्रसाद सिंह को निकाले जाने के खिलाफ द्वन्द्व गहरा हुआ और रामवृक्ष बेनीपुरी की अध्यक्षता में समानान्तर किसान सभा की स्थापना की गई। श्याम नन्दन सिन्हा इसके महासचिव बने और अन्य सदस्य थे—गिरधर नारायण सिन्हा, अहद फातमी (संयुक्त सचिव), गंगा शरण सिन्हा, किशोरी प्रसन्न सिंह, योगेन्द्र शुक्ल, गणेश वर्मा, अवधेश्वर प्रसाद सिंह, एस. एच. रजी, रामनन्दन मिश्र और दुर्योधन सिन्हा।[3] बेनीपुरी की अध्यक्षतावाली किसान सभा ने आरोप लगाया कि पंडित यमुना कार्यी के ग्रुप ने प्रतिनिधियों की सूची में गड़बड़ी की है, और यह कि पं. यमुना कार्यी की अध्यक्षता वाली समिति बोगस

---

1. समाजवादियों के साथ मतभेद को लेकर देखिए : स्वामी सहजानन्द, 'मेरा जीवन संघर्ष', पृ. 332, 336।
2. पाक्षिक रिपोर्ट II, फरवरी, 1940।
3. दि सर्चलाइट/दि इंडियन नेशन, 11 मार्च, 1941।

सदस्यों से भरी पड़ी है।[1] सहजानन्द तब जेल में थे। उनके अनुसार, समाजवादी किसान सभा पर अपना बहुमत चाहते थे। दूसरी ओर, समाजवादियों ने उन्हें मात्र एक गुट का नेता करार दिया।[2] अगले वर्ष (1942 में) किसान सभा के बिहटा सम्मेलन में फॉरवर्ड ब्लॉक (नेताजी सुभाषचन्द्र बोस की पार्टी) के लोगों ने भी स्वामी सहजानन्द से अपना नाता तोड़ लिया।

1942 के भारत छोड़ो आन्दोलन में समाजवादियों ने जुझारू भूमिका निभाई। प्रायः सभी नेता गिरफ्तार कर जेल में डाल दिए गए थे। लेकिन 8 नवम्बर 1942 को दीवाली की रात जयप्रकाश नारायण, योगेन्द्र शुक्ल, सूर्यनारायण सिंह, शालिग्राम सिंह, रामनन्दन मिश्र और गुलाली प्रसाद हजारीबाग सेंट्रल जेल से निकल भागे। उन्होंने भूमिगत 'आजाद दस्ते' का गठन किया—पटना, पूर्णिया, छपरा, भागलपुर दस्ते के प्रमुख कार्यक्षेत्र थे। फिर जयप्रकाश, डॉ. लोहिया, श्यामनन्दन सिंह, वैद्यनाथ झा आदि गिरफ्तार कर नेपाल के हनुमाननगर जेल में डाल दिए गए। आजाद दस्ते ने इन नेताओं को जेल से फिर छुड़ा लिया। दस्ते की गतिविधियाँ 1944 तक चलीं।[3]

1946 के चुनाव में सोशलिस्टों ने कांग्रेस का साथ दिया। उनके खेमे से रामवृक्ष बेनीपुरी, अवधेश्वर प्रसाद सिंह, फूलन प्रसाद वर्मा, श्यामनन्दन सिंह, शीलभद्र याजी, बुधनराय वर्मा, अब्दुल बारी तथा अबुल हयात चाँद को टिकट मिला। श्री याजी और वर्मा 1937 में जीते थे, लेकिन इस बार हार गए। अब्दुल बारी को मोमिन कान्फ्रेंस तथा चाँद को मुस्लिम लीग के प्रत्याशी ने पराजित किया। सोशलिस्टों में सिर्फ फूलन प्रसाद वर्मा और श्यामनन्दन सिंह जीते। डॉ. श्रीकृष्ण सिंह मंत्रिमण्डल ने दूसरी बार अप्रैल 1946 में सत्ता ग्रहण की। इसके चार माह बाद—सितम्बर में कांग्रेस संगठन के थाना स्तर के चुनावों में समाजवादियों को गहरा धक्का लगा।[4] फिर 1948 में कांग्रेस ने फैसला किया कि किसी दूसरी राजनीतिक पार्टी का सदस्य कांग्रेस का सदस्य नहीं हो सकता। उसी वर्ष नासिक सम्मेलन में सोशलिस्टों ने कांग्रेस से अलग होकर एक स्वतन्त्र पार्टी का रूप ग्रहण किया। आजाद भारत में इस पार्टी को अब अपनी स्वतंत्र पहचान

1. दि सर्चलाइट, 11 मार्च, 1941।
2. स्वामी सहजानन्द, 'मेरा जीवन संघर्ष', पृ. 350; तथा दि सर्चलाइट, 3 अप्रैल, 1941।
3. हवलदार त्रिपाठी 'सहृदय', 'सन् 1942 का आजाद दस्ता और तिवारीजी', पृ. 81।
4. जयप्रकाश नारायण, 'टुवर्ड्स टोटल रिवोल्यूशन', पृ. 82।

बनानी थी और अपना खुद का जनाधार विकसित करना था। पहली परीक्षा तो 1952 के पहले आम चुनावों में ही होनी थी। वैसे उन दिनों, जैसा कि हम पहले देख चुके हैं, वह बकाश्त संघर्षों में सक्रिय भूमिका निभा रही थी।

'50 और '60 के दशक में समाजवादी आन्दोलन और संगठन के विकास की हम आगे चर्चा करेंगे। पहले एक नजर बिहार में कम्युनिस्ट धारा के उद्भव और विकास पर।

कम्युनिस्ट धारा

भारत की कम्युनिस्ट पार्टी (भाकपा) की स्थापना के करीब चौदह वर्षों बाद 20 अक्टूबर 1939 को मुंगेर में इसकी प्रान्तीय इकाई का गठन हुआ। गुप्त रूप से हुई इसकी स्थापना बैठक में निम्नलिखित व्यक्ति उपस्थित थे—सर्वश्री राहुल सांकृत्यायन, सुनील मुखर्जी, ज्ञान विकास मैत्र, विश्व विकास मैत्र, रासबिहारी सिंह, दयानन्द झा, कार्तिक साह, अधिक लाल (भागलपुर), श्यामल किशोर झा (सहरसा), विश्वनाथ माथुर (गया), शिववचन सिंह (सारण), तालो चौधरी, शरत पटनायक, कृपासिन्धु खुटिया (हजारीबाग) तथा अली अशरफ (पटना)।[1] पार्टी के केन्द्रीय नेतृत्व की ओर से रुद्रदत्त भारद्वाज आए थे। इसी बैठक में पाँच सदस्यों की प्रान्तीय कमेटी बनायी गई और सुनील मुखर्जी इसके सचिव चुने गए।

मंजर रिजवी ने छपरा में अपनी जमीन और मकान बेचकर लंगरटोली, पटना स्थित खपरैल मकान खरीदा जिसमें भाकपा का यतीन प्रेस खुला और फिर उसी में उसका राज्य कार्यालय बना। डालमियानगर के मजदूर नेता रिजवी पहले कांग्रेस सोशलिस्ट पार्टी में थे। 1940 में डालमियानगर की पहली हड़ताल इन्हीं के नेतृत्व में हुई थी। उसी हड़ताल के बाद उन्हें सीएसपी से निष्कासित कर दिया गया। वे गिरफ्तार हुए। रिहा होने के बाद भाकपा के पूर्णकालिक कार्यकर्ता बन गए। वे पार्टी की राष्ट्रीय परिषद के पहले सदस्यों में से थे (संभावित काल : 1941)। जिन्दगीभर बधना और चटाई लेकर वे कम्युनिस्ट पार्टी का झण्डा थामे रहे।

1940 आते-आते राहुल सांकृत्यायन, अली अशरफ और सुनील मुखर्जी

---

1. कृष्ण चन्द्र चौधरी, 'बिहार में कम्युनिस्ट पार्टी का जन्म और विकास', पृ. 10। सुनील मुखर्जी के अनुसार बैठक में हीरालाल पालित और पृथ्वीराज सिंह भी शामिल थे।

गिरफ्तार कर लिए गए। (पूरे मुल्क में 22 कम्युनिस्ट नेताओं के खिलाफ वारंट जारी किया गया था, जिनमें बिहार के ये तीन नेता भी थे)। प्रदेश के कई सोशलिस्ट नेता भी उन दिनों देवली कैंप जेल में बन्द थे। उनमें से एक बिहार सीएसपी के महामंत्री किशोरी प्रसन्न सिंह भी थे। उन्होंने जेल में ही कम्युनिस्ट होने की घोषणा कर दी। जयप्रकाश नारायण भी तब उसी जेल में थे। उन्होंने अपने चर्चित देवली पत्र में लिखा, 'बिहार के साथियों को किशोरी की गद्दारी की सूचना दे दो।' 1940 में ही बहुचर्चित जुझारू किसान नेता कार्यानन्द शर्मा भी भाकपा में शामिल हो गए।

उन दिनों कम्युनिस्ट पार्टी बिहार में काफी छोटी पार्टी थी। उसके सदस्यों की संख्या 1942 में मात्र 52, 1943 में 191 और 1944 में 963 थी।

बहरहाल, यूँ तो बिहार में कम्युनिस्ट पार्टी की प्रान्तीय इकाई का गठन बहुत बाद में हुआ, लेकिन देश के विभिन्न हिस्सों में 1920–22 के दौरान उभरे कम्युनिस्ट तत्त्वों व ग्रुपों तथा 'हिन्दुस्तान रिपब्लिकन आर्मी' के प्रभाव से यह प्रदेश अछूता नहीं था। छोटे स्तर पर ही सही यहाँ भी कम्युनिस्ट तत्त्व सक्रिय थे और वे सिंगारवेलु चेट्टियार, एम. एन. राय और श्रीपाद अमृत डांगे के सम्पर्क में थे।[1] सरकार उन पर नजर रख रही थी। अंग्रेज पुलिस अधिकारी मि. बामफोर्ड ने बाजाप्ता पटना आकर बिहार और उड़ीसा में बोल्शेविक/कम्युनिस्ट तत्त्वों के बारे में जाँच की थी। मनीलाल (गया), गंगा प्रसाद (गया), अभिताभ घोष (राँची), दीप नारायण सिंह, अब्दुल अहद (पटना), मुहम्मद इस्माइल (भागलपुर), जी. एल. सेठी और पी. सी. मित्रा (जमशेदपुर) के नाम संदिग्ध कम्युनिस्टों की सूची में थे। इनमें मनीलाल का नाम महत्त्वपूर्ण है। फिजी, न्यूजीलैण्ड, मॉरिशस और सीलोन (श्रीलंका) से निर्वासन तथा भारत पहुँचने पर मद्रास और बम्बई हाई कोर्ट द्वारा उनकी प्रैक्टिस पर रोक लगाए जाने के बाद वे जनवरी 1923 ई. में गया (बिहार) पहुँचे। 1920 ई. में फिजी से उन्हें मजदूर आन्दोलन के कारण तथा न्यूजीलैण्ड से 'बोल्शेविक' भाषण देने के कारण निकाला गया था। सीलोन में तो उन्हें रहने की अनुमति ही नहीं मिली।[2] मनीलाल ही सिंगारवेलु द्वारा प्रकाशित घोषणापत्र के मूल लेखक थे। अप्रैल 1923 में उन्होंने हिन्दुस्तान की मजदूर किसान पार्टी के कार्यक्रम और

1. इंडियन कम्युनिस्ट पार्टी—बोल्शेविज्म इन बिहार ऐण्ड उड़ीसा, 1923; राज्य अभिलेखागार, (फाइल नम्बर उपलब्ध नहीं।)
2. वही, मनीलाल मूलतः गुजरात के रहनेवाले थे। सरकारी रेकर्ड में उनका गुजराती बनिया के रूप में जिक्र किया गया है।

संविधान का एक मसौदा तैयार किया था। मई 1923 में सिंगारवेलु चेट्टियार ने लेबर किसान पार्टी के गठन की घोषणा की। उन्होंने मनीलाल द्वारा तैयार मसौदे को परिवर्धित कर पार्टी के घोषणापत्र के रूप में प्रकाशित किया।[1] जून महीने में मनीलाल को पार्टी की केन्द्रीय कमेटी में भी शामिल कर लिया गया। (प्रसंगवश, यहाँ जिक्र कर दें कि 1922 में कांग्रेस के गया अधिवेशन में सिंगारवेलु ने खुलेआम विश्व कम्युनिस्टों की महान् परम्परा का हवाला देकर, बारदोली से पीछे हटने को भारी भूल बताकर और असहयोग आन्दोलन के साथ राष्ट्रीय हड़तालों के महत्त्व पर बल देकर थोड़ी सनसनी फैला दी थी।)[2]

कम्युनिस्टों के बारे में जाँच-पड़ताल के बाद सी. आई. डी. के डेपुटी इन्स्पेक्टर जनरल ने मुख्य सचिव को जो सूचना दी वह इस प्रकार थी[3]: मनीलाल को सिंगारवेलु की लेबर किसान पार्टी से जुड़ा पाया गया। साथ ही सकलतवाला से भी उनके सम्बन्ध थे और डाँगे के साथ भी उनका पत्र व्यवहार था। कहा गया कि अगर सिंगारवेलु, वेलायघनम, डाँगे, मुकुंद लाल सरकार के घरों की तलाशी ली जाती है, तो मनीलाल की भी ली जाए। अन्य लोगों के बारे में चिन्ता की जरूरत नहीं समझी गई। लेकिन यह पाया गया कि जमशेदपुर लेबर यूनियन के सचिव पी.सी. मित्रा का सम्पर्क कम्युनिस्टों से है। इसी तरह यूनियन के मुख्य सदस्यों में से एक जी. एल. सेठी का भी कम्युनिस्टों से सम्बन्ध था। 1922 की हड़ताल में उन्होंने मुख्य भूमिका निभायी थी। एम.एन. राय का कम्युनिस्ट साहित्य भी उनके पास आता था। दीप नारायण सिंह भी एम.एन. राय, इ. एल. अय्यर तथा सिंगारवेलु के सम्पर्क में थे। भागलपुर के श्री सिंह ने कांग्रेस के गया अधिवेशन (दिसम्बर 1922) में यह प्रस्ताव रखा था कि भारतीय श्रमिकों को संगठित किया जाये जिससे उनका न्यायपूर्ण अधिकार मिल सके तथा उनका और देशी साधनों के दुरुपयोग को रोका जा सके।[4] दीप नारायण सिंह 1923 ई. में यूरोप में थे और अधिकारियों को यह आशंका थी कि वे शायद बर्लिन में मानवेन्द्र नाथ राय द्वारा आयोजित किए जानेवाले सम्मेलन में भाग लेने के लिए वहाँ गए हों।[5]

---

1. वही; तथा डेपुटी इन्स्पेक्टर जनरल आर. जे. हर्स्ट का नोट, 17.3.'23।
2. सुमित सरकार, 'आधुनिक भारत', पृ. 286।
3. डेपुटी इन्स्पेक्टर जनरल, सी. आई. डी. का 19.3.'23 का नोट।
4. के. के. दत्त 'बिहार में स्वातंत्र्य आन्दोलन का इतिहास', खण्ड I, पृ. 451-52।
5. बोल्शेविज्म इन बिहार ऐण्ड उड़ीसा, 1923।

बिहार 'हिन्दुस्तान रिपब्लिकन आर्मी' और युगान्तर जैसे क्रान्तिकारी संगठनों की गतिविधियों से भी जुड़ा था। इन संगठनों से जुड़े कई क्रान्तिकारी बाद में कम्युनिस्ट पार्टी में शामिल हुए। 1924 ई. में राज्य में क्रान्तिकारी कार्रवाइयों का जोर बढ़ गया था। 'रिवोल्युशनरी' की प्रतियाँ पटना कॉलेज में पकड़ी गईं। 1929-30 में चम्पारण और दरभंगा में राजनीतिक डकैतियाँ हुईं। फिर देवघर में कुछ क्रान्तिकारियों की गिरफ्तारी भी हुई। योगेन्द्र शुक्ल, केदारमणि शुक्ल, राम परीक्षण सिंह और राम विनोद सिंह को 5 से 10 वर्ष के कैद की कड़ी सजा हुई। केदारमणि शुक्ल, विश्वनाथ माथुर और योगेन्द्र शुक्ल अंडमान जेल में ही 'कम्युनिस्ट कॉन्सोलिडेशन' के सदस्य बन गए। सुनील मुखर्जी का सम्पर्क युगान्तर पार्टी के साथ था। विनोद बिहारी मुखर्जी, अनिल मैत्र, ज्ञान विकास मैत्र, ज्वाला सिंह आदि धन और हथियार जुटाने की कार्रवाइयों में लगे थे।[1]

बिहार में उन दिनों एक-के-बाद एक जन-आन्दोलन हो रहे थे। 1928 ई. में टाटा कारखाने में तीन महीने लम्बी हड़ताल हुई। अगले साल वहीं जमशेदपुर के टिन प्लेट कारखाने की बारी आई। झरिया में अखिल भारतीय ट्रेड यूनियन कांग्रेस का अधिवेशन हुआ। 1928 में ही साइमन कमीशन के आगमन पर बिहार भर में विरोध प्रदर्शन आयोजित किए गए। 1929 में एम. एन. राय के पटना आगमन पर उन्हें (17 अगस्त को) गिरफ्तार कर लिया गया (हालाँकि बाद में वे जमानत पर छोड़ दिए गए)।[2] लाहौर षड्यन्त्र केस के राजबन्दियों की भूख हड़ताल के समर्थन में पूरे प्रदेश में जगह-जगह प्रदर्शन हुए। कम्युनिस्ट शक्तियाँ तब ट्रेड यूनियनों और कांग्रेस के जरिए इन आन्दोलनों में अपनी भूमिका निभाती थीं।

1930 के दशक में बिहार के कम्युनिस्ट कांग्रेस, सीएसपी और किसान सभा में सक्रिय थे। ब्रिटिश सरकार द्वारा 1934 में कम्युनिस्ट पार्टी को गैरकानूनी घोषित कर दिए जाने के बाद पार्टी में प्रवेश के इच्छुक बिहार के तमाम वामपंथियों को पार्टी के महासचिव पी. सी. जोशी का निर्देश था : 'अच्छा कांग्रेस सोशलिस्ट बनो!'[3] बहरहाल, 1940 आते-आते (खासकर 1939 में

---

1. के. के. दत्त, II, पृ. 32-33; कृष्ण चन्द्र चौधरी, पृ. 43; तथा सुनील मुखर्जी, 'पार्टी जीवन की कुछ यादें', पृ. 7।
2. के. के. दत्त, II, पृ. 39।
3. कृष्ण चन्द्र चौधरी, पृ. 4।

कम्युनिस्ट पार्टी की प्रान्तीय इकाई के गठन के बाद) कम्युनिस्टों और सोशलिस्टों के बीच मतभेद बढ़ने लगे और शीघ्र ही वे एक दूसरे के कट्टर विरोधी बन गए। इस बीच मजदूरों, किसानों और छात्रों के संगठन और आन्दोलन में पार्टी यथाशक्ति अपनी भूमिका निभा रही थी। खासकर छात्रों का प्रदेशव्यापी संगठन खड़ा करने में कम्युनिस्टों ने ही पहल ली।

1941 के जून महीने में हिटलर द्वारा सोवियत संघ पर हमला करने के बाद 'समाजवादी पितृभूमि' की रक्षा के नाम पर ब्रिटिश सरकार के खिलाफ सक्रिय संघर्ष बन्द कर देने और उसके युद्ध प्रयासों में सहयोग करने की गलत 'कार्यनीति' के कारण पार्टी 1942 के 'भारत छोड़ो आन्दोलन' से—स्वतंत्रता के लिए इस निर्णायक लड़ाई से अलग-थलग रही। (हालाँकि स्थानीय स्तर पर इसकी निचली कतारों ने इस आन्दोलन में हिस्सा लिया और अनेक कार्यकर्ता गिरफ्तार भी किए गए।) 1946 आते-आते पार्टी पुनः बटाईदारी और बकाश्त संघर्षों में उतर पड़ी।

1946-50 का दौर विश्वव्यापी पैमाने पर कम्युनिस्ट उभार का दौर था। फासिस्ट शक्तियाँ परास्त हो चुकी थीं और सोवियत संघ के नेतृत्व में एक शक्तिशाली समाजवादी खेमा उभरकर सामने आया था। एशिया में माओ जे दुंग के नेतृत्व में चीनी कम्युनिस्ट पार्टी की जनमुक्ति सेना विजय की ओर बढ़ रही थी। पूरी दुनिया में प्रगतिशील बुद्धिजीवियों, मजदूर तथा किसान संगठनों के बीच मार्क्सवाद-लेनिनवाद और समाजवाद के प्रति प्रचण्ड आकर्षण था। भारत में भी यह दौर कम्युनिस्टों के नेतृत्व में पुनप्रा-वयालार (त्रावनकोर-कोचीन) के किसान विद्रोह, बंगाल में तेभागा आन्दोलन और सर्वोपरि तेलंगाना के सशस्त्र किसान संघर्ष का दौर था। बिहार में बकाश्त संघर्ष उफान पर था ही। 1944 से 1948 के बीच यहाँ कम्युनिस्ट पार्टी की सदस्य-संख्या में करीब चार गुनी वृद्धि हुई—पहले प्रान्तीय पार्टी सम्मेलन (1948) के समय यह 4000 तक पहुँच गयी थी। उसी साल कलकत्ते में पार्टी की दूसरी कांग्रेस हुई और बी.टी. रणदिवे महासचिव चुने गए। उनके नेतृत्व में पार्टी ने शहरों में मजदूरों के विद्रोह संगठित कर समाजवादी क्रान्ति को अंजाम देने की कोशिश की। पार्टी को नेहरू सरकार के दमन अभियान का सामना करना पड़ा। बंगाल और आन्ध्र में कम्युनिस्ट पार्टी पर प्रतिबन्ध लगा—मार्च 1948 से लगभग 1951 तक यह दमन चक्र चलता रहा। भाकपा भी अब इस काल को 'वामपंथी दुस्साहसवाद' का काल मानती है। बहरहाल, बिहार के कम्युनिस्टों को भी इस दौर में भीषण दमन का मुकाबला करना पड़ा था। 1949 में यहाँ भी कुछ साम्प्रदायिक संगठनों के साथ-साथ

कम्युनिस्टों पर प्रतिबन्ध लगा दिया गया था।[1]

बिहार के 15 जिलों के प्रायः सभी कम्युनिस्ट नेता या तो गिरफ्तार कर लिए गए या फिर भूमिगत हो गए। राज्य सरकार ने ऐसे सक्रिय कम्युनिस्टों की एक सूची तैयार की थी जिसमें पटना के 108, गया के 24, मुजफ्फरपुर के 30, दरभंगा के 60, सारण के 58, चम्पारण के 27, राँची के 35, हजारीबाग के 13, मानभूम के 28, धनबाद के 59, जमशेदपुर-सिंहभूम के 60, भागलपुर के 29, मुंगेर के 78, पूर्णिया के 27 तथा संथाल परगना के 14 लोगों के नाम थे। इनमें स्टूडेण्ट फेडरेशन के नेताओं और समर्थकों के नाम भी शामिल थे।[2] जगन्नाथ सरकार, चन्द्रशेखर सिंह, किशोरी प्रसन्न सिंह, रामवतार शास्त्री, केदार दास, बारीन डे, भोगेन्द्र झा जैसे नेता गिरफ्तार कर लिए गए थे। कम्युनिस्टों की गतिविधियों पर नियन्त्रण रखने के उद्देश्य से उत्तरी भागलपुर में 'सेपिया' अभियान चलाया गया। स्वतंत्रता के बाद बिहार में अपने तरह का यह पहला 'ऑपरेशन' था।[3] यह कम्युनिस्ट-विरोधी मुहिम नौगछिया थाने के नवछिया, तुलसीपुर, कदवा, ढोलबज्जा, गोड़हर, गुरूथान, बीहपुर थाने के बीहपुर, लत्तीपुर, नारायणपुर, सोनबरसा तथा गोपालपुर और रंगड़ा में शुरू हुई। बिहार मिलिट्री पुलिस की दो कम्पनियाँ उतारी गईं। दीमाटोला बौचही और हाथीकोल में पुलिस की गोली से एक-एक व्यक्ति मारे गए। लत्तीपुर में 35, नौगछिया में 47 लोग या तो गिरफ्तार किए गए या उन्होंने आत्मसमर्पण कर दिया, गोपालपुर में भी 11 लोग गिरफ्तार हुए।[4]

1946 के चुनाव में पार्टी ने दो प्रत्याशी खड़े किए थे, दोनों—कार्यानन्द शर्मा और ब्रह्मदेव नारायण सिंह—पराजित हो गए। 1952 के चुनाव में पार्टी ने 22 विधान सभा सीटों पर चुनाव लड़ा। उसके अधिकतर उम्मीदवार जेल में थे। सभी चुनाव हार गए और 14 सीटों पर जमानत भी जब्त हो गई। पार्टी को प्रदेश में करीब एक लाख मत प्राप्त हुए।

---

1. 16 सितम्बर, 1949 को सोशलिस्ट पार्टी की कार्यकारिणी के सदस्यों—रियासत करीम, कर्पूरी ठाकुर, श्यामनन्दन सिंह, वागेश्वर मिश्र, गंगाशरण सिंह और अवधेश नन्दन सहाय द्वारा जारी वक्तव्य से। (डीएम आवास, पटना)।
2. जेनरल रिव्यू ऑफ दि एक्टिवटी ऑफ दि कम्युनिस्ट पार्टी इन बिहार—स्पेशल ब्रांच, मेमो नं. 13525 (26) एस. बी.।
3. डेपुटी इन्स्पेक्टर जनरल का आरक्षी अधीक्षकों को निर्देश, 22 फरवरी, 1950।
4. डेपुटी इन्स्पेक्टर जनरल एम. के. सिन्हा का नोट।

मजदूरी और जमीन के लिए संघर्ष तथा मजदूर-किसान राज बनाने के नारे के कारण समाज में निचले तबके की आबादी लाल झण्डे की पार्टी की ओर आकर्षित हुई थी। मुंगेर, भागलपुर, दरभंगा, चम्पारण और गया के कुछ अंचलों में पिछड़ी और दलित जातियों के गरीब रैयतों और मजदूरों के बीच पार्टी का कुछ जनाधार विकसित हुआ। **इसके कई नेता किसान सभा से आए थे, फलतः भूमिहार कायमी रैयतों और बुद्धिजीवियों का एक हिस्सा शुरू से ही पार्टी का मजबूत स्तम्भ बना हुआ था। पार्टी का नेतृत्व बंगाली बुद्धिजीवियों तथा भूमिहार ब्राह्मण जाति से आए खुशहाल कायमी रैयतों और बुद्धिजीवियों के हाथों में था।[1] पिछड़ी जातियों के सामाजिक आन्दोलन के साथ पार्टी कोई रिश्ता नहीं जोड़ पाई। 'त्रिवेणी संघ' जैसे संगठनों के प्रति उसका रुख बिल्कुल नकारात्मक था—वह उसे अंग्रेजों के इशारे पर जमींदारों द्वारा पोषित संगठन से अधिक कुछ मानने को तैयार नहीं थी।**

बकाश्त आन्दोलन और इसमें सक्रिय दो राजनीतिक धाराओं—सोशलिस्टों और कम्युनिस्टों—के उद्‌भव और विकास का एक संक्षिप्त जायजा लेने के बाद तथा पचास और साठ के दशक में सोशलिस्टों के मुख्य विपक्षी शक्ति के रूप में उभरने की चर्चा के पहले कुछ बातें स्पष्ट कर देना जरूरी है :

1. पिछले अध्यायों में हमने बिहार की कृषि अर्थव्यवस्था, स्वतंत्रता आन्दोलन और किसान संघर्षों की कोई सामग्रिक समीक्षा करने की कोशिश नहीं की है। इन विषयों पर अनेक विद्वानों के महत्त्वपूर्ण अध्ययन पहले से ही मौजूद हैं। **हमने अपना ध्यान उन्हीं पहलुओं पर केन्द्रित किया है जो सामाजिक आन्दोलन के लिए कारण और अवसर (स्पेस) मुहैया करते थे।** आगे की चर्चा में भी हम ऐसा ही करेंगे।

2. **सामाजिक-आर्थिक-राजनीतिक आन्दोलनों का नेतृत्व प्रायः बुद्धिजीवी वर्ग से ही आता है। चूँकि शिक्षा पर उच्च जातियों का, और खासकर कायस्थों का वर्चस्व था, इसलिए आरम्भिक दौर में इन आन्दोलनों**

---

1. 1939 से '53 तक पार्टी के प्रान्तीय सचिवों की सूची इस प्रकार है : सुनील मुखर्जी (1939, फिर 1942-44), विनोद मुखर्जी (1940 और 1950), जगन्नाथ सरकार (1941-42), कार्यानन्द शर्मा (1949-50) और इन्द्रदीप सिन्हा (1951-53)। 1950 में बी टी रणदिवे के प्रभाव से मो. युसुफ कुछ दिन के लिए पार्टी सचिव बन गए थे।

के नेतृत्व पर उच्च जातियों के बुद्धिजीवी ही हावी थे। सदी के आरम्भिक दशकों में स्वतन्त्रता आन्दोलन, आर्यसमाज आन्दोलन तथा किसान आन्दोलन के नेतृत्व में कायस्थों की स्थिति का हम पहले जिक्र कर चुके हैं। तीस और चालीस के दशक में कायस्थों के अलावा अन्य उच्च जाति बुद्धिजीवियों की उपस्थिति ऐसे आन्दोलनों के नेतृत्व में निरन्तर बढ़ती गई। साथ ही त्रिवेणी संघ के आन्दोलन के क्रम में हम तीन प्रमुख पिछड़ी जातियों—यादव, कुर्मी और कोइरी—के ग्रामीण तथा शहरी मध्यवर्ग के बीच से नेतृत्व की नई पीढ़ी विकसित होते देखते हैं। बहरहाल, कोई भी आन्दोलन जिन समुदायों के बीच अपना जनाधार विकसित करता है, कालक्रम में उन समुदायों की नेतृत्व में दखल भी बढ़ती जाती है। नेतृत्व की सामाजिक संरचना में यह परिवर्तन भी प्रायः आसानी से नहीं होता। कभी-कभी नेतृत्व की सामाजिक संरचना और जनाधार के बीच स्थायी खाई-सी बन जाती है। फलस्वरूप सम्बन्धित संगठन का विकास भी अवरुद्ध हो जाता है।

3. जातियों की बहुलता, जातियों के विविध समीकरणों की संभावनाओं को जन्म देती है। यहाँ कोई भी जाति अकेली कुल आबादी का बारह फीसदी भी नहीं है। जाहिर है, खासकर लोकतान्त्रिक प्रणाली में, जातियों का एक मिलाजुला समूह ही शासन कर सकता है। (अथवा प्रमुख विपक्षी शक्ति बन सकता है।) इसके अलावे, विभिन्न जाति-समूहों के भीतर भी अलग-अलग वर्गहित हैं, निजी महत्त्वाकांक्षाएँ और स्वार्थ हैं। एक अस्थिर राजनीतिक माहौल में, खासकर संक्रमणकाल में, ये सब मिलकर अनेक अस्थायी समीकरणों को जन्म देते हैं। (1967-'72 के बीच ऐसे समीकरणों का हम खुला साक्षात्कार करते हैं।)

इस पृष्ठभूमि में अब हम '50 और '60 के दशक में राजनीतिक क्षेत्र में बनते-बिगड़ते जातीय समीकरणों की चर्चा करेंगे। पहले कांग्रेस की अन्दरूनी रस्साकशी के बारे में।

1952 आते-आते भूमिहार और राजपूत नेताओं ने कायस्थों की राजनीतिक ताकत तोड़ दी थी। ब्राह्मण दोनों लॉबियों में संरक्षण की मुद्रा में थे। उधर भूमिहारों और राजपूतों का द्वन्द्व अनवरत जारी था। डॉ. राजेन्द्र प्रसाद के राष्ट्रपति बन जाने के बाद राजपूत पक्ष थोड़ा कमजोर पड़ गया था, हालाँकि जयप्रकाश नारायण ने अनुग्रह नारायण सिंह के साथ मिलकर इस कमजोरी को दूर करने का प्रयास किया। बहरहाल, पहले आम चुनाव में टिकट-बँटवारे के सवाल पर

राजपूत और भूमिहार गुटों की लड़ाई घृणित रूप में सामने आई। 'यों झगड़ा प्रत्येक जिले में था, लेकिन डॉ. श्रीकृष्ण सिंह के दल ने कृष्ण बल्लभ सहाय को अपना प्रतिनिधि चुन दिया था और (उन्होंने) अनुग्रह नारायण सिंह के साथ बैठकर पटना और छोटानागपुर के उम्मीदवारों की सूची तय कर दी। इस दरम्यान सबसे सनसनी यह रही कि शाहाबाद कांग्रेस के प्रमुख नेता हरगोविन्द मिश्र डॉ. अनुग्रह नारायण सिंह का दल छोड़कर प्रजापति मिश्र के साथ हो गए अर्थात् डॉ. श्रीकृष्ण सिंह के दल में जा मिले····जब तिरहुत और भागलपुर कमिश्नरियों की सूची प्रकाशित हुई, तो डॉ. श्रीकृष्ण सिंह के दल के लोगों ने हल्ला मचाया कि सुधांशुजी ने अनुग्रह बाबू के दल के साथ पक्षपात किया है।'[1] टिकट बँटवारे का सवाल हल नहीं हुआ तो अन्ततः जवाहरलाल नेहरू को हस्तक्षेप करना पड़ा। दोनों नेताओं को दिल्ली बुलाया गया। पंडित नेहरू से मिलने के बाद भी समस्या वहीं की वहीं रही।

'पटना में प्रदेश चुनाव समिति ने गुटभक्ति को ही प्रथम स्थान दिया, योग्यता और ईमानदारी को खटाई में डाल दिया···बिहार के दोनों गुटों के नेताओं और पिछलग्गुओं ने जिस प्रकार एक दूसरे पर कीचड़ उछाले, वह प्रान्त के इतिहास में अपना कलंकपूर्ण स्थान बना चुका है।'[2] टिकट बँटवारे के सवाल पर पटना के सिन्हा लाइब्रेरी में कांग्रेसियों का जबर्दस्त जमघट लगा। 29 सितम्बर 1951 को 'योगी' ने लिखा, 'मछली बाजार में कांग्रेसी उम्मीदवारों का निर्णय। पैरवी और टंडैली का जोर। महिलाओं की उपेक्षा। जनतंत्र की नींव में जातीयता और दलबन्दी का नाच!' लाइब्रेरी में अन्दर बैठक हो रही थी और बाहर नारेबाजी। भागवत झा आजाद के नेतृत्व में पंडित विनोदानन्द झा के विरोध में भद्दे-भद्दे नारे लग रहे थे।[3]

बहरहाल, जातीय गुटबन्दी के बीच अधिकांश जिलों—शाहाबाद, चम्पारण, सारण, पलामू, संथाल परगना आदि—में उम्मीदवारों की दो-दो सूचियाँ पेश हुईं।[4] सरदार पटेल ने भी कुछ मामलों में हस्तक्षेप किया; मसलन, शाहाबाद में गुप्तानाथ सिंह के स्थान पर गुप्तेश्वर सिंह को टिकट मिला।[5] बिहार प्रदेश

---

1. 'योगी'; 20 अक्टूबर, 1951।
2. 'हुंकार'; 16 नवम्बर, 1951।
3. अनुग्रह नारायण सिंह, 'मेरे संस्मरण', पृ. 428।
4. 'योगी'; रामदयाल पाण्डे, 29 सितम्बर, '51।
5. पूर्व मंत्री भोला सिंह से बातचीत।

कांग्रेस कमेटी के अध्यक्ष लक्ष्मीनारायण सुधांशु अनुग्रह नारायण सिंह के पक्ष में थे। उम्मीदवारों की सूची को दिल्ली से हरी झण्डी दिलाने में उन्होंने महत्त्वपूर्ण भूमिका अदा की। टिकट के दावेदार करीब तीस से अधिक कांग्रेसी स्वतंत्र उम्मीदवार बने। फिर चुनाव में हराने-जिताने का कम षड्यन्त्र नहीं हुआ।

कांग्रेस सहित कुल सत्रह पार्टियाँ मैदान में थीं।[1] कुल मिलाकर (निर्दलियों समेत) सोलह सौ उम्मीदवार थे। कांग्रेस के बाद संसद और विधान सभा के लिए सबसे अधिक 336 प्रत्याशी सोशलिस्ट पार्टी ने खड़े किए थे। चुनाव में तीन महत्त्वपूर्ण कांग्रेसी नेता पराजित हो गए—पण्डित विनोदानन्द झा, देवशरण सिंह और अब्दुल कयूम अंसारी। तीनों राजनीतिक खींचतान के शिकार हुए। पंडित जी का हारना उनके और कृष्ण बल्लभ सहाय के बीच द्वन्द्व का परिणाम था। 'सुना गया कि भागलपुर के सियाराम सिंह ने श्री सहाय के संकेत पर विनोदाजी को उलझन में डालने के लिए उनके विरोधी उम्मीदवार को छिपेरुस्तम सहायता पहुँचाई थी।'[2] कांग्रेस के एक गुट ने कांग्रेस प्रत्याशी अब्दुल कयूम अंसारी के बदले सोशलिस्ट पार्टी के प्रत्याशी बसावन सिंह का समर्थन किया। इसी तरह देवशरण सिंह के खिलाफ सोशलिस्ट उम्मीदवार को भी अनुग्रह नारायण सिंह का समर्थन हासिल था।[3]

चुनाव के बाद मुख्यमंत्री के चयन के प्रश्न पर फिर वही पुरानी लड़ाई सामने आई। 'पंडित नेहरू ने इस विवाद पर लक्ष्मी नारायण सुधांशु से कह दिया कि जब दोनों नेता नहीं मिल सकते, तो आप ही नेता हो जाइए और मंत्रिमण्डल का गठन कर लीजिए। दिल्ली से जगजीवन राम भेजे गए। दोनों नेताओं के बीच मेल-मिलाप का स्वाँग रचा गया।'[4] दरअसल '37 से लेकर 1952 तक श्रीकृष्ण सिंह के खिलाफ अनुग्रह नारायण सिंह कतई खुलकर खड़े नहीं हो सके। नए मंत्रिमण्डल का गठन हुआ और इसमें दो नए चेहरे—महेश प्रसाद सिंह और दीप नारायण सिंह शामिल किए गए। हारे हुए तीन नेताओं के स्थान पर क्रमशः

1. सोशलिस्ट पार्टी, कृषक मजदूर प्रजा पार्टी, झारखंड पार्टी, जनता पार्टी, फॉरवर्ड ब्लॉक, भारतीय जनसंघ, भारतीय कम्युनिस्ट पार्टी, रामराज्य परिषद, लोक सेवक, गणतंत्र परिषद, रिवोल्यूशनरी सोशलिस्ट पार्टी, हिन्दू महासभा, फॉरवर्ड ब्लॉक (रूइकर), सिड्यूल कास्ट फेडरेशन, आदि।
2. अनुग्रह नारायण सिंह, वही, पृ. 431।
3. भोला प्रसाद सिंह से बातचीत।
4. अनुग्रह नारायण सिंह, वही, पृ. 431।

हरिनाथ मिश्र, शिवनन्दन मंडल और मुहम्मद शफी को लिया गया। जगलाल चौधरी को नेहरूजी का कोपभाजन बनना पड़ा और उनके स्थान पर भोला पासवान शास्त्री आए। डॉ. महमूद सांसद हो गए तो मुस्लिम कोटे में शाह उजैर मुनीमी लाए गए। कांग्रेस के ही विधायक रामविनोद सिंह ने विधानसभा में कांग्रेस और कांग्रेसियों के व्यवहार पर अपनी राय इस तरह व्यक्त की, '....कांग्रेस संस्था और यहाँ तक कि मंत्रिमण्डल का गठन भी जातीयता के आधार पर हुआ है।'[1]

मंत्रिमण्डल में महेश प्रसाद सिंह के शामिल किए जाने के बाद कांग्रेस की राजनीति जातिवाद का अखाड़ा बन गई। डॉ. श्रीकृष्ण सिंह ने श्री के.बी. सहाय को अपना उत्तराधिकारी घोषित किया था। फलतः महेश प्रसाद सिंह और के. बी. सहाय के बीच खुले तौर पर टकराव बढ़ा। महेश प्रसाद सिंह ने मुख्यमंत्री के इर्दगिर्द रहनेवाले अन्य जातियों के नेताओं और स्वतंत्र विचार रखनेवाले भूमिहारों को अलग किया और 'भूमिहारवाद' के तहत सियाराम सिंह, ललितेश्वर प्रसाद शाही, कृष्णकान्त सिंह, धनराज शर्मा जैसे लोगों का 'कोर' बना। सारंगधर सिंह, श्यामा प्रसाद सिंह, रामविनोद सिंह, जानकी नन्दन सिंह और हरिहर प्रसाद सिंह को हाशिये पर ढकेला गया। 1952 में मंत्रिमण्डल गठन के एक साल बाद श्रीकृष्ण सिंह के साथ रहनेवाले गैर-भूमिहार नेताओं को मुख्यमंत्री की लॉबी छोड़ देनी पड़ी। हालाँकि यह ग्रुप राजपूत लॉबी में शामिल नहीं हुआ, लेकिन इसने महेश प्रसाद सिंह के खिलाफ एक मोर्चा खोल दिया। महेश प्रसाद सिंह के कार्यकलापों के खिलाफ कांग्रेस आलाकमान को एक लम्बा ज्ञापन भेजा गया और कांग्रेस अध्यक्ष से हस्तक्षेप करने की मांग की गई।

12 अगस्त 1955 को पटना गोलीकाण्ड में दीनानाथ पाण्डेय तथा एक अन्य छात्र मारे गए। जेपी ने इस गोलीकाण्ड की भर्त्सना करते हुए कहा कि ऐसा ब्रिटिश राज में भी नहीं हुआ था। प्रजा सोशलिस्टों और कम्युनिस्टों ने संघर्ष समिति का निर्माण किया। छात्रों ने भी अपनी संघर्ष समिति बनाई। कांग्रेस के खिलाफ इस जनआन्दोलन के क्रम में नवादा में भी छात्रों के प्रदर्शन पर गोली चली और दो व्यक्ति मारे गए।[2] कांग्रेसी प्रभामण्डल छात्र-युवाओं के बीच अपनी आभा खोने लगा था।

बहरहाल, 1957 के दूसरे आम चुनाव के अवसर पर कांग्रेस के अन्दर

1. 'हुंकार'; जून 1952।
2. अनिल चमड़िया, 'राजकीय हिंसा के विरुद्ध आन्दोलन की धारा'।

जातीय गुटों का टकराव और अधिक उग्र हो उठा। इस टकराव के कारण सरदार हरिहर सिंह, रामचरित्र सिंह और जानकीनन्दन सिंह को टिकट से वंचित होना पड़ा। महेश प्रसाद सिंह और कृष्ण बल्लभ सहाय दोनों चुनाव हार गए। इस बार, और पहली बार, बिहार केसरी (तथा भूमिहारों के सर्वमान्य नेता) डॉ. श्रीकृष्ण सिंह और अखिल भारतीय क्षत्रिय महासभा के आदरणीय संरक्षकों में से एक बिहार विभूति अनुग्रह नारायण सिंह के बीच नेता पद के लिए खुली टक्कर हुई। आपसी प्रतिद्वन्द्विता के बावजूद इन दोनों के बीच काफी सद्भाव था और एक 'अलिखित समझौते' के अन्तर्गत अनुग्रह बाबू के नेतृत्व में चलनेवाले राजपूत गुट ने श्री बाबू को कभी भी खुलेआम चुनौती नहीं दी थी। यह समझौता '57 में टूट गया।[1] हालाँकि के. बी. सहाय अब अनुग्रह बाबू के गुट के साथ आ मिले थे, फिर भी बिहार विभूति बिहार केसरी से मात खा गए।

5 जुलाई 1957 को अनुग्रह नारायण सिंह की मृत्यु के बाद राजपूतों ने अपना सर्वमान्य नेता खो दिया। इस ग्रुप के नेता के रूप में के. बी. सहाय को राजपूत स्वीकार करने के लिए तैयार नहीं थे। फलतः अनुग्रह बाबू के पुत्र सत्येन्द्र नारायण सिन्हा (छोटे साहब) को सामने लाया गया। ऐसे में भूमिहार विरोधी शक्तियों ने विनोदानन्द झा के इर्द-गिर्द गोलबन्द होना शुरू कर दिया। डॉ. श्रीकृष्ण सिंह के निधन के बाद फरवरी 1961 में विधायक दल के नेता के चुनाव में उन्होंने महेश प्रसाद सिंह को शिकस्त दी। पहली बार एक ब्राह्मण मुख्यमंत्री बना।

1962 के चुनाव में कांग्रेस को बहुमत तो मिला, लेकिन उसकी सीट काफी घट गई थी। 1952 में 223 और '57 में 210 सीटों की तुलना में उसे सिर्फ 195 सीटें ही मिलीं। स्वतंत्र पार्टी ने 50 सीटें झटक ली थीं। प्रजा सोशलिस्टों को 29 और सोशलिस्टों को 7 स्थानों पर विजयश्री हासिल हुई थी। कम्युनिस्टों ने अपनी ताकत 7 से बढ़ाकर 12 कर ली थी। चुनाव के बाद गठित झा मंत्रिमण्डल में के. बी. सहाय को शामिल नहीं किया गया। झा और सहाय के बीच जोर-आजमाइश अक्टूबर 1963 तक चलती रही। उसी महीने कामराज योजना के तहत श्री झा ने मुख्यमंत्री पद से इस्तीफा दे दिया।

नए नेता के चुनाव में के. बी. सहाय और वीरचन्द पटेल के बीच टक्कर हुई। कांग्रेस के अन्दर यह पहला मौका था जब पिछड़ी जाति के किसी नेता ने विधायक दल के नेता पद के लिए अपनी दावेदारी जताई थी। 'उस वक्त मैथिल शक्ति और भूमिहार शक्ति ने वीरचंद पटेल का साथ दिया, लेकिन राजपूत शक्ति

---

1. 'दिनमान'; 13 जून, 1971।

ने वीरचंद पटेल का साथ न देकर कृष्ण बल्लभ सहाय का साथ दिया था। उन दिनों राजपूत शक्ति के प्रतीक पुरुष सत्येन्द्र नारायण सिंह थे, वीरचंद पटेल उनके पक्के आदमी थे। उन दिनों छोटे साहब का यह जुमला बहुत मशहूर हुआ—'अपना घर जलाकर आया हूँ।'[1] पटेल पराजित हुए। 2 अक्टूबर, 1963 को ग्यारह सदस्यीय के. बी. सहाय मंत्रिमण्डल का गठन हुआ। बिहार मंत्रिमण्डल के इतिहास में पहली बार तीन प्रमुख पिछड़ी जातियों—यादव, कुर्मी और कोइरी—के नेताओं को एक साथ कैबिनेट मंत्री बनाया गया। ये नेता थे—रामलखन सिंह यादव, वीरचन्द पटेल और सुमित्रा देवी। 1952 में गठित पहले मंत्रिमण्डल में पिछड़े वर्ग के दो प्रतिनिधि सामने आए—शिवनन्दन प्रसाद मंडल और देवशरण सिंह। एक यादव थे और दूसरे कुर्मी। एक मधेपुरा के थे और दूसरे नालन्दा के। वीरचन्द पटेल, जो गंगा पार के थे, राज्य मंत्री बनाए गए। देवशरण सिंह विधान सभा परिषद के सभापति और विधान सभा के उपाध्यक्ष भी बने। 1957 के मंत्रिमण्डल में वीरचन्द पटेल कैबिनेट में लाए गए और पिछड़ों के तीन राज्य मंत्री बनाए गए—सहदेव महतो, दारोगा प्रसाद राय और देवनारायण यादव। 1957 से 62 के बीच पिछड़ों के बीच से वीरू बाबू ही एकमात्र कैबिनेट मंत्री रहे। अब तक कांग्रेस के अन्दर की जातीय जोर-आजमाइश मुख्यतः उच्च जातियों के नेताओं के बीच हुआ करती थी—श्री सहाय ने इसमें तीन प्रमुख पिछड़ी जाति के नेताओं को भी शामिल कर लिया था। बहरहाल, कांग्रेस के अन्दर हो रहे इन परिवर्तनों का सीधा सम्बन्ध कांग्रेस के बाहर सामाजिक-आर्थिक-राजनीतिक क्षेत्र में आ रहे बदलावों से था। पिछड़ी जातियाँ (खासकर उनके खुशहाल और मध्यम किसान तबके) विपक्षी सोशलिस्ट पार्टियों का मजबूत आधार बन रही थीं। इन जातियों पर कांग्रेस का प्रभाव तो था, लेकिन इन्होंने कांग्रेस के साथ कभी अपनापा महसूस नहीं किया। कांग्रेस से अलग होने के बाद सोशलिस्टों ने कांग्रेस की वैकल्पिक शक्ति खड़ा करने में इन्हीं समुदायों को अपना आधार बनाया।

बिहार उन दिनों समाजवादी गतिविधियों के केन्द्र के रूप में उभर रहा था। 20-24 फरवरी 1948 को पटना में यूसुफ मेहर अली की अध्यक्षता में ऑल इंडिया सोशलिस्ट पार्टी का कन्वेंशन हुआ। हिन्द किसान पंचायत, हिन्द मजदूर सभा, समाजवादी युवक संघ, महिला संगठन समिति जैसे संगठन बन गए थे और समाजवादी इन संगठनों के माध्यम से सक्रिय हो चुके थे। बकाश्त संघर्ष चल ही

---

1. जुगनू शारदेय, 'दिनमान'; 23-29 सितम्बर, 1990।

रहा था और डॉ. राममनोहर लोहिया बिहार के दौरे पर थे। गया, जहानाबाद, चम्पारण, सारण और मुंगेर में किसानों की सभाएँ आयोजित की गईं। सारण जिले के बसंतपुर और हथुआ में काफी बड़ी सभा हुई थी। 1947-48 में दरभंगा जिले में सोशलिस्टों की दर्जनों सभाओं पर प्रतिबंध लगा दिया गया था। सदर थाने के बरौरा, उगहारा और लहेरियासराय में, समस्तीपुर थाने के समस्तीपुर शहर और खजौली में, वारिसनगर थानान्तर्गत रोहुआ और मुक्तापुर में, रोसड़ा थाने के बल्लीपुर विधान में, जाले थाने के कमतौल, मधेपुर थाने के मधुरा, मधुबनी थाने के सरिसो और जयनगर थाने के इनरवा में सभा करने की इजाजत नहीं दी गई। हिन्द किसान पंचायत के सचिव पं. रामनन्दन मिश्र को सभा करने की अनुमति नहीं मिली और जयनगर में लोहिया की सभा पर भी रोक लगा दी गई।

प्रतिबन्धों के इसी माहौल में पार्टी कांग्रेस से अपनी पृथक् पहचान बनाने में लगी थी। 6 से 10 मार्च 1949 तक फिर पटना में ही ऑल इंडिया सोशलिस्ट पार्टी का कन्वेंशन हुआ और नई कार्यकारिणी का गठन किया गया। जयप्रकाश नारायण को बिहार, बंगाल और उड़ीसा, तथा डॉ. लोहिया को यू. पी., राजस्थान और विंध्य प्रदेश की जिम्मेवारी दी गई। इसी कन्वेंशन के दौरान 9 मार्च को एक बैठक में डॉ. लोहिया की अध्यक्षता में हिन्द किसान पंचायत का गठन किया गया था। इस सम्मेलन में स्वामी सहजानंद को भी निमन्त्रित किया गया था, लेकिन उन्होंने सोशलिस्ट पार्टी से किसी भी तरह का सम्बन्ध रखने से साफ-साफ इन्कार कर दिया था।[1] उसी वर्ष 17 जुलाई को पटना में आयोजित रैली में डॉ. लोहिया और जयप्रकाश नारायण ने 'नागरिक स्वतंत्रता के लिए संघर्ष करने तथा जमींदारों को न जमीन, न लगान देने का' आह्वान किया।[2] सोशलिस्ट अपनी सभाओं में कांग्रेसी कुशासन का भंडाफोड़ करते, जमीन का जोतनेवालों के बीच पुनर्वितरण करने की माँग करते तथा पार्टी को मजबूत करने और आगामी चुनाव में पार्टी को वोट देने का आह्वान करते। 'सामाजिक न्याय और आर्थिक समानता और परिगणित जातियों के लिए सरकारी नौकरियों में उनकी जनसंख्या के अनुपात में स्थान सुरक्षित करने''''जैसे सवाल (भी) केन्द्र में आ गए थे।'[3]

सोशलिस्ट पार्टी की राज्य कार्यकारिणी में ऊँची जाति के नेताओं का दखल था—23 सदस्यीय कार्यकारिणी में भूमिहार 8, कायस्थ 5, राजपूत 3,

1. पाक्षिक रिपोर्ट; 14 मार्च, 1949।
2. पाक्षिक रिपोर्ट; 28 जुलाई, 1949।
3. 'समाजवादी निर्माण की ओर—सोशलिस्ट पार्टी का चुनाव मंच'; पृ. 10/34।

ब्राह्मण 2, यादव 2 और एक-एक नाई, मुसलमान और बंगाली थे।[1] फिर भी चुनाव में, अपनी नीति के अनुरूप, सोशलिस्ट पार्टी ने सामाजिक रूप से पिछड़े हुए समुदायों के प्रत्याशियों को बड़ी संख्या में खड़ा किया।[2] जयप्रकाश नारायण ने 239 उम्मीदवारों की सूची जारी करते हुए कहा कि इन उम्मीदवारों में 79 पिछड़ी जातियों से चुने गए थे। हरिजन, मुसलमान, आदिवासी और महिला प्रत्याशियों की संख्या क्रमशः 39, 13, 8 और 3 थी। शिक्षा की दृष्टि से उम्मीदवारों में 90 ग्रेजुएट, 25 एम. ए., 1 पी-एच.डी., 2 बैरिस्टर, 45 अंडर ग्रेजुएट, 70 मैट्रिक, 5 विशारद, 4 साहित्याचार्य, 9 शास्त्री, 2 साहित्यभूषण तथा 71 ननमैट्रिक थे। उम्मीदवारों के गरीब होने के कारण उन्हें अपने क्षेत्रों में 5-5 हजार रुपए चंदा वसूल करने की छूट दी गयी। जिला समितियों ने पार्टी मुख्यालय को 14,000 रु. भेजा था। एक रिपोर्ट के अनुसार, बी. पी. कोइराला ने भी पार्टी फण्ड में 25,000 रु. दिए थे।[3]

सोशलिस्टों की चुनावी सभाओं में काफी भीड़ उमड़ आती। जयप्रकाश नारायण के प्रति व्यक्तिगत आस्था रखनेवाले कई वरिष्ठ कांग्रेसी भी सोशलिस्टों के साथ हो लिये थे। फिर भी, एक सरकारी रिपोर्ट के अनुसार पार्टी नेता बिहार में पार्टी की कमजोरी से पूरी तरह अवगत थे; इसलिए उन्होंने खुले तौर पर विभिन्न जातीय संगठनों की और छिपे तौर पर आरएसएस की मान-मनौव्वल भी शुरू कर दी थी।[4]

चुनाव प्रचार के सिलसिले में डॉ. लोहिया ने बिहार का सघन दौरा किया। पूर्णिया, पटना, जमशेदपुर और समस्तीपुर में अच्छी सभाएँ हुईं। पार्टी मुखपत्र 'जनता' को दैनिक कर दिया गया। प्रतिद्वन्द्वी पार्टियों के बीच तीखे आरोप-प्रत्यारोप का सिलसिला शुरू हो चुका था। सोशलिस्टों पर जहाँ 'डकैत' होने का आरोप लगाया जा रहा था[5], वहीं सोशलिस्ट भी प्रहार करने में पीछे नहीं थे। एक चुनाव सभा को सम्बोधित करते हुए जयप्रकाश नारायण ने कहा कि कांग्रेस को वोट देना भठियारों को वोट देना है''''सबसे बड़ी बात तो यह है कि पंडितजी (जवाहरलाल नेहरू) बिहार के कांग्रेसियों को भठियारा कहते हैं और इन्हीं

---

1. 'जनता'; 27 अप्रैल, 1952।
2. रामनन्दन मिश्र का भाषण; 30 नवम्बर, 1950।
3. 'योगी'; 10 नवम्बर, 1951; तथा पाक्षिक रिपोर्ट; 15 दिसम्बर, 1951।
4. पाक्षिक रिपोर्ट; दिसम्बर 1949।
5. पाक्षिक रिपोर्ट; 15 दिसम्बर, 1951।

भठियारों के लिए वोट माँगते हैं। उन्होंने कहा कि यदि इन्हीं भठियारों को वोट दिया गया, तो वह सरकार कैसी होगी, इसका अंदाजा लगाया जा सकता है।[1]

चुनाव सभाओं में उमड़ी भीड़ से उत्साहित सोशलिस्ट पार्टी के नेताओं को चुनाव परिणाम से गहरी निराशा हाथ लगी। उसके मात्र 23 उम्मीदवार ही चुनाव जीत सके, जिसमें करीब आधे पिछड़ी-दलित जाति के थे। लोकसभा (चुनाव व उप-चुनाव) के लिए तो मात्र तीन उम्मीदवार चुने गए। पार्टी को 18.8 फीसदी वोट मिला। कुल मतों की संख्या थी 21,26,125। 7 स्थानों पर उसके प्रत्याशी एक हजार (और अन्य 7 स्थानों पर दो हजार) मतों के अन्तर से पराजित हुए। 104 उम्मीदवारों की जमानत जब्त हो गई। (विजयी उम्मीदवारों की सूची और कुछ अन्य विवरण देखें परिशिष्ट में।) कृषक मजदूर प्रजा पार्टी की तो और दुर्गति हुई। उसके सिर्फ दो उम्मीदवार ही चुनाव जीत सके।

बहरहाल, सोशलिस्टों को सोनपट्टी और उत्तर बिहार में अच्छा परिणाम मिला था। गया में उसे छः और शाहाबाद में तीन सीटें मिली थीं। गया से पिछड़ी जाति के तीन निर्दलीय उम्मीदवार भी जीते थे। त्रिवेणी संघ के कार्यक्षेत्र शाहाबाद जिले में कांग्रेस ने पिछड़ी जातियों के कई उम्मीदवार खड़े किए थे और उन्हें सफलता भी मिली—आरडीपी से कांग्रेस में शामिल सुमित्रा देवी, राजाराम आर्य, हेमराज यादव और रघुनाथ साह। उत्तर बिहार में रामनन्दन मिश्र, सूर्य नारायण सिंह और कर्पूरी ठाकुर जैसे समाजवादी नेताओं के कार्यक्षेत्र में सोशलिस्टों को 13 स्थानों पर विजयश्री मिली थी।

यह आंशिक जीत पार्टी को लगे गहरे सदमे से उबारने के लिए पर्याप्त नहीं थी। पार्टी के महासचिव गीता प्रसाद सिंह समेत श्याम नन्दन सिंह, राजेन्द्र मिश्र, भूपेन्द्र नारायण मंडल, श्रीकृष्ण सिंह, साधु शरण शाही, रामनन्दन सिंह, सभापति सिंह, रामजयपाल सिंह यादव, हवलदार त्रिपाठी 'सहृदय', शिव परिखा सिंह, अवधेश नन्दन सहाय, दशरथ तिवारी, राम एकबाल सिंह, रियासत करीम जैसे नेता पराजित हो गए थे। इस पराजय को लेकर पार्टी के अन्दर आत्ममंथन और विवाद भी शीघ्र ही शुरू हो गया। हिन्द किसान पंचायत के महामंत्री रामनन्दन मिश्र द्वारा लिखे एक पर्चे ने पार्टी में बावेला खड़ा कर दिया और अन्ततः श्री मिश्र पर अनुशासनात्मक कार्यवाई भी की गई।

'सोशलिस्ट पार्टी किधर?' शीर्षक इस पर्चे में श्री मिश्र ने लिखा था, 'सोशलिस्ट पार्टी अपने जीवन के दूसरे मोड़ पर खड़ी है। राष्ट्रीय आन्दोलन के

---

1. 'हुंकार'; 7 जनवरी, 1952।

जिस खमीरे ने 1934 में कांग्रेस सोशलिस्ट पार्टी को जन्म दिया था, वैसा ही खमीरा चुनाव के नतीजों से आज पार्टी के अन्दर उठ रहा है। यदि निराशावाद थोड़े लोगों में है, तो असन्तोष सर्वव्यापी। असंतोष की छाया चुनाव से बहुत पहले नजर आने लगी थी। पार्टी के संगठन में कहीं घुन लग गया है.....हमारा वर्ग आधार कमजोर पड़ता गया और भारतीय समाज में हम त्रिशंकु बन गए.....समय थोड़ा है। इतिहास किसी की प्रतीक्षा नहीं करता और सोशलिस्ट पार्टी की भी नहीं करेगा। आनेवाले वर्षों में सोशलिस्ट पार्टी पुरानी व्यवस्था को तोड़ विजय मुकुट लेने के लिए आगे बढ़े या इतिहास की खाइयों में फेंकी जाकर कराहती रहे।'[1]

11 अप्रैल 1952 को पार्टी की प्रान्तीय कार्यकारिणी की बैठक में चुनाव अहम मुद्दा था। श्री मिश्र के पर्चे का मसला तो था ही। आरोप-प्रत्यारोप के बीच हिसाब-किताब का सवाल भी उठा। अंजुमन इस्लामिया हॉल में जयप्रकाश नारायण रो पड़े।[2] अगले ही दिन रामनन्दन मिश्र जे. पी. से मिले और कहा, 'आपके आँसुओं का बोझ मेरा राजनीतिक जीवन सहन नहीं कर सकता।'[3] मिश्र ने राजनीति को आखिरी सलाम किया और वे आध्यात्मिक हो गए। 5 नवम्बर 1952 को अशोक मेहता के नाम पत्र में उन्होंने लिखा, 'तीस वर्षों से जिस आकर्षण को दबाकर रखा था, उसने फिर मुझे खींच लिया।'

बहरहाल, चुनाव में हार की जयप्रकाश नारायण की कुछ और ही व्याख्या थी। उनके अनुसार, 'हम विफल हुए क्योंकि हमने पर्याप्त काम नहीं किया। काम का मतलब सिर्फ वर्ग-संघर्ष छेड़ना नहीं है। रचनात्मक काम भी है जिसकी हमने दुर्भाग्यवश उपेक्षा की। और भी कई तरह के काम हैं। हमें अपना काम करते रहना चाहिए, अपना निर्धारित कर्तव्य ईमानदारी, मिहनत और समर्पण के साथ निभाते रहना चाहिए.....'[4] जे. पी. भी आगे चलकर सर्वोदय और भूदान के कार्यों में रम गए।

हार के बावजूद, सोशलिस्ट पार्टी बिहार में विपक्ष की सबल पार्टी के रूप में उभरी थी। चुनाव में कांग्रेस के खिलाफ विपक्षी दलों के बीच कोई संश्रय नहीं बन पाया था। कृषक मजदूर प्रजा पार्टी और झारखण्ड पार्टी के बीच तालमेल की बात चली भी, लेकिन बात बनी नहीं। चुनाव के बाद 'यह व्यापक रूप से महसूस किया

---

1. रामनन्दन मिश्र, 'जीवन के चार अध्याय—अपने से विद्रोह', पृ. 90-95।
2. भोला प्रसाद सिंह से बातचीत।
3. रामनन्दन मिश्र, वही।
4. स्पेशल कन्वेंशन ऑफ दि सोशलिस्ट पार्टी, पंचमढ़ी, पृ. 27।

गया कि यदि कांग्रेस को हराना है, तो प्रगतिवादी पार्टियों को अपने मतभेदों को छोड़कर एक हो जाना चाहिए। विरोधी बने रहने के लिए भी उन सबों के एक साथ मिलकर काम करना जरूरी है।'[1] यही एहसास सोशलिस्ट पार्टी और कृषक मजदूर प्रजा पार्टी (केएमपीपी) को 1952 के अन्त में विलय की ओर ले गया। नयी पार्टी का नाम हुआ प्रजा सोशलिस्ट पार्टी (प्रसोपा) एच.वी. कामत और समर गुहा के नेतृत्व में फॉरवर्ड ब्लॉक का एक हिस्सा भी प्रसोपा में शामिल हो गया।

इसी बीच श्रीकृष्ण सिंह सरकार ने सिंचाई करों को दुगुना कर दिया।[2] इस निर्णय के खिलाफ पूरे बिहार में किसान आन्दोलन फूट पड़ा। मुख्यतः धनी और मध्यम किसानों के इस आन्दोलन का नेतृत्व कर रही थी प्रसोपा के नेतृत्ववाली हिन्द किसान पंचायत, भाकपा के नेतृत्ववाली बिहार राज्य किसान सभा और यूनाइटेड किसान सभा। शाहाबाद, पटना, गया और चम्पारण आन्दोलन के मुख्य क्षेत्र थे। 28 जनवरी '53 को अखिल भारतीय किसान सभा की ओर से विधान सभा के समक्ष विशाल प्रदर्शन किया गया। फिर 6 अप्रैल 53 को प्रसोपा ने पटना में विशाल रैली आयोजित की। रैली दो किलोमीटर लम्बी थी और इसे डॉ. राममनोहर लोहिया और जे.पी. ने सम्बोधित किया था।[3]

---

1. के एम पी पी और सोशलिस्ट पार्टी की बैठक की कार्यवाही, आचार्य कृपलानी का भाषण, 'विलयन क्यों और कैसे; पृ. 17।

2.

सोन नहर कर	पुराना (रु.)	नया (रु.)
1. दीर्घकालीन लीज	4½	9
2. खरीफ लीज	5	10
3. रबी लीज	3½	5
4. ग्रीष्मकालीन लीज	3	6
5. एक बार की पटवन	2½	5
6. भीषण गर्मी के दिनों में	9	18
राजकीय नलकूप कर	पुराना (रु.)	नया (रु.)
1. धान के लिए	7½	15
2. गेहू के लिए	4	8
3. आलू के लिये	15	20
4. ईख के लिए	9	40
क. उत्तर बिहार में	9	33
ख. दक्षिण बिहार में	9	33

स्रोत : 'जनशक्ति'; 26 जनवरी, 1953

3. 'इंडियन नेशन'; 17 अप्रैल, 1953।

शाहाबाद जिले में नहर रेट वृद्धि के खिलाफ सत्याग्रह आन्दोलन में 700 लोग गिरफ्तार किए गए।[1] संयुक्त आन्दोलन चलाने के उद्देश्य से किसान सभा और यूनाइटेड किसान सभा ने मिलकर 'सिंचाई कर वृद्धि-विरोधी समिति' का गठन किया। लेकिन इसमें हिन्द किसान पंचायत शामिल नहीं हुई। समिति ने नहर करों का भुगतान नहीं करने का आह्वान किया। आन्दोलन के दौरान पूरे प्रदेश में करीब 1000 किसान कार्यकर्ताओं को गिरफ्तार किया गया।[2] आन्दोलन के दबाव में सितम्बर 1954 में सरकार ने 9.5 लाख रुपए की पेनाल्टी (जुर्माना) तो वापस लेने की घोषणा की, लेकिन बढ़ी हुई दरों के सवाल पर वह कड़ा रुख अख्तियार किए रही।

इस बीच सुदूर दक्षिण के त्रावणकोर-कोचीन राज्य में गोलीकाण्ड की घटना से कांग्रेस के खिलाफ संयुक्त आन्दोलन और विपक्षी एकता के प्रयासों को गम्भीर धक्का लगा। डॉ. लोहिया ने इस पुलिस गोलीकाण्ड को लेकर अपनी ही पार्टी की पट्टम थानु पिल्लै सरकार के इस्तीफे की माँग कर दी। उनकी इस माँग से प्रसोपा के ही कई बड़े नेता नाराज हो गए और पार्टी की एकता बनी नहीं रह सकी। 1 जनवरी 1956 को लोहिया ने प्रसोपा से अलग होकर समाजवादी पार्टी की स्थापना की। बिहार के अधिकांश बड़े समाजवादी नेता—बसावन सिंह, कर्पूरी ठाकुर, रामानंद तिवारी, सूर्यनारायण सिंह, आदि डॉ. लोहिया के साथ नहीं गए और प्रसोपा में ही बने रहे। डॉ. लोहिया के साथ जानेवाले नेता थे—भूपेन्द्र नारायण मंडल, कमलनाथ झा, उपेन्द्रनाथ वर्मा, वी. पी. सिन्हा, श्रीकृष्ण सिंह, सीताराम सिंह, सच्चिदानन्द सिंह, देवानन्द शास्त्री, अवधेश मिश्र, राम एकबाल शास्त्री, जगदंबी मंडल, पूरनचंद, उर्मिलेश झा, आदि[3]। प्रसोपा की तुलना में डॉ. लोहिया की पार्टी बिहार में काफी छोटी पार्टी थी। इसके पास बड़े नेताओं का समूह नहीं था। जयप्रकाश नारायण सर्वोदय और आचार्य विनोबा भावे के भूदान आन्दोलन के साथ जुड़ चुके थे, हालाँकि उनकी सहानुभूति भी प्रसोपा के साथ ही थी।

1957 के चुनाव में समाजवादी पार्टी ने 60 से अधिक विधान सभा क्षेत्रों से अपने उम्मीदवार खड़े किए, जिसमें 80 फीसदी (करीब 44) पिछड़ी-दलित

---

1. 26-30 दिसम्बर, 1955 को गया में सम्पन्न प्रसोपा के दूसरे राष्ट्रीय सम्मेलन की रिपोर्ट, कर्पूरी ठाकुर का वक्तव्य, पृ. 17।
2. अखिल भारतीय किसान सभा के काम की रिपोर्ट (मई 1953, सितम्बर 1954), पृ. 17।
3. सोशलिस्ट पार्टी (लोहिया) के प्रान्तीय अध्यक्ष थे भूपेन्द्र नारायण मंडल और महासचिव थे कमलनाथ झा। बी. पी. सिन्हा पार्लियामेण्टरी बोर्ड के अध्यक्ष थे और इसके सचिव थे भोला प्रसाद सिंह।

जातियों से थे। पार्टी को मात्र तीन फीसदी (कुल 3,16,225) मत ही प्राप्त हुआ और उसका सिर्फ एक प्रत्याशी ही विजयी हुआ। वे और कोई नहीं, बल्कि पार्टी की प्रान्तीय शाखा के संस्थापक अध्यक्ष भूपेन्द्र नारायण मंडल ही थे। दूसरी ओर प्रसोपा ने कुल 31 सीटें जीतीं—इनमें उच्च जाति तथा पिछड़ी-दलित जातियों से आये विधायकों की संख्या क्रमशः 18 और 13 थी। चुनाव के दौरान प्रसोपा के पक्ष में जयप्रकाश नारायण की अपील पोस्टर के रूप में बड़े पैमाने पर साटी गई थी—'मैं अपना वोट पी एस पी प्रत्याशी को दूँगा।'[1]

1962 के चुनाव में भी स्थिति में कोई खास तब्दीली नहीं आई। डॉ. लोहिया की समाजवादी पार्टी ने 132 उम्मीदवार खड़े किए जिनमें से 96 की जमानत जब्त हो गई और मात्र 7 ही जीत पाए। उसे 5 फीसदी (कुल 5,16,397) मत मिला। उसके 24 लोकसभा उम्मीदवारों में मात्र एक ही विजयी हुआ। उसके सात विधायकों में तीन यादव, एक कोइरी, एक मुसहर और एक राजपूत थे। इस चुनाव में प्रसोपा के 28 उम्मीदवार जीते जिसमें 18 उच्च जाति के तथा 10 पिछड़ी-दलित जातियों और अन्य समुदायों के थे। इस दौर में कांग्रेस के अन्दर पिछड़े विधायकों की संख्या निरन्तर घट रही थी ('57 में 48, '62 में 46 और '67 में 30)। (विस्तृत विवरण देखें परिशिष्ट में।)

1957 में डॉ. लोहिया ने भारतीय पिछड़ा वर्ग संघ के नेता आर. एल. चन्दापुरी से बात चलाई और संघ का उनकी सोशलिस्ट पार्टी में विलय भी हो गया था। लेकिन चन्दापुरी शीघ्र ही बाहर निकल आए। बहरहाल, 1962 के चुनाव के बाद, और खासकर प्रसोपा के रामगढ़ सम्मेलन तथा सोपा के गया सम्मेलन के बाद दोनों सोशलिस्ट पार्टियों के बीच विलय के गंभीर प्रयास शुरू हुए। अन्ततः 6 जून'64 को दोनों पार्टियों का विलय हो गया और संयुक्त सोशलिस्ट पार्टी (संसोपा) अस्तित्व में आई। लेकिन उसी साल अशोक मेहता के साथ-साथ बिहार प्रसोपा के 12 विधायक कांग्रेस में जा मिले। 1965 के बनारस सम्मेलन में पार्टी में पुनः फूट पड़ गई। खासकर उच्च जातियों से आए नेताओं के एक हिस्से ने प्रसोपा को पुनर्जीवित किया। 8 विधायक भी प्रसोपा में लौट आए। इस तरह 1966 में संसोपा के विधायकों की संख्या रह गई 16।

ऊपर के विवरण से सत्ताधारी कांग्रेस के मुकाबले विपक्ष के, खासकर समाजवादियों के बिखराव का सहज ही अन्दाजा लगाया जा सकता है। लेकिन इस बिखराव के बीच भी उन्हीं दिनों एक वैचारिक-सैद्धान्तिक धारा शक्ल ले रही थी।

---

1. भोला प्रसाद सिंह से बातचीत।

अतः इस बिखराव और विकासमान वैचारिक-सैद्धान्तिक धारा का एक विश्लेषण यहाँ अपेक्षित है। इस धारा ने आमतौर पर पिछड़ी जातियों के मध्य वर्ग को काफी आकर्षित किया और एक राजनीतिक शक्ति के रूप में उनके अभ्युत्थान में अहम भूमिका निभाई। कालक्रम में लगभग सभी पार्टियाँ इससे प्रभावित हुईं। जैसा कि हम पहले ही देख चुके हैं, 1948 में कांग्रेस से अलग होने के बाद सोशलिस्टों को अपनी पृथक् वैचारिक-राजनीतिक पहचान तथा पृथक् जनाधार के निर्माण की समस्या का सामना करना पड़ा। अब तक कांग्रेस और सोशलिस्टों का जनाधार काफी घुला-मिला था। वैचारिक तौर पर खुद पंडित नेहरू की एक वामपंथी-समाजवादी छवि थी। उदारवादी जनवाद, गांधीवाद और मार्क्सवाद के मेल से जिस समाजवादी विचारधारा का निर्माण हुआ था, उस आधार पर नेहरू के नेतृत्व में कांग्रेस का विकल्प बनना संभव नहीं था—उस आधार पर अधिक-से-अधिक (तत्कालीन शब्दावली में) कांग्रेसी दक्षिणपंथ का विरोध किया जा सकता था। एक पृथक् राजनीतिक पार्टी के रूप में बने रहने के लिए सोशलिस्टों को एक पृथक् वैचारिक-राजनीतिक दर्शन की जरूरत थी। इस जरूरत को पूरा करने का मुख्य श्रेय डॉ. राममनोहर लोहिया को जाता है। पुराना समाजवाद कांग्रेस के अन्दर एक 'प्रेसर ग्रुप' का वैचारिक आधार तो हो सकता था, कांग्रेस से पृथक् एक राजनीतिक पार्टी का नहीं। सोशलिस्ट पार्टी के गठन के आरम्भिक वर्षों में यह वैचारिक-राजनीतिक संकट स्पष्ट दिखाई देता है—खासकर 1952 के आम चुनाव में लगे धक्के के बाद। इसके कई वरिष्ठ नेता पार्टी का परित्याग कर देते हैं—कुछ राजनीति से संन्यास लेकर सर्वोदय आन्दोलन में चले गये, तो बाद में कुछ पुनः कांग्रेस में ही लौट गए।

नए समाजवाद के संघटक तत्त्वों के रूप में लोहिया ने उदारवादी जनवाद और गांधीवाद को तो बरकरार रखा, लेकिन मार्क्सवाद को हटाकर उसकी जगह अपना सामाजिक सिद्धान्त प्रस्तुत किया। यही सामाजिक सिद्धान्त नए समाजवाद का केन्द्रीय तत्त्व था। इसलिए इसे लोहियावाद भी कहा जाता है। इस सामाजिक सिद्धान्त के जरिए लोहिया ने स्वतन्त्रता आन्दोलन के दिनों में चले जातीय और सामाजिक आन्दोलनों से पार्टी को जोड़ दिया और इन आन्दोलनों की वाहक शक्तियों—पिछड़ी जातियों के बीच पार्टी का जनाधार सुनिश्चित करने की कोशिश की। इस नए 'देसी समाजवाद' के संघटक तत्त्वों की थोड़ी चर्चा यहाँ बेमानी नहीं होगी।

जहाँ तक जनवाद का प्रश्न है, गोलीकाण्ड के मुद्दे पर अपनी ही पार्टी की

सरकार से इस्तीफे की माँग कर लोहिया ने **जनतन्त्र और जनतांत्रिक मर्यादाओं** के प्रति अपनी अटूट प्रतिद्धता की घोषणा की। साथ ही उन्होंने **सत्ता के विकेन्द्रीकरण की अपनी 'चौखम्भा राज'[1] की अवधारणा प्रस्तुत की। पिछड़ी खेतिहर जातियों को इस विकेन्द्रीकरण में अपनी अधिक भागीदारी की संभावना दिखाई देती थी। यह गांधीवाद की भी मूल अवधारणाओं में से एक थी।**

स्वातन्त्र्योत्तर भारत में, गांधी के बाद के गांधीवादी से अपने रिश्ते के बारे में डॉ. लोहिया ने अपने एक भाषण में कहा था, 'मैं भी कभी-कभी अपने को गांधीवादी ही कहता हूँ; किन्तु मैं नास्तिक गांधीवादी हूँ। इस प्रकार हमारे देश में गांधीवाद के तीन रूप हैं—सरकारी गांधीवाद, पुरोहिती गांधीवाद और नास्तिक गांधीवाद। मैं समझता हूँ कि पुरोहिती गांधीवादी, चाहे वह जो कुछ भी क्यों न कहे, किसी न किसी रूप में सरकार का दुमछल्ला बन जाता है और इस कारण गांधीवादी सिद्धान्त के मुख्य कर्तव्यों का पालन नहीं कर सकता।'[2]

डॉ. लोहिया के सामाजिक सिद्धान्त का विकास कई चरणों में हुआ। पहले उद्योग और कृषि के बीच व्यापार की असमान शर्तों का मुद्दा उठाया गया। 'जनता' के मई 1949 के अंक में अपने एक लेख 'काम करने का प्रोग्राम' में डॉ. लोहिया ने लिखा, '····व्यापार की शर्त हमेशा खेती के खिलाफ रहती है····खेतिहर दाम औद्योगिक दामों के मुकाबले बड़े तेजी से गिर रहे हैं। प्रान्तीय सरकारों का यह रुख बढ़ता ही जा रहा है; क्योंकि किसी-न-किसी रूप में कम दाम पर जबरिया गल्ला वसूली जोरों से चल रही है। अभावग्रस्त क्षेत्रों में जबरिया गल्ला वसूली करके तो अंधेर ही ढाहा जा रहा है। औद्योगिक दामों के मुकाबले खेतिहर दामों के कम होने से खेती की लागत का खर्च भी नहीं निकल सकेगा। यह केवल किसानों को ही तबाह नहीं करेगा, राष्ट्र की अर्थव्यवस्था को भी अस्त-व्यस्त कर देगा····इस संकट को टालने के लिए खेतिहर और औद्योगिक दामों के संतुलन के सिद्धान्त को अवश्य ही कबूल कर लेना चाहिए····दस वर्ष पहले कपड़े और धान के दामों में ड्योढ़ा फर्क था, आज वह तिगुना हो गया है। ऐसी हालत में औद्योगिक दामों को ही कम करना चाहिए था। किन्तु इसका उल्टा झुकाव ही बढ़ रहा है। यह निश्चय ही उद्योगों को घूस देकर खुश करने की नीति

1. केन्द्रीय, प्रादेशिक, जिला और ग्राम-स्तर पर गठित पंचायतों में सत्ता के विकेन्द्रीकरण का सिद्धान्त।
2. 'मैन-काइण्ड'; मार्च-अप्रैल, 1968।

है। **मूल्य संतुलन तत्काल लागू हो।'**[1] इसी विषय पर हिन्द किसान पंचायत के महासचिव समाजवादी नेता पं. रामनन्दन मिश्र ने आगे लिखा, 'दुर्भाग्य से यूरोपीय समाजवाद उद्योग की देन है और वह उद्योगों का पक्ष लेता है। यही जबर्दस्त बाधा है, जो खेतिहरों को न्याय से वंचित रखती है। प्रो. प्रीकोपोमिज के अनुसार रूस के खेतिहर की औसत, आमदनी, वहाँ के औद्योगिक मजदूर की औसत आमदनी से 50 प्रतिशत कम है। मूल्य के संतुलन-सिद्धान्त को मान लेने का अर्थ होता है। दुनिया की अर्थव्यवस्था में प्रधानता रखने वाले खेतिहरों को पिछड़ी हुई स्थिति से उठाकर विज्ञान के प्रकाश में लाना।'[2]

उन दिनों पूँजीपति समुदाय आमतौर पर कांग्रेस के साथ था। बाद के दौर में नेहरूजी के राजकीय पूँजीवाद से, 'समाजवादी ढाँचे के समाज' के

---

1. जैसा कि हम पहले देख चुके हैं कृषि में अतिरिक्त मूल्य और औसत मुनाफे के बीच के अन्तर को जमींदार निरपेक्ष लगान के रूप में वसूल लेता है। यदि निरपेक्ष लगान खत्म भी कर दिया जाए तो भी यह रकम व्यावसायिक खेती करनेवाले किसान के हाथ में नहीं जाएगी। पूँजी का प्रवाह पूँजी की निम्न सजीव संरचनावाले उद्योगों से पूँजी की उच्च सजीव संरचनावाले उद्योगों में होता रहता है। आम भाषा में कहें तो छोटी पूँजीवाले क्षेत्रों से बड़ी पूँजीवाले क्षेत्रों में पूँजी स्थानान्तरित होती रहती है। कृषि में पूँजी की निम्न सजीव संरचना होती है। फलतः कृषि क्षेत्र से पूँजी निकलकर बड़े उद्योगों में चली जाती है। **जमींदारी-उन्मूलन के बाद कृषि और उद्योग के बीच व्यापार की असमान शर्तों का सवाल अधिक प्रासंगिक हो उठा। 1948 ई. में पण्डित नेहरू द्वारा ए.आइ.सी.सी. की बैठक में प्रस्तुत 'आर्थिक प्रोग्राम कमेटी' की रिपोर्ट में भी इस मूल्य संतुलन के सिद्धान्त को स्वीकार करते हुए खेती की पैदावार को उचित दाम दिलाने के उद्देश्य से संतुलित मापदण्ड तैयार करने पर बल दिया गया। बहरहाल, आगे चलकर कृषि क्षेत्र की क्षतिपूर्ति के रूप में सब्सीडी की एक पूरी प्रणाली विकसित हुई।**
2. रामनन्दन मिश्र, 'किसानों की समस्याएँ', पृ. 87। इस समस्या को आँकड़ों के साथ राष्ट्रीय और अन्तरराष्ट्रीय परिप्रेक्ष्य में प्रस्तुत करते हुए उन्होंने दिखाया कि भारत में खेतिहरों को 1870 से अब तक कुछ समय छोड़कर उचित दाम मिला ही नहीं''''अमेरिका में भी खेती की पैदावार का दाम उद्योग की पैदावार के दाम से कहीं ज्यादा तेजी से गिरा। अमेरिका के खेतिहरों ने जो दाम पाया और उन्हें जो दाम चुकाना पड़ा, उन दोनों का अनुपात 1909 से 1914 के आधार पर 44 प्वाइंट गिर गया। राष्ट्रपति कुलिज ने दाम संतुलन के अभाव को गिराने के लिए दो-दो बार वीटो का इस्तेमाल किया''''अमेरिका की सरकार ने 1938 में कानून बनाकर मूल्य-संतुलन के सिद्धान्त को कबूल कर लिया।' (पृ. 84-85)।

निर्माण जैसी घोषणाओं से असंतुष्ट पूँजीपतियों का तबका स्वतंत्र पार्टी के साथ जुड़ गया। ऐसी स्थिति में, छोटे-मझोले बनियों के कुछ हिस्सों को छोड़कर, पूँजीपतियों के बीच सोशलिस्टों के लिए आधार बनाने की गुंजाइश कम ही बची थी। इसलिए उन्होंने अपना ध्यान खेतिहर समुदायों पर केन्द्रित किया। शहर द्वारा देहात का शोषण बन्द करने की माँग की।

बहरहाल, खेतिहर समुदाय का उच्च जातियोंवाला तबका पहले से ही कांग्रेस के साथ था। 'किसानों का धनी टुकड़ा हमारे साथ किसी तरह भी नहीं रह सकता। बल्कि उसके साथ विरोध की भावना तीव्र ही होती जाएगी, वह धनी और शोषक ही नहीं बल्कि हिन्दुस्तान की विशेष परिस्थिति में ज्यादातर हिस्सों में सामाजिक दृष्टि से भी ऊँचा स्थान रखता है। वह भी आज कांग्रेसी सरकारों की कुव्यवस्था से असन्तुष्ट है, परन्तु, वह समाजवाद का साथ नहीं दे सकता। उसको अपने साथ रखने के प्रयत्न में गाँव के गरीबों का बड़ा समुदाय हम से अलग हो जाएगा। नतीजा होगा, न तो गाँव के गरीब हमें अपना समझेंगे और न गाँव के धनी ही। त्रिशंकु की तरह गाँव के सामाजिक-जीवन में समाजवार्दी पार्टी लटकती रहेगी। इसलिए निश्चित रूप से समाजवादी कार्यकर्ताओं को इनका साथ छोड़ देना चाहिए।'[1] इस तरह कांग्रेस के खिलाफ सबल विपक्ष के निर्माण के लिए सोशलिस्टों ने खेतिहर समुदाय के पिछड़ी जातियों वाले तबकों को आधार बनाने का निश्चय किया। दूसरी तरफ, स्वतन्त्रता और जमींदारी उन्मूलन के बाद पिछड़ी जातियों के उदीयमान खुशहाल तबकों को भी एक ऐसी पार्टी की जरूरत थी जो उनकी राजनीतिक आकांक्षाओं को अभिव्यक्ति दे और अन्ततः उनके सत्तासीन होने का मार्ग प्रशस्त करे।

इसी पृष्ठभूमि में डॉ. लोहिया ने 'पिछड़ा पावे सौ में साठ' का नारा दिया। 'जातियों में बराबरी तभी कायम हो सकती है, जब जातियों का नाश हो, और जातियों का नाश तभी हो सकता है, जब दबी हुई जातियों को विशेष और गैर-बराबर अवसर दिया जाए। इसलिए साठ सैकड़ा संरक्षण का सिद्धान्त मानना होगा। चाहे लायक-नालायक, औरत, शूद्र, हरिजन, पिछड़े वर्ग, आदिवासी और जुलाहा इत्यादि मुसलमानों को साठ सैकड़ा संरक्षण देना होगा।[2] उन्होंने विशेष अवसर के इस सिद्धान्त को, सौ में साठ के नारे को पहले अपने संगठन में ही लागू करने की कोशिश की। 'मैंने आज हिसाब

1. रामनन्दन मिश्र, 'किसानों की समस्याएँ,' पृ. 92-93।
2. डॉ. राम मनोहर लोहिया, 'जाति प्रथा', पृ. 196।

लगवाया। जितने अपने सूबे हैं पन्द्रह के करीब, उन सूबों में मंत्रियों और सभापतियों को देखा तो पता चला कि करीब 17–18 तो ऊँची जातियों के हैं और जो 12–13 हैं, वे दबी हुई जातियों और छोटी जातियों में से हैं। सच पूछो तो उनको भी छोटी जातियाँ नहीं कहनी चाहिए, क्योंकि अधिकतर तो इस तरह की जातियाँ हैं जैसे मुदलियार या रेड्डी।[1] 1960 में उन्होंने अपनी पार्टी के राष्ट्रीय अध्यक्ष भूपेन्द्रनारायण मंडल को इस उद्देश्य से पार्टी की राष्ट्रीय समिति से लेकर क्षेत्रीय समिति तक को भंग करने का प्रस्ताव लेने का सुझाव दिया था। लेकिन श्री मंडल ने इस प्रस्ताव को आने नहीं दिया। तब डॉ. लोहिया ने कहा था, 'एक शूद्र के द्वारा शूद्रों के स्वार्थ की हत्या कर दी गई।'[2] 1964 में सोपा और प्रसोपा के विलय के बाद संसोपा की जो तदर्थ समिति बनी उसमें भी 'सौ में साठ' के सिद्धान्त को अमल में लाने का प्रयास दिखाई देता है। समिति के 27 सदस्यों में 4 यादव, 3 कोइरी, 1 कुर्मी, 1 कहार, 1 नाई, 2 बनिया, 1 मुसलमान, 5 राजपूत, 4 ब्राह्मण, 3 भूमिहार और 2 अन्य जाति के थे।[3] **पिछड़ों की पार्टी के रूप में संसोपा की पहचान बनने का एक महत्त्वपूर्ण कारण उसकी संगठनात्मक बुनावट भी थी,** जो अन्य पार्टियों में दिखाई नहीं पड़ती थी।

सामाजिक उत्पीड़न के प्रश्न को नस्लीय, राष्ट्रीय, यौन और अन्य उत्पीड़नों के साथ जोड़कर उन्होंने सप्तक्रान्ति[4] का एक सार्विक सिद्धान्त

---

1. डॉ. राम मनोहर लोहिया, 'उत्तर प्रदेश और बिहार के एक दौरे के अनुभव', (1959 में हैदराबाद में किए गए भाषण के टेप से), पृ. 32।
2. राधाकान्त यादव से बातचीत (श्री यादव को श्री मंडल ने यह बताया था)।
3. संसोपा के प्रान्तीय पदाधिकारी थे : रामानन्द तिवारी—अध्यक्ष; जगदेव प्रसाद—राज्यमंत्री; बाबू लाल शास्त्री—संगठन मंत्री; विश्वनाथ मोदी, चन्द्रदेव वर्मा और रूप नारायण झा—संयुक्त मंत्री; कर्पूरी ठाकुर—विधायक दल के नेता; रामसेवक सिंह—उपनेता; तुलसीदास मेहता—मंत्री; सभापति सिंह—सचेतक।
4. सप्त क्रान्ति : (1) नर-नारी की समानता के लिए; (2) चमड़ी के रंग पर रची राजकीय, आर्थिक और दिमागी असमानता के खिलाफ; (3) संस्कारगत जन्मजात जाति प्रथा के खिलाफ और पिछड़ों को विशेष अवसर के लिए; (4) परदेसी गुलामी के खिलाफ और स्वतंत्रता तथा विश्व लोकराज के लिए; (5) निजी पूँजी की विषमताओं के खिलाफ और आर्थिक समानता के लिए तथा योजना द्वारा पैदावार बढ़ाने के लिए; (6) निजी जीवन में अन्यायी हस्तक्षेप के खिलाफ और लोकतन्त्री पद्धति के लिए; तथा (7) अस्त्र-शस्त्र के खिलाफ और सत्याग्रह के लिए। सातों क्रान्तियाँ संसार में एक साथ चल रही हैं....

विकसित किया। इन सबके साथ 'वोट, फावड़ा और जेल' की आन्दोलनात्मक कार्यनीति थी। फिर 'गैर-कांग्रेसवाद' के तहत कांग्रेस-विरोधी मतों के विभाजन को रोकने की कोशिश हुई।

बहरहाल, इस देसी समाजवाद ने पिछड़ी जातियों के बीच प्रबल आकर्षण पैदा किया। इसका एक और अभिन्न अंग था अंग्रेजी-हटाओ पर आधारित भाषा-नीति जिसने पिछड़े खेतिहर समुदायों के छात्र-युवाओं और बुद्धिजीवियों को सोशलिस्टों के साथ भावनात्मक रूप से जुड़ने में बड़ी मदद पहुँचाई। कुल मिलाकर, यह समाजवादी आन्दोलन जनेऊ आन्दोलन तथा त्रिवेणी आन्दोलन का स्वातंत्र्योत्तर स्थितियों में परिवर्धित संस्करण था। इसका विचारधारात्मक-राजनीतिक प्रभाव किसी एक दल तक ही सीमाबद्ध नहीं रहा।

इस पूरे दौर में विभिन्न जनान्दोलन तथा किसान संघर्षों में अपनी शिरकत के बावजूद भाकपा का सामाजिक प्रश्नों के प्रति नकारात्मक रुख ही बना रहा। फलतः कुछेक अंचलों अथवा अपवादों को छोड़कर पिछड़ी जातियों के बीच वह कोई उल्लेखनीय आधार विकसित नहीं कर सकी। चुनाव की जरूरतों के अनुरूप कुछेक चुनाव क्षेत्रों से वह पिछड़े उम्मीदवार तो खड़ी करती थी, पर पार्टी ढाँचे में इन समुदायों को महत्त्व नहीं मिला। पार्टी पर उच्च जातियों, और खासकर भूमिहार समुदाय की पकड़ मजबूत होती गई।

भूमिहार वैसे मुख्यतः कांग्रेस के साथ थे। उनका वामपंथी हिस्सा कम्युनिस्टों के साथ। कालक्रम में भाकपा की छवि बिहार में भूमिहार समुदाय की दूसरी प्राथमिकतावाली पार्टी की बन गई, उनकी 'बी' टीम की। आगे चलकर कांग्रेस के प्रति भाकपा के नरम-गरम नीति के लिए जिम्मेवार अन्य अनेक महत्त्वपूर्ण कारकों के अलावा इसने अतिरिक्त सामाजिक कारक का काम किया।

चुनाव में भाकपा को पहली सफलता 1956 के उपचुनाव में मिली, जब चन्द्रशेखर सिंह उत्तर बेगूसराय से जीते। 1957 के विधान सभा चुनावों में उसके सात उम्मीदवार विजयी हुए। इनमें से दो भाकपा के सदस्य नहीं थे, लेकिन पार्टी ने उन्हें अपना चुनाव चिह्न दिया था। सात विधायकों में 3 भूमिहार, 1 ब्राह्मण, 1 बंगाली और 1 दलित थे। प्रभु नारायण राय (बीहपुर), मनीराम सिंह (गोपालपुर), कार्यानन्द शर्मा (सूर्यगढ़ा) और भोला माँझी उन्हीं क्षेत्रों से जीते थे, जहाँ भाकपा ने बकाश्त आन्दोलन तथा खेत मजदूरों और बटाइदारों का संघर्ष चलाया था। 1962 के चुनाव में उसके 12 प्रत्याशी विजयी हुए। (विस्तृत विवरण

परिशिष्ट में देखें।)[1]

1950 से '64 तक की घटनाओं का जायजा लेने के बाद अब आगे की कहानी। 1965 के अगस्त महीने में बिहार में स्वतन्त्रता के बाद का सबसे बड़ा जनआन्दोलन भड़क उठा। छात्रों की फीस में बढ़ोतरी, खाद्यान्न संकट, महँगाई और के. बी. सहाय सरकार का भ्रष्टाचार—इन्हीं मुद्दों ने जनसमुदाय को उद्वेलित कर रखा था। फिर पुलिस दमन ने आग में घी का काम किया। संसोपा और कम्युनिस्ट पार्टी आन्दोलन की अगुवाई कर रही थी और इन पार्टियों से जुड़े छात्र-युवा इस जनउभार की मुख्य शक्ति थे।

9 अगस्त को पटना बन्द हुआ। गांधी मैदान में डॉ. लोहिया ने जनसभा को सम्बोधित किया, पर उसी रात डॉ. लोहिया समेत भोला प्रसाद सिंह, रेवतीकान्त सिन्हा, राम एकबाल सिंह, भाकपा नेता और विधायक सुनील मुखर्जी गिरफ्तार कर लिए गए। इन गिरफ्तारियों के खिलाफ अगले दिन जब गांधी मैदान में सभा हो रही थी, तब पुलिस ने जमकर लाठियाँ चलाईं। संसोपा के राज्याध्यक्ष रामानन्द तिवारी, कर्पूरी ठाकुर, रामचरण सिंह, पृथ्वीनाथ तिवारी, योगेन्द्र ठाकुर, भाकपा के चन्द्रशेखर सिंह और रामावतार शास्त्री बुरी तरह घायल हुए। कपिल देव सिंह, सभापति सिंह, तुलसीदास मेहता, जगदेव प्रसाद, चन्द्रदेव प्रसाद वर्मा आदि गिरफ्तार किए गए। पुलिस दमन के खिलाफ पूरे प्रदेश में जुलूस निकाले जाने लगे। राज्य भर में हजारों संसोपा और कम्युनिस्ट कार्यकर्ताओं की गिरफ्तारी हुई। 18 जगह पुलिस ने गोलियाँ चलाईं। 'दि सर्चलाइट' के सम्पादक टी. जे. एस. जार्ज भी गिरफ्तार कर लिए गए। नेताओं की गिरफ्तारी भारत सुरक्षा अधिनियम के तहत की गई। संसोपा के अध्यक्ष एस. एम. जोशी को बिहार में घुसने नहीं दिया गया। राजनारायण पटना जंक्शन से ही खदेड़ दिए गए। उप-चुनाव में मुंगेर से हाल ही में जीते समाजवादी नेता मधुलिमये की सभाओं पर प्रतिबन्ध लगा दिया गया। डॉ. लोहिया ने हजारीबाग जेल से अपनी गिरफ्तारी की वैधता को चुनौती दी, खुद

---

1. कार्यानन्द शर्मा 1946 में डॉ. श्रीकृष्ण सिंह के खिलाफ भी चुनाव लड़ चुके थे। 1946 और '52 में पराजय के बाद वे '57 में विजयी हुए।

1972 में पार्टी की राज्य कार्यकारिणी के 21 सदस्यों में उच्च जाति के सदस्यों की संख्या 13 थी, 3 बंगाली थे और मात्र 5 पिछड़ी जातियों के थे। सिर्फ भूमिहार सदस्यों की संख्या ही 7 (33.3 फीसदी) थी।

1956-62 के बीच योगेन्द्र शर्मा और 1962 और 1962-67 के बीच इन्द्रदीप सिन्हा पार्टी के प्रान्तीय सचिव थे।

अपनी पैरवी की और सर्वोच्च न्यायालय के आदेश पर रिहा किए गए।[1] सन् 65 के बाकी बचे महीने इसी उथल-पुथल में गुजर गए। इस आन्दोलन का अन्तिम परिणाम दो साल बाद हुए आम चुनावों में सामने आया।

इसी बीच 1966 में रुपए का भारी अवमूल्यन हुआ। महँगाई आसमान छूने लगी। फिर बिहार पर अकाल का कहर टूट पड़ा। ग्रामीण इलाकों में जगह-जगह फसल और अनाज दखल की घटनाएँ घटने लगीं। पी. एल. 480 के तहत अमेरिका से आयातित सड़े हुए गेहूँ का दलिया प्रदेश के स्कूलों में बाँटा जाने लगा, लेकिन वह भुखमरी के विकराल मुँह में जीरा का फोरन भी साबित नहीं हुआ। और सर्वोपरि, स्वातंत्र्योत्तर युवा पीढ़ी सामने आ चुकी थी जिसका कांग्रेस से मोहभंग हो रहा था।

इसी पृष्ठभूमि में संपन्न हुआ 1967 का आम चुनाव। कांग्रेस के बीस वर्षों के अनवरत शासन का अन्त हुआ। चुनाव के पहले संसोपा के 17 विधायक थे जिसमें एक बिन्देश्वरी प्रसाद मंडल भी थे जो विधान सभा में ही कांग्रेस से संसोपा में शामिल हो गए थे। चुनाव के बाद उसके विधायकों की संख्या 68 हो गई जिसमें से 45 पिछड़े, दलित और आदिवासी समुदायों से थे। उसे कुल 17.6 फीसदी मत प्राप्त हुए। भाकपा के 24 और प्रसोपा के 17 प्रत्याशी विजयी हुए। विधान सभा में पिछड़ी जाति के विधायकों की संख्या 82 तक पहुँच गई। विधान सभा की सामाजिक संरचना में परिवर्तन आना यहीं से शुरू हो गया। 1967 में धनिकलाल मंडल पिछड़ी जाति से विधान सभा के पहले अध्यक्ष चुने गए। (यहाँ यह नोट करना आवश्यक है कि 1953 से '65 के बीच राज्य सभा के लिए बिहार से भेजे जानेवाले सदस्यों में एक भी पिछड़ी जाति का नहीं था। पहली बार संसोपा ने 1966 में भूपेन्द्र नारायण मंडल को राज्य सभा में भेजा।)

विधान सभा में कांग्रेस अब भी सबसे बड़ी पार्टी थी, लेकिन उसे आजादी के बाद सबसे कम 128 सीटों पर ही जीत हासिल हुई थी। संसोपा दूसरी सबसे बड़ी पार्टी थी और गैर-कांग्रेसवाद के आधार पर संसोपा, प्रसोपा, भाकपा, जनसंघ, जनक्रांति दल के बीच गैर-कांग्रेसी सरकार के गठन के लिए वार्ता चली। 33-सूत्री कार्यक्रम तैयार हुआ और संयुक्त विधायक दल (संविद) का निर्माण किया गया। डॉ. लोहिया कर्पूरी ठाकुर को मुख्यमंत्री बनाए जाने के पक्ष

---

1. बिहार में आतंक राज—रामानन्द तिवारी, कर्पूरी ठाकुर, इन्द्रदीप सिन्हा का प्रधानमंत्री के नाम जेल से पत्र तथा संसोपा के प्रथम राज्य सम्मेलन की रिपोर्ट।

में थे, लेकिन उच्च जाति नेताओं का एक हिस्सा इसके खिलाफ था।[1] फलतः महामाया प्रसाद सिन्हा के नेतृत्व में पहली गैर-कांग्रेसी संयुक्त मोर्चा सरकार बनी। कर्पूरी ठाकुर उप-मुख्यमंत्री बने। यह सरकार दस माह चली।

सरकार में बिन्देश्वरी प्रसाद मंडल को लेकर शुरू से ही गहरा विवाद था। लोक सभा सदस्य होने के बावजूद उन्हें संविद सरकार में मंत्री बनाया गया था। डॉ. लोहिया इसके सख्त खिलाफ थे और वह चाहते थे कि श्री मंडल लोक सभा में ही रहें। जब छः माह में दस दिन शेष रह गए, तब श्री मंडल ने संसोपा और अन्य पार्टियों की पिछड़ी जातियों के असन्तुष्ट विधायकों को मंत्रिपद का लालच देकर फोड़ लिया और शोषित दल का गठन किया। मंडल तब संसोपा की संसदीय समिति के अध्यक्ष थे। संसोपा के प्रदेश मंत्री जगदेव प्रसाद भी उनके साथ हो गए। उन्हें इस बात का क्षोभ था कि संविद सरकार में उन्हें मंत्री नहीं बनाया गया, जबकि उनसे 'दब' उपेन्द्र नाथ वर्मा मंत्री पद का सुख भोग रहे थे। संसोपा छोड़नेवाले अन्य नेता थे—महावीर प्रसाद यादव, महंथ राम किशोर दास, रामाशीष सिंह, सतीश प्रसाद सिंह, देवीलाल, महावीर प्रसाद, मो. हासिम और स्वामी विवेकानन्द। बी. पी. मण्डल को विधान परिषद में नामजद करने के लिए तीन दिनों (28.2.68 से 1.3.68) के लिए सतीश प्रसाद सिंह को मुख्यमंत्री बनाया गया। वैसे तीन दिन के लिए ही सही जगदेव प्रसाद भी मुख्यमंत्री बनना चाहते थे, लेकिन मंडल को प्रसाद की दबंगियत से खतरा महसूस होता था, कि कहीं जगदेव मुख्यमंत्री पद छोड़े ही नहीं।[2] मंडल की शोषित दल सरकार को कांग्रेस ने समर्थन दिया। शोषित दल ने संविद सरकार पर 'पिछड़ा पावे सौ में साठ' नीति लागू नहीं करने की आलोचना की थी। बहरहाल, इस सरकार में विभिन्न पार्टियों से टूटकर आए शोषित दल के सभी 38 विधायकों को मंत्री बना दिया गया। यह सरकार करीब 20 दिन (1 मार्च से 22 मार्च '68) चली। फिर 22 मार्च से 29 जून '68 तक भोला पासवान शास्त्री की सरकार ने शासन किया। 29 जून '68 से 26 फरवरी '69 तक प्रदेश में राष्ट्रपति शासन लागू रहा।

1969 के मध्यावधि चुनाव के बाद भी स्थिति में कोई फर्क नहीं आया। कांग्रेस के विधायकों की संख्या और घटकर 118 रह गई। संसोपा और शोषित दल के बीच टकराव से दोनों दलों को नुकसान हुआ—संसोपा 52 और शोषित

---

1. सुनील मुखर्जी, 'पार्टी जीवन की कुछ यादें', पृ. 49; तथा भोला प्रसाद सिंह से बातचीत।
2. शोषित दल सरकार के एक मंत्री शंभूनाथ झा से बातचीत।

दल मात्र 6 स्थानों पर विजयी रहा। यहाँ हम उन दिनों के राजनीतिक घटनाक्रमों का ब्योरा पेश करने नहीं जा रहे। सिर्फ कुछ घटनाओं का वर्णन ही काफी होगा।

संसोपा, संगठन कांग्रेस, जनसंघ और स्वतंत्र पार्टी ने मिलकर संयुक्त विधायक दल का गठन किया, संसोपा विधायक दल के नेता रामानन्द तिवारी इस संयुक्त विधायक दल के नेता बनाए गए[1] और श्री तिवारी ने सरकार बनाने का दावा भी पेश किया। लेकिन जनसंघ और संगठन कांग्रेस के साथ मिलकर सरकार बनाने के मसले पर पार्टी में ही मतभेद था। एस.एम. जोशी और सुरेन्द्र मोहन जैसे नेता पटना आए और यह स्पष्ट हो गया कि जनसंघ के साथ संसोपा सरकार नहीं बनाएगी। कर्पूरी ठाकुर भी इस विचार से सहमत थे, लेकिन उनकी सहमति का असली कारण तिवारी को मुख्यमंत्री बनने से रोकना था। उन्होंने ही इन्द्र कुमार (तत्कालीन एम.एल.सी.) से यह बयान दिलवाया के अगर संसोपा के अध्यक्ष सिंडिकेट वालों के साथ मिलकर सरकार बना देंगे, तो पार्टी में दरार पड़ जाएगी।[2]

संसोपा के अन्दर इंदिरा कांग्रेस के खिलाफ स्वतंत्र पार्टी-सिंडिकेट कांग्रेस-जनसंघ के साथ गठबन्धन कायम करने, या फिर स्वतन्त्र-सिंडिकेट-जनसंघ के खिलाफ कांग्रेस और प्रसोपा से तालमेल करने के प्रश्न पर गहरे मतभेद थे। इसी वाद-विवाद के बीच 16 फरवरी 1970 की दारोगा प्रसाद राय की सरकार बनी। इस इन्दिरा कांग्रेस सरकार को भाकपा, प्रसोपा, शोषित दल, एलसीडी, झारखण्ड जैसी पार्टियों का समर्थन प्राप्त था। भाकपा ने पहली बार कांग्रेस को समर्थन दिया था। इस सरकार के गठन के बाद भी संसोपा का अन्दरूनी विवाद थमा नहीं, बल्कि 'अगड़े-पिछड़े' का प्रश्न पार्टी के अन्दर भी आ गया। पिछड़े संसोपाइयों ने लोहिया के कट्टर अनुयायी रामानन्द तिवारी को 'ब्राह्मण' बना दिया। (डॉ. लोहिया का अक्टूबर '67 में ही देहान्त हो चुका था।)

जून 1970 में संसोपा की ओर से जब दारोगा प्रसाद राय सरकार के खिलाफ अविश्वास प्रस्ताव पेश किया गया, तो पार्टी की व्हिप के बावजूद 14 विधायकों ने अविश्वास प्रस्ताव के पक्ष में मतदान नहीं किया।[3] भोला प्रसाद सिंह (संसोपा) जैसे नेता का मानना था कि पिछड़ी जाति की नेतृत्ववाली सरकार को गिराकर ब्राह्मण (रामानन्द तिवारी) को मुख्यमंत्री बनाना उचित नहीं होगा। संसोपा की नीति रही है कि नेता का चुनाव पिछड़े वर्गों से किया जाए।[4] पार्टी में

1. 'दिनमान'; 8 फरवरी, 1970।
2. 'दिनमान'; 25 जनवरी, 1970।
3. रामानन्द तिवारी का कर्पूरी ठाकुर को पत्र; 28 अगस्त,' 72।
4. 'दिनमान'; 14 जून, 1970।

टूट का खतरा उत्पन्न हो चुका था। केन्द्रीय नेतृत्व की पहल से 22 जून 1971 को पटना में संसोपा की राज्य इकाई की बैठक में रामानन्द तिवारी के स्थान पर कर्पूरी ठाकुर को संयुक्त विधायक दल का नेता चुन लिया गया। इसके साथ ही कर्पूरी ठाकुर का जनसंघ-विरोध भी समाप्त हो गया। दारोगा प्रसाद राय सरकार के पतन के बाद 22 दिसम्बर '70 को कर्पूरी ठाकुर सरकार का गठन हुआ। इस सरकार में जनसंघ, संगठन कांग्रेस, लोकतांत्रिक कांग्रेस, शोषित दल, भारतीय क्रान्ति दल, जनता तथा अन्य छोटी पार्टियाँ शामिल थीं।

इस तरह '67 के इस दौर में पिछड़ी जातियों का सामाजिक-राजनीतिक आन्दोलन सत्ता के गलियारों में जा पहुँचा था। चार वर्षों में पिछड़ी-दलित जातियों के 5 मुख्यमंत्री बने। कांग्रेस के—पहले और बाद के—पूरे शासनकाल में उसका पहला और आखिरी पिछड़ी जाति का मुख्यमंत्री इसी दौर में बना।[1] सदी के आरम्भ में जनेऊ धारण करने और नाम के पीछे सिंह लगाने से जो आन्दोलन शुरू हुआ, वह अब इन समुदायों के सिंहासन पर जा बैठने के दौर में आ पहुँचा था।

इसी दौर में एक और महत्त्वपूर्ण बात यह हुई कि एक अनिवार्य विषय के रूप में अंग्रेजी की पढ़ाई समाप्त कर दी गई। उसमें उत्तीर्ण होना जरूरी नहीं रह गया। फलतः आनेवाले वर्षों में विश्वविद्यालयों में, यहाँ तक कि उन दिनों के अभिजात्य माने जानेवाले पटना विश्वविद्यालय में भी छात्रों की सामाजिक संरचना बदलने लगी। पिछड़ी जातियों के ग्रामीण छात्रों की तादाद अब इन विश्वविद्यालयों में बढ़ने लगी। इसके परिणाम की कुछ चर्चा

1. '67 से '72 के विधान सभा चुनावों के बीच बिहार में कुल नौ सरकारें बनीं—इनमें तीन दिन और नौ दिन चलनेवाली सरकारें भी शामिल हैं। भोला पासवान शास्त्री तीन बार मुख्यमंत्री बने। अन्य मुख्यमंत्री थे—महामाया प्रसाद सिन्हा, सतीश प्रसाद सिंह, बिन्देश्वरी प्रसाद मंडल, भोला पासवान शास्त्री, दारोगा प्रसाद राय, सरदार हरिहर सिंह और कर्पूरी ठाकुर। विपक्षी दलों की सरकार बनने में गैर-कांग्रेसवाद ने महत्त्वपूर्ण भूमिका निभाई थी। 1952 में सोशलिस्ट पार्टी को 18.8 फीसदी मत मिले थे और उसके 23 उम्मीदवार जीते थे। 1967 में संसोपा को 17.6 फीसदी मत मिला और 68 उम्मीदवार जीते। 1952 से '67 के बीच के चुनावों में सोपा और प्रसोपा को 17 से 20 फीसदी मत मिलते रहे थे। 1964 में सोपा-प्रसोपा विलयन में प्रसोपा का एक गुट शामिल नहीं हुआ। लेकिन प्रसोपा के 60 फीसदी सदस्य संसोपा में ही बने रहे। खैर, विपक्षी एकता की स्थिति में 17.6 फीसदी मत के साथ संसोपा गैर-कांग्रेसी संविद की मुख्य शक्ति बन गई।

हम अगले अध्याय में करेंगे।

इस दौर में बनी सरकारें थोड़े दिनों अथवा कुछ महीनों तक ही चलीं। **लेकिन राजनीतिक सत्ता पर चार उच्च जातियों के वर्चस्व को अब पिछड़ी जातियों के बीच अगड़ी चार जातियों—यादव, कुर्मी, कोइरी और बनिया—की चुनौती मिलने लगी थी।** सत्ता के गलियारे में घुसने के लिए सारे हथकण्डे अपनाये जा रहे थे, नए-नए समीकरण बन रहे थे, पार्टियाँ बन और टूट रही थीं। बहरहाल, बंगलादेश युद्ध और फिर पूर्ण बहुमत के साथ इन्दिरा कांग्रेस की सत्ता में वापसी से इस खुला खेल फर्रुखाबादी के पहले अंक का पटाक्षेप हुआ।

7
सिंहासन पर

जिन दिनों प्रदेश में तीन दिन, नौ दिन अथवा बीस दिनों के लिए मुख्यमंत्री बनने की होड़ मची थी, पार्टियों के टूटने और बनने का सिलसिला चल रहा था, उन्हीं दिनों यहाँ नक्सलवादी आन्दोलन की धमक भी सुनाई पड़ने लगी थी। 1967 के वसंत में पश्चिम बंगाल के दार्जिलिंग जिले के नक्सलबाड़ी इलाके से शुरू हुआ यह आन्दोलन मार्क्सवादी कम्युनिस्ट पार्टी के क्रान्तिकारी हिस्से के नेतृत्व में माओ जे दुंग विचारधारा को भारत की सरजमीं पर उतारने का एक प्रयास था। सामन्तवाद के खिलाफ किसानों, खासकर गरीब किसानों और खेत मजदूरों को सशस्त्र संघर्ष में संगठित कर और इलाके के आधार पर सत्ता दखल कर मजदूर वर्ग के नेतृत्व में जनवादी क्रान्ति सम्पन्न करना इन क्रान्तिकारियों का लक्ष्य था। इस उद्देश्य के मद्देनजर उन दिनों वे चुनाव बहिष्कार के हिमायती थे। माकपा के अन्दर के इन्हीं क्रान्तिकारियों ने नवम्बर '67 में ऑल इंडिया को आर्डिनेशन कमेटी ऑफ कम्युनिस्ट रिवोल्यूशनरीज (ए आइ सी सी आर) का गठन किया, और फिर 22 अप्रैल, '69 को भारत की कम्युनिस्ट पार्टी (मार्क्सवादी-लेनिनवादी) की स्थापना की।

'67 के नक्सलबाड़ी संघर्ष (जिसे चीन की 'पीपुल्स डेली' ने 'भारत में वसंत का वज्रनाद' कहा था) का बिहार के भी कई माकपा नेताओं ने समर्थन किया। 10 सितम्बर '67 को शाहाबाद जिले के पीरो थाने के नारायणपुर गाँव में इन नक्सलबाड़ी-समर्थक माकपा नेताओं की पहली बैठक हुई। इसमें सत्यनारायण सिंह, तूफानचन्द्र जोश, उमाधर सिंह, चन्द्रमणि शर्मा, शिवशंकर पहाड़ी, श्रीमन नारायण झा, सरदार गुरुबख्श सिंह, जितेन्द्र शर्मा और बालकृष्ण आजाद शामिल हुए। माकपा की प. बंगाल राज्य कमेटी के सदस्य सुशीतल राय चौधरी भी इस बैठक में भाग लेने के लिए कलकत्ते से आए थे।[1] पहले दौर में मुजफ्फरपुर जिले के पारू-बरुराज और मुसहरी प्रखण्डों तथा मुंगेर जिले के

1. आर.एन. सिंह, डी. आई. जी. पुलिस ऑन स्पेशल ड्यूटी (बिहार) की 14.12.'73 की रिपोर्ट।

सूर्यगढ़ा प्रखण्ड के अलावा दरभंगा, पूर्णिया, भागलपुर, हजारीबाग, राँची और पलामू जिलों में सशस्त्र किसान संघर्ष शुरू करने की कोशिशें की गई। मुसहरी और सूर्यगढ़ा प्रखण्डों में बड़े भूस्वामियों पर हिंसक हमले हुए; अनाज, फसल और सम्पत्ति दखल करने की कार्रवाइयाँ हुईं। साथ-ही-साथ इन अंचलों में सघन पुलिस कार्रवाई भी शुरू की गई। जनवरी से अगस्त '70 के बीच करीब 30 हत्याएँ हुईं और नक्सलवादी गतिविधियों के कारण मुंगेर, मुजफ्फरपुर, दरभंगा, सिंहभूम, चम्पारण, जमशेदपुर, पटना, राँची, गया, सहरसा और हजारीबाग जिलों में 954 व्यक्ति गिरप्तार किए गए।[1] इसी बीच भाकपा (माले) का पहला राज्य सम्मेलन 27-28 फरवरी 1970 को तत्कालीन शाहाबाद जिले के कुदरा थाने के नाथुपुर गाँव में संपन्न हुआ। इस सम्मेलन में पार्टी के महासचिव चारु मजुमदार भी उपस्थित थे। एक सात सदस्यीय राज्य कमेटी का गठन किया गया जिसके सचिव बने सत्यनारायण सिंह। बहरहाल, छः महीने के भीतर ही पार्टी में पहली फूट पड़ी। चारु मजुमदार जहाँ सामंत-विरोधी सशस्त्र संघर्ष में भूमिहीन-गरीब किसानों को संगठित करने और उनकी पहलकदमी उन्मुक्त करने पर जोर दे रहे थे, वहीं सत्यनारायण सिंह की मुख्य चिन्ता धनी किसानों के साथ एकता कायम करने की थी। बहरहाल, इस दौर में सबसे अधिक चर्चा का विषय रहा मुसहरी का संघर्ष। 'पर यहाँ का संघर्ष थोड़े ही समय में भूस्वामियों, पुलिस और जयप्रकाश की रहनुमाई में नवसर्वोदयवादियों के त्रिगुट के दबाव तले धराशायी हो गया। चूँकि पार्टी में पहले ही फूट पड़ चुकी थी....अतः पार्टी दुश्मन के जोरदार हमले का जवाब देने की स्थिति में नहीं थी। पार्टी की कतारों ने अपने तई उत्तर बिहार के पूर्णिया, दरभंगा, भागलपुर, मुंगेर इत्यादि जिलों में और दक्षिण बिहार के हजारीबाग, रांची, पलामू इत्यादि जिलों में किसान संघर्ष को फैला देने की कोशिश की, लेकिन उन्हें कोई उल्लेखनीय सफलता नहीं मिली।'[2]

'तभी अचानक, बिल्कुल अप्रत्याशित रूप से यह दिखलाई पड़ा कि भोजपुर में और दूसरे नम्बर पर पटना में, यह आन्दोलन आवेग पकड़ रहा है। यह घटना अप्रत्याशित इसलिए थी, क्योंकि पहले यद्यपि सी पी आइ (एम) की करीब पूरी-की-पूरी जिला कमेटी नक्सलबाड़ी के पक्ष में चली आई थी, फिर

1. 'दिनमान'; 13 जनवरी, 1970, पृ. 22।
2. 'बिहार के धधकते खेत-खलिहानों की दास्तान,' भाकपा (माले) का दस्तावेज, गोरखपुर, 1986; पृ. 23।

भी आन्दोलन को प्रचार के स्तर से ऊँचा नहीं उठाया जा सका था। मगर जब एक नए किस्म का नेतृत्व उभरकर आया तो समूचा रंग ही बदल गया। इस नेतृत्व की जड़ें जिले में मौजूद भूमि-सम्बन्धों की स्थिति और सामाजिक स्थिति की गहराई में बैठी हुई थी। इस नेतृत्व ने जनता के बढ़ते हुए असन्तोष को, जो अब तक किसी तरह अटका हुआ था, लोकप्रिय रूपों में अभिव्यक्ति करने की कोशिश की। इसमें हरिजनिस्तान की माँग पर की गई एक विशाल रैली भी उल्लेखनीय है।[1] ये नेतृत्वकारी तत्त्व स्थानीय परिस्थितियों की उपज थे, जो नक्सलबाड़ी और माओ से प्रभावित थे, और क्रान्तिकारी मार्क्सवाद की भी अस्पष्ट-सी जानकारी रखते थे। सी. पी.आई. (एम) के भूतपूर्व नेताओं के साथ जुड़कर और पार्टी के निर्देशन में इस स्थानीय नेतृत्वकारी शक्ति ने जुझारू किसान आन्दोलनों के एक नए दौर का सूत्रपात किया।'[2]

ऊपर जिस नए किस्म के नेतृत्व की बात कही गई है, उसमें जगदीश प्रसाद (मास्टर साहब) और रामनरेश राम का नाम सबसे उल्लेखनीय है। पार्टी से सम्पर्क करने का उन्होंने भरसक प्रयास किया। लेकिन जब सफलता नहीं मिली तो उन्होंने फैसला किया कि 'संघर्ष चलाने पर ही पार्टी से सम्पर्क हो सकता है। फलतः उन्होंने वर्ग-दुश्मन के सफाये का कार्यक्रम शुरू किया, जो उस समय संघर्ष का सबसे प्रचलित रूप था।'[3] 23 जनवरी, '71 को सहार थाने के एकबारी गाँव में सोन के किनारे शिवपूजन सिंह की लाश मिली, वह जमींदारों का लठैत था। हत्या के इस मामले में जगदीश महतो (मास्टर साहब), रामेश्वर अहीर, सिंहासन चमार, भिखारी कहार तथा महाराज महतो अभियुक्त बनाए गए। 30 मार्च '71 को एकबारी के ही जगदीश सिंह मारे गए। पुनः 16 जून '71 को दुधेश्वर सिंह पर हमला हुआ, लेकिन वे बच गए। इधर पार्टी से सम्पर्क की कोशिशें भी जारी रहीं। मास्टर साहब और रामनरेश राम पार्टी को 'ढूँढ़ने' कलकत्ता गए। '71 के अन्त में जाकर ही जब देशव्यापी पैमाने पर नक्सलवादी आन्दोलन गंभीर धक्के का सामना कर रहा था, पार्टी से उनका सम्पर्क कायम हो पाया और फरवरी '72 में जाकर ही भोजपुर में पार्टी इकाई की स्थापना हुई। मास्टर साहब भोजपुर में पार्टी गठन के बाद दस माह ही जिन्दा रहे। बिहिया

---

1. 14 अप्रैल 1970 को अम्बेदकर दिवस पर आरा में जगदीश प्रसाद (मास्टर साहब) के नेतृत्व में निकाला गया जुलूस।
2. 'बिहार के धधकते.....', 1986; पृ. 24।
3. 'लिबरेशन', भाकपा (माले) की केन्द्रीय कमेटी का मुखपत्र, मई 1981; पृ. 88।

बाजार में वे मारे गए। जिस दिन उनका जन्म हुआ था, उसी दिन सैंतीस वर्ष की अल्पायु में उनकी मृत्यु हुई।[1]

बहरहाल, पार्टी के नेतृत्व में क्रान्तिकारी राजनीति के प्रचार-प्रसार के जरिए भूमिहीन-गरीब किसानों के गुप्त दस्ते बनाए जाने लगे और जालिम भूस्वामियों का 'सफाया अभियान' शुरू हुआ। 'यह आक्रमण सबसे पहले सामाजिक उत्पीड़न के खिलाफ हुआ, क्योंकि सामन्त वर्ग के क्रूर सामाजिक उत्पीड़न ने उनके जीवन को सबसे ज्यादा दयनीय और पशुवत बना दिया था....'[2] गाँवों के दक्खिनी टोले[3] सुगबुगाने लगे और मड़इयों से क्रान्तिकारी गीतों के बोल फूट पड़े। एक-के-बाद-एक कई 'खात्मे' हुए। कई गाँवों में संघर्ष ने खुले सशस्त्र उभार का रूप ले लिया। सहार थाने के बेरथ गाँव में सशस्त्र दस्ते के साथ इलाके के हजारों गरीब किसानों ने 'जमींदारों, गुण्डों और पुलिस के संयुक्त आक्रमण के खिलाफ तीन दिनों तक लड़ने के बाद उन्हें पीछे खदेड़ दिया।' इन्हीं सफायों के क्रम में कई गाँवों के गरीब किसान जन-आर्थिक संघर्षों में उतर पड़े। सहार थाने के ही मथुरापुर में मजदूरी की लड़ाई छिड़ गई, तो बरूहीं और बंशी डिहरी में जमीन की लड़ाई, चँवरी और बरूहाँ की क्रान्तिकारी कमेटियों ने अनेक आर्थिक आन्दोलनों का संचालन किया—फसल दखल और कर्ज माफी से लेकर इलाके में चोरी डकैती पर अंकुश लगाने तक।[4] एकबारी, आयर, बड़गाँव, चंवरी, बरूही, बरूहा, चिल्हौस, सोना टोला, बाबू बाँध, गोरपा, बेरथ, ऐयार-छपरा, दुल्लमचक, फुलाड़ी, पोखरहाँ जैसे गाँव-के-गाँव इस संघर्ष की चपेट में आते गए और उसने दलितों-पिछड़ों के बीच से अनेक अनजाने-अनचिन्हे नायकों को जन्म दिया। उन्हीं दिनों पटना जिले के पुनपुन थाने में भी कुछ इसी तरह की घटनाएँ घट रही थीं। मार्च 1972 में पहले 'सफाये' के बाद पटना जिले की मुसहरटोलियों और अन्य दलित बस्तियों में गुप्त दस्ते बनने लगे थे। साथ ही मजदूरी की लड़ाई, फसल-दखल और छिटपुट जमीन-दखल जैसे आर्थिक जन-आन्दोलन भी जब तब फूट पड़ते थे।[5]

---

1. मास्टर साहब का जन्म 10 दिसम्बर '35 को हुआ था। 10 दिसम्बर '72 को उनकी हत्या हुई।
2. 'लिबरेशन' वही।
3. आमतौर पर दलितों के टोले गाँव के दक्षिण बसाये जाते हैं, ताकि उधर की हवा गाँव में न आ पाए।
4. 'लिबरेशन'; मई, 1981; पृ. 88, 93 -94।
5. 'लिबरेशन'; नवम्बर, 1981; पृ. 52-53।

बहरहाल, शीघ्र ही इस संघर्ष के खिलाफ सघन पुलिस कार्रवाई भी शुरू हो गई। गाँवों में सशस्त्र पुलिस कैम्प बैठाए जाने लगे। अर्ध-सैनिक बलों की गश्त शुरू हुई। बड़े भूस्वामियों के घर और सरकारी स्कूल छावनियों में बदल गए। 'घेरा डालो और दमन करो' की जबर्दस्त मुहिम चली। 6 मई 1973 को चवरी में इसी तरह की एक मुहिम में पुलिस ने गणेशी राम, बालकेश्वर राम, लालमोहर दुसाध तथा दीनानाथ साव को मार गिराया। 14 जनवरी '75 को सोनाटोला में रामेश्वर अहीर और अमावस दुसाध मार डाले गए। इसी दौर में, पार्टी के सशस्त्र दस्तों ने पुलिस पर भी अपने हमले तेज कर दिए थे तथा लाल फौज और आधार क्षेत्र बनाने के उद्देश्य से कई जगह पुलिस कैम्प पर अथवा गश्त कर रही पुलिस टुकड़ी पर हमले कर उनकी राइफलें छीन ली गई थी।

राइफल के संग राइफल भिड़ गये
गोली के संग गोली भाय…
गाँव-गाँव को चवरी कर दो
हर थाने को करो सहार
जहाँ का बच्चा-बच्चा लड़ता
बूढ़ा हाथ धरे हथियार।[1]

3 जून 1975 को पटना जिले के घोरहुँआ गाँव में घेरा डाले हजारों सशस्त्र पुलिस तथा अर्धसैनिक बलों के साथ बारह घण्टे की लड़ाई के बाद पार्टी की अंचल कमेटी के नेता ज्ञानेश्वर यादव और भूमिहीन किसान संगठक बिरद माँझी समेत तेरह लोग मारे गए। फिर सहार थाने के बहुआरा गाँव में 29 जून-2 जुलाई '75 के बीच 65 घण्टे की मुठभेड़ के बाद 'लाल सेना' के एक अगुवा कमाण्डर पूरन राम (बूटन), रामानन्द पासी, विश्वनाथ चमार तथा सरयू तेली मारे गए। और 29 नवम्बर, '75 को बाबूबाँध गाँव में ऐसी ही एक मुठभेड़ में पार्टी के महासचिव सुब्रत दत्त (जौहर), राजेन्द्र यादव और डॉ. निर्मल की हत्या कर दी गई। 1976 आते-आते यह आन्दोलन अपना आवेग बहुत हद तक खो चुका था।'[2]

बहरहाल, यह नक्सलवादी आन्दोलन सारतः सामन्ती मिजाजवाले उच्च जाति भूस्वामियों के सामाजिक-आर्थिक उत्पीड़न के खिलाफ मुख्य रूप से दलित जातियों के गरीब-भूमिहीन किसानों का जुझारू आन्दोलन

---

1. बहुआरा की घटना पर रचित आल्हा की कुछ पंक्तियाँ।
2. 'बिहार के धधकते….', पृ. 24।

था। (दरअसल गरीब-भूमिहीन किसानों का अधिकांश हिस्सा दलित जातियों से आता है।) **इसने उच्च जातियों की सामन्ती धाक और आतंक को तोड़ने में तथा इन अंचलों में दलित जातियों के एक राजनीतिक शक्ति के रूप में उत्थान में महत्त्वपूर्ण भूमिका निभाई।** बिना गाली के जिनसे 'मालिक' लोग बात तक नहीं करते, बात-बात में जिन पर मार पड़ती, जिनकी कोई 'इज्जत' नहीं थी, अब उन्हीं का इन मालिकों के बीच खौफ था, वे सशस्त्र पुलिस से मुकाबला कर रहे थे, उनके अपने नायक थे, अपने गीत थे, खुशी और उल्लास के अपने क्षण थे। हाँ, दमन के बीच अपने नायकों की शहादत का गम भी होता, लेकिन गम का यह एहसास भी उनके लिए एक बिल्कुल भिन्न अनुभव था। उच्च जाति भूस्वामियों की सामाजिक-आर्थिक सत्ता को चुनौती देने के साथ-साथ यह खुद इन जातियों के लिए एक तरह का आत्मसाक्षात्कार था, वे अपने आपको नए रूप में पहचान रहे थे।

यहाँ इस आन्दोलन की सामाजिक संरचना पर एक नजर डालना अप्रासंगिक नहीं होगा। **दलित, गरीब किसान और खेत मजदूर, पिछड़ी जातियों के गरीब तबकों का एक हिस्सा और क्रान्तिकारी रुझानवाले युवकों-बुद्धिजीवियों का एक तबका इस आन्दोलन की मुख्य शक्ति थे।** भोजपुर जिला प्रशासन द्वारा तैयार किए गए चालीस 'हार्डकोर' नक्सलवादियों की सूची में 10 दुसाध, 7 चमार, 2 मुसहर, 11 अन्य दलित जातियों के लोग, 7 यादव और एक-एक गड़ेरी और तेली थे। आन्दोलन के प्रारम्भिक चरण में हिंसा, हमला और मुठभेड़ की बारह घटनाओं में प्रशासन द्वारा बनाए गए अभियुक्तों में 15 चमार, 10 दुसाध, 9 मुसहर, 13 कोइरी, 12 अहीर, 2 कुर्मी और एक-एक कहार और मुस्लिम तथा पाँच अन्य जातियों के थे।[1] '72 से '76 के बीच भूस्वामियों और पुलिस द्वारा मारे गए गरीब 40 लोगों की सूची में लगभग सभी-के-सभी दलित और अन्य पिछड़ी जातियों के लोग थे।[2]

नक्सलवादी आन्दोलन के इसी दौर में बंगलादेश युद्ध के बाद सन् '72 में बिहार विधान सभा का चुनाव हुआ। कांग्रेस को पूर्ण बहुमत मिला और पहले केदार पाण्डेय, फिर अब्दुल गफूर मंत्रिमण्डल ने प्रदेश की बागडोर सँभाली।'74

---

1. 'हार्डकोर' नक्सलवादियों की सूची भोजपुर प्रशासन द्वारा गृह मंत्रालय के अधिकारियों के साथ 9 अगस्त '76 की बैठक के लिए तैयार की गयी थी। साथ ही देखें, आर. एन. सिंह की रिपोर्ट।
2. देखें परिशिष्ट।

आते-आते बिहार स्वातंत्र्योत्तर भारत के सबसे बड़े छात्र-युवा आन्दोलन का केन्द्र-स्थल बन गया। छात्रों की माँगों से शुरू होकर इस आन्दोलन ने पहले तो महँगाई और भ्रष्टाचार के खिलाफ प्रदेशव्यापी जन-आन्दोलन का और फिर केन्द्र की इन्दिरा सरकार के खिलाफ एक राजनीतिक आन्दोलन का रूप ग्रहण कर लिया।

दरअसल, पूरे बिहार में विश्वविद्यालय के छात्रों को अपनी दैनन्दिन समस्याओं—मेस में अच्छा खाना, छात्रावास की सुविधा, छात्रवृत्ति की राशि, पढ़ाई, आदि को लेकर अक्सर जुलूस-प्रदर्शन के लिए बाध्य होना पड़ा था। इसी समय मगध विश्वविद्यालय के कुलपति ने बिहार के तत्कालीन शिक्षा मंत्री विद्याकर कवि के पुत्र को नाजायज ढंग से ग्रेस मार्क्स देकर उत्तीर्ण कर दिया। आरा के छात्र इस ग्रेस मार्क्स को वापस लेने या फिर आम छात्रों के लिए प्रति वर्ष इसे नियम के रूप में चालू करने की माँग कर रहे थे। इसके अलावा परीक्षा और केन्द्र सम्बन्धी भी उनकी कुछ माँगें थीं। जब इन माँगों पर ध्यान नहीं दिया गया तो पूरे भोजपुर के छात्र कक्षा बहिष्कार पर उतर आए। अब नारा था—माँगें पूरी हों या विद्याकर कवि हटाए जाएँ। धीरे-धीरे पूरे बिहार के छात्र इससे जुड़ते गए। 8 फरवरी 1974 को बिहार राज्य छात्र नेता सम्मेलन बुलाया गया जिसमें पटना और बिहार विश्वविद्यालय के छात्र प्रतिनिधि शामिल हुए। फिर 17-18 फरवरी को राज्य के सभी विश्वविद्यालय छात्र संघों तथा विभिन्न संगठनों का दो दिवसीय प्रान्तीय सम्मेलन पटना में आयोजित हुआ। इसमें 70 कॉलेजों के 250 प्रतिनिधियों ने हिस्सा लिया। इसी सम्मेलन में आठ-सूत्री माँगें सूत्रबद्ध की गईं और राज्यव्यापी आन्दोलन छेड़ने का फैसला किया गया। ये माँगें थीं—प्रत्येक महाविद्यालय और विश्वविद्यालय में छात्र संघ की स्थापना, रोजगारोन्मुख शिक्षा-व्यवस्था, राष्ट्रीयकृत बैंकों से शिक्षित बेरोजगारों को व्यवसाय के लिए ऋण, शिक्षित बेरोजगारों को काम या बेरोजगारी भत्ता, महँगाई पर रोक तथा जमाखोरों मुनाफाखोरों की गिरफ्तारी और सस्ते दरों पर छात्रों को भोजन तथा पाठ्य-सामग्री की आपूर्ति, कॉलेजों में छात्रावास की व्यवस्था, छात्रवृत्तियों की संख्या में बढ़ोतरी तथा वर्तमान मूल्य-सूचकांक के आधार पर छात्रवृत्ति की रकम का निर्धारण और विश्वविद्यालयों की नीति-निर्धारक समितियों—(सिनेट, सिडिंकेट, एकेडेमिक काउन्सिल) में छात्रों का प्रभावी प्रतिनिधित्व। सम्मेलन में प्रदेश छात्र संघर्ष समिति का निर्माण किया गया, 24 सदस्यीय संचालन समिति गठित की गई और सरकार को यह चेतावनी दी गई कि अगर वह माँगों को पूरा नहीं करती तो 18 मार्च से खुलनेवाली विधान सभा का घेराव किया जाएगा। पूरे बिहार में

धरना, जुलूस का ताँता लग गया। 24 फरवरी को मुख्यमंत्री आवास के सामने 200 छात्रों ने अनशन किया। 25 फरवरी से पटना में धारा 144 के तहत निषेधाज्ञा लागू कर दी गई और सभी शिक्षण संस्थाओं को बन्द कर दिया गया।

फिर आया 18 मार्च, 1974 का दिन। पूरा पटना 'हर बार विद्यार्थी जीता है, इस बार भी विद्यार्थी जीतेगा','गुजरात की जीत हमारी है, अब बिहार की बारी है' जैसे नारों से गूँज उठा। नाकेबन्दी और बाँस-बल्लियों के घेरों के बावजूद सचिवालय जानेवाली सड़कों पर छात्रों का सैलाब उमड़ पड़ा। छात्रों का जत्था सचिवालय पहुँचा ही था कि उस पर बीएमपी और सीआरपी के जवान टूट पड़े। दर्जनों छात्र मौत के घाट उतार दिए गए, सैकड़ों घायल हुए, पटना बारूद और धुएँ की गंध से भर गया। शाम से कर्फ्यू लगा दिया गया। आग पूरे बिहार में फैल गई। 18 से 22 मार्च के बीच बिहार के कई शहरों में कर्फ्यू लगा। 23 मार्च को गोलीकाण्ड के विरोध में आयोजित पटना बन्द पूर्णतः सफल रहा। अब 'हमारी विधान सभा भंग करो' प्रधान माँग बन गई। छात्र नेताओं ने जयप्रकाश नारायण से नेतृत्व प्रदान करने का अनुरोध किया। जेपी की तीन शर्तें थीं—शान्तिपूर्ण संघर्ष, किसी भी राजनीतिक पार्टी से सम्बन्ध-विच्छेद और आन्दोलन के लिए एक साल का समय त्याग। 29 मार्च को जेपी आन्दोलन में शामिल हो गए। उसी दिन पीठ पीछे हाथ बाँधकर एक विशाल मौन जुलूस निकाला गया। 'हमला चाहे जैसा होगा, हाथ हमारा नहीं उठेगा।'

आन्दोलन का दूसरा चरण 9 अप्रैल से 'सरकार ठप्प करो, विधान सभा भंग करो' के नारे के साथ शुरू हुआ। अब इसने एक व्यापक जनआन्दोलन का रूप धारण कर लिया था। एक निश्चित समय पर प्रत्येक घर में थाली पीटना। एक साथ रौशनी गुल कर देना, चित्र प्रदर्शनी, साइकिल जुलूस, चूहा जुलूस, गदहा जुलूस, मंत्रियों का जनाजा जुलूस, सरकारी समारोहों का बहिष्कार आदि विभिन्न रूप अख्तियार किए जाने लगे। कला संगम जैसी नाट्य संस्थाओं ने जनजागरण के लिए नुक्कड़ नाटक खेले। नागार्जुन और फणीश्वरनाथ रेणु ने भरी सभा में बिहार सरकार द्वारा मिलनेवाली राशि वापस कर दी (5 जून)। इसी आन्दोलन के क्रम में 'सामयिक वार्ता', 'घर-गृहस्थी', 'तरुण क्रान्ति' जैसी पत्रिकाएँ प्रकाशित होनी शुरू हुईं। छात्र-युवा संघर्ष वाहिनी जैसे संगठन अस्तित्व में आए। वाहिनी के कार्यकर्ता शान्तिमय वर्ग संघर्ष संगठित करने के लक्ष्य के साथ गाँव के गरीब किसानों और खेत मजदूरों के बीच गये। गया, मधुबनी, चम्पारण, भागलपुर के दियारा क्षेत्रों में विभिन्न रचनात्मक कार्यों के साथ-साथ उन्होंने मठों-महंथों, बड़े भूस्वामियों और नदी के ठेकेदारों के खिलाफ गरीब-

गुरबों में नई चेतना जगाई और उन्हें संगठित किया। इनमें सर्वाधिक चर्चित हुआ बोध गया महंथ के खिलाफ संघर्ष और गंगा मुक्ति आन्दोलन। बहरहाल, इधर 5 जून '74 को गांधी मैदान की विशाल सभा में जेपी 'सम्पूर्ण क्रान्ति अब नारा है, भावी इतिहास हमारा है' का नारा दे चुके थे। आन्दोलन कस्बों और गाँवों तक जा फैला था। गाँवों में जनसमितियाँ बनाई गईं, अनाज गोदामों, कालाबाजारियों के गोदामों पर छात्रों के दस्तों ने छापामारी की और जनता के बीच अनाज का वितरण किया गया। कांग्रेसी मंत्रियों और विधायकों का कहीं भी आना-जाना दूभर हो गया। इसी प्रचण्ड जनउभार के बीच 4 नवम्बर 1974 को आयोजित जुलूस पर बर्बर लाठी चार्ज हुआ। जेपी को भी लाठी लगी। बिहार आन्दोलन अब इन्दिरा सरकार के खिलाफ देशव्यापी आन्दोलन का रूप ग्रहण करने लगा। विपक्षी पार्टियाँ भी आन्दोलन के साथ जुड़ गईं। बिहार के विपक्षी विधायकों ने जेपी के आह्वान पर विधान सभा से इस्तीफा दे दिया था। अब उनका नारा था, 'सुन लो ऐ दिल्ली की रानी, नहीं चलेगी अब मनमानी।' इसी उथल-पुथल के बीच 26 जून 1975 को आपातकाल की घोषणा हुई।[1] 'खल्क खुदा का, मुल्क बादशाह का....'

जैसा कि हम पहले ही देख चुके हैं इस समय तक महाविद्यालय और विश्वविद्यालय के छात्रों की सामाजिक संरचना में काफी परिवर्तन आ चुका था। आन्दोलन की व्यापकता और तीव्रता का इस परिवर्तन से गहरा रिश्ता था। गाँवों से बड़ी संख्या में आए पिछड़ी जातियों के छात्रों को स्वभावतः इन समुदायों का सहज ही समर्थन हासिल हो गया। किसी छात्र आन्दोलन को गाँवों-कस्बों तक इतनी व्यापकता पहले कभी नहीं मिली थी। इसके साथ जुड़ा था महँगाई के लगातार बढ़ते बोझ से उपजा आम असन्तोष। 1974 के अगस्त में मुद्रास्फीति तीस फीसदी तक जा पहुँची थी।

इसी आन्दोलन के दौरान पिछड़ी जातियों के बीच से नेतृत्व की स्वातंत्र्योत्तर पीढ़ी भी सामने आई, जिसने कालक्रम में पुरानी पीढ़ी के नेताओं को धकेल कर पीछे कर दिया। इसकी हम आगे भी चर्चा करेंगे। **यहाँ बस इतना कहना काफी होगा कि सामाजिक प्रश्नों पर केन्द्रित न होने के बावजूद इस आन्दोलन ने समाज के अन्दर शक्ति संतुलन में हो रहे बदलाव की प्रक्रिया को गति प्रदान की और नेतृत्व की नई पीढ़ी के लिए पाठशाला**

1. आन्दोलन का विवरण 'समकालीन जनमत'; 25-31 जनवरी, 1987; पृ. 16-17 से।

का काम किया। पुराने नेताओं के पास 'पहली आजादी' के संघर्ष का संदर्भ होता, नए नेताओं के पास 'दूसरी आजादी' के लिए संघर्ष का। एक के पास गांधी से जुड़े किस्से थे, दूसरे के पास लोकनायक जयप्रकाश के संस्मरण। एक के चरित्र प्रमाण-पत्र में '42 के आन्दोलन में लाठी खाने और जेल जाने का अनुभव दर्ज था, तो दूसरे के पास '74 के आन्दोलन में पुलिस से पिटने और इमर्जेन्सी के काले दिनों में नजरबन्दी का अनुभव।

बहरहाल, '77 के चुनाव में कांग्रेस की क्या दुर्गति हुई, यह दुहराने की जरूरत नहीं। लोक सभा की तो एक भी सीट उसे हासिल नहीं ही हुई, विधान सभा में उसे मात्र 57 सीटों और 23.5 फीसदी मतों से ही संतोष करना पड़ा। हाँ, इन जीतनेवाले 57 विधायकों में भी सबसे अधिक यादव थे—दस (ब्राह्मण, राजपूत, भूमिहार, कोइरी और कुर्मी विधायकों की संख्या क्रमशः 9, 7, 6, 4 और 2 थी।)

22 जून 1977 को कर्पूरी ठाकुर के नेतृत्व में जनता सरकार का गठन हुआ। **करीब साढ़े आठ महीने बाद 9 मार्च 1978 को कर्पूरी मंत्रिमण्डल ने 1 अप्रैल से राज्य में पिछड़ी जातियों के लिए सरकारी नौकरियों में आरक्षण लागू करने का फैसला किया।** इस निर्णय के तहत अन्य पिछड़ी जातियों को 8 प्रतिशत, अति पिछड़ी जातियों को 12 प्रतिशत, महिलाओं को और आर्थिक रूप से पिछड़े सवर्णों को 3-3 प्रतिशत आरक्षण दिया जाना था। दरअसल, दारोगा प्रसाद राय सरकार ने मुंगेरी लाल की अध्यक्षता में पिछड़ा वर्ग आयोग का गठन किया था। लेकिन उसकी अनुशंसाओं पर कांग्रेस की सरकार ने 1972 से 77 के बीच कोई कार्रवाई नहीं की।

आरक्षण की घोषणा के साथ ही बिहार में आरक्षण समर्थन और विरोध में गोलबन्दी शुरू हो गई, फॉरवर्ड लीग का गठन हुआ—आरक्षण के विरोध में 9 मार्च और 14 मार्च को क्रमशः रामअवधेश सिंह और आर.एल. चन्दापुरी के नेतृत्व में आरक्षण के समर्थन में प्रदर्शन हुए। प्रदर्शन पर लाठियाँ चलीं। फिर 31 मार्च को आरक्षण-विरोधियों ने जुलूस निकाला। बाबूलाल शास्त्री ने जेपी को खुला पत्र लिखा तो रामअवधेश सिंह ने जेपी को द्विजवादी करार दिया। जोर-आजमाइश का सिलसिला शुरू था। बसें जलने लगी थीं। दोनों पक्ष आमने-सामने थे। खुद जनता पार्टी के अन्दर इस प्रश्न पर गंभीर मतभेद थे। जनसंघ और संगठन कांग्रेस से आए उच्च जाति नेताओं का हिस्सा आरक्षण के बिल्कुल खिलाफ था। उन दिनों श्री नीतीश कुमार ने भी एक फार्मूला पेश किया था—'यह फार्मूला आरक्षण के आधार को सामाजिक और शैक्षणिक मानता है, साथ

ही साथ पिछड़ी जातियों के विशिष्ट वर्ग को आरक्षण के विशेषाधिकार से वंचित करता है और ऊँची जाति के दरिद्रजनों को भी संरक्षण प्रदान करता है।'[1]

तब जनता पार्टी के, यहाँ तक कि समाजवादियों के अन्दरूनी संघर्ष पर टिप्पणी करते हुए एक पत्रिका ने लिखा, 'उनके (कर्पूरी ठाकुर के) मुख्यमंत्रित्व काल में पिछड़ी जातियों को सम्मानजनक स्तर पर लाने के लिए जो विशेष अवसर या आरक्षण की सुविधा दी गई, उसके कारण अधिकांश द्विज नाराज हो उठे। रामानन्द तिवारी और बसावन सिंह जैसे समाजवादी नेता भी आगे हरिजन रखकर द्विज सरकार चलाना चाहते हैं। या यों कहा जाए कि कुछ अपवादों को छोड़कर समाजवादी गुट अब वर्तमान सत्ता संघर्ष में संसोपाई और प्रसोपाई में बँट गया है।'[2] आरक्षण की लड़ाई राजधानी से गाँवों तक पहुँच गई, ग्रामीण क्षेत्रों में तनाव पैदा हो गया। प्रदेश के अनेक गाँवों में पिछड़ी और ऊँची जातियों की अलग-अलग होलियाँ गाई गईं। उच्च जाति के लोगों ने इसके लिए कर्पूरी ठाकुर को कभी माफ नहीं किया और उन्हें इसकी कीमत चुकानी पड़ी।[3]

कर्पूरी मंत्रिमण्डल का दूसरा महत्त्वपूर्ण कदम था प्रदेश में पंचायत चुनाव संपन्न कराना। व्यापक हिंसा खून खराबे के बीच हुए इस चुनाव के जरिए पिछड़ी जातियों ने ग्रामीण सत्ता पर उच्च जातियों के परम्परागत वर्चस्व को तोड़ दिया।

बहरहाल, आरक्षण के मसले पर उच्च जातियों के दबाव में 'कर्पूरी ठाकुर को 26 प्रतिशत का आरक्षण बिहार में घटाकर 20 प्रतिशत करना पड़ा।'[4] अपेक्षाकृत उदार रुख अपनाने के बावजूद श्री ठाकुर सामंती गालियों से बच नहीं सके। 'आरक्षण कहाँ से आई, कर्पूरी की.....' आखिरकार उनकी सरकार को जाना पड़ा। (वैसे जनवरी '79 में कर्पूरी सरकार को जीवनदान मिल गया था। लेकिन अप्रैल '79 में सरकार गिर गई।)

कर्पूरी सरकार के पतन के बाद सत्येन्द्र नारायण सिंह, रामानन्द तिवारी, बसावन सिंह, कैलाशपति मिश्र के 'दुलरुआ' बने रामसुन्दर दास। कंधा दास का था, पर ट्रिगर इन्हीं नेताओं के हाथ में था। आरक्षण लागू करनेवाली कर्पूरी

---

1. नीतीश कुमार, 'आरक्षण सही नजरिये की जरूरत', 'सामयिक वार्ता', 16-30 अप्रैल, '78।
2. शिवदेव नारायण राय, 'अवकाश', 16-31 अगस्त '79।
3. सुरेन्द्र किशोर 'अवकाश'; अप्रैल (प्रथम) '79; तथा कर्पूरी ठाकुर स्मृति अंक।
4. छेदी लाल साथी, 'पिछड़े वर्गों का आरक्षण; इस युग की चुनौती', पृ. 91।

सरकार और रामसुंदर दास सरकार की बनावट में भारी फर्क था। ठाकुर सरकार के 23 कैबिनेट मंत्रियों में (मुख्यमंत्री समेत) दस पिछड़े समुदायों के थे (यादव तीन, कोइरी तीन, बनिया दो और कुर्मी एक)—कुल 38 फीसदी। उच्च जातियों के कैबिनेट मंत्रियों की संख्या 7 (29 फीसदी) थी। दो-दो भूमिहार, राजपूत और कायस्थ तथा एक ब्राह्मण। रामसुन्दर दास ने 29 फीसदी को बढ़ाकर 50 फीसदी कर दिया और 38 फीसदी को घटाकर 20 फीसदी। दास मंत्रिमण्डल में (मुख्यमंत्री समेत) 20 कैबिनेट मंत्री थे जिसमें चार राजपूत, तीन कायस्थ, दो भूमिहार और एक ब्राह्मण थे। शेष 10 मंत्रियों में तीन यादव, दो हरिजन, दो मुसलमान और एक-एक बंगाली, बनिया और आदिवासी थे।

बहरहाल, जनता पार्टी में गुटबन्दी का दौर थमा नहीं। दास भी ज्यादा दिनों तक टिक नहीं सके। उधर केन्द्र में इन्दिरा गांधी सत्ता में पुनः वापस आ चुकी थीं। (1980) और 18 फरवरी 1980 को दास सरकार को बर्खास्त कर दिया गया। गुटों में बिखरे गैर-कांग्रेसी शक्तियों ने प्रदेश में भी कांग्रेस की वापसी का रास्ता साफ कर दिया था। 1980 के विधान सभा चुनाव में कांग्रेस को 167 सीटों पर जीत हासिल हुई (मतों का प्रतिशत था 34.17)। फिर 1985 में इन्दिरा गांधी की हत्या से उपजी सहानुभूति लहर में उसके सीटों की संख्या बढ़कर 196 तक जा पहुँची (मतों का प्रतिशत 38.62 था)।

1967 के विधान सभा चुनाव में पिछड़े समुदायों के विधायकों की संख्या में भारी वृद्धि हुई थी। तब ऐसे विधायकों की कुल संख्या थी 82। बाद के 20 वर्षों में पिछड़ों के प्रतिनिधित्व में कोई गुणात्मक परिवर्तन नहीं आया और वह (सिर्फ '72 को छोड़कर) 90 के आसपास स्थिर हो गया; '69 में 94, '72 में 76, '77 में 92 '80 में 96 और '85 में 90।

दूसरी ओर उच्च जातियों का प्रतिनिधित्व ('72 को छोड़कर) 120 के आसपास स्थिर रहा— '67 में 133, '69 में 122, '72 में 136, '77 में 124, '80 में 120 और '85 में 118। यह 'स्थिरता' 1990 में टूट गई। लेकिन इस पर चर्चा से पहले कुछ अन्य विकासों का वर्णन जरूरी है।

1. 1966-67 के भयावह अकाल के बाद बिहार में भी हरित क्रान्ति का सीमित पैमाने पर विस्तार हुआ। फलतः 1971-72 में खाद्यान्न उत्पादन करीब 90 लाख टन तक जा पहुँचा। हालाँकि मानसून के उतार-चढ़ाव के कारण इसमें कमी-बेशी होती रही, फिर भी कुल मिलाकर बढ़ोतरी का रुझान बरकरार रहा। हाँ '73-'74 में जरूर इसमें काफी गिरावट आई और 77.8 लाख टन खाद्यान का उत्पादन ही हो पाया। '74 आन्दोलन की पृष्ठभूमि में एक प्रमुख आर्थिक कारण

यह भी था। लेकिन '74-'75 में बढ़कर वह पुनः 82.5 लाख टन हो गया। '80 के दशक में '71-'72 के 90 लाख टन का रेकॉर्ड भी टूट गया और खाद्यान्न उत्पादन एक करोड़ टन की सीमा रेखा पार कर गया। '90 के दशक के मध्य तक आते-आते यह डेढ़ करोड़ टन से भी अधिक हो गया और बिहार ने पहली बार केन्द्रीय पूल में दस लाख टन अनाज जमा किया। कुल मिलाकर आजादी के बाद खाद्यान्न-उत्पादन में तीन गुणी से भी कुछ अधिक की वृद्धि हुई।

1969-70 को समाप्त हुए तीन वर्षों के औसत को अगर आधार माना जाए तो 1985-86 में बिहार में कृषि उत्पादन की करीब डेढ़ गुणी वृद्धि दर्ज की गई। '69 में बैंकों के राष्ट्रीयकरण के बाद ग्रामीण इलाकों में भी राष्ट्रीयकृत बैंकों की शाखाएँ खुलने लगीं। बैंक-ऋण का विस्तार हुआ। सब्सिडी की पूरी प्रणाली चालू हुई। फलतः ग्रामीण इलाकों की क्रयशक्ति में इस दौरान अच्छी खासी वृद्धि हुई।

1970-71 से 1975-76 के बीच राज्य के घरेलू उत्पाद (एस डीपी) में कृषि का हिस्सा 58 फीसदी से घटकर 54.3 फीसदी हो गया, हालाँकि कृषि क्षेत्र से होनेवाली कुल आमदनी लगभग स्थिर रही। 1975-76 से 1985-86 के दस वर्षों में तो घरेलू उत्पाद में कृषि का हिस्सा और घटकर 48.3 फीसदी रह गया, लेकिन कृषि से आमदनी में करीब 27 फीसदी (!) का इजाफा हुआ....इसी दौर में बैंकों में जमा की जानेवाली राशि में भी भारी वृद्धि देखी गई। 1970 में यह राशि जहाँ मात्र 185 करोड़ रुपए थी, वहीं 1980 में वह 530 करोड़ रुपए, 1985 में 3800 करोड़ और 1988 में 6400 करोड़ रुपए (!) हो गई। इन जमा राशियों का 25% ग्रामीण इलाकों से और 30% कस्बाई हल्कों से आया था।[1]

1985-86 में कृषि उत्पादन का सूचकांक

(आधार वर्ष '69-'70 =100)

	भारत	बिहार
1. खाद्यान्न	161.7	157.50
2. गैर-खाद्यान्न	150.9	181.03
3. सभी फसल	158.3	152.86

1. अजित मजुमदार, 'बिहार : प्रोब्लेम्स ऑफ डेवलपमेण्ट', सेंटर फॉर पॉलिसी रिसर्च, नई दिल्ली, 1989। (अप्रकाशित)

1985-86 में कृषि उत्पादकता का सूचकांक

(1969-70=100)

	भारत	बिहार
1. खाद्यान्न	154.4	159.34
2. गैर-खाद्यान्न	129.0	132.84
3. सभी फसल	145.8	150.52

(स्रोत : 'बिहार थ्रू फीगर्स', पटना, 1991, पृ. 172-179)

हरित क्रान्ति के इस सीमित विस्तार के साथ-साथ इस अवधि में भूमि-सुधार के आधे-अधूरे प्रयास भी चल रहे थे। नक्सलवादी आन्दोलन ने इन प्रयासों की गति थोड़ी बढ़ा दी। ग्रामीण विकास मंत्रालय के अनुसार, सितम्बर, 1990 तक बिहार में 4,74,621 एकड़ जमीन हदबन्दी से अतिरिक्त घोषित की गई। इसमें से 79.03 फीसदी (3,75,078 एकड़) जमीन को कब्जे में लिया गया और 53.10 फीसदी (2,52,016 एकड़) जमीन 2,90,960 भूमिहीनों के बीच वितरित की गई। जमीन पानेवालों में 1,74,446 (60.64 फीसदी) अनुसूचित जातियों के, 33.975 (11.08 फीसदी) अनुसूचित जनजातियों के और 80,536 (27.68 फीसदी) अन्य जातियों के थे। कुल अतिरिक्त जमीन का 58.47 फीसदी (14,73,864 एकड़) अनुसूचित जातियों के बीच, 12.19 फीसदी (30,717 एकड़) अनुसूचित जनजातियों के बीच तथा 29.34 फीसदी (73,935 एकड़) अन्य जातियों के बीच वितरित किया गया।

मार्च 1989 तक 6,73,773.58 एकड़ भूदान जमीन का 5,26,029 लोगों के बीच बँटवारा किया गया। इस तरह कुल मिलाकर, 1990 तक सरकार द्वारा हासिल हदबन्दी से फाजिल जमीन और भूदान जमीन, दोनों मिलाकर 9,25,789.58 एकड़ जमीन का 11,07,946 लोगों के बीच बँटवारा किया गया। दरअसल 1970-71 और 1980-81 के बीच जोतों की संख्या में सर्वाधिक वृद्धि हुई—48.2 फीसदी। 1990 आते-आते बड़ी जोतों की संख्या और उनका क्षेत्रफल जहाँ घटकर आधा हो गया, वहीं 1.2 से 2.5 एकड़ की सीमान्त जोतों और उनके क्षेत्रफल में 8 से 10 फीसदी की बढ़ोतरी हुई।

बहरहाल, स्वतंत्रता और जमींदारी उन्मूलन के बाद इन आधे-अधूरे भूमि सुधारों और हरित क्रान्ति के सीमित विस्तार के जरिए ग्रामीण इलाकों में पिछड़ी जातियों के पुराने रैयतों के बीच एक नई खुशहाल पीढ़ी सामने आई और वह एक प्रमुख आर्थिक शक्ति बन गई। उच्च जातियों के बड़े भूस्वामियों की सत्ता को वे

न सिर्फ चुनौती देने लगे थे, बल्कि ग्रामीण सत्ता के केन्द्रों से वे उन्हें क्रमशः बेदखल भी करते जा रहे थे। 1978 के पंचायत चुनावों में इस सत्ता संघर्ष की भरपूर झलक मिल चुकी थी।

2. '80 के दशक में ही नक्सलवादियों को एक राजनीतिक शक्ति के रूप में अपना अस्तित्व बरकरार रखने के लिए जनसंगठनों और जनआन्दोलनों का रास्ता अपनाना पड़ा और 1985 से उनका मुख्य हिस्सा चुनावी संघर्षों में भी शामिल हो गया। '74 के जनआन्दोलन से वे अलग-थलग ही रहे थे। उनके सशस्त्र संघर्ष के कारण सम्बन्धित अंचलों में उच्च जाति भूस्वामियों की सत्ता कमजोर जरूर हुई थी, लेकिन दलित जातियों के भूमिहीन-गरीब किसानों के बीच अपने सीमित जनाधार के साथ वे उसकी जगह लेने की स्थिति में नहीं थे। इन दो ध्रुवों के बीच पिछड़ी जाति के किसानों की विशाल बहुसंख्या थी, इन किसानों के नए समृद्ध तबके थे जिन्हें कमोबेश अपनी जाति का सामाजिक समर्थन प्राप्त था और उनके राजनीतिक प्रतिनिधि के बतौर संसोपा, लोकदल, जनता दल जैसी पार्टियाँ थीं। उच्च जाति भूस्वामियों की सत्ता के कमजोर होने से पैदा होने वाले शून्य को इन्हीं शक्तियों और पार्टियों ने भरा। नक्सलवादी आन्दोलन के साथ इन पार्टियों का दुहरा रिश्ता था। जहाँ तक नक्सलवादी आन्दोलन उच्च जातियों की सामाजिक-आर्थिक राजनीतिक सत्ता को कमजोर करता, वे उसका समर्थन करते; लेकिन एक स्वतंत्र राजनीतिक शक्ति के रूप में नक्सलवादियों के दावों का उग्र विरोध करने से भी वे परहेज नहीं करते।

कुछेक अंचलों में मुख्यतः दलित जातियों के गरीब किसानों और खेत मजदूरों के बीच अपने सीमित जनाधार के साथ जनसंगठनों, जनआन्दोलनों और चुनावों का रास्ता अपनाने के बावजूद भाकपा (माले) प्रादेशिक राजनीति में एक सीमान्त राजनीतिक शक्ति ही बनकर रह सकती थी। एक महत्त्वपूर्ण राजनीतिक ताकत बनने के लिए मध्यवर्ती शक्तियों के बीच आधार बनाना जरूरी था। पूरे अस्सी के दशक में मध्यम किसानों, खासकर मध्यवर्ती जातियों के किसानों के बीच जनाधार विकसित करने का विषय माले के विमर्श का प्रमुख विषय बना रहा। इस प्रयास के दौरान उसे पहली बार जाति के जटिल प्रश्न से निबटना पड़ा।

'मध्यम किसान : अगर इस शब्द का सच्चा अर्थ लगाया जाय, तो मध्यम किसान पिछड़ी जातियों में मुख्यतः कोइरी और यादव में तथा कुर्मी जाति के बड़े हिस्से में पाए जाते हैं····मध्यम किसानों के साथ, जो देहाती आबादी के लगभग 20 फीसदी हैं, एकता का प्रश्न शक्ति संतुलन को कृषि क्रान्ति के पक्ष में झुकाने के लिए निर्णायक महत्त्व का प्रश्न है। हाल में बिहार के देहाती क्षेत्रों में भूमि-

संबंधों के परिदृश्य में और जाति आधारित कट्टर सामाजिक विभाजनों में जो परिवर्तन हुए हैं, उनसे यह काम और ज्यादा जटिल हो गया है।'[1] '....मध्यम किसानों और मध्यवर्ती तबकों से, खासकर कुछ ऊँची और कुछ पिछड़ी जातियों के मध्यम किसानों और मध्यवर्ती तबकों से एकता कायम करने की समस्या और भूमि संघर्षों में उन्हें शामिल करने की समस्या अब भी आन्दोलन की एक बड़ी समस्या बनी हुई है।'[2]

पार्टी ने इन जातियों के बीच अपना आधार बनाने के लिए कई कदम उठाए, अलग-अलग जातियों के लिए अलग-अलग नीतियाँ तय की गईं, कार्यकर्ताओं से जातीय भावनाओं का खास ख्याल रखने को कहा गया, कुर्मी और यादव जाति के नाम पर्चे निकाले गए। 'धधकते खेत-खलिहानों की दास्तान' में इन प्रयासों का व्यापक विवरण मिलता है। इसी पुस्तक में भोजपुर जिले के सहार प्रखण्ड में भूमिहारों को अपने पक्ष में करने के प्रयासों का ब्यौरा देते हुए यह दावा भी किया गया है कि भूमिहारों की आबादी का करीब 35 फीसदी हिस्सा प्रत्यक्ष या अप्रत्यक्ष रूप से आन्दोलन के प्रभाव में आ गया है (पृष्ठ 104)। तीन प्रमुख पिछड़ी जातियों के बीच यादवों और कुर्मियों के साथ रिश्ता कायम करने में काफी जटिलताएँ आईं, जबकि कोइरियों के साथ अनुभव भिन्न था। 'कोइरी, या ऐसी अन्य पिछड़ी जातियों, सामाजिक मर्यादा क्रम की निचली सीढ़ी पर हैं। इनकी विशिष्ट स्थिति के कारण इन जातियों से आनेवाले मध्यम किसानों, यहाँ तक कि धनी किसानों से भी हमारी मजबूत एकता आसानी से कायम हो जाती है। अपनी प्रकृति से कठोर मिहनती होने के कारण, ऊँची जाति के भूस्वामियों द्वारा सताए जाने के कारण और चोरी-डकैती से पीड़ित रहने के कारण वे तुरन्त क्रान्तिकारी संगठनों के झण्डे तले आ जुटते हैं। सबसे ज्यादा जटिल सवाल यादव जाति के मध्यम किसानों से एकता कायम करने का है, क्योंकि अक्सर वे भूस्वामियों के खिलाफ ग्रामीण गरीबों के संघर्ष में दोनों पक्षों के बीच में टाँग अड़ाकर संघर्ष में बाधा डाल देते हैं। उदाहरणार्थ, जब किसी भूस्वामी के खिलाफ मजदूरी बढ़ाने या भूमि पर अधिकार की लड़ाई जीत की कगार पर पहुँच चुकी होती है तो अक्सर वह भूस्वामी....जमीन को पट्टे पर दे देता है। खेती की पद्धति में यह बदलाव आते ही उसे यादव किसान पट्टे पर जमीन लेने के लिए तैयार खड़े मिलते हैं। अब भूस्वामी तो पर्दे के पीछे चला

---

1. 'बिहार के धधकते खेत-खलिहानों की दास्तान', गोरखपुर, 1986; पृ. 46-47।
2. वही, पृ. 117।

जाता है और सामने खड़े हो जाते हैं यादव किसान—ऐसी स्थिति में संघर्ष की धार खत्म हो जाती है। इसके अलावा, उनके खिलाफ अंतर्विरोध के मुद्दों में सामुदायिक जमीन, तालाब इत्यादि के इस्तेमाल का सवाल और चोरी-डकैती के खिलाफ संघर्ष का सवाल भी शामिल है। इन तमाम कारणों से उनके खिलाफ अन्तर्विरोध गम्भीर और तीखा मोड़ ले लेते हैं। जहाँ तक अवधिया कुर्मी और अन्य कई ऊँची जातियों के मध्यम किसानों से सम्बन्ध का प्रश्न है तो वहाँ अन्तरविरोध मुख्यतः मजदूरी, गैरमजरुआ जमीन और सामाजिक उत्पीड़न के मुद्दों पर सामने आता है।' (वही, पृ. 47-48)।

जनआन्दोलन, संगठन और चुनावों में भागीदारी के जरिए दलित और अति पिछड़ी जातियों के गरीब तबकों के बीच, खासकर मध्य बिहार में भाकपा (माले) का व्यापक विस्तार हुआ, तीन प्रमुख पिछड़ी जातियों के कुछेक वामपंथी हिस्से भी पार्टी के साथ जुड़े, लेकिन कुल मिलाकर पिछड़ी जातियों के बीच जनाधार बनाने में पार्टी को सीमित सफलता ही मिली। भोजपुर, रोहतास, औरंगाबाद और पटना के ग्रामीण इलाकों में कोइरी किसानों का एक अच्छा हिस्सा पार्टी के साथ जुड़ा।[1] बहरहाल, पिछड़ी जातियों के बीच माले का जो सीमित जनाधार बना भी, वह काफी अस्थिर था। इस जनाधार में भी पिछड़ा राजनीति और जनता दल जैसी पार्टियों के प्रति पर्याप्त आकर्षण बना रहा। चुनावों के समय यह आकर्षण खासतौर से परिलक्षित होता है। साथ ही, इन जातियों से आए माले के कुछेक जननेता समय-समय पर दलत्याग कर जनता दल में शामिल होते रहे।

3. 1961 से 1981 के बीच खेत मजदूरों की आबादी, कुल आबादी के 22.9 फीसदी से बढ़कर 35 फीसदी हो गई। 1982 में बटाईदारों की कुल संख्या थी 19,38,200—कुल ग्रामीण परिवारों का 17.22 प्रतिशत। इन बटाईदार

---

1. कोइरी जाति के एक प्रतिष्ठित नेता स्व. जगदेव प्रसाद ने 7 फरवरी 1972 को शोषित समाज दल की स्थापना की थी। इसी समय इस समुदाय के बीच अर्जक समाज के नाम से एक वैचारिक, सुधारवादी आन्दोलन भी चल रहा था। अर्जक ब्राह्मणवादी पाखण्डों का विरोध करते और बुद्धिसंगत मानववाद का प्रचार करते। उन्होंने जनेऊ तोड़ने जैसे आन्दोलन भी चलाए और श्रम की मर्यादा को प्रतिष्ठित किया। 80 के दशक में शोषित समाज दल और अर्जक समाज से जुड़े कई ग्रामीण युवक पटना, गया और औरंगाबाद में भाकपा (माले) में शामिल हो गये। प्रसंगवश, भोजपुर जिले में पार्टी के संस्थापकों में से एक जगदीश प्रसाद कोइरी ही थे।

परिवारों का 85.75 प्रतिशत (1.2 एकड़ से 2.5 एकड़ वाले) सीमान्त किसान परिवार थे। बटाई पर ली जानेवाली कुल जमीन थी 9,28,400 हेक्टेयर जो काश्त की जानेवाली कुल जमीन का 10.42 फीसदी थी। 73.32 फीसदी (बटाई पर ली गई) जमीन अधबटाई के अन्तर्गत थी।

खेत मजदूर और गरीब किसान तथा अपने जीवन-निर्वाह के लिए अधबटाई करनेवाले सीमान्त किसान ग्रामीण समाज के सबसे उत्पीड़ित और उपेक्षित समुदाय हैं। जैसा कि हम पहले देख चुके हैं इस समुदाय का अच्छा-खासा हिस्सा दलित जातियों से आता है। फलतः यह सामाजिक रूप से भी सबसे उत्पीड़ित समुदाय है। मजदूरी, जमीन, बटाई के हक आदि मुद्दों पर ग्रामीण समाज में इन समुदायों के जुझारू संघर्ष का पर्याप्त अवसर मौजूद रहता है। (बहरहाल, जीवन-निर्वाह के लिए विशाल बहुसंख्यक आबादी की जमीन पर निर्भरता, छोटी जोतों की प्रचुरता, जातीय विभाजन के साथ-साथ किसानों के बीच अन्य कई तरह की श्रेणियों की मौजूदगी, आदि इस तरह के संघर्ष-संचालन को काफी जटिल बना देती है।)

बड़े भूस्वामियों का उग्र हिस्सा इन समुदायों के बीच उठ खड़े होने के किसी भी प्रयास का बर्बरतापूर्वक दमन करता रहा है। अपने राजनीतिक प्रतिनिधियों के संरक्षण में तथा उनके सहयोग और समर्थन से अपनी जाति के लोगों को संगठित और हथियारबंद कर दलित बस्ती को घेरकर आग लगा देना और सामूहिक नरसंहार—इस दमन का एक प्रचलित जघन्य रूप है। 1971 में, पूर्णिया जिले के चंदवा-रुपसपुर गाँव के 14 आदिवासियों को जिन्दा जला दिए जाने की घटना से इन नरसंहारों की शुरुआत हुई। इस घटना में वरिष्ठ कांग्रेसी नेता और विधान सभाध्यक्ष लक्ष्मी नारायण सुधांशु का नाम आया था। आगे चलकर नक्सलवादी आन्दोलन के क्रम में (खासकर मध्य बिहार में) ऐसे नरसंहारों का ताँता लग गया। जनता पार्टी की सरकार के दौरान बेलछी और पिपरा की घटनाएँ घटीं और फिर अस्सी के पूरे दशक के दौरान बड़े भूस्वामियों द्वारा जाति-आधारित निजी सेनाओं के गठन और उनके द्वारा नरसंहार की एक-के-बाद एक कई लोमहर्षक घटनाएँ घटीं। उसी दशक में एमसीसी (माओइस्ट कम्युनिस्ट सेंटर) द्वारा जवाबी दलेलचक-बघौरा नरसंहार भी हुआ। बेलछी और पिपरा की घटना से पटना-नालन्दा अंचल में कुर्मी बड़े भूस्वामियों का एक उग्र, आक्रामक हिस्सा सामने आया। कुछ इलाकों में यादवों के बीच भी ऐसे ही रुझान देखे गए।

4. इसी दौर ('72-'90) में प्रदेश के कुछेक समूहों में पिछड़ी जातियों के

बीच से बागी गिरोहों का उदय हुआ—जैसे कैमूर की पहाड़ियों में मोहन बिन्द का गिरोह, भागलपुर के दियारा क्षेत्र में गंगोताओं के बीच से कैलाश मंडल गिरोह, आदि। अपने-अपने अंचलों में इन गिरोहों ने भी उच्च जातियों के वर्चस्व को तोड़ने में अपनी भूमिका निभाई। पिछड़ी जातियों पर आधारित राजनीतिक दलों और नेताओं से इन गिरोहों के रिश्ते बने। इसी दौर में भाकपा (माले) ने भी मोहन बिन्द के साथ कार्यकारी सम्बन्ध बनाने की कोशिशें कीं।

5. पिछड़ी जाति के पुराने नेताओं की साख (अपनी जातियों के बीच भी) क्रमशः खत्म हो रही थी। जैसा कि हम पहले ही देख चुके हैं मधेपुरा के यादव और पटना-नालन्दा-गया के कुर्मी नेता तो शुरू से कांग्रेस के साथ थे ही। कुछ ऐसे नेता कांग्रेस और सोशलिस्ट के बीच प्रायः पाला बदलते रहते। '67 से '71 के बीच सत्ता के गलियारों में दाखिल होने के लिए उन्होंने तरह-तरह के गठबन्धन किए। बिन्देश्वरी प्रसाद मंडल कांग्रेस से संसोपा में गए, फिर संसोपा से शोषित दल का गठन किया और कांग्रेस के समर्थन से मुख्यमंत्री बने। आगे चलकर 1980 में इन्दिरा गांधी की सत्ता में वापसी के बाद गठित पिछड़ा वर्ग आयोग के अध्यक्ष बने। भोला प्रसाद सिंह सोशलिस्ट के रूप में '67 में मंत्री बने, '74 में उन्होंने (जेपी के आह्वान पर) विधायक पद से इस्तीफा नहीं दिया और अन्ततः कुर्मियों की भूमि सेना के संरक्षक बने। ऐसे कितने ही उदाहरण हैं।

खैर, जहाँ पुराने नेताओं की साख खत्म हो रही थी, वहीं '74 के आन्दोलन ने पिछड़ी जातियों के बीच से नेताओं की नई स्वातन्त्र्योत्तर पीढ़ी सामने ला दी थी।

6. जातीय आन्दोलनों का स्वाधीन विकास जातीय फसादों को जन्म देता है। इस पूरे दौर में गाँवों-कस्बों से लेकर विश्वविद्यालयों और उच्च तकनीकी संस्थानों तक में जातीय गुटों का बनना-बिगड़ना चलता रहा और समय-समय पर हिंसक जातीय फसाद भी भड़कते रहे। राजनीतिक नेता न सिर्फ इन फसादों का अपने स्वार्थ में इस्तेमाल करते, बल्कि इन फसादों के कुख्यात 'नायकों' को बाजाब्ता राजनीति में भर्ती भी करते। (बेलछी काण्ड का 'नायक' समता पार्टी के टिकट पर '96 में विधायक बन बैठा। ऐसे उदाहरणों की कमी नहीं है।)

7. जब समाज में जातियों के बीच शक्ति संतुलन में निर्णायक तब्दीलियाँ आ रही थीं, खासकर पिछड़ी जातियों के बीच से चार अगड़ी जातियाँ राजनीतिक सत्ता के मुख्य स्थान से चार उच्च जातियों को बेदखल करने की स्थिति में आ रही थीं, तब '80 के दशक में (पहले इन्दिरा गांधी, और फिर राजीव गांधी के नेतृत्व में) कांग्रेस हिन्दी प्रदेशों में ब्राह्मण-ठाकुर धुरी के इर्द-गिर्द राजनीति

चलाने में व्यस्त थी। दस वर्षों में पाँच बार मुख्यमंत्री बदल गए—डॉ. जगन्नाथ मिश्र, चन्द्रशेखर सिंह, बिन्देश्वरी दूबे, भागवत झा आजाद, सत्येन्द्र नारायण सिंह और फिर जगन्नाथ मिश्र। तीन ब्राह्मण और दो ठाकुर। यथार्थ की अहंकारपूर्ण अवहेलना का खमियाजा कांग्रेस को 1989–90 और बाद के वर्षों में भुगतना पड़ा। पिछड़ी जातियों में इसकी उग्र प्रतिक्रिया हुई और बिहार से कांग्रेस का पत्ता साफ होने का मार्ग प्रशस्त हुआ।

दरअसल, '72 से '85 के बीच बंगलादेश युद्ध ('72), तानाशाही बनाम लोकशाही ('77), केन्द्र में जनता प्रयोग की विफलता और विपक्षी शक्तियों का बिखराव ('80) और इन्दिरा गांधी की हत्या के परिप्रेक्ष्य में राष्ट्रीय एकता और अखण्डता ('85) जैसे मुद्दों ने पिछड़ों के सत्ताधिकार (एम्पावरमेण्ट) के प्रश्न को ढंक रखा था। फलतः इस दौरान विधान सभा में पिछड़ों का प्रतिनिधित्व लगभग स्थिर रहा। लेकिन यह प्रश्न अधिक दिनों तक ढंका नहीं रह सकता था—वस्तुगत स्थितियाँ पिछड़ों के सत्ताधिकार को दिनोंदिन और अधिक मजबूत आधार प्रदान कर रही थीं। '90 के दशक में यह लगभग एकमात्र प्रश्न बन गया।

8. प्रायः हर सामाजिक आन्दोलन अपनी शैशवावस्था में समाज में उपलब्ध मिथकों और नैतिक मापदण्डों से ही अपनी पहचान गढ़ता है। फिर एक पृथक् विचारधारा और राजनीतिक सिद्धान्त रचा जाता है और अन्ततः सत्ताधिकार का प्रश्न सर्वप्रमुख प्रश्न बन जाता है। '90 का दशक आते-आते बिहार में भी स्थितियाँ कुछ ऐसी ही थीं। **नैतिकता, विचारधारा, और यहाँ तक कि विकास और संवृद्धि जैसे प्रश्न भी पिछड़ों के सत्ताधिकार के मूल प्रश्न से भटकाव माने गए, क्योंकि ये कमोबेश जाति-निरपेक्ष प्रश्न थे और सत्ताधिकार के मुद्दे को धुँधला करते थे। कोई आवरण नहीं, कोई लाग-लपेट नहीं। सत्ताधिकार—एकमात्र सत्ताधिकार। प्रत्यक्षतः यह सत्ताधिकार नैतिकता-निरपेक्ष, विचारधारा-निरपेक्ष और विकास-निरपेक्ष मसला बन गया। साथ ही यह इन जातियों के लिए सामाजिक मुक्ति का सूचक था—इस एहसास का कि उनके आगे बढ़ने की राह में जो सामाजिक अवरोध था, उसका आखिरकार अन्त हो गया है। स्वभावतः यह स्थिति एक ऐसे नेतृत्व की भी माँग करती थी जो सिर्फ, और सिर्फ सत्ताधिकार का प्रतिनिधि हो—नैतिकता से, विचारधारा से, विकास की किसी परिकल्पना से शून्य सिर्फ सत्ताधिकार का प्रतीक।**

'80 के दशक के उपर्युक्त विवरण-विश्लेषण के बाद '90 के विधान सभा

चुनावों की चर्चा की ओर बढ़ा जा सकता है। 1980 के चुनाव में पराजय के बाद गैर-कांग्रेस, गैर-भाजपा विपक्ष लोकदल, लोकदल (च) और जनता पार्टी में बिखरा रहा। इसी बिखराव के दौर में पिछड़ों के नेता कर्पूरी ठाकुर 1984 का लोक सभा चुनाव हार गए। तब तक वे बिहार में पिछड़ों की स्थापित राजनीति की धुरी बन चुके थे। 1988 में मृत्यु के पहले विधान सभा अध्यक्ष शिवचन्द झा द्वारा विधान सभा में विरोधी दल के नेता पद से हटाए जाने के नाजायज तरीके से उन्हें गहरा सदमा लगा था। शिवचन्द्र झा की इस कार्रवाई के लिए भूमिका तैयार की थी एक यादव विधायक श्रीनारायण यादव ने। जीवन के अन्तिम दिनों में श्री ठाकुर को पार्टी के अन्दर के महत्त्वाकांक्षी यादव विधायकों से त्रस्त रहना पड़ा था। वह उन्हें अपने नियन्त्रण में रखना चाहते थे। इन्हीं कारणों से अनेक यादव नेता कर्पूरी ठाकुर को छोड़कर लोकदल (च) में चले गए थे। उनमें से एक लालू प्रसाद यादव भी थे। पार्टी की एक बैठक में कर्पूरी ठाकुर ने यहाँ तक कह दिया था कि अगर वह यादव कुल में पैदा हुए होते, तो इस तरह उन्हें अपमानित नहीं किया जाता। बहरहाल, कर्पूरी ठाकुर की मृत्यु के बाद पिछड़ों की, और विपक्ष की राजनीति की कोई धुरी नहीं रही। इसी रिक्तता के बीच लालू यादव का पदार्पण हुआ। वे विरोधी दल के नेता बन गए। उन्हें 'कपटी ठाकुर' की कुर्सी मिल गई। (लालू सहित अनेक यादव विधायक कर्पूरी ठाकुर को 'कपटी ठाकुर' कहते थे।)

वैसे लालू का नाम विरोधी दल के नेता पद के लिए प्रस्तावित नहीं था। देवीलाल और शरद यादव अनूपलाल यादव का नाम प्रायः तय कर चुके थे। लेकिन, अनूपलाल ने एक राजनीतिक भूल की—हेमवती नन्दन बहुगुणा को अपने घर पर भोज दे डाला। इससे देवीलाल और शरद बिदक गए। दूसरे यादव नेता की तलाश शुरू हुई तो लालू का नाम आया। कर्पूरी ठाकुर के बाद उन्हें बिहार में एक यादव नेता की तलाश थी। शरद लालू को जानते थे। संसद में वे उनके साथ थे और उन्हें 'जोकर' कहते थे। मजबूरी में ही सही लालू देवीलाल और शरद यादव की पसंद बन गए।

लालू ने अपना राजनीतिक जीवन छात्र संगठन से शुरू किया था। वे पटना विश्वविद्यालय छात्र संघ के अध्यक्ष भी रहे। '74 आन्दोलन के दौरान गठित 24 सदस्यीय संचालन समिति के वे भी सदस्य थे। छात्रों की भीड़ जुटाने के लिए वे 'लोहा सिंह'[1] का 'केरिकेचर' करते थे। '77 में वे लोक सभा के लिए चुने गए और '80 तथा '85 में विधान सभा के लिए। विधान सभा में वे 'बैकबेंचर' ही

1. रामेश्वर सिंह कश्यप रचित अत्यन्त लोकप्रिय रेडियो नाटक।

थे। कर्पूरी ठाकुर की अनुपस्थिति में वे नेता बन गए। 1989 के लोक सभा चुनाव में यद्यपि बोफोर्स और राजीव सरकार का भ्रष्टाचार प्रमुख मुद्दा था तथापि पिछड़ों के सत्ताधिकार की शक्तिशाली अन्तर्धारा भी मौजूद थी। विपक्षी दलों के बीच तालमेल हुआ और विश्वनाथ प्रताप सिंह के नायकत्व में कांग्रेस को करारा झटका लगा। बिहार में जनता दल को 31 सीटें मिलीं और पहली बार लोक सभा में (बिहार से) पिछड़ी जातियों के सदस्यों की संख्या 18 तक जा पहुँची। इनमें अकेले यादवों की संख्या 10 थी (उनमें से एक लालू यादव भी थे)। 1952 के बाद दूसरी बार कुर्मी जाति के लोक सभा सदस्यों की संख्या 3 हुई, जिनमें नीतीश कुमार भी थे। कोइरी जाति के चार सदस्य लोक सभा के लिए चुने गए। इस चुनाव में पहली बार बिहार के लोक सभा के लिए निर्वाचित उच्च पिछड़ी जाति के सदस्यों की संख्या 18-18 हुई यानी बराबर! 1952 से '84 के बीच बिहार से लोक सभा में जानेवाले उच्च जाति के सदस्यों की संख्या 30 से 23 के बीच रही, जबकि पिछड़ी जातियों के सदस्यों की 6 से 12।

पिछड़ों के सत्ताधिकार का प्रश्न 1990 के विधान सभा चुनाव में अधिक मुखर होकर सामने आया। 121 सीटों के साथ जनता दल सबसे बड़े दल के रूप में सामने आया। कांग्रेस को मात्र 71 सीटों से संतोष करना पड़ा। भाजपा को 39, भाकपा को 23, झामुमो को 19, आइपीएफ को 7 और माकपा को 6 सीटें मिलीं। विजयी निर्दलियों की संख्या थी 30। जनता पार्टी, मार्क्सिस्ट कोऑर्डिनेशन कमेटी, सोशलिस्ट पार्टी (लोहिया) और झारखण्ड पार्टी को क्रमशः 3, 2, 1 और 1 स्थान प्राप्त हुआ।

विधान सभा में पिछड़ी जाति के विधायकों की संख्या 117 तक जा पहुँची, जबकि उच्च जाति विधायकों की संख्या घटकर 105 हो गयी। ऐसा पहली बार हुआ जबकि पिछड़े विधायकों की संख्या उच्च जाति विधायकों की संख्या से काफी आगे निकल गई। और यह कोई व्यतिक्रम नहीं था। 1995 के चुनाव में तो पिछड़ों के सत्ताधिकार की और भी आक्रामक अभिव्यक्ति हुई।

विधान सभा में पिछड़ी जाति के विधायकों की संख्या 1995 में 161 हो गई, जबकि उच्च जाति विधायकों की संख्या घटकर मात्र 56 रह गई।

बहरहाल, 1990 में विजयी कुल 117 पिछड़े विधायकों में पिछड़ों में अगड़ी चार जातियों के विधायकों की संख्या ही थी 109 (यादव 63, कुर्मी 18, बनिया 16 और कोइरी 12)। 1991 के लोक सभा चुनाव में पिछड़ी जातियों के 24 उम्मीदवार विजयी हुए—सभी के सभी पिछड़ी में अगड़ी चार जातियों के थे

(यादव 13, कुर्मी 6, कोइरी 4 और बनिया 1)। 1995 में पिछड़ी जाति के विजयी 161 उम्मीदवारों में इन चार जातियों के उम्मीदवारों की संख्या थी 144 (यादव 86, कुर्मी 27, बनिया 18 और कोइरी 13)। **जाहिर है इन चुनावों के जरिए पिछड़ों में अगड़ी चार जातियाँ राजनीतिक सत्ता के मुख्य स्थान से चार उच्च जातियों को निर्णायक रूप से बेदखल कर चुकी थीं। पिछड़ों का सत्ताधिकार अब यथार्थ बन चुका था।**

खैर, 1990 के चुनाव के बाद जनता विधायक दल के नेता के लिए तीन प्रत्याशी थे। रामसुंदर दास को वी.पी. सिंह, जॉर्ज फर्नांडिस का समर्थन प्राप्त था। चन्द्रशेखर रघुनाथ झा के पक्ष में थे। देवीलाल-शरद यादव का खेमा लालू प्रसाद यादव के साथ था। नीतीश कुमार और जगदानन्द सिंह तथा दल के नौजवान विधायक भी लालू के समर्थन में थे। पार्टी नेतृत्व नेता चयन सर्वानुमति से कराना चाहता था। जॉर्ज फर्नांडिस, अजित सिंह, चिमन भाई पटेल, रामपूजन पटेल तथा मुलायम सिंह यादव पटना पहुँचे। सर्वानुमति कायम नहीं हो सकी और अन्ततः चुनाव हुआ। लालू को 58, दास को 54, झा को 14 मत मिले। चार वोट से बुजुर्ग समाजवादी रामसुन्दर दास पराजित हुए। 10 मार्च, 1990 को लालू ने गांधी मैदान में शपथ ग्रहण किया।

लालू प्रसाद पिछड़ों के सत्ताधिकार—और सिर्फ सत्ताधिकार के आक्रामक प्रतिनिधि थे। यही उनकी शक्ति थी और उसकी सीमा भी। अपने ठेठ गंवई अन्दाज में पिछड़ों के बीच यह एहसास जगाने और किसी भी मुद्दे को घुमा-फिराकर पिछड़ों के सत्ताधिकार से जोड़ देने में उन्होंने अच्छी-खासी प्रसिद्धि हासिल की। 'चपरासी का भाई....गाँव में दही बेचनेवाली मरछिया देवी का बेटा' लालू यह बताना नहीं भूलते कि वे अहीर के घर पैदा हुए....चपरासी क्वार्टर में रहे....कि उनकी माई दही बेचती थी। मुख्यमंत्री बनने के बाद पहली बार अपने गाँव फुलवरिया गए तो माँ ने पूछा—कऊंची बन गइल? लालू ने समझाया—हथुआ महाराज से बड़....बिहार के राजा बन गइनी।

मंचों के नीचे बैठे लोगों से कहते : 'ई उड़न खटोला डॉक्टर साहेब खरीदले रहन, अब हम चढ़ तानी, पहिले भईंस के पीठ पर सींग पकड़ के चढ़त रहीं।' कहीं बैठ सत्तू-लिट्टी खाकर चुटकी लेते, 'गाड़ी के सायरन के आवाज सुन के ऊ लोगिन के करेजा फाटे लागता। कहता-ललुआ मुख्यमंत्री बन गइल।' पासी लोगों को मंचों पर बुलवा लेते—उनकी छाती से गंजी उघड़वाते, उनके जख्मों को लोगों को दिखाते और कहते 'ट्री टैक्स अब फ्री'....जलकर खत्म। 'अब रानी के पेट से राजा नहीं जनमता। अब राज मिलता है आपके वोट से,

आपके बहुमत से। यह राज आपके वोट से ही बना है। अब आपका राज चलेगा रोब से····शान से।' 'पहले कलेक्टर, एस पी मिसिरजी, त्रिपाठीजी, सिंहजी वर्माजी होते थे—अब होंगे यादवजी, महतोजी, साहजी। यही है आरक्षण।' मंडल आयोग के प्रति सवर्णों के उग्र विरोध का उसी अंदाज में उन्होंने जवाब दिया। मुख्यमंत्री आवास खोल दिया गया। गाँव-देहात से लोग आते गठरियों के साथ। आवास की गणेश-परिक्रमा करते और लौट जाते। दादा····परदादा किसी ने नहीं बताया था कैसा होता है मुख्यमंत्री आवास····राजा का घर। ऐसा तो कभी नहीं हुआ था। मुख्यमंत्री आवास में पहले तो 'परिन्दे भी पर नहीं मारते थे।' लोग हँसते। कुछ उनकी बातों का लुत्फ उठाते। कुछ नाक-भौं सिकोड़ते। कार्टूनिस्टों को उनका व्यक्तित्त्व काफी रास आता। लेकिन लालू यादव को पता था कि उनकी बातों का कहाँ क्या असर हो रहा है। उनके वक्तव्यों का ध्वन्यार्थ समझने में उनके जनाधार को कभी कोई दिक्कत नहीं हुई। वे चाहे किसी भी मुद्दे पर कहीं भी बोल रहे हों, वह अपने जनाधार के साथ उनके निरन्तर संवाद का ही हिस्सा होता, पिछड़ा और गँवार होने के उनके सार्वजनिक आत्म-प्रदर्शन में पिछड़ों के सत्ताधिकार का अभिमान था। उसे छिपाने अथवा उस पर शर्म महसूस करने के दिन लद चुके थे। सिंह के साथ यादव लगा देने से नाम और फबने लगा। उसका वजन बढ़ जाता है। कुलनाम छिपाने और गोलमटोल नाम रखने की बारी तो अब उच्च जातियों की थी।

लालू यादव के पहले भी कुछेक पिछड़े-दलित मुख्यमंत्री हुए, लेकिन वे पिछड़ों के सत्ताधिकार के प्रतिनिधि नहीं थे। वे प्रत्यक्षतः सबका मुख्यमंत्री होने का दावा करते। लालू ने सबका होने का स्वाँग तक नहीं किया—ऐसा कुछ भी नहीं कहा जिससे सत्ताधिकार का प्रश्न धुँधला हो। चूँकि **वे एकमात्र सत्ताधिकार के प्रतिनिधि थे, इसलिए उनमें नैतिकता अथवा कोई विकासपरक समझ ढूँढ़ना भी व्यर्थ था।** वह घोड़े में गाय के गुण ढूँढ़ने के समान होता।

1990 के बाद पिछड़ों का सत्ताधिकार क्रमशः सार्विक रूप ग्रहण करने लगा। प्रत्येक दल और आन्दोलन अपने संगठन और जनाधार की सामाजिक संरचना को लेकर सचेष्ट होने लगा। ऐसे कई सारे प्रश्न (जैसे सैकड़ा साठ आरक्षण, आदि) **जो बीते दशकों में तीखे विवाद के प्रश्न थे, अब राष्ट्रीय सर्वानुमति के प्रश्न बन गए।** राजनीतिक सर्कल में 'सोशल इंजीनियरिंग' एक फैशनेबल शब्द बन गया। ऐतिहासिक रूप से विकसित पार्टियों की सामाजिक संरचना रातोंरात तो बदल नहीं सकती; इसमें जाहिर है अलग-

अलग पार्टियों को अलग-अलग वक्त लगेगा, और यह नेतृत्व की सदिच्छा पर ही नहीं, बल्कि अन्य अनेक कारकों पर भी निर्भर करेगा। बहरहाल, पिछड़ों के सत्ताधिकार का सर्वव्यापी रूप ग्रहण करने लगना इसे क्रमशः दल-निरपेक्ष बना देना है। इससे किसी एक आन्दोलन अथवा दल का उस पर एकाधिकार भी कालक्रम में खत्म हो जाएगा। **किसी परिघटना का इस तरह सर्वव्यापी हो जाना उस परिघटना का अन्त भी है। साथ ही वह समाज में नए-नए समीकरणों के बनने का मार्ग भी प्रशस्त कर देता है।**[1]

1. प्रस्तुत अध्ययन 1990 में पिछड़ों के सत्ताधिकार के साथ समाप्त हो जाता है। 1990 के बाद गठित सरकार के कार्यों का लेखा-जोखा एक पृथक् पुस्तक का विषय है।

परिशिष्ट–I

निम्न शूद्र

8 अक्टूबर 1990 को पटना के गांधी मैदान में जनता दल द्वारा आयोजित विशाल मंडल रैली पिछड़ों के सत्ताधिकार की विजय रैली थी—एक विराट जश्न था, इस रैली के बाद गांधी मैदान में जातीय रैलियों की धूम मच गई। अपनी पहचान, अपनी उपस्थिति दर्ज कराने और सत्ता में अपनी हिस्सेदारी के दावों के साथ अनेक छोटी-छोटी जातियों के लोग भी पटना की सड़कों पर उमड़ आए। 1993–94 के बीच इस तरह की कम-से-कम 40 रैलियाँ हुईं।

आजादी के बाद बिहार में दबंग द्विजों के आगे जैसी स्थिति पिछड़ों की थी, वैसी स्थिति कमोबेश आज भी 32 फीसदी आबादीवाले 'निम्न शूद्रों' की है। दबंग द्विजों की तरह दबंग शूद्र भी निम्न शूद्रों का हक मार लेने में कोई कोताही नहीं बरतते। सदी के आरम्भ से लेकर 1990 के बीच चले सामाजिक आन्दोलन की मुख्य धारा पर इन्हीं 'उच्च शूद्रों'—यादव, कुर्मी, कोइरी और बनिया—का वर्चस्व रहा और फलतः सत्ता के मुख्य स्थान से चार उच्च जातियों को बेदखल करने में उन्हें सफलता भी मिली। लेकिन, निम्न शूद्रों की स्थिति में कोई खास परिवर्तन नहीं हुआ।

बिहार में पिछड़ी जातियों की आबादी 51.3 प्रतिशत है। यादव, कुर्मी, कोइरी और बनिया जातियों की सम्मिलित आबादी है 19.3 प्रतिशत। पिछड़ों के बीच शेष दो तिहाई आबादी निम्न शूद्रों की है। धानुक, कहार, कानू, कुम्हार, लोहार, नाई, ततमा, तेली जैसी जातियों की आबादी 16 प्रतिशत है। इसके साथ एक प्रतिशत से कम संख्यावाली जातियों की आबादी भी 16 प्रतिशत है। इस तरह ये जातियाँ कुल 32 फीसदी आबादी का निर्माण करती हैं।

1967 तक इन 'निम्न शूद्रों' का प्रान्तीय राजनीति में प्रतिनिधित्व न के बराबर था। एक कर्पूरी ठाकुर अपवाद रहे। 1962 में इन जातियों का विधान सभा में कोई प्रतिनिधि नहीं था। 1967 में जब पिछड़े विधायकों की संख्या 82 तक जा पहुँची थी, तब भी उनमें निम्न शूद्र प्रतिनिधियों की संख्या बस 5 थी। 1967 में ही पहली बार विधान सभा अध्यक्ष निम्न शूद्र जाति से आए—धनिक लाल मंडल।

बिहार विधान सभा में 1967 से '85 के बीच इन जातियों के विधायकों की अधिकतम संख्या 7 रही। प्रतिशत में उनकी संख्या इस दौर में 1.54 से 1.23 के बीच रही। 1969 को छोड़कर 1985 तक उनकी संख्या सिर्फ 4–5 थी।

कहार, ततमा और धानुक जैसी जातियों का प्रतिनिधित्व '90 में बढ़कर 8 और '95 में 17 तक पहुँचा। 1995 में पहली बार कहार और गंगोता तीन-तीन तथा केवट चार की संख्या में विधान सभा में पहुँचे। विधान सभा में उनका प्रतिशत 5.24 हो गया। विधान सभा की 44.44 प्रतिशत सीटों (144) पर उच्च पिछड़े समुदायों का कब्जा है, जो आबादी का 19.3 फीसदी है।

विधान सभा की तरह बिहार से लोक सभा में भी निम्न पिछड़ों का प्रतिनिधित्व नगण्य है। 1957-62 तक कोई प्रतिनिधि नहीं था। 1967 में एक कहार लखनलाल कपूर प्रसोपा से लोक सभा में गए। '71 में पुनः कोई प्रतिनिधि नहीं था। 1977 से 1985 के बीच एक-एक नाई, धानुक और नोनिया लोक सभा में जा सके। 1991 और 1996 में पुनः कोई निम्न शूद्र लोक सभा में नहीं पहुँच सका। 1996 के लोकसभा चुनाव में जनता दल, भाजपा, इंका, माले, भाकपा एवं माकपा—सभी पार्टियों ने मिलकर लोक सभा की 54 सीटों के लिए निम्न शूद्र जातियों से मात्र सात उम्मीदवार खड़े किए, जिनमें 3 केवट मल्लाह, एक नोनिया, एक नाई तथा दो धानुक और एक अन्य थे। सभी पार्टियों द्वारा इन्हें दी गई टिकट की दर मात्र 3.80 प्रतिशत बैठती है।

अब संगठनात्मक स्तर पर निम्न शूद्रों के प्रतिनिधित्व का एक जायजा। जनता दल के 49 जिलाध्यक्षों में बस एक मल्लाह और एक तुरहा जाति से हैं। भाजपा के 58 जिलाध्यक्षों की सूची में एक लोहार, कांग्रेस के 44 जिलाध्यक्षों में दो, भाकपा के 45 जिला अध्यक्षों में एक खरवार, समता के 41 जिलाध्यक्षों में दो धानुक और एक पनेरी जाति से हैं।

बहरहाल, इन कम आबादीवाली जातियों का सत्ताधिकार सत्ता के विकेन्द्रीकरण की स्थिति में ही साकार हो सकता है। लेकिन 1978 के बाद, करीब बीस वर्षों से बिहार में पंचायत चुनाव हुए ही नहीं हैं। उच्च शूद्रों के सत्ताधिकार के बाद भी!

बिहार की आबादी में विभिन्न जाति-समूहों तथा समुदायों का प्रतिशत

जाति-समूह	प्रतिशत
1. उच्च जाति	
i. ब्राह्मण	4.7
ii. राजपूत	4.2
iii. भूमिहार	2.9
iv. कायस्थ	1.2
कुल	13.0
2. पिछड़ों में अगड़ी जातियाँ	
i. यादव	11.0
ii. कोइरी	4.1
iii. कुर्मी	3.6
iv. बनिया	0.6
कुल	19.0
3. अति पिछड़ी जातियाँ ('निम्न शूद्र')	
i. तेली	2.8
ii. धानुक	1.8
iii. कहार	1.7
iv. कान्दू	1.6
v. मल्लाह	1.5
vi. ततमा	1.6
vii. नाई	1.4
viii. लोहार	1.3
ix. कुम्हार	1.3
x. बढ़ई	1.0
xi. एक प्रतिशत से कम आबादी वाली अति पिछड़ी जातियाँ	16.0
कुल	32.0
4. अनुसूचित जातियाँ	14.1
5. अनुसूचित जनजातियाँ	9.1
6. मुस्लिम	12.5

(स्रोत : ब्लेअर, 1979 पृ. 5)

विधान सभा में निम्न शूद्र

पिछड़ी जाति	1967	1969	1972	1977	1980	1985	1990	1995
यादव	37	47	35	51	46	47	63	86
कुर्मी	14	12	20	21	20	12	12	27
कोइरी	13	13	8	6	12	18	18	13
बनिया	13	15	8	10	13	9	16	18
कुल	**77**	**87**	**71**	**88**	**91**	**86**	**109**	**144**
निम्न शूद्र								
कहार	1		1				1	3
धानुक	2		1					1
ततमा	1.							
नाई	1	1	1	1	1	1		1
मल्लाह		2	1		2	2	2	1
भांट		1						
खरवार		1	1	1			1	1
तेली		1					2	
नोनिया				1	2		1	2
बढ़ई				1				
गंगोता							1	3
केवट								4
रजवार								1
पनेरी		1						
कुल	5	7	5	4	5	4	8	17
कुल जोड़	**82**	**94**	**76**	**92**	**96**	**90**	**117**	**161**

(व्यवसाय से जुड़ी सूढ़ी, कलवार, जैन मारवाड़ी, सोनार जातियों को बनिया के अन्तर्गत ही गिना गया है। 1969 और 1990 को छोड़कर, तेली जाति को भी इसी बनिया जाति में शुमार किया गया है।)

जातीय रैलियाँ

वर्ष	तिथि	
1990	8 अक्टूबर	मंडल रैली
1992	10 जून	भंडाफोड़ रैली
	28 जून	अत्यंत पिछड़ा वर्ग रैली
1993	20 जनवरी	सद्भावना रैली
	20 जनवरी	कुशवाहा रैली
	20 जनवरी	धानुक रैली
	23 मार्च	लोहार रैली
	7 अप्रैल	कुम्हार रैली
	5-6 सितम्बर	कुशवाहा रैली
	4 नवम्बर	वैश्य रैली
	26 नवम्बर	निषाद रैली
	30 दिसम्बर	अम्बेडकर रैली
1994	जनवरी	राइन रैली
	30 जनवरी	दलित चेतना रैली
	12 फरवरी	कुर्मी महाचेतना रैली
	20 फरवरी	रविदास रैली
	27 फरवरी	कुम्हार रैली
	8 मार्च	चंद्रवंशी रैली
	20 मार्च	चौरसिया रैली
	20 मार्च	बिन्द रैली
	10 अप्रैल	बारी रैली
	17 अप्रैल	बढ़ई विश्वकर्मा रैली
	21 अप्रैल	माली-मालाकार रैली
	24 अप्रैल	स्वर्णकार रैली
	25 जून	समस्त पिछड़ा वर्ग रैली

स्रोत : अजय कुमार, 'प्रभात खबर' (पाक्षिक) : 25 मार्च, 1994

परिशिष्ट-II

कुछ प्रमुख जातियाँ और उनके परम्परागत पेशे

(1911 की जनगणना के आधार पर)

		कुल संख्या
अ. कृषक जातियाँ (कुछ खास फसलों के उत्पादक समेत)		**5,582,000**
1.	बरुई/बरई काश्तकार जातियाँ	130,000
2.	बिंद	135,000
3.	चासा	846,000
4.	धानुक	572,000
5.	गोंड	236,000
6.	गंगोता	83,000
7.	कोइरी	1,281,000
8.	कोल्ता	124,000
9.	कुंजड़ा	189,000
10.	कुर्मी	1,313,000
11.	राजवंसी	108,000
12.	सुध	79,000
	अन्य	486,000
आ. श्रमिक जातियाँ		**1,072,000**
13.	बाउरी	293,000
14.	मुसहर	627,000
15.	रजवार	132,000
	अन्य	20,000
इ. पशुपालक जातियाँ		**4,062,000**
16.	गड़ेरी	92,000
17.	गौरा	713,000
18.	ग्वाला	3,250,000
	अन्य	7,000

ई. मछुआरे, नाविक और पालकी ढोनेवाली जातियाँ		**1,804,000**
19. गोंढ़ी	130,000	
20. कहार	524,000	
21. केवट	421,000	
22. खतवे	117,000	
23. मल्लाह	363,000	
अन्य	249,000	
उ. शिकारी और फलफूल चुननेवाली जातियाँ		**36,000**
ऊ. पुजारी और भक्त जातियाँ		**2,001,000**
24. ब्राह्मण	1,755,000	
25. वैष्णव/बैरागी	79,000	
26. मंदिरों के नौकर	6,000	
अन्य	167,000	
ए. लेखक जातियाँ		**495,000**
27. करन	147,000	
28. कायस्थ	348,000	
ऐ. गवैये, नचनिए, बहुरुपिये, वेश्याएँ आदि		**70,000**
ओ. व्यवसायी जातियाँ		**403,000**
29. बनिया	141,000	
30. रोनियार	83,000	
अन्य	179,000	
औ. नाई जातियाँ		**573,000**
31. हज्जाम	389,000	
32. भंडारी	117,000	
अन्य	67,000	
अं धोबी जातियाँ		**427,000**
33. धोबी/धोबा	377,000	
अन्य	50,000	
अः बुनकर, रंगरेज जातियाँ		**2,281,000**
34. गंडा	212,000	
35. जोलाहा	826,000	
36. कपाली	464,000	

37. तांती–ततमा	613,000	
अन्य	166,000	
क. 38. दर्जी		**37,000**
ख. बढ़ई जातियाँ		**331,000**
39. बरही	324,000	
अन्य	7,000	
ग. 40. कुम्हार		**513,000**
घ. लोहार जातियाँ		**502,000**
41. कमार/लोहार	480,000	
अन्य	22,000	
ङ 42. सुनार		**212,000**
च. मिठाई बनानेवाली/भुंजा भुननेवाली जातियाँ		**879,000**
43. गौरिया	147,000	
44. हलवाई	142,000	
45. कांदु	503,000	
अन्य	87,000	
छ. तेली जातियाँ		**1,114,000**
46. तेली	1,072,000	
अन्य	42,000	
ज. ताड़ी और शराब बनानेवाली जातियाँ		**625,000**
47. कलवार	181,000	
48. पासी	150,000	
49. सूँढ़ी	257,000	
अन्य	37,000	
झ. 50. कसाई		**14,000**
ञ. मोची जातियाँ		**1,146,000**
51. चमार	1,115,000	
अन्य	31,000	
ट. चटाई, टोकरी आदि बनानेवाली जातियाँ		**289,000**
52. डोम	242,000	
अन्य	47,000	

ठ. मिट्टी, नमक आदि का काम करनेवाली जातियाँ			**547,000**
53.	बेलदार	89,000	
54.	नोनिया	319,000	
	अन्य	49,000	
ड. घरेलू नौकर			**102,000**
ढ. 55. मेहतर (हारी व अन्य)			**138,000**
ण. चौकीदार जातियाँ			**1,347,000**
56.	दुसाध	1,189,000	
57.	कदमा	156,000	
	अन्य	2,000	
त. अन्यान्य जातियाँ/समुदाय			**3,750,000**
58.	धुनिया	268,000	
59.	माली	140,000	
60.	शेख	1,709,000	
61.	पठान	221,000	
62.	सैयद	91,000	
63.	क्रिश्चियन	268,000	
	अन्य	1,119,000	
थ. पहाड़ी/बनवासी जातियाँ/जनजातियाँ			**4,926,000**
64.	संथाल	1,399,000	
65.	भुइया	664,000	
66.	उराँव	475,000	
67.	हो	419,000	
68.	मुंडा	410,000	
69.	कंध	303,000	
70.	सावर	218,000	
71.	भूमिज	273,000	
72.	खरिया	105,000	
73.	खरवार	86,000	
74.	भोगता	79,000	
	अन्य	493,000	

मजहब के आधार पर आबादी की संरचना

(1931 की जनगणना के अनुसार)

मजहब	संख्या	प्रतिशत
हिन्दू	35,206,352	83.2
मुस्लिम	4,284,306	10.1
जनजातीय	2,409,409	5.7
ईसाई	416,726	1
सिख	5,869	
जैन	4,052	
बौद्ध	2,295 (बिहार में मात्र 51)	
पारसी	264 (आधे से अधिक सिर्फ जमशेदपुर में)	
यहूदी	24 (सिर्फ रांची में 18)	
अन्यान्य	15	
कुंभिपतिया	271	

1921-1931 के बीच आबादी में प्रतिशत वृद्धि

	प्रतिशत वृद्धि
सभी मजहब	11.5
हिन्दू	11.4
मुस्लिम	15.5
जनजातीय	3.1
ईसाई	37.4
अन्य	37.8

(आबादी से सम्बन्धित सारे आँकड़े बिहार और उड़ीसा की सम्मिलित आबादी के हैं)

स्रोत : डब्ल्यू, जी. लेसी, सेंसस ऑफ इंडिया, 1931, भाग-1, खण्ड-7, अध्याय XI

आबादी की जातीय संरचना
(बिहार–उड़ीसा)

जाति/जाति समूह	संख्या
1. ब्राह्मण	2,100,000
2. दलित हिन्दू	6,500,000
3. गैर–दलित हिन्दू जनजाति	2,900,000
4. अन्य हिन्दू	23,700,000
कुल	35,200,000

दस लाख से अधिक आबादी वाली जातियाँ

जाति	संख्या
1. ग्वाला	3,455,141
2. ब्राह्मण	2,101,287
3. संथाल	1,712,133
4. कुर्मी	1,452,724
5. राजपूत	1,412,440
6. कोइरी	1,301,988
7. चमार	1,296,001
8. दुसाध	1,290,936
9. तेली	1,210,496
10. खंडायत	1,010,146

(जुलाहों की आबादी 983,843 थी। बाभनों की आबादी भी 10 लाख से अधिक थी। लेकिन उनमें से बहुतों द्वारा अपना नाम ब्राह्मण के रूप में लिखा देने के कारण उनकी आबादी 'घट' गई थी।)

जिला	बाभनों की आबादी		ब्राह्मणों की आबादी		1901 से '31 के बीच प्रतिशत परिवर्तन		
	1901	1901	1931	1901	कुल आबादी में	बाभनों में	ब्राह्मणों में
1. पटना	106,743	113,655	58,566	38,849	+13.68	−6.08	+50.75
2. गया	164,731	163,108	74,297	64,350	+15.84	+1.00	+15.46
3. शाहाबाद	61,176	82,334	199,544	207,071	+1.71	−25.61	−3.63
4. सारण	95,422	106,098	176,875	184,322	+3.21	−10.06	−4.04
5. चम्पारण	53,161	52,453	91,941	84,949	+19.84	+1.35	+8.23
6. मुजफ्फरपुर	165,446	200,085	130,927	99,179	+6.71	−17.31	+32.01
7. दरभंगा	49,065	154,345	321,382	197,967	+8.70	−68.21	+62.34
8. मुंगेर	138,742	188,959	113,285	60,353	+10.48	−26.58	+87.70
9. भागलपुर	16,857	37,973	109,722	76,532	+6.97	−55.61	+43.37
	851,343	1,099,010	1,276,539	1,013,572			

(स्रोत : डब्ल्यू. जी. लेसी., वही, अध्याय XII)

दलित जातियाँ

(कुल संख्या 31)

जाति	संख्या
1. बाउरी	314,979
2. भोगता	66,054
3. भुइया	621,062
4. भूमिज	266,464
5. चमार	1,296,001
6. चौपाल	2,737
7. धोबी	414,221
8. डोम	269,340
9. दुसाध	1,290,936
10. घासी	75,579
11. घुसुरिया	1,846
12. गोदरा	1,553
13. गोखा	48,622
14. हलालखोर	20,742
15. हारी	115,613
16. इरिका	332
17. कंदरा	155,113
18. कंजर	2,566
19. केला	9,493
20. कुररियार	631
21. लालबेगी	105
22. महुरिया	2,389
23. माँगन	184
24. मोची	22,863
25. मुसहर	720,051
26. नट	9,628
27. पन	411,770
28. पासी	172,061
29. रजवार	133,935
30. सियाल	9,281
31. तुरी	54,041
कुल	**6,510,192**

(प्रान्त की कुल आबादी का 15.5 और कुल हिन्दू आबादी का 18.5)

(स्रोत : वही)

जनजातियाँ

(कुल 24)

चौबीस जनजातियाँ : असुर, बथुड़ी, भुइया, भूमिज, बिरहोर, बिरजिया, चेरो, गदाबा, गोंड, हो, जुआंग, करमाली, खरिया, खरवार, खेतौरी, खोंड, कोरवा, माल पहाड़िया, मुण्डा, उराँव, संथाल, सौरिया पहाड़िया, सावर, थारू। कुल आबादी : 5,61,43,421

प्रमुख जनजातियाँ	जनसंख्या
1. हो	523,158
2. खरिया	146,037
3. खोंड	315,709
4. मुंडा	549,764
5. उरांव	637,111
6. संथाल	1,712,136
कुल	**3,8,83,912**

सात छोटी जनजातियों—असुर, बिरहोर, बिरजिया, जुआंग, कोरवा, माल पहाड़िया और सौरिया पहाड़िया—की सम्मिलित आबादी थी 131,000.

(स्रोत : वही)

लगान प्राप्त करनेवाले जमींदार (1901)

जाति	पटना प्रमंडल	भागलपुर प्रमंडल	छोटानागपुर	कुल
अहीर	103	622	492	1217
ब्राह्मण	14,076	3,486	2,108	19,670
बाभन	32,013	3,258	570	35,841
चमार	83	9	18	110
दुसाध	158	40	12	210
कायस्थ	8,086	1,256	396	9,738
कोइरी	66	4	–	70
कुर्मी	3,961	69	272	4,302
राजपूत	17,003	2,900	3,218	23,121
संथाल	–	4	3	7

कुल 94,286

(स्रोत : 1901 जनगणना रिपोर्ट)

बिहार में जागीरें
(1919–20)

प्रमंडल/जिला	स्थायी बन्दो-बस्तवाली जागीरें	अस्थायी बन्दो-बस्तवाली जागीरें	सरकार के अधीन जागीरें	जागीरों की कुल संख्या
क. पटना प्रमण्डल	35,956	545	174	36,675
1. पटना	15,123	15	52	15,190
2. गया	9,486	14	21	9,521
3. शाहाबाद	11,347	516	101	11,964
ख. तिरहुत प्रमण्डल	47,609	124	30	47,763
4. सारण	6,848	63	26	6,937
5. चम्पारण	1,361	7	–	1,368
6. मुजफ्फरपुर	23,525	49	1	23,575
7. दरभंगा	15,875	5	3	15,883
ग. भागलपुर प्रमण्डल	15,929	113	65	16,107
8. मुंगेर	8,921	66	27	9,014
9. भागलपुर	4,912	6	17	4,935
10. पूर्णिया	1,646	38	8	1,692
11. संथाल परगना	450	3	13	466
घ. छोटानागपुर प्रमण्डल	357	12	16	385
12. हजारीबाग	73	1	4	78
13. राँची	1	3	7	11
14. पलामू	254	2	3	259
15. मानभूम	27	6	–	33
16. सिंहभूम	2	–	2	4
कुल	**99,851**	**794**	**285**	**100,930**

भू-राजस्व : एक ऐतिहासिक परिप्रेक्ष्य

क. अकबर के शासन काल में : (आइने-अकबरी के आधार पर)

सूबा बिहार सात सरकारों में बँटा था। ये सात सरकार पुनः 199 परगनों में बँटे थे। कुल भू-राजस्व था करीब 5,547,985 रुपए। 199 परगनों में 138 नकद में राजस्व का भुगतान करते। खेती की कुल मापी गई जमीन थी 2,444,120 बीघा। नकद राजस्व था 4,317,944 रुपए। शेष 61 परगनों से राजस्व की आय थी करीब 1,230,940 रुपए जिसमें करीब 56,803 रुपए सुयुर्घाल के अंतर्गत था। (कुछ खास श्रेणी के लोगों को नकद के रूप में दिया गया अनुदान 'वजीफा' और जमीन के रूप में दिया गया अनुदान 'मिल्क' अथवा 'मदद-इ-म' आश कहलाता था। संभवतः ये दोनों तरह के अनुदान सुयुर्घाल के अन्तर्गत आते थे।) प्रदेश 11,415 घुड़सवारों, 449,350 पैदल सैनिकों और 100 नावों की सेवा भी प्रदान करता था।

सात सरकार :

1. बिहार : 46 महाल; 952,598 बीघा खेत; 80, 196, 390 दाम नकद राजस्व; 2,279,147 दाम सुयुर्घाल; 2,115 घुड़सवार और 67,350 पैदल सैनिक। [40 दाम (ताम्बे का सिक्का)=1 रुपया]
2. मुंगेर : 38 महाल; 109,625,981 1/2 दाम राजस्व; 2,150 घुड़सवार और 50,000 पैदल सैनिक।
3. चम्पारण : 3 महाल; 85,711 बीघा; 5,513, 420 दाम राजस्व; 700 घुड़सवार और 30,000 पैदल सैनिक।
4. हाजीपुर : 11 महाल; 436,952 बीघा; 27,331,930 दाम राजस्व।
5. सारण : 17 महाल; 229, 052 बीघा; 62,172,004 1/2 दाम राजस्व; 1000 घुड़सवार और 50,000 पैदल सैनिक।
6. तिरहुत : 74 महाल; 266,464 बीघा; 19,179,777 1/2 दाम राजस्व; 700 घुड़सवार और 80,000 पैदल सैनिक।
7. पूर्णिया : 9 महाल, 6,408,775 दाम राजस्व; 5,000 पैदल सैनिक।

1680 के आसपास, एक आकलन के अनुसार, 1 रुपया = 10 डालर (अमरीकी)।

ख. 1685 ई. में औरंगजेब द्वारा संशोधित राजस्व :

सरकार	1685 ई.	1720 ई.
1. चम्पारण	137,835 रु. से	210,151-240,603 रु. तक
2. हाजीपुर	683,276 रु.	1,029,309-1,133,185 रु. तक
3. तिरहुत	479,494 रु. से	769,287-737,080 रु. तक

ग. 1722 ई. से 1763 ई. के बीच बंगाल के नवाबों द्वारा लादे गये अबवाब :

		रुपए में
1.	मुर्शीद कुली खाँ (1722–25), शुजाउद्दीन खाँ (1725–1739) और अलीवर्दी खाँ (1740–1756) द्वारा लादे गए अबवाब :	4,223,467
2.	मुख्यतः कासिम अली खाँ (1756–1763) द्वारा वसूला जानेवाला कैफियत :	4,523,563
3.	कासिम अली खाँ (1756–1763) द्वारा ही लादा गया तौफीर :	3,162,358
	कुल	**11,909,388**

1763 ई. में कासिम अली खाँ ने कुल 2.47 करोड़ रुपए के राजस्व का आकलन किया था, हालाँकि मात्र 65 लाख रुपए की ही वसूली हो पाई। बहरहाल ईस्ट इंडिया कम्पनी के शासकों ने (उपर्युक्त तमाम अबवाबों को समाहित करते हुए) कासिम अली खाँ के सर्वोच्च मूल्यांकन को ही अपना प्रस्थान बिन्दु बनाया। 1765 ई. में जेम्स ग्राण्ट ने कुल 2.68 करोड़ रुपए के राजस्व का हिसाब किया था। 1784 ई. में 2.6 करोड़ रु. के कुल राजस्व की वसूली हुई, जिसमें भू-राजस्व का ही हिस्सा था 2.45 करोड़ रु.। 1793 ई. में स्थायी बन्दोबस्त के समय राजस्व-माँग थी : 2.68 करोड़ रु.।

वर्तमान समय में भू-राजस्व प्रदेश की कुल राजस्व आय का अत्यन्त ही क्षुद्र हिस्सा है।

('रिपोर्ट ऑफ दि लैंड रिवेन्यू कमीशन इन बंगाल' (फ्लाउड कमीशन), बगाल गवर्नमेण्ट प्रेस, अलीपुर, 1940, खण्ड II; आर. के. मुखर्जी के 'इंडियन लैण्ड सिस्टम, एंसिएंट, मिडीवल ऐण्ड मॉडर्न'; अशोक मित्र के 'फिफ्टीन डिकेड्स ऑफ एग्रेरियन चेंज इन बंगाल'; शिरीन मूसवी के 'सुयुर्घाल स्टेटिस्टिक्स इन आइने-अकबरी, एन एनेलसिस'; 'दि इंडियन हिस्टोरिकल रिव्यू', आइ सी एच आर, जनवरी, 1976, खण्ड II, अंक 2; आदि पर आधारित।)

भूमि-राजस्व

(रुपए में)

वर्ष	भू-राजस्व
1912–13	15,739,000
1921–22	15,914,000
1922–23	15,933,000
1923–24	15,845,000
1924–25	16,161,000
1925–26	16,305,000
1926–27	16,705,000
1928–29	17,366,000

कोऑपरेटिव सोसायटी

	1912–13	1920–21	1927
1. सोसायटी की संख्या	573	3,458	8,295
2. सदस्यों की कुल संख्या	21,225	107,514	243,626
3. कार्यकारी पूँजी (रु. में)	939,142	5,786,460	23,757,219
4. रिजर्व (रु. में)	75,698	734,732	2,530,277
5. सरकार द्वारा व्यय (रु. में)	(पता नहीं)	148,000	311,229
6. सदस्यों द्वारा व्यय	(पता नहीं)	64,414	271,085

ग्रामीण ऋण समितियाँ (क्रेडिट सोसायटीज)

1912–13 : 7; 1920–21 : 41; 1926–27 : 65

(1918 में कोऑपरेटिव फेडरेशन का गठन किया गया)

(स्रोत : मेमोरेंडम फॉर दि इंडियन स्ट्रेटयुटरी कमीशन ऑन दि वर्किंग ऑफ दि रिफार्म्स इन बिहार ऐण्ड उड़ीसा, पटना, 1930)

चावल, गेहूँ और मक्के की औसत कीमत (प्रति रुपए) 1 सेर = 80 तोला

		चावल (मारुफगंज)	मकई (मारुफगंज)	गेहूँ (आरा)
1901	से.	13	19	11
	छ.	0¾	15	11½
1912	से.	11	17	12
	छ.	8	12	4
1915	से.	7	12	7
	छ.	15	7	9
1917	से.	11	17	9
	छ.	0	14	9
1919	से.	5	7	5
	छ.	11	8	13
1921	से.	6	9	6
	छ.	9	3	5
1924	से.	7	10	8
	छ.	9	15	2
1929	से.	6	10	7
	छ.	11	8	13
1930	से.	9	17	10
	छ.	1	11	5
1931	से.	12	20	14
	छ.	7	4	7
1933	से.	13	21	12
	छ.	9	4	1
1935	से.	12	18	12
	छ.	4	10	10
1937	से.	10	15	10
	छ.	5	14	13

(स्रोत : 'एवरेज प्राइसेस ऑफ स्टेपल फुड क्रॉप्स फ्राम 1888 फॉर बिहार', बोर्ड ऑफ रिवेन्यू, पटना, बिहार, 1938)

(प्रथम महायुद्ध शुरू होने के बाद 1915 में कीमतों में भारी वृद्धि हुई, लेकिन युद्ध के वर्षों में उनमें गिरावट का रुख रहा। युद्ध समाप्त होने के बाद 1919 में कीमतों में फिर उछाल आया और लगभग 1929 तक उनमें तेजी बनी रही। 1929 की महामंदी के बाद तो जैसे कहर ही टूट पड़ा। 1931–33 के दौरान तो कीमतें 1901 के स्तर से भी नीचे जा गिरीं। 1937 तक भी वह 1919–29 के स्तर को छू नहीं सकी थी।)

1781–82 में कीमत-तालिका

(प्रति रुपए)

क्रम संख्या	कृषि उपज	सेर	छटाँक
1.	चावल (पुराना)		
	एक नम्बर	34	12
	दो नम्बर	35	12
	चावल (नया)		
	एक नम्बर	38	8
	दो नम्बर	44	8
2.	गेहूँ (पुराना)		
	एक नम्बर	115	4
	दो नम्बर	117	4
	गेहूँ (नया)		
	एक नम्बर	60	4
	दो नम्बर	64	8
3.	बार्ली	125	12
4.	मकई–जनेरा	133	4
	भुट्टा	125	8
5.	अरहर (फलियाँ)		
	एक नम्बर	150	0
	दो नम्बर	105	8
	अरहर दाल		
	एक नम्बर	59	0
	दो नम्बर	62	0

क्रम संख्या	कृषि उपज	सेर	छटाँक
6.	खेसारी		
	एक नम्बर	179	4
	दो नम्बर	184	8
7.	काबुली चना		
	एक नम्बर	119	4
	दो नम्बर	131	8
8.	चना		
	एक नम्बर	100	12
	दो नम्बर	104	0
9.	मूँग		
	एक नम्बर	45	12
	दो नम्बर	48	4
10.	तिलहन		
	तीसी	100	0
	सरसों	62	0
	अण्डी	65	0
	तिल	59	0
11.	अन्य		
	पोस्ता	50	0
	कुर्थी	126	4
	सोवा	159	2
	मडुआ	129	8

(स्रोत : राधाकृष्ण चौधरी, 'हिस्ट्री ऑफ बिहार', मधेपुरा, 1958; पृ. 252–53)

जाति और जमीन

(चम्पारण सर्वे सेट्लमेण्ट रिपोर्ट के आधार पर चम्पारण जिले का ब्यौरा)

क्रम संख्या	जाति	जोत का औसत आकार	कुल जोतों में निम्नलिखित जोतों का प्रतिशत						जोतों की कुल संख्या	आबादी 1891में	कुल आबादी का प्रतिशत
			1 एकड़ से नीचे	2 एकड़ से नीचे	3 एकड़ से नीचे	4 एकड़ से नीचे	5 एकड़ से नीचे	5 एकड़ से ऊपर			
1.	ग्वाला	4.2	18.6	19.5	14.7	10.6	8.6	28.0	3876	183,732	9.9
2.	राजपूत	6.0	14.9	15.3	13.1	9.1	7.8	39.8	2642	86,440	4.7
3.	ब्राह्मण	4.2	23.8	19.9	13.7	8.8	7.1	26.7	3477	84,493	4.5
4.	कोइरी	4.8	15.1	15.8	15.3	11.8	8.4	33.6	2254	108,877	5.9
5.	भूमिहार ब्राह्मण	6.4	17.5	15.9	11.6	8.5	7.1	39.4	1582	28,496	1.5
6.	कायस्थ	5.8	15.1	17.1	14.9	9.6	7.9	36.3	1342	27,624	1.5
7.	कुर्मी	3.5	26.1	20.8	14.5	10.5	7.7	20.4	1646	96,145	5.2
8.	शेख	4.6	19.4	19.4	14.1	9.6	6.2	31.3	1255	62,459	3.4
9.	तेली	3.8	19.9	21.9	16.4	10.4	7.7	23.7	1265	58,916	3.2
10.	जुलाहा	2.7	32.9	21.9	15.4	8.8	5.8	15.2	1412	80,358	4.3
11.	कान्दू	3.3	24.0	21.6	16.7	11.2	6.8	19.7	1203	68,588	3.7
12.	मल्लाह	3.1	25.6	24.2	14.9	9.1	7.5	18.7	1150	63,070	3.4
13.	दुसाध	2.7	30.2	21.0	15.3	10.6	7.4	15.5	1261	91,452	4.9
14.	चमार	2.2	34.6	23.3	16.5	10.7	5.8	9.1	1587	126,997	6.8
15.	कलवार	4.2	20.1	16.6	17.0	12.0	5.5	25.8	698	33,796	1.8
16.	नोनिया	2.8	26.6	26.7	14.0	9.8	6.9	16.0	807	52,903	2.8

क्रम संख्या	जाति	जोत का औसत आकार	कुल जोतों में निम्नलिखित जोतों का प्रतिशत						जोतों की कुल संख्या	आबादी 1891में	कुल आबादी का प्रतिशत
			1 एकड़ से नीचे	2 एकड़ से नीचे	3 एकड़ से नीचे	4 एकड़ से नीचे	5 एकड़ से नीचे	5 एकड़ से ऊपर			
17.	लोहार	3.1	23.9	22.9	16.1	10.7	7.6	18.8	514	28,193	1.5
18.	धोबी	3.1	21.8	23.3	16.4	12.0	8.4	18.1	508	21,355	1.2
19.	तुरहा	2.6	26.3	23.9	18.2	11.7	7.9	12.0	506	26,775	1.4
20.	हज्जाम	2.4	30.6	24.7	17.9	7.6	6.3	12.9	542	27,239	1.5
21.	कुम्हार	3.1	22.7	22.2	16.9	13.5	6.7	18.0	415	24,954	1.3
22.	बिन्द	2.8	27.7	26.9	16.7	9.1	6.2	13.4	448	27,331	1.5
23.	अतिथ	4.7	25.2	19.6	16.3	8.9	4.8	25.2	270	11,946	0.6
24.	धानुक	3.6	28.5	17.5	14.2	9.8	8.8	21.2	274	11,460	0.6
25.	ततवा	2.0	39.8	21.7	17.2	8.2	4.9	8.2	488	32,301	1.7
26.	गोंधा	3.3	24.7	20.4	15.3	11.1	10.1	18.4	288	4,753	0.3
27.	धुनिया	2.5	31.1	26.2	13.5	9.9	6.6	12.7	363	26,994	1.5
28.	बरई	3.5	17.3	21.3	14.0	14.5	9.2	23.7	207	11,736	0.6
29.	थारु	9.3	15.8	13.2	5.3	10.5	2.6	52.6	38	27,628	1.5
30.	अन्य	3.3	31.0	21.4	13.8	8.8	5.7	19.3	4,007	53,033	2.8
31.	अन्यान्य	—	—	—	—	—	—	—	—	269,421	14.5
	पूरे जिले में	3.9	23.6	20.2	14.8	9.9	7.2	24.3	36,325	1,859,465	100.0

खेत मजदूरों की जातीय संरचना

(चम्पारण सर्वे सेट्लमेंट रिपोर्ट के आधार पर चम्पारण जिले का ब्यौरा)

क्रम संख्या	जाति	कुल आबादी (1891)	कृषि मजदूरों की संख्या	कृषि मजदूरों का प्रतिशत
1.	अहीर	183,732	70,000	38.1
2.	राजपूत	86,440	0	0
3.	ब्राह्मण	84,493	0	0
4.	कोइरी	108,877	33,643	30.9
5.	भूमिहार	28,496	0	0
6.	कायस्थ	27,624	0	0
7.	कुर्मी	96,145	45,92	46.9
8.	जुलाहा	80,358	44,036	54.8
9.	कांदू	68,588	31,277	45.6
10.	दुसाध	91,452	46,823	51.2
11.	मल्लाह	63,070	31,409	49.8
12.	चमार	126,997	73,531	57.9
13.	कलवार	33,796	0	0
14.	नोनिया	52,903	38,197	72.2
15.	तुरहा	26,775	13,441	50.2
16.	हज्जाम	27,239	5,000	18.3
17.	कुम्हार	24,954	11,204	44.9
18.	बिन्द	27,331	13,408	49.0
19.	धानुक	11,460	5,272	46.0
20.	धुनिया	26,994	15,467	57.3

विभिन्न समारोहों में अनुमानित व्यय

(मुजफ्फरपुर सर्वे सेट्लमेंट रिपोर्ट के आधार पर मुजफ्फरपुर जिले का एक आकलन)

क्र.सं.	जाति	जन्म के अवसर पर		चूड़ाकरण मुण्डन		जनेऊ		लड़के की शादी		लड़की की शादी		श्राद्ध		होली/छठ आदि पर खर्च	
		से	तक	से	तक	से	तक	से	तक	से	तक	से	तक	से	तक
		रु.आ.	रु.आ.	रु.आ.	रु.आ.	रु.आ.	रु.आ.	रु.आ.	रु.आ.	रु.आ.	रु.आ.	रु.आ.	रु.आ.	रु.आ.	रु.आ.
1.	ब्राह्मण														
अ.	मध्यम वर्ग	10	100	25	150	50	2000	100	2000	100	1000	100	500	5	20
आ.	गरीब वर्ग	1	10	1	25	5	50	20	200	20	100	10	100	0–8	5
2.	राजपूत/बाभन														
अ.	मध्यम वर्ग	5	10	20	100	50	500	100	1000	200	700	50	500	5	15
आ.	गरीब	1	5	2	20	5	50	25	100	40	200	10	50	0–8	5
3.	कायस्थ														
अ.	मध्यम वर्ग	20	200	25	200	20	100	200	2000	500	3000	100	1000	25	200
आ.	गरीब वर्ग	2	20	2	25	2	20	50	200	100	500	25	100	2	25
4.	बनिया/तेली आदि														
अ.	मध्यम वर्ग	5	50	10	50	50	200	100	1000	200	1000	100	1000	10	100
आ.	गरीब वर्ग	1	5	2	10	5	50	50	100	75	200	25	100	2	10

क्र.सं.	जाति	जन्म के अवसर पर		चूड़ाकरण मुण्डन		जनेऊ		लड़के की शादी		लड़की की शादी		श्राद्ध		होली/छठ आदि पर खर्च	
		से	तक	से	तक	से	तक	से	तक	से	तक	से	तक	से	तक
		रु.आ.	रु.आ.	रु.आ.	रु.आ.	रु.आ.	रु.आ.	रु.आ.	रु.आ.	रु.आ.	रु.आ.	रु.आ.	रु.आ.	रु.आ.	रु.आ.
5.	कहार/कुर्मी/ग्वाला/नोनिया/तुरहा आदि														
अ.	मध्यम वर्ग	2	5	2	4	–	–	50	100	50	200	20	100	5	10
आ.	गरीब वर्ग	0–8	2	0–8	2	–	–	10	50	15	50	5	20	1	5
6.	दुसाध/चमार/डोम आदि	0–8	2	–	–	–	–	2	25	2	25	2	5	0–8	2
मुसलमानों के बीच		खतना										मृत्यु पर		मुस्लिम पर्व एवं त्यौहार	
अ.	मध्यम	10	100	10	200			100	500	100	500	50	500	20	100
आ.	गरीब	1	10	1	10			10	100	10	100	2	50	3	20

आयात-निर्यात (रुपए में)

वर्ष	बिहार-उड़ीसा से अन्य प्रदेशों में निर्यात	बिहार उड़ीसा में अन्य प्रदेशों से आयात	बिहार-उड़ीसा से सिर्फ कलकत्ता को निर्यात	बिहार-उड़ीसा से सिर्फ कलकत्ता से आयात
1912–13	430,766,279	342,728,353	138,742,334	136,350,218
1916–17	426,326,570	251,754,432	140,041,178	138,869,518
1917–18	557,973,812	278,530,135	120,773,755	141,046,119

(स्रोत : मेमोरेंडम फॉर दि इंडियन स्टेट्युचरी कमीशन ऑन दि वर्किंग ऑफ दि रिफॉर्म्स इन बिहार ऐण्ड उड़ीसा, पटना, 1930।)

भारत सरकार के पदाधिकारी
(1901)

जाति	पटना प्रमंडल	भागलपुर प्रमंडल	छोटानागपुर प्रमंडल
अहीर	1	3	1
बाभन	—	3	—
वैद्य	4	—	1
बनिया	1	—	—
ब्राह्मण	52	15	10
कायस्थ	33	28	3
कोइरी	1	2	—
राजपूत	—	7	—
ताँती/ततवा	—	1	—
अन्य	2	1	1

प्रोफेसर और शिक्षक
(1901)

जाति	पटना प्रमंडल	भागलपुर प्रमंडल	छोटानागपुर प्रमंडल
अहीर	11	41	63
ब्राह्मण	670	804	127
बाभन	254	120	27
कायस्थ	2542	977	249
राजपूत	288	247	48
कोइरी	154	24	4
कुर्मी	136	30	8
तेली	52	36	14

वकील और लॉ एजेण्ट
(1901)

जाति	पटना प्रमंडल	भागलपुर प्रमंडल	छोटानागपुर प्रमंडल
अहीर	2	—	53
बाभन	186	13	8
ब्राह्मण	179	145	51
कायस्थ	902	258	129
कोइरी	4	11	3

(स्रोत : सेंसस ऑफ इंडिया, 1901; खण्ड-VI ए, बंगाल, भाग-II, तालिका 502 से।)

चिकित्सा के क्षेत्र में
(1901)

जाति	पटना प्रमंडल	भागलपुर प्रमंडल	छोटानागपुर प्रमंडल
अहीर	6	9	15
बाभन	70	65	34
बनिया	13	3	16
ब्राह्मण	830	432	69
चमार	1	—	—
हजाम	41	12	—
कहार	13	1	2
लोहार	—	1	28
कान्दू	23	—	—
कायस्थ	488	158	112
कोइरी	21	3	—
कुर्मी	22	1	17
राजपूत	63	29	10

क्लर्क/इन्स्पेक्टर, आदि

जाति	पटना प्रमंडल	भागलपुर प्रमंडल	छोटानागपुर प्रमंडल
अहीर	66	19	1
बाभन	352	95	4
बनिया	25	20	—
ब्राह्मण	294	299	80
कलवार	25	1	14
कांदू	28	—	—
कायस्थ	2772	1172	277
कोइरी	25	6	—
कुर्मी	55	22	—
राजपूत	103	91	25

(स्रोत : वही)

जनगणना के समय नए नाम का दावा करनेवाली जातियाँ

जाति/उपजाति	नए नाम का दावा
1. बाभन	भूमिहार ब्राह्मण
2. बढ़ई	विश्वकर्मा ब्राह्मण
3. कमार/लोहार	विश्वकर्मा ब्राह्मण
4. भांट	ब्रह्मभांट
5. हज्जाम	नाई ब्राह्मण/कुलीन ब्राह्मण
6. खत्री/सुतार	जांगीदा ब्राह्मण
7. बराइक	यदुवंशी क्षत्रिय
8. दुसाध	गहलौत राजपूत
9. ग्वाला/अहीर/गोप	यादव/यदुवंशी क्षत्रिय
10. कलवार/कलाल/कलार	हैहेय क्षत्रिय
11. कोइरी	दांगी/कुशवाहा क्षत्रिय
12. कुर्मी	कुर्मी क्षत्रिय
13. रवानी कहार	चन्द्रवंशीय क्षत्रिय
14. सूँढ़ी	शौण्डिक क्षत्रिय
15. जोलाहा	शेख/शेख मोमिन

(स्रोत : डब्ल्यू. जी. लेसी; बिहार और उड़ीसा की जनगणना रिपोर्ट, 1931; भाग-एक, खण्ड-सात, पृ. 263)

बिहार से प्रकाशित जातीय पत्रिकाएँ

1. द्विज पत्रिका, 2. क्षत्रिय पत्रिका (1890), 3. कायस्थ समाचार, 4. खत्री हितैषी, (पटना से प्रकाशित), 5. क्षत्रिय समाचार, 6. क्षत्रिय हितैषी 7. ब्राह्मण, 8. महाब्राह्मण, 9. भूमिहार ब्राह्मण पत्रिका, 10. कायस्थ कौमुदी, 11. तेली समाचार (1912, बाढ़ से प्रकाशित), 12. महुरी मयंक (1919), हिसुआ (गया से प्रकाशित), 13. रौनियार हितैषी, 14. रौनियार वैश्य (लहेरियासराय से प्रकाशित), 15. शौण्डिक (पटना से प्रकाशित), 16. मारवाड़ी सुधार, 17. मध्यदेशीय वणिक (मुजफ्फरपुर से प्रकाशित), 18. कैवर्त कौमुदी, 19. आर्यबल हितैषी, 20. तैलिक प्रभाकर, 21. वैश्य बन्धु, 22. वणिक पत्रिका, 23. निषाद, 24. कैवर्त, 25. हैहेय पत्रिका, 26. केसरी संदेश, 27. भूदेव, 28. कुशवाहा, 29. यादवेश, 30. कूर्मांचल, 31. कूर्मोदय, 32. कोइरी हितकारी, 33. दलित जागरण, 34. दलित मुक्ति, 35. पासी संदेश, 36. पिछड़ा समाज, 37. वैश्य दर्पण।

जनगणना में बाभनों का भूमिहार ब्राह्मणों के रूप में वर्गीकरण

बनारस के महाराजा का सरकारी अधिकारी के नाम पत्र

रामनगर दुर्ग, बनारस राज
15 अगस्त, 1911

प्रिय मि. बटलर,

बंगाल के सार्वजनिक शिक्षा निदेशक ने, जैसा कि मुझे सूचित किया गया है, सरकारी और सरकारी सहायता प्राप्त स्कूलों में भूमिहार ब्राह्मणों का गैर-ब्राह्मणों के रूप में वर्गीकरण करने और उसी अनुरूप उनके साथ बर्ताव करने का एक आदेश जारी किया है। इससे बिल्कुल सच्चे और स्वाभाविक आक्रोश का जन्म हुआ है, क्योंकि इस आदेश से यह समुदाय बिला वजह काफी अपमानित हुआ है। भूमिहार ब्राह्मण सभा के सचिव ने इस मामले को निदेशक के समक्ष प्रस्तुत किया, लेकिन जवाब में उन्हें यह सूचना दी गई कि मि. हर्बर्ट रिस्ले द्वारा जारी जनगणना रिपोर्ट में चूँकि भूमिहार ब्राह्मणों को ब्राह्मणों के रूप में वर्गीकृत नहीं किया गया है, इसलिए वे इस विषय पर अपने आदेश को तब तक रद्द करने में असमर्थ हैं, जब तक कि खुद जनगणना, रिपोर्ट में संशोधन नहीं किया जाता। समाज के प्रमुख सदस्यों ने, जो इस विषय पर खुद काफी दुःखी हैं, इस मामले की ओर मेरा ध्यान आकृष्ट किया है।

दरअसल भूमिहार ब्राह्मण ब्राह्मण ही हैं, न कम न ज्यादा—ऐसे ब्राह्मण जो पुरोहिती नहीं करते और जमीन पर गुजारा करते हैं। वर्तमान समय में एक बिल्कुल गलत धारणा प्रचलित है कि 'ब्राह्मण' शब्द को पुरोहिती के समानार्थक माना जाना चाहिए। यह विचार यूरोपियन लोगों के दिमाग में इतना जड़ जमाये है कि वे ऐसे कई समुदायों को भी ब्राह्मणों के रूप में वर्गीकृत कर देते हैं जिनके पास भिक्षा प्राप्त करने के अलावा ब्राह्मण होने का और कोई ठोस दावा नहीं है। इसके विपरीत हिन्दू धार्मिक ग्रंथों के अनुसार, एक ब्राह्मण को जहाँ तक हो सके बेवजह धार्मिक दान और भिक्षा प्राप्त करने से परहेज करना चाहिए। इस अर्ध-सरकारी पत्र में दार्शनिक विमर्श में जाना उचित नहीं है, और मैं ऐसा करने भी नहीं जा रहा हूँ, यहाँ इतना कहना ही पर्याप्त होगा कि कोई जनगणना पदाधिकारी भूमिहार ब्राह्मणों को चाहे कुछ भी माने, जहाँ तक हिन्दू समुदाय और पंडितों का मामला है, वे उन्हें बिना किसी लाग-लपेट के ब्राह्मण ही मानते हैं। मुगल सम्राटों द्वारा मेरे पूर्वजों को जो सनद दिए गए थे, उनमें उन्हें ब्राह्मणों के रूप में ही

सम्बोधित किया गया है। इससे यह बात निर्णयात्मक रूप से प्रमाणित होती है कि उन दिनों इस विषय पर कोई सन्देह नहीं था।

'भूमिहार' शब्द का सीधा-सादा मतलब है 'जमीन का कारोबार'। विद्या, व्यवसाय अथवा वास स्थान के आधार पर ऐसे विशेषणों का प्रयोग ब्राह्मणों के बीच काफी प्रचलित है, जैसे द्विवेदी, त्रिवेदी, चतुर्वेदी, वाजपेयी, प्रोत, ब्राह्मण, सरवरिया, कान्यकुब्ज, आदि। उसी तरह 'भूमिहार' शब्द सिर्फ व्यवसाय का सूचक है और उसका खुद जाति से कुछ लेना-देना नहीं है। नागर ब्राह्मणों के बीच भी इसी तरह के विभेद हैं। धार्मिक दान नहीं लेनेवालों को 'गृहस्थ ब्राह्मण' और ऐसे दान स्वीकार करनेवालों को 'भिक्षुक ब्राह्मण' कहा जाता है। लेकिन उस समुदाय में कभी यह प्रश्न नहीं उठा कि 'गृहस्थ ब्राह्मणों' को ब्राह्मणों की श्रेणी से ही निकाल बाहर कर दिया जाए। इन प्रदेशों में ऐसे कई परिवार हैं जिन्होंने पिछले पचास वर्षों के भीतर अपना नाम बदल लिया है। उनके पूर्वजों का आम ब्राह्मणों के साथ शादी-ब्याह का नाता था और अब वे भूमिहार ब्राह्मण परिवारों में शादी करते हैं। दोनों समुदायों के बीच विभाजक रेखा बहुत स्पष्ट नहीं है। कहीं-कहीं तो इसकी पहचान भी मुश्किल है। मैं कम-से-कम एक ऐसे परिवार को जानता हूँ जिसकी एक शाखा खुद को भूमिहार ब्राह्मण कहती है, जबकि दूसरी शाखा पुरोहित ब्राह्मण है। यह बिल्कुल समझ के परे है कि शिक्षा विभाग के अधिकारी एक ओर तो 'शाकद्वीपों' को (जिनके पूर्वज शकों के साथ भारत आए थे और धार्मिक अवसरों पर कोई भी अच्छा हिन्दू, जिनकी उपस्थिति की अनुमति नहीं देता) महज इस आधार पर कि वे भिक्षा स्वीकार करते हैं, 'ब्राह्मण' की श्रेणी में शामिल कर लेते हैं, लेकिन दूसरी ओर भूमिहार ब्राह्मणों को इस श्रेणी से बाहर रखते हैं। यह दलील दी जा सकती है कि भूमिहार ब्राह्मण यदि ब्राह्मण ही हैं तो फिर अन्य ब्राह्मणों के साथ उनका खान-पान और शादी-ब्याह का नाता क्यों नहीं है? इसका जवाब बिल्कुल सीधा है। ब्राह्मणों की प्रत्येक श्रेणी खुद को दूसरे से बिल्कुल पृथक् मानती है और दूसरी श्रेणियों के साथ खान-पान तथा शादी-ब्याह का नाता नहीं रखती। मैथिल कान्यकुब्ज के साथ, बंगाली सारस्वत के साथ ऐसा नाता नहीं रखता। पंच द्रविड़ पंच गौड़ के बर्तन से पानी भी ग्रहण नहीं करता। उसी तरह भूमिहार ब्राह्मण अन्य ब्राह्मणों के साथ खान-पान और शादी-ब्याह का नाता नहीं रखते। कुछ लोग भूमि ब्राह्मणों द्वारा 'सिंह' कुलनाम का इस्तेमाल करने पर भी आपत्ति करते हैं क्योंकि यह एक प्रचलित क्षत्रिय कुलनाम है। लेकिन वे यह बात भूल जाते हैं कि अव्वल तो 'सिंह' भूमिहार ब्राह्मणों के बीच प्रचलित कुलनाम नहीं है, बल्कि राय, साही, ठाकुर जैसे कई कुलनामों में से बस एक है, और दूसरे कि दरभंगा तथा अयोध्या

जैसे कई अन्य ब्राह्मण परिवारों ने भी यह कुलनाम ('सिंह') ग्रहण कर लिया है और अभी भी इसका प्रयोग करते हैं। इससे यह प्रमाणित होता है कि 'सिंह' कुलनाम पर क्षत्रियों का एकाधिकार नहीं है। जहाँ तक जनगणना रिपोर्ट का प्रश्न है, मेरा यह सोचना बिल्कुल न्यायसंगत है कि यह कमोबेश एक व्यक्ति का विचार है। यह एक ऐसे कमीशन की रिपोर्ट नहीं है जो व्यापक जनसमुदाय का साक्ष्य लेने के बाद अपनी रिपोर्ट प्रस्तुत करती है। मेरे विचार से पिछली जनगणना रिपोर्ट में मि. बर्न ने ब्राह्मणों के रूप में ही भूमिहार ब्राह्मणों की चर्चा की थी। उनके विचार को क्यों नहीं स्वीकार किया जाना चाहिए? जो भी हो, जनगणना रिपोर्ट एक सरकारी प्रस्ताव नहीं है और इस रिपोर्ट को सरकार का सोचा-समझा विचार नहीं माना जा सकता। इस तरह सरकारी अधिकारी इसके अनुपालन के लिए बाध्य नहीं हैं।

अतः आपसे मेरी विनम्र प्रार्थना है कि कृपया आप बंगाल के सार्वजनिक शिक्षा निदेशक को इस विषय पर अपना आदेश निरस्त करने की हिदायत दें और स्कूलों के प्रधानाचार्यों को भी यह निर्देश दें कि वे भूमिहार ब्राह्मणों को गैर-ब्राह्मणों की श्रेणी में नहीं, बल्कि ब्राह्मणों की श्रेणी में वर्गीकृत करें। बिना किसी पर्याप्त कारण के एक समुदाय में असन्तोष पनपने देना, मुझे आशा है कि आपकी नजर में भी, अच्छी नीति नहीं मानी जाएगी। इस लम्बे पत्र के लिए क्षमायाचना के साथ,

मैं हूँ,

आपका विश्वासी,
प्रभु नारायण।

माननीय मि. एस. एच. बटलर, सी. एस. आई., सी. आई. ई., आई. सी. एस.।

इस पत्र के बाद सम्बन्धित अंग्रेज पदाधिकारियों के बीच पत्राचार हुआ और अन्ततः भूमिहार ब्राह्मणों को जनगणना में बाभन (भूमिहार ब्राह्मण) के रूप में दर्ज करने का फैसला किया गया।

(उपर्युक्त पत्र का हिन्दी भावानुवाद लेखक द्वारा)

(स्रोत : गवर्नमेण्ट ऑफ बंगाल, जनरल डिपार्टमेण्ट, मिसलेनियस, फाइल नं. 10-सी/54 के. डब्ल्यू.-ए प्रोसीडिंग्स फार अक्टूबर 1911, नं. 42।)

जातीय सभाएँ

अ. ग्वाला जाति

क्र.सं.	माह/वर्ष	स्थान	उपस्थित लोगों की संख्या
1.	जनवरी, 1911	बिजुलिया (बहेड़ा, दरभंगा)	—
2.	दिसम्बर, 1911	पाली (,, ,,)	—
3.	दिसम्बर, 1912	गंगापुर (सिंधिया, दरभंगा)	—
4.	दिसम्बर, 1912	हवाई (रोसड़ा, दरभंगा)	—
5.	दिसम्बर, 1912	देकुली (बहेड़ा, दरभंगा)	—
6.	दिसम्बर 10, 1913	पटना, अखिल भारतीय गोप जातीय महासभा	—
7.	अप्रैल 30, 1913	करमीपुर-मलेपुर, पटना	—
8.	मार्च 10, 1913	अंधराठाढ़ी, झंझारपुर (दरभंगा)	—
9.	मार्च 14, 1913	नगरनौसा, चंडी	—
10.	मई, 1913	बिहारशरीफ	—
11.	मई 22, 1913	इंगलिश बाजार, गिरियक	125
12.	मई 1913	हिलसा	200
13.	मई, 12-13, 1913	भेरालीचक, अतरी	700
14.	जून 15, 1913	कसाप-कुसुमा (गया मुफस्सिल)	1500
15.	मई, 1913	मखदुमपुर (गया)	—
16.	जून 22-23, 1913	चाँदनी (पूर्णिया)	500
17.	जुलाई, 1913	मुजफ्फरपुर	—
18.	अगस्त, 1913	जाला गाँव (मोतिहारी)	—
19.	सितम्बर, 1913	फुलवारी	—
20.	अक्टूबर 15, 1913	फारबिसगंज	—
21.	नवम्बर 5, 1913	दरभंगा	—
22.	दिसम्बर 6, 1914	सिंहेश्वरस्थान, मधेपुरा	—
23.	जनवरी, 1915	छपरा	—
24.	फरवरी 22,1915	दरभंगा	1000
25.	अप्रैल 4, 1915	पटना	—
26.	अप्रैल 9,1915	आलमगंज	—
27.	अप्रैल 2, 1915	कसबा, पूर्णिया	—

क्र०सं०	माह/वर्ष	स्थान	उपस्थित लोगों की संख्या
28.	मार्च 2, 1915	आदापुर, चम्पारण	600
29.	अप्रैल 28, 1915	गयबालबीघा, गया	—
30.	मई 25, 1915	चैनपुर (शाहाबाद)	—
31.	मई 17–18, 1915	महादेवा (मनेर)	—
32.	अक्टूबर, 1915	दागमारा (भागलपुर)	—
33.	दिसम्बर, 1915	दरभंगा	—
34.	फरवरी 2, 1916	रानी, मुंगेर	300
35.	फरवरी 19, 1916	फुलपरास (दरभंगा)	—
36.	अप्रैल 11, 1916	कुंभी, मुंगेर	250
37.	अप्रैल 27, 1916	भागलपुर मुफस्सिल	150
38.	जून 26, 1916	इस्लामपुर, पटना	

आ. कुर्मी

1.	अप्रैल 7–8, 1913	बसौली (सारण)	
2.	जून 29,1913	हजारीबाग	
3.	जून 24–25, 1914	हुलासगंज, गया	
4.	जनवरी 24, 1915	एकंगरसराय	
5.	फरवरी 28, 1915	सासाराम	
6.	मार्च 8, 1915	नेहरा, दरभंगा	
7.	जून 5, 1915	राजापुर, पटना	
8.	मई 10, 1915	राजगीर मेला	
9.	नवम्बर, 1915	अंगारी, पटना	
10.	अप्रैल, 8, 1916	इस्लामपुर, नालन्दा	

इ. कोइरी

1.	दिसम्बर, 1912	फतेहपुर, समस्तीपुर	
2.	फरवरी 1–3,1913	सुल्तानगंज, पटना	
3.	जनवरी 31, 1915	खगौल, पटना	
4.	दिसम्बर, 1915	सासाराम	
5.	मार्च, 1915	सासाराम	

क्र.सं.	माह/वर्ष	स्थान	उपस्थित लोगों की संख्या
6.	अप्रैल 29, 1915	सासाराम	
7.	जनवरी 19, 1916	सासाराम	
8.	अप्रैल 27, 1916	दानापुर	
		ई. दुसाध	
1.	जनवरी 18, 1913	सरमेरा (पटना)	
2.	जनवरी 20,1913	चौला (मुंगेर)	
3.	अप्रैल 15, 1913	फतुहा (पटना)	
4.	अक्टूबर, 1913	दरभंगा	
5.	अप्रैल 13, 1915	दानापुर	
6.	मई, 1915	हिलसा	
7.	अप्रैल 27, 1915	रांची	
		उ. कहार	
1.	अप्रैल 13, 1913	छपरा	
2.	जुलाई 9, 1913	हजारीबाग	
3.	अक्टूबर 12, 1913	आरा	
4.	मार्च 14, 1915	खगौल (पटना)	
5.	मई 2-3, 1915	राजगीर	
6.	मई 30, 1915	पटना	
7.	दिसम्बर 30, 1915	छपरा	
8.	फरवरी 20, 1916	फतेहपुर (पटना)	
9.	अप्रैल 15, 1916	नौबतपुर (पटना)	
		ऊ. चमार	
1.	फरवरी 12, 1913	चिरैली-खिजिरसराय (गया)	
2.	अप्रैल, 1913	मैनाटांड़ (चम्पारण)	
		ए. कुम्हार	
1.	फरवरी 7, 1915	गोदावरी, गया	
2.	मार्च 29, 1916	नगरनौसा, नालन्दा	
		ऐ. तेली	
1.	मार्च 17, 1913	कैदराबाद (दरभंगा)	

क्र.सं.	माह/वर्ष	स्थान	उपस्थित लोगों की संख्या
2.	सितम्बर, 1913	रघुनाथपुर (सारण)	
3.	दिसम्बर 26, 1916	तेली महासभा, शेखपुरा	
		ओ. बनिया	
1.	अक्टूबर 14, 1916	पूर्णिया	
		औ. बढ़ई	
1.	मार्च 18, 1916	कैदराबाद (दरभंगा)	
		अं. लोहार	
1.	अप्रैल 18, 1916	मदनपुर (गया)	
		अः बिंद	
1.	अप्रैल 29, 1915	रामगढ़	
		क. बेलदार	
1.	मई 22–24, 1915	खड़गपुर	
		ख. हज्जाम	
1.	मई 12, 1913	दलसिंहसराय	
2.	जनवरी 11, 1915	गोखुलपुर चांदी	
3.	मार्च 31, 1915	हिलसा	
		ग. महुरी	
1.	जून 1913	राजगीर	
2.	मार्च 15, 1915	बरबीघा	

(स्रोत : बिहार-उड़ीसा पुलिस एब्सट्रैक्ट, 1911–16; राज्य अभिलेखागार)

बिहार में जातीय आधार पर बने संगठनों की सूची, 1920

क्र.सं.	संगठन का नाम एवं जिला	स्थान और स्थापना वर्ष	संगठन का उद्देश्य	प्रमुख पदाधिकारी	सदस्य सं.
1.	गोप सभा, भागलपुर	मुरहू, 1911	ग्वाला उत्थान	अध्यक्ष : अनन्त प्रसाद मंडल और जयनारायण मंडल सचिव : गिरिवर नारायण मंडल	50
2.	मिथिला महासभा, दरभंगा	लहेरियासराय, 1909	मैथिली ब्राह्मणों का उत्थान	अध्यक्ष : दरभंगा महाराज सचिव : कपिलेश्वर मिश्र	500
3.	क्षत्रिय उपकार सभा, दरभंगा	लहेरियासराय, 1912	क्षत्रिय उत्थान	अध्यक्ष : बाबू बृजबिहारी सिंह जमींदार सचिव : बाबू रामनिहोरा सिंह	200
4.	सकलदीप ब्राह्मण महासभा दरभंगा	मिश्रटोला, 1915	सामाजिक एवं शैक्षणिक विकास	अध्यक्ष : बाबू भुवनेश्वर मिश्र सचिव : बाबू सरयुग मिश्र	20
5.	सोनार सभा, गया	पुरानी गोदाम, 1906	जातीय सुधार	डॉ. बिहारी लाल, श्यामलाल मोख्तार, रामलाल भगत	500
6.	केसरवानी सभा, गया गया	फतेहगंज 50 साल पहले	जातीय सुधार	चमारी साव, काली राम, सहदेव राम, महावीर राम	1000
7.	रौनियार सभा, गया	चौक, 50 साल पहले	जातीय सुधार	सहदेव लाल, महादेव लाल, भगवत प्रसाद मोख्तार, गया प्रसाद	लगभग सभी

8.	कहार सभा, गया	फतेहगंज, 1896	जातीय सुधार	बैजू भगत, गुरुचरण भगत, अकलू राम	5000
9.	भूमिहार ब्राह्मण सभा, गया	टेकारी राज, 1900	जातीय सुधार	अ. : राजा हरिहर प्रसाद सिंह	लगभग सभी भूमिहर जमींदार
10.	राजपूत सभा, गया	गया, 1907	जातीय सुधार	राजा जगन्नाथ प्रसाद सिंह, देव, शिवशस्या सिंह, रामकृत सिंह	1000
11.	क्षत्रिय संगठन, गया	चौक, 1916	क्षत्रिय छात्रों के छात्रावास हेतु	महाराजा देव तथा सिद्धेश्वर प्रसाद सिंह और रामप्रताप सिंह	40
12.	राजपूत सभा, मुंगेर	मुंगेर, 1912	जातीय सुधार	अ. : रायबहादुर माहेश्वरी प्रसाद सिंह स. : बाबू नेमधारी सिंह	20
13.	भूमिहार ब्राह्मण सभा मुजफ्फरपुर	बाबू जगेश्वर प्रसाद सिंह का घर, इस्लामपुर, 1899	जातीय सुधार	अ. : राजा शिवराज नन्दन सिंहा स. : बाबू किशुन प्रसाद सिंह	65
14.	कायस्थ शिशु हितकारी सभा पटना	कदमकुआँ पटना, 1908	जातीय छात्र उत्थान	अ. : रायबहादुर गजाधर प्रसाद वकील स. : बाबू सिद्धेश्वर दयाल, वकील	100
15.	घमैला कुर्मी क्षत्रिय सभा पटना	एकंगर, 1914	शैक्षणिक विकास	अ. : बाबू गुरु सहाय लाल वकील स. अ. : सोहन सिंह, जमींदार तथा लक्ष्मण सिंह, जमींदार; स. ब्रजराज प्रसाद	250

क्र.सं.	संगठन का नाम एवं जिला	स्थान और स्थापना वर्ष	संगठन का उद्देश्य	प्रमुख पदाधिकारी	सदस्य सं०
16.	प्रधान भूमिहार ब्राह्मण सभा पटना	बाकरगंज, पीरबहोर 1889	जातीय विकास	अ. महाराज बहादुर, बनारस सं. अ.: महाराज हथुवा, राजा शिवहर, राजा अमावाँ, राजा इलाहाबाद	225
17.	राजपूत सभा, पटना	बाँकीपुर, पीरबहोर 1905	जातीय विकास	अ. : महाराज बहादुर, कश्मीर सं. अ. महाराज बहादुर, गिद्धौर सं. स : बाबू निरसू नारायण सिंह	—
18.	भूमिहार ब्राह्मण जिला संगठन सारण	छपरा, 1908	जातीय विकास	अ. : महाराज बहादुर, हथुआ; स. अ. : एम. के. बी. शिवप्रताप शाही; स. : बाबू अम्बिका प्रसाद सिंह, मोख्तार (छपरा)	—
19.	चाँद वंश पवन कुर्मी क्षत्रिय सभा, सारण	सलेमपुर, छपरा 1915	जातीय विकास	बाबूलाल कुर्मी, व्याख्याता मुरलीधर वर्मा, सर्जन अमीर चन्द्र कुर्मी, शिक्षक, छपरा	25
20.	रवानी सभा, शाहाबाद	स्थायी स्थान नहीं 1906	कहार उत्थान	स. : महादेव राम गुरु, आरा	50
21.	कोइरी सभा, शाहाबाद	भोला साबिद 31 जनवरी, 1915	सामाजिक उत्थान	स. : रामछीजराम, आरा सहदेव राम, रामशरण राम, मोती राम—सभी सासाराम	400

22.	कायस्थ सभा, शाहाबाद	बक्सर दो साल पहले	जातीय सहयोग	बाबू रामसुन्दर लाल, मोख्तार बाबू सूरज कुमार, मोख्तार बाबू बद्रीनाथ, वकील	50
23.	राजपूत सभा, शाहाबाद	डेहरी	राजपूतों में शैक्षणिक विकास	मंगल सिंह, अकोढ़ी बालदेव सिंह, चेली सिंह, बैंक; बाबू लाल सिंह, ओलू	50

(अ. = अध्यक्ष; सं. अ. = संयुक्त अध्यक्ष; स. = सचिव; सं. स. = संयुक्त सचिव)

(स्रोत : बिहार स्पेशल ब्रांच, लिस्ट ऑफ पॉलिटिकल ऐण्ड रिलीजस सोसायटीज इन बिहार एण्ड उड़ीसा, दिसम्बर 1920। (गोपनीय)।)

जिला बोर्ड चुनाव, 1927

(सीटों की कुल संख्या 356)

क्रम संख्या	जिला	जाति/जनजाति/पंथ के आधार पर प्रतिनिधित्व																					वर्ग/पेशा के आधार पर प्रतिनिधित्व												
		भूमिहार	राजपूत	ब्राह्मण	कायस्थ	मुस्लिम	कुर्मी	कलवार	बनिया	यादव	खत्री	कोइरी	यूरोपियन	मारवाड़ी	माहुरी	सोनार	महंथ	जैन	रौनियार	आदिवासी	अन्य हिन्दू	बंगाली-अन्य	जमींदार	वकील	बड़ा काश्तकार	नौकरी/सरकारी गैरसरकारी	दीवानगीरी	शिक्षक	नेतागिरी	सूदखोरी	महंथी	सरपंच	छात्र	व्यवसायी	पत्रकार
1.	शाहाबाद	1	17	1	9	1	1																24	5											
2.	हजारीबाग		2	2	9				1		1			1									2	5		2			2				1	1	
3.	सारण	12	6	5	5		1			1													15	5	10										
4.	चम्पारण	5	6	3	6	2		4				1											5	1	13	1	1			3				1	
5.	मुंगेर	14	3	1	2	6		1															15	6	6										
6.	रांची		1				1						1		1					10	2			4	11	1					1			1	
7.	भागलपुर	1	6	4	6	2	1		1	3				1		1					1		13	6	2		2		1	1				2	
8.	गया	21	12	5		3	8		2	1			1		1	1		1					33	7	6	2	4				1	1		1	
9.	मुजफ्फरपुर	12	7	3		2			1		4		1										20	6	2									2	
10.	दरभंगा	8	5	5						1							1		1				9	4	7	1	1				1				1
11.	पूर्णिया	1	1	4		12	1		2				2									4	16	3	2	4	1							1	
12.	मानभूम		2	12	13				1				3									5	2	8	4	3							1	6	
13.	सिंहभूम			7					5	1										5				2	7	1	4	1			4				
	कुल	75	68	52	41	30	13	5	13	7	5	1	8	2	2	2	1	1	1	15	3	9	154	62	70	14	13	1	3	4	7	1	2	15	1

उन्नीसवीं सदी के आरम्भ में उद्योग पर निर्भर आबादी

(1809–1913)

जिला	उद्योग पर निर्भर लोगों की संख्या		कुल आबादी में औद्योगिक आबादी का प्रतिशत	
	यह मानते हुए कि कताई करनेवाला अपने अलावा एक और व्यक्ति का भरण पोषण करता है।	यह मानते हुए कि कताई करनेवाला सिर्फ अपना ही गुजारा कर पाता है।	क. स्थिति में	ख. स्थिति में
	क.	ख.		
1. पटना–गया	985,947	655,551	29.3	19.5
2. भागलपुर	945,965	286,080	22.5	14.2
3. पूर्णिया	874,860	587,860	30.1	20.2
4. शाहाबाद	446,775	287,285	31.5	20.2
कुल	**2,762,457**	**1,806,776**	**28.5**	**18.6**

कुल औद्योगिक आबादी में कताई-बुनाई पर निर्भर आबादी

(1809–1813)

जिला	कताई-बुनाई करने वालों की संख्या	कुल औद्योगिक आबादी में कताई-बुनाई करनेवालों का %
पटना–गया	379,896	58.0
शाहाबाद	194,625	67.7
पूर्णिया	354,775	60.3
भागलपुर	200,035	69.9
कुल	**1,124,331**	**62.3**

उद्योग पर निर्भर आबादी और औद्योगिक आबादी में कताई-बुनाई करनेवालों का प्रतिशत (1901 में)

जिला	उद्योग पर निर्भर आबादी (%)	कताई-बनाई करने वालों की कुल संख्या	कुल औद्योगिक आबादी में कताई-बुनाई करने वालों का प्रतिशत
1. पटना	11.1	22,318	12.4
2. गया	9.1	41,836	22.4
3. शाहाबाद	11.6	25,258	11.1
4. मुंगेर	7.5	23,493	15.1
5. भागलपुर	5.5	19,034	16.5
6. पूर्णिया	6.5	16,777	13.8
कुल	**8.5**	**148,716**	

(डॉ. बुकनान-हैमिल्टन के जिला विवरणों पर आधारित। साथ ही देखें। 1901 की जनगणना रिपोर्ट और 'एसेज इन ऑनर ऑफ प्रो. एस. सी. सरकार', पीपीएच, नई दिल्ली, 1976, में प्रकाशित आलेख 'डि-इण्डस्ट्रियलाइजेशन इन गेंजेटिक बिहार, 1809-1901'।)

जिला बोर्ड चुनाव, 1939

	पटना	गया	शाहाबाद	मुजफ्फरपुर	सारण	दरभंगा	पूर्णिया	भागलपुर	मुंगेर	चम्पारण	मानभूम	सिंहभूम	रांची	कुल
राजपूत	2	9	10	9	10	8	2	7	4	5	1	–	1	68
भूमिहार	4	13	1	7	4	4	4	3	2	3	1	–	–	46
ब्राह्मण	3	1	8	2	4	8	4	4	13	7	10	5	–	69
कायस्थ	–	2	2	4	3	4	1	1	3	3	1	2	–	26
मुस्लिम	4	2	1	1	3	2	14	5	7	5	1	1	–	46
यादव	7	2	2	4	1	1	1	2	1	1	–	–	–	22
कुर्मी	7	–	2	1	1	–	–	1	4	–	4	2	2	24
कोइरी	1	2	3	1	1	1	1	1	2	2	–	–	–	15
बनिया	–	–	–	–	1	1	6	2	–	–	8	2	3	23
हरिजन	1	–	–	–	2	–	2	1	1	–	1	–	–	08
आदिवासी बंगाली	–	–	–	–	1	–	–	–	–	–	–	13	17	31
रजवार	–	1	–	–	–	–	–	–	–	–	–	–	–	01
यूरोपियन माझी	–	–	–	–	–	–	–	–	–	–	5	2	–	07
गोसाईं	–	–	1	–	–	–	–	–	–	–	–	–	1	02
खत्री	–	–	–	1	–	–	–	–	–	–	–	–	–	01
महंथ	1	–	–	–	–	1	–	–	–	–	–	–	–	02
चौहान	–	–	–	–	–	–	–	–	–	–	1	–	–	01
सीट संख्या	30	32	30	30	31	30	35	27	37	26	33	27	24	392

डुमराँव राज को सत्याग्रह का अल्टीमेटम

शाहाबाद जिला किसान सभा
डुमराँव ता. 16 अगस्त 1941

श्रीमान् महाराज राम रणविजय प्रसाद सिंह बहादुर
डुमराँव राज, डुमराँव

श्रीमान्!

डुमराँव राज के किसानों की आर्थिक समस्याएँ जिसकी सारी जिम्मेवारी आप ही पर है समझने के पूर्व आपकी आँखों के सामने एक पृष्ठभूमि के निर्माण की आवश्यकता प्रतीत होती है जिसके आधार पर सभी बातों की रूपरेखा तथा प्रजा की माँगों की यथार्थता स्पष्ट हो सकेगी।

श्रीमती महारानी वेनी प्रसाद कुंअरी को स्वयं कोई लड़का नहीं था जो उनका उत्तराधिकारी हो सके और आपके पूर्वजों से महारानी का सम्बन्ध इतना कटु था कि राज से उनके साधारण भरण-पोषण का प्रबन्ध भी नहीं उपलब्ध था। किन्तु इस राज की जनता के हृदयों में आपके पिता के प्रति आगाध प्रेम था, अक्षुण्ण ममता थी, एक निष्काम भावना थी। राज के विकट शत्रुतापूर्ण आचरणों के रहते भी प्रजा की ओर से उनकी सारी आवश्यकताओं की पूर्ति होती रही।

महारानी साहिबा के मरने के पश्चात् डुमराँव राज के उत्तराधिकार के लिए जगदीशपुर के महाराज कुमार श्री श्रीनिवास प्रसाद सिंह और आपके पिता महाराज श्री केशव प्रसाद सिंह के बीच एक लम्बे मुकदमे का सिलसिला प्रारम्भ हुआ। एक ओर तो राज की पूरी ताकत और सरकारी सहायता तथा देखरेख और दूसरी ओर निर्धनता और बेबसी के गहन गह्वर में पड़े आपके पिता। आप स्वयं उनके मार्ग की कठिनाई और उनकी शक्ति के परिमित व्यास को अपने सामने रखकर उनकी अवस्था का अन्दाजा लगा सकते हैं। परन्तु गरीब प्रजा ने अपनी एकमात्र चिरसंचित निधि अपने हृदय-कुटीर में सुरक्षित अपने अगाध प्रेम की भेंट उन्हें चढ़ाई। उनकी सभी दिशाओं की कमी पूरी हो गई; उनका उत्साह दुगुना हो गया; उनकी कामना बलवती हो उठी। घर-घर उनके विजय के चित्र खींचे जाने लगे। देवी-देवता मनाये जाते, पीर-पैगम्बर पूजे जाते; मन्दिर और मस्जिद सभी जगह एक ही आवाज उठती थी!

इन्हीं डुमराँव राज के किसानों ने, जिनके रसविहीन कंकाल से भी आज मांस के टुकड़े और रुधिर की बूँदों के लिए शैलाक्ष की छुरियाँ राज की ओर से नियत हैं, एक 2 हल पर एक 2 चाँदी के टुकड़े-टुकड़े जो उनके गाढ़े पसीने की कमाई थी और जिसे अपने भूखों रह, अपने बदन को नंगे रख उन्होंने जमा किया

था, देकर आपके पिता को राज की गद्दी पर स्थापित किया। परन्तु नियति ने भविष्य के गर्भ में उन भोले-भाले गरीब साथियों के लिए कुछ दूसरा ही उपहार छिपाया था। कल जिन्होंने राजमहलों में भी निःशंक और निरोध प्रवेश किया था, आज उनसे आम रास्ते का उपभोग भी बलात् छीना जा रहा है; जिन्होंने इस राज के इतिहास में कभी भी बाकी मालगुजारी पर सूद नहीं दिया था, उनसे कानून की रोशनी में जो बेचारे किसानों की आँखों को ऐसा चौंधिया देती हैं कि असलियत का उन्हें पता तक नहीं रहता, सूद और सलामी, बेठ और बेगारी लेना साधारण व्यवहार की बातें हो रही हैं; जिनके खेतों की पटवन के लिए राज की ओर से आहर और नहर निकाले जाते थे आज उन्हीं को सार्वजनिक तालाबों में स्नान करने से भी वंचित रखा जाता है।

यही हैं राज के रवैये

श्रीमन्! मैं एक-एक कर उन सभी कठिनाइयों को आपके समक्ष रखकर जिसे सुलझाने के लिए किसानों ने कोई भी शान्तिपूर्ण और जायज तरीका नहीं छोड़ा; अनुनय विनय के सभी मार्गों का अन्वेषण कर डाला आपके तथा दुनिया के तमाम न्यायप्रिय व्यक्तियों को आखिरी बार सोचने का मौका प्रदान करना चाहता हूँ और आशा करता हूँ अभी भी आप समस्याओं की गम्भीरता का सही रूप देखें और अवसर का उपयोग समय रहते करें।

गैरमजरूआ आम जमीने

गैरमजरूआ आम जमीने सदा से जनता के उपयोग में रही हैं। परन्तु उन्हें भी किस तरह आज उनसे छीनकर बन्दोबस्त किया जा रहा है, उनके कष्टों की सीमा किस तरह उनके सब्र का बाँध तोड़ बढ़ चली है। श्रीमन्! आपकी मदमस्त आँखों ने स्वयं तो देखा नहीं होगा, परन्तु उन लाखों लाख जीवित-आदत उदाहरण आपके कागजों में काले-काले शब्दों में लिखित मौजूद होंगे। डुमराँव सपही घाट रोड को बन्द कर आपने एक ऐसी भीषण तथा दुःखद परिस्थिति पैदा कर दी है जिसका प्रतिबिम्ब आसपास की निरीह जनता की आँखों में पढ़ा जा सकता है। इसके लिए सरकार के दरवाजे भी खटखटाए गये, परन्तु न्याय तो बहुत महँगा है। जहाँ शान्ति के पाठ पढ़ानेवालों, अपनी कुर्बानी से अहिंसा का सबक सिखानेवालों को 107 दफा के अन्तर्गत सजा देने की अतीव शीघ्रता की गई वहाँ जंगल के रास्ते को खोलवा कर हजारों-लाखों किसान मजदूरों की कठिन असुविधा इनकी भेदती कलंक को मिटाने की बातें अंगरेजी कचहरी के फाइलों की शोभा वर्षों से बढ़ा रही है। जहाँ धर्म का प्रसार होता था। वहीं आज रैयतों के खून चूसने की साजिशें की जा रही हैं।

हमने, चीखा-चिल्लाया पर वेसूद! हमारी आवाजें नकारखाने में तूती के जैसा ऊपर-ऊपर ही उड़ जाती हैं।

पटवन की समस्या

जिस स्थायी बन्दोबस्त ने एक कलम की नोक से किसानों के सारे अधिकारों पर पानी फेर दिया उसने भी इतना अवश्य कहा कि बिहार के जमींदारों के ऊपर पटवन का भार है। पहले के जमींदार अपने इस महत्त्वपूर्ण दायित्व को निभाते भी थे। डुमराँव राज की नीति तो इस सम्बन्ध में सराहनीय हो चुकी है। परन्तु उसके निर्मित आहरे पोखरे की मरम्मत तो दूर रहे आज दिन उसे धड़ल्ले से बन्दोबस्त किया जा रहा है। पिछले काश्तकारी कानून के संशोधन में भी इस पर काफी जोर दिया गया और जमींदारों को बिना विलम्ब सभी आहरों की मरम्मत कराने का आदेश दिया गया। डुमराँव राज ने अपने विस्तृत जमींदारी के तीन पर तीन वर्ष का समय माँगा। परन्तु आज तो तीन के बदले पाँच लम्बे-लम्बे वर्ष बीतने को हैं और समस्या बराबर की भाँति अभी भी अपने विकराल रूप में मौजूद है। किसानों की हिमायती किसान सभा ने सरकारी अमलों के यहाँ भी प्रार्थनापत्र समय-समय पर भेजा है परन्तु उसका कोई फल होता नहीं दीखता।

डुमराँव की वेयायी

इस पर जितना ही कहा जाय थोड़ा है। इसकी वसूली किसी भी जाति या देश के लिए शर्म की बात है। राज के पलुये गुण्डे—सर पर साफा और हाथों में लाठी किसी भी गरीब खरीददार को आतंकित करके उनसे पैसे वसूलने के लिए काफी है। इसका इतिहास डुमराँव राज की जनता और उनके हमदर्दों के हृदय-पट पर रक्तरंजित शब्दों में अंकित है।

यों तो कई वर्षों से जनता इस अमानुषिक कर से अपनी मुक्ति के लिए प्रार्थनाएँ करती चली आई है। परन्तु इधर डेढ़ साल से तो इसका प्रक्षेपण इतना वेदनामय और नाशकारी हो चला है कि जन साधारण को अपने जीवन की रक्षा के लिए कुछ सक्रिय कार्य करना अति आवश्यक हो गया है। 1940 का सितम्बर का महीना था। डुमराँव नगर के 113 व्यवसायियों ने इस कर से आक्रान्त होकर श्री महाराजबहादुर के यहाँ एक दरखास्त दिया और उनके आय की गारण्टी देते हुए भी उनसे उपरोक्त कर को हटाने के लिए करबद्ध प्रार्थना की किन्तु अपनी आशाओं पर पानी फिरते देख उन लोगों ने देश के उन सपूतों के यहाँ फरियाद की जिन्होंने देश और समाज के निरीह और बेबश पददलित वर्ग की सेवा में अपने जीवन को लगा दिया है। माननीय श्री अनुग्रह नारायण सिंह के समक्ष इस मामले को रखा गया। श्री जगतनारायण लाल ने भी इस समस्या के निपटारे के

लिए सभी उचित तरीकों को काम में लाया। उन्होंने अन्त में अपना एक वक्तव्य प्रकाशित कराया जो सर्चलाइट (····तारीख) के अंक में छपा है। ऐसे मार्मिक वक्तव्य का असफल रहना किसी भी व्यक्ति को विचलित कर सकता है।

इसी के समानान्तर एक दूसरी भी समस्या है जिसके शिकार केवल डुमराँव शहर के ही कुछ लोग हैं। इसका आधार है गैरमजरूआ (लाखराज) जमीन और डुमराँव राज की उस पर गृद्ध दृष्टि। ये जमीन इस जमींदारी के प्रारम्भिक काल से ही बिना लगान उन लोगों को दी गई है जिन्होंने अपने श्रम से, अपनी सेवा से उसका मूल्य पहले ही चुका दिया था। डुमराँवराज ने लगान वसूली के अधिकार-प्राप्ति के लिए कई मुकदमे भी अदालतों में दायर किए परन्तु ऊँची से ऊँची अदालतों से भी फैसला रैयतों के ही पक्ष में हुआ।

अब इधर कानून से अपना उल्लू सीधा न होते देख आपके अमलों ने निर्बल प्रजा जिसमें विधवाओं की भी संख्या मौजूद है, पकड़कर बलात् कागजों पर अँगूठे का निशान लेकर लगान कबूल कराना शुरू किया है। इन जमींदारी हरकतों की व्यक्तिगत कहानियों को यदि जनता के सामने रखा जाय तो किसी भी हृदय में कम्पन्न पैदा कर दें, किसी भी दिमाग में क्रान्ति की जलती रेखा खींच दें।

इन्हीं सारी बातों को लेकर जनता का एक प्रतिनिधि-मण्डल गत (ता.····) को शाहाबाद के स्थानापन्न जिला मैजिस्ट्रेट के यहाँ गया और अपनी माँगों को उनके सामने रखा। जिला मैजिस्ट्रेट ने अपनी पूरी सहानुभूति दिखलाई और कहा कि महाराजा ने इस सम्बन्ध में उनके आदेशों को मानने का वचन दिया है। उन्हें एक प्रतिष्ठित महाराजा के वचनों में पूरा विश्वास था और आशा थी कि वे डुमराँव में फैली असुविधा और कठिनाइयों को शीघ्र ही दूर कर सकेंगे। उन्होंने महाराजा को इस आशय का पत्र दिया कि वे जनता को कुछ खास सुविधाएँ प्रदान कर बढ़ती हुई असन्तोष की अग्नि को शान्ति करें। किन्तु इस पत्र का प्रभाव भी वही हुआ जो डुमराँवराज आपके पिता के समय से ही करता चला आया है।

इसके पश्चात् जनता के पथ-प्रदर्शकों ने देशरत्न डॉ. राजेन्द्र प्रसाद से अपील की। उन्होंने भी महाराजा को पत्र लिखा और उसका उत्तर भी राज के मैनेजर ने कुछ दिनों के बाद दिया। उस पत्र-व्यवहार के शब्दों का यदि वे प्रकाशित कर दिए जाएँ तो प्रभाव ही भारतीय मस्तिष्क में ऐसी उत्तेजना पैदा कर दे सकता है जिसके माप के लिए साधारण उष्णतामापक यंत्र (Thermameter) निरर्थक सिद्ध हो सकता है। किसी भी देशभक्त का सिर लज्जा से नत हो सकता है।

स्थानीय कार्यकर्ताओं तथा जनवर्ग के लोगों ने आन्दोलन करने का निश्चय किया और उसके लिए जरूरत आ पड़ी एक संस्था की क्योंकि एक ऐसी शक्ति से मुकाबला था जिसके हाथों में सभी पशुबल के साधन तथा अपार धन भरा पड़ा है। कांग्रेस तो एक जीवन-मरण के महान् देशव्यापी संघर्ष में संलग्न थी। और किसान सभा स्वामी जी के जेल चले जाने के बाद प्रायः निष्क्रिय हो गई थी और उसके कार्यकर्ताओं में एक अजीब मुर्दनी छा गई थी। शाहाबाद के कार्यकर्ताओं ने प्रजामंडल नाम की संस्था बनाकर संघर्ष को तीव्र बनाने की चेष्टाएँ शुरू कीं।

इसी बीच श्री यमुना कार्यी जी M.L.A. बिहार प्रांतीय किसान सभा के सभापति चुने गए और उनके सभापतित्व के साथ-साथ किसान सभा में भी जीवन के लक्षण स्पष्ट मालूम पड़ने लगे। वे अपने ऊखसंकट सम्बन्धी प्रान्त-व्यापी दौरे के सिलसिले में गत संक्रान्ति के अवसर पर डुमराँव में आए थे और कतिपय नागरिकों तथा किसान सेवकों के अनुरोध पर उन्होंने मामले में हस्तक्षेप किया तथा उसका नेतृत्व स्वीकार किया। जनता जिसके सामने उस समय शान्तिमय प्रतिरोध के अतिरिक्त कोई रास्ता नहीं था, उतावली हो गई थी, किन्तु कार्यी जी ने अपनी नींव को और भी मजबूत बनाने के लिए तथा दुनिया के सामने यह साबित करने के लिए कि प्रजा की ओर से तमाम तरीकों को अख्तियार किया गया परन्तु राज ने उन्हें उपेक्षा से टाल दिया। बिहार प्रान्तीय जमींदार सभा के मंत्री श्री राय बहादुर श्यामनन्दन सहाय M.L.C. को पंच माना। पहले तो महाराजा डुमराँव को अपनी सभा के मंत्री को भी पंच मानना मंजूर नहीं था परन्तु किसी कारण विशेष से उन्होंने माना भी तो अभी तक Absentee Landlordism का कारण बताते हुए उन्होंने पंच महोदय को पंचायत करने का मौका ही नहीं दिया। यही तो है पंचायत का खोखलापन और राज की Sabotage की नीति।

किस तरह कोलिया ताल इस बीसवीं शताब्दी में भी एक ओर किसानों के तबाही बर्वादी का कारण बन रहा है तो दूसरी ओर महाराजा के आहार-विहार तथा आखेट और जलक्रीड़ा का साधन हो गया है। कास्तकारी कानून के संशोधन में भी जो-जो सुविधाएँ किसानों को प्राप्त हैं, किस तरह अपने छल-बल के बूते उन्हें उनसे छीना जाता है? ऐसी बहुतेरी समस्याएँ हैं जो किसानों को दिन-रात परेशान किया करती हैं और किसानों ने भी जैसा कि ऊपर कहा गया है, प्रार्थनाएँ कीं, मिन्नतें कीं और क्या नहीं किया! राज जनता की तमाम न्याययुक्त तथा शान्तिपूर्ण छुटकारे के तरीकों को Flout करता गया।

श्रीमन्! अब हम लोग जनवर्ग तथा जनसेवकों के सामने दो ही रास्ते नजर

आते हैं। या तो हम लोग लाचारी के जाल में तड़प-तड़पकर मर जाएँ या सत्याग्रह संग्राम के द्वारा एक अन्तिम प्रयास भी कर लें। अतः श्रीमान् से हमारी करबद्ध प्रार्थना है कि यदि हमारी माँगें आगामी (''''तारीख तक) पूरी नहीं की जातीं तो हम लोग सत्याग्रह करने के लिए स्वतंत्र हो जाएँगे।

1. स्वर्गीय महाराजा सर राधा प्रसाद सिंह के वसीयतनामे में दिए गए सभी रकम जिसे उन्होंने जनसाधारण के लाभ कार्यों में व्यय करने का निर्देश किया है तथा जिस पर जनता का न्यायोचित अधिकार है, एक जनता की चुनी हुई पंचायत के द्वारा व्यय किया जाए। इस रकम का जो भाग राज में अभी तक बचा हो, पंचायत को जनता के कामों में लगाने को दिया जाए।
2. सभी बकाश्त जमीनें किसानों को वापस कर दी जाएँ।
3. डुमराँव में कुछ दिनों से गैरमजरूआ आम लखराज जमीन का लगान कबूल कराने के लिए बलात अंगूठा का निशान लिया जा रहा है। इस नीति का अन्त किया जाय तथा जिनके अंगूठे का निशान लिया जा चुका हो उन्हें वापस कर दिया जाए। उनसे जो मालगुजारी की रकम भी ले ली गई हों तो तुरंत लौटा दी जाएँ।
4. जंगल का रास्ता जो डुमराँव सपही घाट रोड के नाम से प्रसिद्ध है तथा उसमें स्थित पोखरा मन्दिर तथा दूसरे रास्ते आम जनता के लिए छोड़ दिए जाएँ।
5. कोकिया ताल का जल नहर खोदवाकर निकाल दिया जाय। यहाँ यह साफ कर देना आवश्यक है कि उक्त नहर पहले से मौजूद है किन्तु इधर कुछ दिनों से उसे भर दिया गया है।
6. इस आन्दोलन के सिलसिले में जिन लोगों पर अत्याचार किया गया है राज उनके प्रति अफसोस जाहिर करे तथा जितने मुकदमे कचहरियों में दायर हैं, उन्हें तुरंत उठवाया जाय।
7. गंगबरार-गंगाशिकस्त तथा भावली जमीन और बाग के मामले रैयतों की पंचायत के द्वारा तय किये जाएँ और राज को उनका प्रस्ताव मान्य हो।
8. राजा और प्रजा के तमाम झगड़े पंचायत द्वारा तय किए जाएँ। पंचायत जिसमें रैयतों का बहुमत रहे।
9. डुमराँवराज हाई स्कूल को शीघ्र ही कालेज के रूप में परिणत कर दें। जिसमें दस फीसदी गरीब लड़के निःशुल्क शिक्षा प्राप्त करें।

10. राज के सभी अहरे पोखरे, राज द्वारा निर्मित मन्दिर तथा मस्जिद राज द्वारा मरम्मत की जाय।
11. राज के अपने बनाये गोले के बाहर राज में सभी जगह बेयायी की असूली जहाँ कहीं होती हो तुरंत रोक दी जाए और गोले के भीतर भी उसका वही रूप रहे जो सर्वे खतियान में दर्ज है।
12. किसानों ने बाकी मालगुजारी पर सूद न देने का अधिकार प्राप्त कर लिया है। इनके इस अधिकार को स्वीकार किया जाए, तथा जो रकम उनकी अज्ञानता से लाभ उठाकर वसूल की गयी है उसे वापस किया जाय या किसान सभा की राय से उसे सार्वजनिक कामों में लगा दिया जाय।
13. काश्तकारी कानून के संशोधन से जो छूट किसानों को मिली है उसे बकाया लगान में लगाने की व्यवस्था है, परन्तु अपढ़ किसानों को बकाया में यह छूट नहीं दी जा रही है। इस छूट को भी बकाया में दिया जाय तथा जो रकम अभी तक ले ली गयी है उसे फौरन वापस किया जाय।
14. एक ही जमीन के पट्टे के लिए कई किसानों को राज के अमले चढ़ाकर रुपए दाखिल कर करा उन्हें न तो जमीन ही देते हैं न तो उनके रुपए लौटाये जाते हैं। ऐसी रकम राज के खजाने में बड़ी मात्रा में मौजूद है उसे जल्द से जल्द उन किसानों को लौटा दिया जाए।
15. डुमराँव की कैशरे हिन्द नामक सरकारी जमीन, जो गोचर भूमि है, की धड़ल्ले से बन्दोबस्त करने की नीति को तुरत रोका जाय।
16. इस साल समय पर वर्षा न होने के कारण इस राज में व्यापक अकाल का भय स्पष्ट मालूम पड़ता है, इसलिए इस साल की मालगुजारी माफ की जाए तथा बकाया लगान की वसूली को रोका जाय।
17. डुमराँव राज की आमदनी का एक-एक पैसा डुमराँव राज के रैयतों से लिया जाता है, उसे रैयतों पर ही व्यय किया जाय और राज प्रबन्ध में प्रजा का पूरा हाथ हो!

श्रीमान्! यहाँ की जनता एक बोझिल हृदय एक भर्रायी आवाज में आपके सामने "दुखद अगले कदम" की सूचना जिसका निर्देश शाहाबाद प्रजा मण्डल के गत 9-11-40 के पत्र में मिलता है, आपको दे रही है! अभी भी हमें आपकी सहृदयता में पूरा विश्वास है और आशा है इस बढ़ती हुई खाई को और गहरा होने से रोका जायेगा। श्रीमान्! यदि कोई धृष्टता का कार्य मजबूरी से हो रहा हो उसे

अन्यथा क्षमा करेंगे। अन्त में आप में अटूट विश्वास रखते हुए यह पत्र आपकी सेवा में भेज रहा हूँ और (तारीख....) की 12 बजे रात तक हम इसके उत्तर की प्रतीक्षा करेंगे।

आपका शुभचिन्तक—राम सुभग पाण्डेय, सभापति; शाहाबाद जिला किसान सभा 31-8-41 [सरस्वती प्रेस, बाँकीपुर पटना से मुद्रित पर्चा]

NOTICE

Whereas my attention has been drawn to a Hindi Notice issued by the Dumraon Raj, which purports to give the Commissioner's finding on the Beyai dispute, above my signature and whereas in the translation the sense has been distorted by omitting the passage which states that the award is temporary, to last pending the decision of a title suit which the Dumraon Raj is advised to file, the following authorised Hindi translation of my orders as arbitrator in the said Beyai dispute is published for general information.

Commissioner's Office, **S.L.Marwood,**
Dated Patna, The 28th March, 1942. Commissioner, Patna Division.

सूचना (Notice)

चूँकि डुमराँव राज ने एक हिन्दी में नोटिस जारी किया है जिसमें हमारे दस्तखत के ऊपर जाहिरा बेयाई के झगड़ा पर कमिश्नर का फैसला दिया हुआ है, और चूँकि अनुवाद में वह हिस्सा गायब कर दिया है जिसमें लिखा है कि यह फैसला चन्दरोजा तभी तक के लिये हैं जब तक कि डुमराँव राज हकीयत का मोकदमा दायर करके फैसला न करा ले जिसके लिये सलाह उनको दी गयी है, इससे मतलब बिगड़ गया है। इस कारण बेयाई झगड़े के बारे में पंच के हैसियत से हमारे हुकुम का अनुमोदित नीचे लिखे हुए हिन्दी तर्जुमा को जनता की खबर के लिए प्रकाशित किया जाता है।

कमिश्नर की आफिस, **एस.एल. मारवूड,**
पटना, ता. 28 मार्च, 1942। कमिश्नर पटना डिवीजन।

जो झगड़ा बाबू राम एकबाल राम व्यापारी और डुमराँव राज में बेयाई टिकस डुमराँव शहर में वसूल करने के बारे में था उसको दोनों फरीक ने मिस्टर सी.पी.एन. सिंह की पंचायती में सन् 1941 में दिया था। बहुत कारणों से वह पंचायती खतम नहीं कर सके। और तब दोनों फरीक ने कमिश्नर पटना डिवीजन के फैसले से पाबन्द होना कबूल किया।

(2) हम डुमराँव गये और हमने गवाहों का बयान लिखा। और जो ब्यान हमारे बदले एस.डी.ओ. बक्सर ने लिखा है उस पर भी गौर किया। सबूत से सिद्ध होता है कि अधिक नहीं तो पिछले पचास वर्षों से बेयाई नाम का टिकस डुमराँव राज वसूल करता है। बीच-बीच में टिकस की वसूली को व्यक्तियों ने रोका है लेकिन झगड़े के जड़ दो हैं जिन पर अदालती फैसला नहीं हुआ है। वे ये हैं—

(क) डुमराँव राजा का बेयाई टिकस लगाने का हक।

(ख) टिकस का पैमाना और आकार-प्रकार।

डुमराँव स्टेट के लिए सबसे अच्छा रास्ता झगड़ा तय करने का यह होगा कि उन दोनों बातों को साबित करने के लिए हकीयत तजबीज कराने का मोकदमा दायर करे। जब तक अदालत में यह साबित नहीं होता है तब तक के लिए जो फैसला नीचे दिया जाता है वह दोनों फरीक के लिए, जनता के लिए और अमन की रक्षा करनेवाले अफसरों के लिए अमल करने के वास्ते सनद रहेगा।

डुमराँव शहर में बेयाई टिकस वसूल करने के बारे में कमिश्नर का फैसला।

1. बेयाई टिकस उस व्यापारी से वसूल किया जा सकता है जो टिकस लगने लायक माल उस रकबे के भीतर बेचे जिसमें बेयाई लगता है। डुमराँव राज सीधे खरीददार से टिकस नहीं ले सकता, न खरीदा हुआ माल टिकस वसूल करने के लिए कुर्क कर सकता है।
2. ऐसे ही माल पर टिकस वसूल हो सकता है जो बेचने के समय फिहरिस्त 'ए' में जाहिर किये हुए रकबे के भीतर हो (जिसका आधार सन् 1917 की कबूलियत है।)

नोट—रेलवे का हाता और कुल जमीन जो ई. आई. आर. के अधिकार में है वह फिहरिस्त के भीतर नहीं है। जो माल रेलगाड़ी से आवेगा या जाएगा उस पर टिकस वसूल नहीं होगा, यदि दूसरे कारण से वह टिकस लायक नहीं हो।

3. टिकस उन्हीं चीजों पर वसूल हो सकेगा जो 1910 ई. की कबूलियत में जाहिर किया गया है। इन चीजों की फिहरिस्त छापकर विस्तृत रूप से प्रकाशित किया जाय। टिकस का शरह कबूलियत के शरह से ज्यादा नहीं होगा (फिहरिस्तवी पन्ना 3 में देखिए)।

11 फरवरी, 1942।

एस.एल. मारवूड,
कमिश्नर, पटना डिवीजन।

फिहरिस्त (ए)

डुमराँव मिनिस्पलिटी का वह हिस्सा जिसकी चौहदी नीचे है—

उत्तर—इस्ट इण्डियन रेलवे। दक्खिन—मिनिस्पलिटी का हद।
पश्चिम-मिनिस्पलिटी का हद। पूरब—वह खाल जो काव नाला कहलाता है।

जहाँ तक हो, उसके बाद प्लाट नं. 1358, 1153, 1273 का हद, रसूलपुर नं. 165, ढकाइच नं. 161 और डुमराँव नं. 168 की त्रिसिवानी तक, फिर काव नाला से दक्खिन प्लांट नं. 1627, 1637, 3074, 1500, 1501, 1409, 1253 और 1275 होते हुए मिनिस्पलिटी के हद तक। डुमराँव मिनिस्पलिटी का बिहार उड़ीसा सरवे का नकशा स्केल 16"=1 माइल जो 1911-12 में सरवे हुआ जिस पर शमशुद्दीन हैदर अफसर का दस्तखत है, उसी का हवाला दिया गया है।

फिहरिस्त (बी)

फिहरिस्त झरी और बेयाई अन्दर डुमराँव बाजार, डुमराँव गोला और डुमराँव मौजा।

न. शुमार नाम माल	अन्दर शहर डुमराँव		बाहर शहर डुमराँव	
	शरह झरी	शरह बेयाई	शरह झरी	शरह बेयाई
1. आटा, मैदा, सूजी	12 आने फी गाड़ी 150 बोरे की	एक आना फी बोरा	एक आना फी बोरा	डेढ़ आने फी बोरा
2. चीनी	एक गाड़ी रेल से ले आने से कुछ नहीं लगता है	एक आना फी बोरा	एक आना फी बोरा	दो आना फी बोरा
3. सोडा	छः आने फी सैकड़े बोरा बारह आने फी दो सौ बोरे का गाड़ी।	आध आना फी बोरा	एक आना फी बोरा	डेढ़ आना फी बोरा
4. उरद	बारह आने की गाड़ी 150 बोरे की।	एक आना फी बोरा	पौन आना फी मन	दो आने फी बोरा
5. खरी	बारह आने फी गाड़ी	आध आना फी बोरा	आधा आना फी मन	एक आना फी बोरा
6. खाद छोटा बोरा	चार आने सैकड़े बोरा	आध आना फी बोरा	एक पैसा फी बोरा	एक आना फी बोरा
7. खाद बड़ा बोरा	आठ आने सैकड़े बोरा	एक आना फी बोरा	कुछ नहीं	दो आना फी बोरा

8.	नमक (पांगा रोड़ा)	बारह आने फी गाड़ी 200 बोरे की।	आध आने बोरा		पौन आना फी बोरा
9.	खरिया नमक	पाँच आने फी 100 बोरा	आध आने बोरा		पौन आना फी बोरा
10.	नमक सेंधा	बारह आने फी गाड़ी	पौन आना फी बोरा		डेढ़ आना फी बोरा
11.	जौ, चना, खेसारी गेहुम वगैरह।	एक पैसा मन	आध आने बोरा	एक पैसा मन	पौन आने बोरा
12.	चूना	बारह आने फी गाड़ी 500 मन की।	एक पैसे बोरा	—	आध आने बोरा
13.	चावल	एक पैसा मन	आध आने बोरा	—	आध आने बोरा
14.	रूई	आध आने गाँठ	दो आने गाँठ	डेढ़ आने मन	तीन आने गाँठ
15.	कडू तेल, गड़ी तेल बादाम तेल, तीसी तेल, तिल तेल।	एक पैसा टिन	आध आने टिन	डेढ़ आने टिन	आध आने टिन
16.	रेंड़ी तेल	एक पैसा टिन	एक पैसा टिन	—	आधा आने टिन
17.	अलकतरा	आध पैसा टिन	एक पैसा टिन	—	एक पैसा टिन
18.	किरासन तेल छोटा टिन	3 आने फी एक सौ टिन का	चौथाई पैसे टिन	—	आधा पैसा टिन

न. शुमार नाम माल	अन्दर शहर डुमराँव		बाहर शहर डुमराँव	
	शरह झरी	शरह बेयाई	शरह झरी	शरह बेयाई
19. गुड़ चकरी	आध आना मन	आध आना फी बीस सेर की चकरी	डेढ़ आना फी मन	आधा आना फी चकरी 20 सेर की
20. गुड़ सिरा	एक पैसा टिन	आध आने टिन	आध आने टिन	आध आने टिन
21. घीव	आध आने टिन बीस सेर का	आधा पैसा फी रुपया	चार आने फी टिन बीस सेर का	एक पैसा फी रुपया
22. किराना—जीरा, मिरच, धनिया वगैरह	कुछ नहीं लगता	पाँच आना फी सैकड़े रुपया	चार आना फी बैल तीन मन का	सात आना फी सौ रुपया
23. लकड़ी, पत्थर और लोहा	कुछ नहीं लगता	आधा पैसा फी रुपया	नहीं बिकता	एक पैसा फी रुपया
24. कोइला	कुछ नहीं लगता	आधा पैसा फी बोरा	नहीं बिकता	आधा पैसा फी रुपया
25. तरकारी खाने के लिए	एक पैसे बोरा एक पैसे खाँची।	एक पैसे रुपया आधा पैसे बोरा	चार आने गाड़ी एक आने फी बैल (गाड़ी 15 मन जिसमें रहता है)	आध आने रुपया
26. तरकारी बीया के वास्ते	कुछ नहीं लगता है	आधा पैसा फी रुपया	नहीं बिकता	एक पैसे फी रुपया
27. सीमेण्ट	12 आने फी गाड़ी	आधा पैसा फी बोरा	नहीं बिकता	तीन पैसे फी बोरा

28. जूता	एक आना जोड़ा	आधा पैसा फी बोरा	एक आना जोड़ा	तीन पैसे फी बोरा
29. कपड़ा (मोटिया)	एक आने थान	आधा पैसा फी बोरा	एक आने थान	तीन पैसे फी बोरा
30. तम्बाकू	कुछ नहीं लगता	एक पैसे टिन	नहीं बिकता	तीन पैसे टिन
31. खैनी	कुछ नहीं लगता	आधा पैसा फी रुपया	छः आने गाँठ	एक पैसे फी रुपया
32. सन, बाध, पटुआ, रस्सा	कुछ नहीं लगता	आधा पैसे फी रुपया	सवा आने फी बोझा	एक पैसे फी रुपया
33. मछली	टोकरा पीछे पाव भर का दाम	आधा पैसा फी रुपया	टोकरी पीछे आधा सेर का दाम	एक पैसे फी रुपया
34. पीतल का बर्तन	आध आने फी दूकान	कुछ नहीं लगता	आधा आना फी दूकान	कुछ नहीं लगता
35. खंचिया	आध आने की दूकान	कुछ नहीं लगता	सोलह टोकरी पर एक टोकरी का दाम	एक पैसा फी रुपया
36. सिन्होरा	कुछ नहीं लगता	आधा पैसा फी रुपया	नहीं बिकता है	एक पैसा फी रुपया

'धर्मद्रोही गांधी का बहिष्कार करो' शीर्षक पर्चे का सार

धर्म का नाश करनेवाले का अनुसरण मत करो क्योंकि ऐसा करना पाप है। जनता को धर्म के खिलाफ काम करनेवाले गांधीजी का बहिष्कार करना चाहिए। उनके स्वागत अथवा अन्य समारोहों में भागीदार बनना पाप है क्योंकि उन्होंने अपनी निम्नलिखित कार्यवाहियों के जरिए हिन्दू धर्म को सार्वजनिक रूप से क्षति पहुँचाई है :

i. उन्होंने डोम, चमार आदि को मंदिर में प्रवेश का अधिकार दिलाने के लिए विधान सभा में मंदिर प्रवेश बिल पेश करवाया।

ii. गांधी हिन्दू मन्दिरों में अछूतों के प्रवेश के लिए हर संभव प्रयास कर रहे हैं।

iii. वे अहमदाबाद आश्रम में ब्राह्मणों, क्षत्रियों आदि से पाखाना साफ करवाते हैं।

iv. अपने पुत्र देवीदास की एक ब्राह्मण लड़की से शादी करवाकर उन्होंने पाप किया है।

v. वे मुसलमानों, ईसाइयों आदि के हाथ का बना खाना खाते हैं।

vi. बनारस में उन्होंने मीराबेन को विश्वनाथ मंदिर के भीतर ले जाने की कोशिश की।

vii. उन्होंने एक बीमार बाछी को जहर की सूई दिलवाई जिससे उसकी मृत्यु हो गई।

viii. हाल ही में उन्होंने घोषणा की है कि दशरथनन्दन राम राक्षस थे।

ix. गांधी ने सनातनियों के लिए मुश्किलें खड़ी करने की हरसंभव कोशिश की है और जब तक हम उनका जोरदार विरोध नहीं करते, तब तक वे हिन्दुओं के खिलाफ अपना प्रचार जारी रखेंगे। इसीलिए हम जनसमुदाय से गांधी का बहिष्कार करने का आग्रह करते हैं।

स्रोत : गांधी का दौरा, आरा. फाइल 13/1933–34

1920–21 के असहयोग आन्दोलन से सजाप्राप्त

राजनीतिक बन्दियों की सूची

क. भागलपुर जिला

1. सोमदत्त शर्मा, 2. ठाकुर भागवत प्रसाद सिंह

ख. चम्पारण जिला

1. केशव ओझा, 2. अच्छे लाल, 3. मथुरा प्रसाद, 4. ठाकुर राम, 5. रामजी दास,

6. लखीचन्द साव, 7. नीरू कान्दु, 8. हेमा तेली, 9. सब्दुल दर्जी, 10. जुमराती मियाँ, 11. रघु पाण्डे, 12. पान मियाँ, 13. सीताराम मारवाड़ी 14. मिश्री लाल, 15. सुधम कहार, 16. दोबुबे दास

ग. गया जिला

1. हरि भगत

घ. हजारी बाग जिला

1. रामनारायण सिंह, 2. शुभ नारायण लाल, 3. बजरंग सहाय, 4. रामेश्वर चौबे, 5. जयराम साहू, 6. चरण साहू, 7. टाकोलाल साहू, 8. भोली सिंह, 9. फूलन सिंह

ङ मानभूम जिला

1. स्वामी सोमेश्वरानन्द

च. मुंगेर जिला

1. पुरुषोत्तम लाल, 2. जगतगुरु शंकराचार्य, 3. जगदेव दास

छ. मुजफ्फरपुर जिला

1. अब्दुल वहाब, 2. बिन्देश्वरी प्रसाद, 3. राजमंगल साही, 4. बृजनन्दन साही, 5. ठाकुर रामनन्दन सिंह, 6. पुरुषोत्तम दास

ज. पलामू जिला

1. वारिस इमाम, 2. अमृत महतो, 3. रामधनी साव, 4. झम्मन साहू, 5. नकछेदी साहू, 6. बालचन्द साहू, 7. हुसैनी साहू, 8. अचम्भित राम, 9. टिकैत राम, 10. रामनन्दन राम, 11. शिवनन्दन राम, 12. जदुपति सिंह, 13. भागेश्वर दूबे, 14. धनी सिंह, 15. भागवत पाण्डे

झ. पटना जिला

1. रघुनन्दन मिश्र, 2. आदित्य प्रसाद, 3. धनराज शर्मा

ग. पूर्णिया जिला

1. भागवत प्रसाद, 2. अवध बिहारी शरण, 3. जोगी गिर, 4. अब्दुल, 5. जान मुहम्मद, 6. भोला, 7. राजकुमार भगत 8. राम चरित्र, 9. रशीद मियाँ, 10. सकरू साहू, 11. बंशी चमरिया, 12. फूल मुहम्मद, 13. किताब अली, 14. मुहम्मद इरफान

ट. शाहाबाद जिला

1. बिन्दुवासिनी सहाय, 2. लक्ष्मीनारायण मिश्र, 3. जीवानन्द शर्मा, 4. रामनरेश तिवारी, 5. अबू मुहम्मद उर्फ वजीर अली खाँ, 6. अब्दुल अजीज

ठ. सिंहभूम जिला

1. बिशुन राम महुरी, 2. हाजी अब्दुल्ला

ड. संथाल परगना जिला

1. जिया साहू, 2. राम जानकी साहू, 3. रामजस मारवाड़ी

स्रोत : पोलिटिकल डिपार्टमेंट, स्पेशल सेक्शन फाइल नं. 51, 1923.

शाहाबाद जिले में सन् '42 के शहीद

क्र.सं.	नाम	गाँव	प्रखण्ड
1.	भोला चमार	कविलासपुर	दुर्गावती
2.	गायत्री चौबे	दहियाँव	दुर्गावती
3.	पीताम्बर पाण्डे	जनार्दनपुर	दुर्गावती
4.	अन्तू हजाम	भभुआ	भभुआ
5.	बाँका नोनिया	कीर	भभुआ
6.	फेंकन बारी	अराई	भभुआ
7.	रघुनाथ पांडे	कुदरिया	कुदरा
8.	रामजनम अहीर	सकरी	कुदरा
9.	केशो कानू	ओरइयाँ	कुदरा
10.	बन्धु अहीर	ओरइयाँ	कुदरा
11.	रघुवीर मुसहर	नसेज	कुदरा
12.	वंशी प्रसाद वकील	सासाराम	सासाराम
13.	महंगू पासी	सासाराम	सासाराम
14.	लक्ष्मण गौड़	शाहपुर गंज	सासाराम
15.	लक्ष्मण अहीर	चमर तकिया	सासाराम
16.	जगन्नाथ राम	दवनपुर	सासाराम
17.	जयराम सिंह यादव	करूप	सासाराम
18.	गुरोज धोबी	संझौली	विक्रमगंज
19.	झारी कोइरी	संझौली	विक्रमगंज
20.	सीताराम दूबे	भोगनी	दावथ
21.	सुखदेव दूबे	भोगनी	दावथ
22.	मकुम सिह अहीर	पुरवा	आरा
23.	कवि कैलाश सिंह	घोड़ादेई	आरा
24.	नन्दू	अहीर जमीरा	आरा
25.	भोला मेहतर	अहीर जमीरा	आरा
26.	रामकृत यादव	अहीर जमीरा	आरा

27.	महाराज कोइरी	वरगही	आरा
28.	बाबा चतुर्भुज दास	धनपेरा	आरा
29.	बृजेश नन्दन प्रसाद	भदवर	कोइलवर
30.	मीठू महतो	नरतीरपुर	कोइलवर
31.	सूर्यदेव कुमार	चाँदी	कोइलवर
32.	हातिम अली	कोइलवर	कोइलवर
33.	जयराम सिंह	लोदीपुर	कोइलवर
34.	कपिल हरिजन	कोइलवर	कोइलवर
35.	बालकृष्ण सिंह	फुलारी	संदेश
36.	रामनिवास पाण्डे	अगरपुरा	बड़हरा
37.	जगदीश सिंह	जोकही	बड़हरा
38.	सीताराम यादव	इंगलिश चैनपुर	बड़हरा
39.	जगन्नाथ सिंह	लसाढ़ी	सहार
40.	गिरिवर सिंह	लसाढ़ी	सहार
41.	महादेव सिंह	लसाढ़ी	सहार
42.	अकाली देवी	लसाढ़ी	सहार
43.	सभापति सिंह	लसाढ़ी	सहार
44.	वासुदेव सिंह	लसाढ़ी	सहार
45.	केशो प्रसाद सिंह	ढकनी	सहार
46.	शीतल प्रसाद सिंह	ढकनी	सहार
47.	केश्वर प्रसाद सिंह	ढकनी	सहार
48.	शीतर लोहार	ढकनी	सहार
49.	रामानुज पाण्डे	ढकनी	सहार
50.	रामदेव सिंह	ढकनी	सहार
51.	घटन राम	बलिगाँव	जगदीशपुर
52.	फूलकुमारी देवी	हरदिया	जगदीशपुर
53.	जगदीश प्रसाद	वचरी	पीरो
54.	महादेव प्रसाद	बिहियाँ	बिहियाँ
55.	मुन्नी हलवाई	बिहियाँ	बिहियाँ
56.	शिवप्रसाद सिंह	कटयाँ	बिहियाँ
57.	ललन प्रसाद	वेलाही	शाहपुर
58.	रामदेव सिंह	केवरिया	शाहपुर

59.	चुरामन सोनार	सरैयाँ	शाहपुर
60.	गोधन राम	डुमराँव	डुमराँव
61.	सहदेव गिरि	कटयाँ	बिहियाँ
62.	रामदास विश्वकर्मा	डुमराँव	डुमराँव
63.	गोपाल कहार	डुमराँव	डुमराँव
64.	भिखिलाल साहा	डुमराँव	डुमराँव
65.	रामदास सोनार	डुमराँव	डुमराँव
66.	कपिल कमकर	डुमराँव	डुमराँव
67.	अब्दुल रहीम	डुमराँव	डुमराँव
68.	प्रदुमन लाल	डुमराँव	डुमराँव
69.	बिहारी लाल	डुमराँव	डुमराँव
70.	सुखारी लोहार	सरैया	डुमराँव
71.	साधु शरण अहीर	नावाडेरा	डुमराँव
72.	बालेश्वर दूबे	ढकाइच	डुमराँव
73.	तपेश्वर पाण्डे	आयर	नवानगर
74.	विश्वनाथ अहीर	आयर	नवानगर
75.	शिवपूजन राम	आयर	नवानगर
76.	ढुलाई लोहार	रूप सागर	नवानगर
77.	घुर बेगनी देवी	अहीर पुरवा	आरा
78.	नीसु यादव	जमीरा	आरा
79.	बैकुंठ लाल	नेकनाम टोला	बड़हरा

(स्रोत : अखौरी रामनरेश सिंह, 'स्वतंत्रता संग्राम में शाहाबाद का योगदान', पृ. 76–79)

विधान सभा में समाजवादी पार्टियाँ

(1952–72)

जाति	1952 सोशलिस्ट पार्टी	1957 पी०एस०पी०	1962 पी०एस०पी०	1962 सोशलिस्ट पार्टी	1967 संयुक्त सोशलिस्ट पार्टी	1967 पी०एस०पी०	1969 संयुक्त सोशलिस्ट पार्टी	1969 पी०एस०पी०	1972 सोशलिस्ट पार्टी
भूमिहार	4	4	2		9	2	3	2	5
ब्राह्मण	3	6	7		5	2	6		1
राजपूत	4	5	9	1	13	6	7	7	8
कायस्थ		3			1	1	1	2	
यादव	4	3	3	3	16		11	2	11
कोइरी	3	3	2	1	7	2	4	2	1
कुर्मी	1	1				1			1
बनिया	1				2		3	1	1
मुसलमान		1	1		1	2	1		2
हरिजन	2	1	1		8	1	9	1	2
आदिवासी			1	1	1				
बंगाली					1				
नाई	1	1	1		1	1	1		1
कहार		1							
धानुक					1		1		1
अमात							1		
केवट							1		
मुसहर				1			1		
कुम्हार	1								
अनुपलब्ध	1	2	2		2	2	2	1	
कुल	**25**	**31**	**29**	**7**	**68**	**18**	**52**	**18**	**34**

विधानसभा चुनाव
(1967–95)

वर्ष	उच्च जाति के विधायकों की संख्या	प्रतिशत	पिछड़ी जाति के विधायकों की संख्या	प्रतिशत
1967	133	41.82	82	25.78
1969	122	38.36	94	29.55
1972	136	42.76	76	23.89
1977	124	38.27	92	28.39
1980	120	37.03	96	29.62
1985	118	36.41	90	27.77
1990	105	32.40	117	36.11
1995	56	17.28	161	49.69

लोकसभा : सामाजिक बनावट
(1952–96)

वर्ष	उच्च जाति की संख्या	प्रतिशत	पिछड़ी जाति की संख्या	प्रतिशत
1952	30	54.54	6	10.90
1957	28	52.53	5	9.43
1962	24	45.28	10	18.86
1967	24	45.28	13	25.00
1971	21	39.62	15	28.30
1977	21	38.88	16	29.62
1980	22	35.18	12	22.22
1984	23	42.60	12	22.22
1989	18	31.31	18	31.31
1991	10	18.08	24	43.30
1996	13	25.00	23	42.60

बिहार से लोकसभा सदस्य
(1952–96)

	1952	1957	1962	1967	1971	1977	1980	1984	1989	1991	1996
यादव	1	2	6	7	9	8	5	8	10	13	13
कुर्मी	3	2	2	1	2	1	1	–	3	5	2
कोइरी	1	–	–	–	1	3	4	1	4	4	3
बनिया	1	1	3	4	3	1	1	2	–	1	2
कहार	–	–	–	1	–	1	–	–	–	–	–
नाई	–	–	–	–	–	1	–	–	–	–	–
धानुक	–	–	–	–	–	1	1	–	–	1	–
नोनिया	–	–	–	–	–	–	–	1	1	–	–
मल्लाह	–	–	–	–	–	–	–	–	–	–	1
विश्वकर्मा	–	–	–	–	–	–	–	–	–	–	1
जोड़	**6**	**5**	**11**	**13**	**15**	**16**	**12**	**12**	**18**	**24**	**23**
भूमिहार	8	7	8	5	7	4	5	5	3	4	2
ब्राह्मण	6	4	6	9	10	6	7	8	4	1	4
राजपूत	12	13	10	7	4	8	10	9	8	4	6
कायस्थ	4	4	–	2	–	3	5	1	3	1	1
जोड़	**30**	**28**	**24**	**24**	**21**	**21**	**22**	**23**	**18**	**10**	**13**
हरिजन	7	7	8	7	7	8	8	8	8	8	8
आदिवासी	6	7	5	5	5	5	5	5	5	5	5
मुसलमान	3	3	2	2	3	2	5	6	3	6	4
ईसाई	–	–	–	–	–	1	1	–	1	1	1
बंगाली	3	3	3	2	2	1	1	–	1	–	–
कुल	**55**	**53**	**53**	**53**	**53**	**54**	**54**	**54**	**54**	**54**	**54**

1972-76 के दौरान भोजपुर जिले में मारे गए नक्सलवादियों की सूची

क्र.सं.	नाम	उम्र	वर्ग	गांव	थाना	स्तर	कब	कैसे
1.	जगदीश प्रसाद (मास्टर साहब)	37	बुद्धिजीवी	एकबारी	सहार	राज्य कमेटी के सदस्य	10/12/72	भूस्वामियों और उनके गुण्डों द्वारा बिहिया बाजार में मारे गए।
2.	रामायण राम	20	गरीब किसान	आथर	जगदीशपुर	कमांडर	10/12/72	,,
3.	गणेशी दुसाध	35	भूमिहीन किसान	चंवरी	सहार	कमांडर	6/5/73	चंवरी में पुलिस द्वारा मारे गए।
4.	लालमोहर दुसाध	22	भूमिहीन किसान	चंवरी	सहार	दस्ता सदस्य	6/5/73	,,
5.	दीनानाथ तेली	25	भूमिहीन किसान	चंवरी	सहार	दस्ता सदस्य	6/5/73	,,
6.	बालकेश्वर दुसाध	26	भूमिहीन किसान	चंवरी	सहार	दस्ता सदस्य	6/5/73	,,
7.	राम गोविन्द	36	गरीब किसान	काप	चारपोखरी	दस्ता सदस्य	28/2/74	भूस्वामियों द्वारा मारे गये।
8.	गोपाल	26	निम्न मध्यम किसान	मुरादपुर	सहार	दस्ता सदस्य	16/4/74	सहार के ब्लॉक अस्पताल के एक डाक्टर ने गोली मार कर हत्या कर दी।

9.	मुनी पासी	60	गरीब किसान	बरुही	सहार	कार्यकर्ता	17/8/74	बरुही में पुलिस द्वारा
10.	दारोगा राम	16	भूमिहीन किसान	चिल्हौस	—	दस्ता सदस्य	19/12/74	सहार में पुलिस कैम्प पर हमले के दौरान
11.	रामेश्वर अहीर (साधु जी)	42	मध्यम किसान	एकबारी	सहार	कार्यकर्ता	14/1/75	सोनाटोला में पुलिस द्वारा
12.	अमावस दुसाध	24	गरीब किसान	सोनाटोला	सहार	सक्रिय तत्व	14/1/75	गरहनी पुलिस कैम्प में पुलिस द्वारा
13.	अलगू राम	38	गरीब किसान	ऐयार-छपरा	पीरो	दस्ता सदस्य	3/4/75	नकली मुठभेड़ में पुलिस द्वारा
14.	विश्वनाथ	25	गरीब किसान	शाहपुर	डुमरिया	दस्ता सदस्य	3/4/75	नकली मुठभेड़ में पुलिस द्वारा
15.	शिवनारायण	28	गरीब किसान	ऐयार छपरा	पीरो	दस्ता सदस्य	3/4/75	नकली मुठभेड़ में पुलिस द्वारा
16.	लाल मोहर	25	मध्यम किसान	दिलया	दावथ (रोहतास)	दस्ता सदस्य	3/4/75	नकली मुठभेड़ में पुलिस द्वारा
17.	रामप्रवेश कहार	35	गरीब किसान	दुल्लमचक	सहार	क्रान्तिकारी कमेटी की अध्यक्ष	22/5/75	पुलिस द्वारा धनछुआं में

क्र.सं.	नाम	उम्र	वर्ग	गांव	थाना	स्तर	कब	कैसे
18.	गोपाल	24	गरीब किसान	धनछुआं	सहार	स्थानीय सक्रिय तत्व	22/5/75	पुलिस द्वारा धनछुआं में
19.	सुरेश कोइरी	13	भूमिहीन किसान	सेमरांव	चरखोपरी	सक्रिय तत्व	2/6/75	हदियाबाद (जगदीपुर) में भूस्वामियों द्वारा
20.	पूरन राम (बूटन)	24	भूमिहीन किसान	बरुना	सहार	कमांडर	2/7/75	बहुआरा की लड़ाई में पुलिस द्वारा
21.	रामानन्द पासी	26	भूमिहीन किसान	एकबारी	सहार	दस्ता सदस्य	2/7/75	बहुआरा की लड़ाई में पुलिस द्वारा
22.	विश्वनाथ चमार	35	भूमिहीन किसान	बरुना	सहार	क्रान्तिकारी कमेटी के अध्यक्ष	2/7/75	बहुआरा की लड़ाई में पुलिस द्वारा
23.	सरजू तेली	30	भूमिहीन किसान	बरुना	सहार	कार्यकर्ता	2/7/75	बहुआरा की लड़ाई में पुलिस द्वारा
24.	रावण राय	25	भूमिहीन किसान	पुलारी	संदेश	दस्ता सदस्य	14/8/75	पुलिस द्वारा
25.	शिवनारायण	40	भूमिहीन किसान	रघुनाथपुर	राजपुर	दस्ता सदस्य	11/11/75	भूस्वामियों द्वारा

26. भूषण	34	गरीब किसान	खरहनिया	नवानगर	दस्ता सदस्य	11/11/75	पुलिस द्वारा
27. सुब्रत दत्त (जौहर)	30	बुद्धिजीवी	—	बेहला (कलकत्ता)	पार्टी महासचिव	29/11/75	पुलिस द्वारा बाबूबांध (सहारा) में
28. राजेन्द्र यादव (रतन)	25	बुद्धिजीवी	केसठ	नवानगर	आंचलिक कमेटी के सदस्य	29/11/75	पुलिस द्वारा बाबूबांध में
29. निर्मल महतो (नरेन्द्र)	27	बुद्धिजीवी	बारा	संदेश	कार्यकर्ता	29/11/75	पुलिस द्वारा बाबूबांध में
30. लहरी	18	भूमिहीन किसान	रामासांढ़	संदेश	महिला कमांडर	31/12/75	पुलिस द्वारा
31. सोनामती (अग्नि)	25	ग्रामीण निम्न मध्यवर्ग	संदेश	संदेश	महिला कार्यकर्त्ता	31/12/75	पुलिस द्वारा
32. जवाहर चमार	22	गरीब किसान	आयर	जगदीशपुर	एरिया कमेटी सदस्य	31/12/75	पुलिस द्वारा
33. श्रीकृष्ण	16	भूमिहीन किसान	भदवर	ब्रह्मपुर	ग्राम दस्ता के सदस्य	31/12/75	पुलिस द्वारा
34. वीर बहादुर सिंह	60	बुद्धिजीवी	अहपुरा	संदेश	सक्रिय तत्व	12/3/76	भूस्वामियों और उनके गुंडों द्वारा

क्र.सं.	नाम	उम्र	वर्ग	गांव	थाना	स्तर	कब	कैसे
35.	नारायण कोइरी (कविजी)	55	बुद्धिजीवी	सेमरांव	चरपोखरी	आंचलिक कमेटी के सदस्य	31/3/76	पुलिस द्वारा
36.	फागु सिंह (रघुनाथ)	26	बुद्धिजीवी	अगियांव	पीरो	कार्यकर्त्ता	4/5/76	भागलपुर जेल में पुलिस द्वारा
37.	जगजीवन (भिखारी)	25	गरीब किसान	ओजबलिया	शाहपुर	कार्यकर्त्ता	4/5/76	भागलपुर जेल में पुलिस द्वारा
38.	शीला चटर्जी (टुटू)	20	बुद्धिजीवी	—	—	महिला कार्यकर्त्ता	10/10/76	पुलिस द्वारा (एकबारी में)
39.	हीरा (चंचल)	24	गरीब किसान	सेमरांव	चरपोखरी	दस्ता सदस्य	10/10/76	पुलिस द्वारा

(स्रोत : 'बिहार के धधकते खेत-खलिहानों की दास्तान', गोरखपुर, 1986, परिशिष्ट, पृ. 197-201)

बिहार में कार्यगत जोतों की संख्या और क्षेत्रफल (1985–86)

क्रम संख्या	जोत का आकार (हेक्टेयर में)	कुल जोत संख्या (हजार में)	प्रतिशत	क्षेत्र (हजार हेक्टेयर में)	प्रतिशत	प्रति जोत औसत क्षेत्र (हेक्टेयर में)
1.	0.02 से कम	1354	11.56	21	0.19	0.01
2.	0.02–0.50	5409	46.19	1645	15.09	0.31
3.	0.50–1.00	2213	18.90	1637	15.02	0.74
4.	1.00–2.00	1327	11.38	1869	17.15	1.41
5.	2.00–3.00	621	5.30	1482	13.60	2.39
6.	3.00–4.00	330	2.82	1111	10.20	3.37
7.	4.00–5.00	191	1.63	836	7.67	4.37
8.	5.00–7.50	144	1.23	877	8.05	6.11
9.	7.50–10.00	69	0.59	580	5.33	8.35
10.	10.00–20.00	43	0.37	568	5.21	13.25
11.	20.00–30.00	7	0.06	165	1.52	23.33
12.	30.00–40.00	2	0.01	49	0.45	32.58
13.	40.00–50.00	1	0.01	23	0.21	44.08
14.	50.00 से ऊपर	–	–	34	0.31	69.82
	कुल	11711	100.0	10898	100.00	0.93

(स्रोत : एग्रीकल्चरल सेन्सस, 1985–86। 'बिहार थ्रू फीगर्स, 1991', पटना।)

बिहार में कुल प्रमुख फसलों का उत्पादन (हजार मीट्रिक टन में)

क्रम संख्या	फसल	1985-86	1989-90	1993-94
1.	चावल	6016	6433	6109
2.	गेहूं	2936	3220	4357
3.	मक्का	877	1177	1421
4.	बार्ली	66	48	45
5.	चना	160	131	140
6.	मसूर	129	139	129
7.	अरहर	92	90	-
8.	खेसारी	285	218	187
9.	मटर	23	27	17
10.	ईख	4001	6801	4398
11.	तम्बाकू	15	16	7
12.	आलू	1312	1439	1627
13.	जूट (हजार गाँठ में)	1675	957	878
14.	मिर्च	11	6	6

(स्रोत : 'बिहार थ्रू फीगर्स, 1991', पटना 'बिहार एट ए ग्लांस', 1996, पटना।)

1995 बिहार विधान सभा

जाति	जनता दल	भाजपा	कांग्रेस	भाकपा	माकपा	भाकपा (माले)	समता	झामुमो (सो०)	झामुमो (मार्डी)	मा०स० समिति	झापीपा झा०पा०	समाजवादी पार्टी	ब.स.पा	विपीपा	निर्दलीय	कुल	प्रतिशत
भूमिहार	5	1	5	5	1										1	18	
राजपूत	14	4	1			1									2	22	
ब्राह्मण	3	3	1	1			1									9	
कायस्थ		4	1												2	7	
यादव	63	2	5	10	1	1									5	86	
कोईरी	15	3		1	3	1	2						1		1	27	
कुर्मी	3	2	2				3		2	1						13	
बनियाँ	6	9	1					1								17	
हरिजन	32	4	2	5		2	1	1					1			48	
आदिवासी	1	4	5		1			13			3				1	28	
मुसलमान	13		5	1				1	1			2				23	
केवट	2		1											1		4	
धानुक	1															1	
मल्लाह	1															1	
नोनियाँ	1					1										2	
कहार	1	2														3	
रजवार	1															1	
सोनार		1														1	
खरवार				1												1	
नाई	1															1	
बंगाली		2		1	1					1						5	
पंजाबी	1															1	
गंगोता	2			1												3	
अनुपलब्ध	1														1	2	
कुल	167	41	29	26	6	6	7	16	3	2	3	2	2	1	13	324	

मंत्रिमंडलों की सामाजिक संरचना 1937-'97 (प्रतिशत में)

(कोष्ठकों में काबीना मंत्रियों की संख्या दी गयी है)

	डा० श्रीकृष्ण सिंह 1937–1939	डा० एस० के० सिन्हा 2.4.46–	डा० एस० के० सिन्हा 29.4.52	डा० एस० के सिन्हा 10.5.57–21.1.61	दीप नारायण सिंह 1.2.61–18.2.61	विनोदानंद झा 18.2.61–2.10.61	बी.एन.झा	के० बी० सहाय 2.10.63–5.3.67	महामाय प्र० सिन्हा 5.3.67–2.1.68	बी० पी० मंडल 1.2.68–22.2.68	भो० पा० शास्त्री 22.2.68–29.6.68	हरिहर प्र० सिन्हा 22.2.69–22.6.69	भोला पा० शास्त्री 22.6.69–4.7.69	दारोगा प्र० राय 16.2.70–22.12.70	कर्पूरी ठाकुर 22.12.70–2.6.71	भोला पा० शास्त्री 2.6.71–9.1.72
ऊंच जाति	50 (2)	67 (6)	62 (8)	56 (5)	58 (4)	56 (5)	58 (7)	40 (4)	53 (9)	26 (5)	61 (8)	46 (12)	39 (5)	34 (6)	41 (11)	36 (7)
उच्च पिछडी जाती			15 (2)	11 (1)	14 (1)	11 (1)	8 (1)	30 (3)	23 (4)	42 (8)	8 (1)	19 (5)	15 (2)	22 (4)	27 (8)	26 (5)
निम्न पिछड़ी जाति	0	0	0	0	0	0	0	0	6 (1)	0	0	0	0	0	4 (1)	0
मुस्लिम	25 (1)	22 (2)	15 (2)	22 (2)	14 (1)	22 (2)	8 (1)	10 (1)	12 (2)	11 (2)	8 (1)	8 (2)	31 (4)	11 (2)	4 (1)	16 (9)
हरिजन	25 (1)	11 (1)	8 (1)	11 (1)	14 (1)	11 (1)	8 (1)	10 (1)			8 (1)	12 (3)	15 (2)	11 (2)	7 (2)	11 (2)
आदिवासी							17 (2)	10 (1)		21 (4)	8 (1)	15 (4)		22 (4)	11 (3)	11 (2)
बंगाली/पंजाबी									6 (1)		8 (1)				4 (1)	
काबीना मंत्रियों की संख्या	4	9	13	9	7	9	12	10	17	19	13	26	13	18	27	19

	केदार पाण्डेय 19.3.72–9.1.73	केदार पाण्डेय	अब्दुल गफ्फूर 2.7.73–11.4.75	डा० जे० मिश्रा 11.4.75–30.4.77	कर्पूरी ठाकुर 22.6.77–21.4.79	राम सुन्दर दास 22.4.79–17.2.80	डा० जे० मिश्रा 8.6.80–14.4.83	चन्द्रशेखर सिंह 14.8.83–12.3.85	बिन्देश्वरी दूबे 12.3.85–13.2.88	भागवत झा आजाद 14.2.88–10.3.89	एस० एन० सिन्हा 11.3.89–6.2.89	डा० जे० मिश्रा 6.12.89–10.3.90	लालू प्रसाद 10.3.90 से मार्च '95	लालू प्रसाद (1995–97)	राबड़ी देवी 25 जुलाई '97 से
ऊंच जाति	38 (5)	35 (6)	44 (11)	40 (6)	29 (7)	50 (10)	44 (8)	44 (8)	44 (7)	33 (4)	35 (6)	33 (7)	30 (10)	13 (3)	19 (7)
उच्च पिछडी जाती	23 (3)	29 (5)	20 (5)	20 (3)	38 (9)	20 (4)	17 (3)	28 (5)	25 (4)	33 (4)	29 (5)	29 (6)	36 (12)	43 (10)	53 (19)
निम्न पिछड़ी जाति	0	0	0	0	4 (1)	0	5 (1)	0	0	0	0	0	6 (2)	9 (2)	0
मुस्लिम	15 (2)	12 (2)	8 (2)	13 (2)	8 (2)	10 (2)	17 (3)	17 (3)	6 (1)	8 (1)	12 (2)	14 (3)	12 (4)	9 (2)	14 (5)
हरिजन	8 (1)	12 (2)	12 (3)	13 (2)	8 (2)	10 (2)		5 (1)	12 (2)	17 (2)	12 (2)	10 (2)	12 (4)	17 (4)	11 (4)
आदिवासी	15 (2)	12 (2)	16 (4)	13 (2)	8 (2)	5 (1)	17 (3)	5 (1)	12 (2)	8 (1)	12 (2)	14 (3)	3 (1)	4 (1)	3 (1)
बंगाली/पंजाबी					4 (1)	5 (1)								4 (1)	
काबीना मंत्रियों की संख्या	13	17	25	15	24	20	18	18	16	12	17	21	33	23	36

भाकपा की राज्य कार्यकारिणी की सामाजिक संरचना

जाति समुदाय	1974		1995	
	संख्या	प्रतिशत	संख्या	प्रतिशत
1. भूमिहार	7	33.33	12	38.70
2. बंगाली	3	14.28	1	3.22
3. ब्राह्मण	4	19.04	2	6.45
4. कायस्थ	1	4.76	1	3.22
5. कोइरी	2	9.52	2	6.45
6. यादव	2	9.52	2	6.45
7. राजपूत	1	4.76	2	6.45
8. लोहार	1	4.76	–	–
9. बनिया	–	–	1	3.22
10. मुसलमान	–	–	2	6.45
11. पनेरी	–	–	1	3.22
12. गंगोता	–	–	1	3.22
13. दलित	–	–	2	6.45
14. आदिवासी	–	–	2	6.45
कुल	21	99.97	31	99.95

विधान सभा में भाकपा की सामाजिक बुनावट 1957–1995

जाति	1957	1962	1967	1969	1972	1977	1980	1985	1990	1995
भूमिहार	3	2	7	5	10	4	2	4	6	5
ब्राह्मण	1	1	1	1	2	2	2	–	2	1
राजपूत	–	2	1	1	1	3	–	–	–	–
यादव	–	2	4	4	3	4	5	2	5	10
कोइरी	–	1	1	2	–	1	4	2	1	1
कुर्मी	–	–	–	–	–	–	–	–	1	–
बनिया	–	1	1	2	–	1	1	–	–	1
हरिजन	1	–	2	1	10	4	6	2	6	5
आदिवासी	–	1	1	–	–	1	1	–	–	–
गंगौता	–	–	1	1	1	1	–	–	1	2
बढ़ई	–	–	–	–	–	–	–	–	1	–
मुसलमान	–	1	4	2	3	–	1	–	–	–
कमकर	–	1	–	–	4	–	–	1	–	–
बंगाली	1	1	–	4	–	1	1	1	–	1
अनुपलब्ध	–	–	1	2	1	–	–	–	–	–
कुल	7	12	24	25	35	21	23	12	23	26

बिहार से लोकसभा में भाकपा के सदस्यों की सामाजिक संरचना

जाति	1962	1967	1971	1980	1984	1989	1991	1995
भूमिहार	1	2	2	1	–	1	–	2
ब्राह्मण	–	1	1	2	–	1	2	1
राजपूत	–	–	–	1	–	–	1	–
यादव	–	2	1	2	2	2	3	1
कुर्मी	–	–	–	–	–	–	1	–
कोइरी	–	–	–	–	–	–	1	–
हरिजन	–	–	1	–	–	–	–	–
कुल	1	5	5	6	2	4	8	4

माकपा राज्य सचिवमंडल की सामाजिक संरचना

जाति	1967		1996	
	संख्या	प्रतिशत	संख्या	प्रतिशत
भूमिहार	4	57.14	3	33.33
ब्राह्मण	1	14.28	1	11.11
कायस्थ	1	14.28	1	–
कोइरी	1	14.28	–	–
यादव	–	–	1	11.11
कहार	–	–	1	11.11
आदिवासी	–	–	1	11.11
बंगाली	–	–	2	22.22
कुल	7	9		

विधानसभा में माकपा विधायकों की सामाजिक संरचना

जाति	1967	1969	1977	1980	1985	1990	1995
भूमिहार	–	–	2	2	–	2	1
बंगाली	1	1	–	–	1	1	1
कोइरी	–	–	–	1	–	2	3
ब्राह्मण	1	–	–	–	–	–	–
हरिजन	2	1	–	–	–	–	–
आदिवासी	–	–	1	1	–	1	1
यादव	–	–	–	1	–	–	–
मुसलमान	–	–	–	1	–	–	–
कुल	4	2	3	6	1	6	6

भाकपा (माले) राज्य कमेटी, '96 की सामाजिक संरचना

जाति	संख्या	प्रतिशत
भूमिहार	6	25.00
कायस्थ	2	8.33
यादव	4	16.66
हरिजन	1	4.16
नोनिया	1	4.16
ब्राह्मण	2	8.33
बनिया	1	4.16
राजपूत	2	8.33
कोइरी	4	16.66
कुर्मी	1	4.16
कुल	24	

विधानसभा में माले विधायक : सामाजिक संरचना

जाति	1990	1995
हरिजन	1	2
नोनिया	–	1
राजपूत	2	1
कोइरी	2	1
यादव	2	1
कुल	7	6

पार्टियों के जिला अध्यक्ष व सचिव

जाति	राजद		कांग्रेस		भाजपा		समता		भाकपा		माकपा (माले)	
	संख्या	प्रतिशत	संख्या	प्रतिशत	संख्या	प्रतिशत	संख्या	प्रतिशत	संख्या	प्रतिशत	संख्या	प्रतिशत
भूमिहार	1	2.04	6	41.61	10	17.24	5	12.17	12	26.66	5	14.70
ब्राह्मण			7	15.70	10	17.24	2	4.87	5	11.11	1	2.94
राजपूत			5	11.36	11	18.76	9	21.95			1	2.94
कायस्थ			2	5.54	1	1.72					1	2.94
यादव	18	36.73	4	9.09	3	5.17	2	4.87	6	13.13	5	14.70
कुर्मी	1	2.04	2	4.54	4	6.37	4	9.75	3	6.66	2	5.88
कोइरी	2	4.08			1	1.72	8	19.51	3	6.66	4	11.76
मुसलमान	13	26.53	7	15.90			1	2.43	2	4.44	2	5.88
हरिजन	4	8.16	3	6.81	2	3.44	2	4.87	2	4.44	4	11.76
आदिवासी	1	2.4	2	5.54	1	1.72			3	6.66	4	11.76
बनिया	6	12.24	4	9.09	11	18.96	1	2.43	1	2.22	2	5.88
बंगाली									1	2.22	2	5.88
खरवार									1	2.22		

मल्लाह	1	2.04	1	2.27								
कहार							1	2.43				
लोहार					1	1.72						
पंजाबी					2	3.44						
पनेरी							1	2.43				
धानुक							2	4.87				
तुरहा	1	2.04										
अनुपलब्ध	1	2.04	1	2.27	1	1.72	3	7.31	6	13.12	1	2.94
कुल	49		44		58		41		45		34	

संदर्भ-सामग्री

[इस पुस्तक में मुख्यतः प्राथमिक सामग्रियों का ही उपयोग किया गया है। सभी अंग्रेजी उद्धरणों का हिन्दी भावानुवाद लेखक का है। नीचे हम अलग-अलग अध्यायों में उपयोग में लायी गयी संदर्भ-सामग्रियों का ब्यौरा प्रस्तुत कर रहे हैं।]

अध्याय-1

क. प्राथमिक सामग्रियाँ :

i. अप्रकाशित : (राज्य अभिलेखागार, बिहार, पटना)

1. रिपोर्ट ऑन दि एडमिनिस्ट्रेशन ऑफ बेंगाल, 1907-1908, 1909-10।
2. प्रोसीडिंग्स ऑफ दि गवर्नमेण्ट ऑफ बिहार ऐण्ड उड़ीसा।
3. रिपोर्ट ऑन दि पोलिटिकल सिचुएशन इन बिहार ऐण्ड उड़ीसा।
4. फ्रीडम मूवमेण्ट पेपर्स, 1912-1952।
5. बिहार-उड़ीसा पुलिस एब्सट्रैक्ट, 1911-16।
6. नोट ऑन दि ग्वाला मूवमेण्ट इन इट्स रिलेशन टू दि एण्टी-काइन-कीलिंग एजिटेशन ऐण्ड बकरीद डिस्टरबेन्सेज इन पटना डिस्ट्रिक्ट; आर. डुंडास, ऑफिसिएटिंग आइ जी ऑफ पुलिस, बिहार ऐण्ड उड़ीसा; 20 मई, 1913। (कन्फीडेन्सियल)।
7. गवर्नमेण्ट ऑफ बिहार ऐण्ड उड़ीसा, चीफ सेक्रेटरीज डिपार्टमेण्ट, स्पेशल ब्रांच, नं. IC. बिहार और उड़ीसा के मुख्य सचिव का भारत सरकार के गृह सचिव के साथ तथा पटना के प्रमण्डलीय आयुक्त का मुख्य सचिव के साथ पत्रांचार, 26 अप्रैल, 1912 से 18 अप्रैल, 1913।
8. फाइल नं. 1571/1917, पार्ट II।
9. रिपोर्ट ऑन दि ट्रेड कैरिड बाइ रेल ऐण्ड रिवर इन बिहार ऐण्ड उड़ीसा इन दि ऑफिशियल ईयर, 1917-18; जी. मिल्ने, डायरेक्टर ऑफ एग्रीकल्चर, बिहार ऐण्ड उड़ीसा, राँची, 23 नवम्बर, 1918।
10. बोर्ड ऑफ रिवेन्यू, बिहार ऐण्ड उड़ीसा, नं. 14-24-1।
    (फ्राम टी. डब्ल्यू ब्रिज, आइसीएम, ऑफिशिएटिंग सेक्रेटरी टू दि बोर्ड

ऑफ रिवेन्यू, बिहार ऐण्ड उड़ीसा, टू दि सेक्रेटरी टू दि गवर्नमेण्ट ऑफ बिहार ऐण्ड उड़ीसा, रिवेन्यू डिपार्टमेण्ट, बाँकीपुर; 14 अगस्त, 1920)।

11. कंडीशन ऑफ दि लोअर क्लासेज ऑफ पॉपुलेशन इन बेंगाल, 1888, कलकत्ता।
12. साइमन कमीशन के समक्ष प्रस्तुत यादव महासभा का स्मारपत्र, दिसम्बर, 1928।

ii. प्रकाशित :

सेंसस रिपोर्ट्स :

1. ओ'डोनेल, सी. जे.; 'सेंसस ऑफ इंडिया, 1891', कलकत्ता, 1893।
2. गेट, ई. ए.; 'सेंसस ऑफ इंडिया, 1901', कलकत्ता, 1902।
3. ओ' मैली, एल.एस.एस.; 'सेंसस ऑफ इंडिया, 1911', कलकत्ता, 1913।
4. टैलेंट्स, पी. सी.; 'सेंसस ऑफ इंडिया, 1921', पटना, 1923।
5. लेसी, डब्ल्यू. सी.; 'सेंसस ऑफ इंडिया, 1931', पटना, 1932।
   साथ ही सारण सेंसस रिपोर्ट, 1891; गया सेंसस रिपोर्ट, 1891; और शाहाबाद सेंसस रिपोर्ट, 1891।

सर्वे-सेट्लमेण्ट रिपोर्ट्स :

6. स्टीवेंशन-मूर, सी. जे. फाइनल रिपोर्ट ऑन दि सर्वे ऐण्ड सेट्लमेण्ट ऑपरेशन्स इन दि डिस्ट्रिक्ट ऑफ चम्पारण, 1892-99', कलकत्ता 1900।
7. स्टीवेंशन-मूर, सी. जे.; 'फाइनल····मुजफ्फरपुर, 1892-99', कलकत्ता, 1901।
8. जेम्स, जे. एफ. डब्ल्यू.; 'फाइनल रिपोर्ट····पटना, 1907-12', पटना, 1914।
9. स्वीनी, जे.ए.; 'फाइनल रिपोर्ट····(रिवीजन)····चम्पारण, 1913-19', पटना, 1922।
10. हब्बाक, जे. ए.; 'फाइनल रिपोर्ट····शाहाबाद, 1907-16', पटना, 1928।
    साथ ही कुछ अन्य जिलों के भी सर्वे-सेट्लमेण्ट रिपोर्ट्स।
11. मेमोरेण्डम फॉर दि इंडियन स्टेट्युटरी कमीशन ऑन दि वर्किंग ऑफ रिफॉर्म्स इन बिहार ऐण्ड उड़ीसा, पटना, 1930। (आगे से सिर्फ 'मेमोरेण्डम')।
12. मेमोरेण्डम ऑन दि मेटेरियल कंडीशन ऑफ दि पीपुल ऑफ बेंगाल, बिहार ऐण्ड उड़ीसा इन दि ईयर 1902-03 टु 1911-12।
13. फर्स्ट डिसेनियल रिव्यू (1912-22) ऑफ दि एडमिनिस्ट्रेशन ऐक्ट ऐण्ड

डेवलवपमेण्ट ऑफ दि प्रोविन्स।
14. प्रोसीडिंग्स ऑफ दि आसाम लेबर एन्क्वायरी कमेटी। एम. हक, बार एटलॉ, जमींदार, छपरा का 19 मार्च, 1906 को दिया गया बयान।
15. रिपोर्ट ऑफ दि रिजनल रेकर्ड सर्वे कमेटी, बिहार, 1958–59, बिहार रिसर्च सोसायटी, पटना।
16. रिपोर्ट ऑफ दि रिजनल रेकर्ड सर्वे कमेटी, बिहार, 1965–76, पटना।
17. आइ एल आर 10, राजकुमार लाल बनाम विशेश्वर दयाल (1884), कलकत्ता 688।
18. आइ एल आर 12, इलाहाबाद 328–324 एफबी।
19. आइ एल आर, पटना 506, ईश्वरी प्रसाद बनाम हरि प्रसाद लाल। इसके अलावा, विश्वनाथ घोष बनाम षोडशीबाला 48–सी, 926, 25 सी डब्ल्यू एन 639–66 आइ सी 590; और भोलानाथ मित्तर बनाम किंग एम्पेरर।

ख. सहायक सामग्री :

1. आचार्य श्री रामलोचन शरण जयन्ती स्मारक ग्रंथ, दरभंगा, 1942; (श्री कमल नारायण झा कमलेश का लेख 'बिहार की रियासतें·····')।
2. गणेश शंकर विद्यार्थी द्वारा सम्पादित 'प्रताप' के 1916 से 1918 के अंक।
3. गांधी, मोनहदास करमचंद, 'सत्य के प्रयोग,' अहमदाबाद, 1993।
4. डाल्टन, 'डिस्क्रिप्टिव एथनोलॉजी ऑफ बेंगाल,' 1872।
5. दत्त, के. के.; 'हिस्ट्री ऑफ फ्रीडम मूवमेण्ट इन बिहार,' पटना, 1957। —'गांधी इन बिहार', पटना, 1969।
6. प्रसाद, डॉ. राजेन्द्र, 'चम्पारण में महात्मा गांधी', दिल्ली, 1955। —'ऑटोबायोग्राफी', नई दिल्ली, 1994। 'आत्मकथा', पटना, 1947।
7. मिश्र, गिरीश; 'दि एग्रेरियन प्रोब्लेम्स ऑफ परमानेण्ट सेट्लमेण्ट : ए केस स्टडी ऑफ चम्पारण', नई दिल्ली, 1978।
8. रंधवा, एम. एस.; 'ए हिस्ट्री ऑफ एग्रीकल्चर इन इंडिया', खण्ड III, नई दिल्ली, 1983।
9. विद्यालंकार, डॉ. सत्यकेतु (प्रधान सम्पादक); 'आर्यसमाज का इतिहास', दिल्ली।
10. शास्त्री, रजनीकान्त, 'हिन्दू जाति का उत्थान और पतन', इलाहाबाद, 1996।
11. सनाढ्य, प. तोताराम, 'फिजी द्वीप में मेरे 21 वर्ष', वाराणसी, 1973। (इस पुस्तक के प्रकाशक श्री बनारसी दास चतुर्वेदी थे।)

12. सरस्वती, स्वामी सहजानन्द; 'मेरा जीवन संघर्ष,' पटना, 1952।
13. सहाय, शिवपूजन; 'पीर मुहम्मद मुनिस : व्यक्ति और कृति', 'वाणी', 7-9 प्रथम, खंड I।
14. हैनिंघम, स्टीफन, 'पीजेण्ट मूवमेण्ट्स इन कोलोनियल इंडिया', ऑस्ट्रेलियन नेशनल यूनिवर्सिटी, मोनोग्राफ, 1982।

अध्याय-2

क. प्राथमिक :

i. अप्रकाशित : (राज्य अभिलेखागार, बिहार, पटना)

1. फाइल नं. 7/1926।
2. फाइल नं. 60/1924।
3. फाइल नं. 238/1923।

ii. प्रकाशित :

1. हंटर, डब्ल्यू. डब्ल्यू.; 'ए स्टेटिस्टिकल एकाउण्ट ऑफ बेंगाल', लंदन, 1877।
2. कुलिस, एच.टी.; 'नोट ऑन दहियाक'। जे. एफ. डब्ल्यू. जेम्स की 'फाइनल रिपोर्ट ऑन दि सर्वे सेट्लमेण्ट ऑपरेशन्स इन दि डिस्ट्रिक्ट ऑफ पटना, 1907-12' का एपेण्डिक्स I।
3. बिहार प्रान्तीय किसान सभा की रिपोर्ट (नवम्बर 1929 से नवम्बर 1935), सभा के मंत्री श्री अवधेश प्रसाद सिंह द्वारा प्रकाशित, पटना, 1935।
4. आइ एल आर, XI, कलकत्ता, 1885।
5. आइ एल आर, XVII, कलकत्ता, 1890।

ख. सहायक सामग्री :

1. बुकानन, फांसिस; 'एन एकाउण्ट ऑफ दि डिस्ट्रिक्ट ऑफ पूर्णिया इन 1809-10', पटना, 1928।
   —'एन एकाउण्ट…भागलपुर इन 1810-11', पटना, 1939।
   —'एन एकाउण्ट…बिहार ऐण्ड पटना इन 1811-12, पटना', 1922।
   —'एन एकाउण्ट…शाहाबाद इन 1812-13', पटना।
2. मार्क्स, कार्ल; 'पूँजी', खण्ड III, भाग 6, मास्को, 1983।

लेख :

1. चौधुरी, विनय भूषण; 'मूवमेण्ट ऑफ रेण्ट इन ईस्टर्न इंडिया (1793-1930)', 'दि इंडियन हिस्टोरिकल रिव्यू', III, 2, जनवरी, 1977।

2. 'झा, हेतुकर', 'लोअर कास्ट पीजेन्ट्स ऐण्ड अपर कास्ट जमींदार्स इन बिहार (1921–25) : एन एनेलिसिस ऑफ संस्कृटाइजेशन ऐण्ड कण्ट्राडिक्शन बिटविन टू ग्रुप्स', 'दि इंडियन इकोनॉमिक ऐण्ड सोशल हिस्ट्री रिव्यू', खण्ड XIV, नं. 41। इसमें श्री झा ने फाइल नं. 171/1925 को उद्धृत किया है, जो अब उपलब्ध नहीं है।

[साथ ही इस अध्याय में विभिन्न सर्वे सेट्लमेंट रिपोर्ट्स, बिहार ऐण्ड उड़ीसा पुलिस एब्सट्रैक्ट्स, आर्यसमाज का इतिहास, आदि का भी उपयोग किया गया है जिसका हवाला हम अध्याय-1 की संदर्भ सामग्रियों में दे चुके हैं।]

अध्याय-3

क. प्राथमिक :

i. अप्रकाशित : (राज्य अभिलेखागार, बिहार, पटना)

1. फाइल संख्या 229/30।
2. गया के जिलाधिकारी की रिपोर्ट; 20 जुलाई, 1927।
3. पटना के जिलाधिकारी की रिपोर्ट; 26 जुलाई, 1927।
4. शाहाबाद के जिलाधिकारी की रिपोर्ट; 1 अगस्त, 1927 और 19 मई, 1930 की रिपोर्ट।
5. पटना के आयुक्त की रिपोर्ट; 4 अगस्त, 1927।
6. तिरहुत के आयुक्त की रिपोर्ट; 16 अगस्त, 1927।
7. बिहार-उड़ीसा के विशेष अधिकारी (सुधार) जे.ए. हब्बाक की इंडियन स्ट्रेट्युटरी कमीशन को भेजी गयी रिपोर्ट; 9 दिसम्बर, 1928।
8. दरभंगा के जिलाधिकारी की रिपोर्ट, 14 जून, 1930।
9. पूर्णिया के जिलाधिकारी की रिपोर्ट, 14 जुलाई, 1930 और 24-25 अगस्त, 1933।

ii. प्रकाशित :

1. मेमोरेण्डम। (पूर्वोक्त)।

अध्याय-4

क. प्राथमिक :

i. प्रकाशित :

1. ग्रियर्सन, जार्ज. ए.; 'नोट्स ऑन दि डिस्ट्रिक्ट ऑफ गया' (1893)।
   —'बिहार पीजेण्ट लाइफ', पटना, 1926।

2. बुरदिलों, जे.ए.; 'रिपोर्ट ऑन दि ऑपरेशन्स फॉर दि प्रिवेन्शन ऐण्ड रिलीफ ऑफ फेमिनी इन पटना डिवीजन ड्युरिंग 1896 ऐण्ड 1897।
3. स्टीवेंशन-मूर, सी.जे.; 'रिपोर्ट ऑन गया'।

ख. सहायक सामग्री :

पुस्तक :

1. दास गुप्ता, टी. सी.; 'आस्पेक्ट्स ऑफ बंगाली सोसायटी फ्रॉम ओल्ड बेंगाली लिट्रेचर', कलकत्ता, 1935।

लेख :

1. कोसाम्बी डी.डी. 'अर्ली ब्राह्मणस् ऐण्ड ब्राह्मणिज्म', जर्नल ऑफ बाम्बे ब्रांच, रॉयल एशियाटिक सोसायटी, एन. एस. खण्ड 23, 1947।
   —'ऑन दि ओरिजिन ऑफ ब्राह्मण गोत्रांज', जे बी बी आर ए एस, 26 जनवरी, 1950।
2. बागची, ए. के; 'डि-इण्डस्ट्रियलाइजेशन इन गेंजेटिक बिहार (1809-1901)'
   एसेज इन ऑनर ऑफ प्रो. एस. सी. सरकार, नई दिल्ली, 1976।
3. मार्क्स, कार्ल; 'दि ईस्ट इंडिया कम्पनी—इट्स हिस्ट्री ऐण्ड रिजल्ट्स', कलेक्टेड वर्क्स, खण्ड 12, मास्को, 1973।
4. रघुवंशी, वी.पी. एस; 'दि इन्स्टीट्युशन ऐण्ड वर्किंग ऑफ कास्ट इन दि लैटर पार्ट ऑफ दि एटीन्थ सेंचुरी फ्रॉम यूरोपियन सोर्सेज'; 'इन मेमोरियम', के. एम. अशरफ, 1964।
5. रोमिला, थापर; 'जिनीलॉजी एज अ सोर्स ऑफ सोशल हिस्ट्री', 'दि इंडियन हिस्टोरिकल रिव्यू' II, 2 जनवरी, 1976।
   साथ ही एफ. ई. पर्जिटर का 'एंशिएण्ट इंडियन हिस्टोरिकल ट्रेडिशन' भी देखें। (इसके अलावा 'इंडियन सोसायटी : हिस्टोरिकल प्रोबिंग्स', नई दिल्ली, 1974 में संकलित कुमार सुरेश सिंह का 'ए स्टडी इन स्टेट फॉरमेशन एमांग ट्राइबल कम्युनिटीज' तथा राधाकृष्ण चौधरी का 'सोशल स्ट्रक्चर इन मिडीवल मिथिला (1200-1600)' शीर्षक आलेख भी देखें।)

अध्याय-5

क. प्राथमिक

i. अप्रकाशित :

1. फाइल 51/1993।

2. फाइल 125/1933।
3. फाइल 13/1933–34।
4. फाइल के. डब्ल्यू./34।
5. एस डी ओ पी. एन. टंडन की 6 फरवरी, 1937 की रिपोर्ट, तथा मेमो 1609–साप्ताहिक रिपोर्ट, आरक्षी अधीक्षक, पटना, 17 जनवरी, 1937।
6. फाइल 62/1938।
7. फाइल 274/1938।
8. पाक्षिक रिपोर्ट—17 जनवरी, 1938; 27 अप्रैल, 1938 और 18 दिसम्बर, 1938।
9. फाइल पीआइपी 1938।
10. फाइल 17/39।
11. फाइल 342/39।
12. फाइल 361/39।
13. पटना जिलाधिकारी आवास, बाँकीपुर; 26 जनवरी, 1939 की रिपोर्ट।
14. पाक्षिक रिपोर्ट, 25 अप्रैल, 1939।
15. पाक्षिक रिपोर्ट, डी.ओ. नं. 751/सी; मई, 1939।
16. पटना के आरक्षी अधीक्षक की साप्ताहिक रिपोर्ट; 17 सितम्बर, 1939।
17. कंफिडेन्शियल रिपोर्ट फॉर दि फोर्टनाइट एण्डिग 10 फेब्रुअरी, डी.एन. 273/C, 1939।
18. पाक्षिक रिपोर्ट, 11 जून, 1941।
19. पाक्षिक रिपोर्ट, (गोपनीय) 11 जून, 1947।
20. पाक्षिक रिपोर्ट, 15 दिसम्बर, 1950 और 15 दिसम्बर, 1951।
21. फाइल 188 (गोपनीय), एस पी आवास, भोजपुर।
22. फाइल 65, शाहाबाद एस. पी.।

ii. प्रकाशित

1. मेमोरेंडम टू दि बिहार ऐण्ड उड़ीसा फ्रेंचाइज कमेटी, एनेक्सचर 2।

साथ ही श्री कालिका सिंह, श्री हरिहर प्रसाद, श्री शिवप्रसन्न राय 'मानव', श्री धनुषधारी सिंह, श्री रामाश्रय साह, श्री वासुदेव सिंह, मास्टर केसरी सिंह, श्री राम प्रसाद सिंह, श्री राजेन्द्र सिंह कुशवाहा व श्री द्वारिका प्रसाद अरुण के साथ बातचीत।

'दि इंडियन नेशन', 'दि सर्चलाइट', 'हुंकार', 'युवक', 'दिनमान', आदि पत्र-पत्रिकाओं में प्रकाशित सूचनाएँ और कुछ आलेख।

'त्रिवेणी संघ' तथा 'किसान सभा के पर्चे।'

ख. सहायक सामग्री :

1. आजाद, मौलाना अबुल कलाम; 'इंडिया विन्स फ्रीडम', नई दिल्ली, 1988।
2. कोठारी, रजनी, (सं.); 'कास्ट इन इंडियन पोलिटिक्स', दिल्ली, 1970।
3. चन्द्र, बिपन; 'भारत में उपनिवेशवाद और राष्ट्रवाद', दिल्ली, 1996।
4. दत्त, के.के.; 'हिस्ट्री ऑफ फ्रीडम मूवमेण्ट इन बिहार', पटना, 1957।
5. प्रसाद, डॉ. राजेन्द्र; 'सेलेक्टेड कोरेस्पोंडेन्स', नई दिल्ली, 1984। 'ऑटोबायोग्राफी', पूर्वोक्त।
6. बेनीपुरी, रामवृक्ष; 'मुझे याद है'।
7. मुखर्जी, कल्याण और यादव, राजेन्द्र सिंह; 'भोजपुर में नक्सलवादी आन्दोलन', नई दिल्ली, 1980।
8. मेहता, चौधरी यदुनन्दन प्रसाद; 'त्रिवेणी संघ का बिगुल', जितौरा, शाहाबाद, 1940।
9. सरस्वती, स्वामी सहजानन्द; 'मेरा जीवन संघर्ष,' पटना, 1952।
   —'किसान कैसे लड़ते हैं', नई दिल्ली, 1989।
   'महारुद्र का महाताण्डव', पटना, 1949।
10. सांकृत्यायन, राहुल; 'दिमागी गुलामी', इलाहाबाद, 1984।
11. सिंह, अनुग्रह नारायण; 'मेरे संस्मरण', पटना, 1961।
12. हाउजर, वाल्टर; 'दि बिहार प्रोविन्शियल किसान सभा : 1929–42 : ए स्टडी ऑन एन इंडियन पीजेण्ड मूवमेण्ट', डी. फिल. डिसर्टेशन, यूनिवर्सिटी ऑफ शिकागो, 1961 (माइक्रोफिल्म)।

अध्याय-6

क. प्राथमिक :

अप्रकाशित : (राज्य अभिलेखागार और डी एम आवास, पटना।)

1. डी आइ जी का नोट, 17 मार्च, 1923।
2. डी आई जी, सी आइ डी, का नोट, 19, मार्च 1923।
3. बोल्शेविज्म इन बिहार ऐण्ड उड़ीसा, 1923 (फाइल नं. उपलब्ध नहीं)।
4. फाइल 34/1931।
5. फाइल 10/1934।
6. फाइल के डब्ल्यू 20/1935।
7. फाइल 336/46।

8. फाइल 6 (VII)/1947।
9. फाइल 6 (VIII)/1947।
10. फाइल 6(2)/1947।
11. 1937 का सर्कुलर नं. 5, बिहार स्पेशल ब्रांच (डी एम आवास, फाइल 107, बिहार, 1937)।
12. रायबहादुर अतुल्य नारायण बनर्जी, ऑफिशिएटिंग डिस्ट्रिक्ट मजिस्ट्रेट, पटना को पत्र; डी. ओ. पत्रांक 1248 पी. गोपनीय। पटना डी एम आवास।
13. एस पी की साप्ताहिक रिपोर्ट : 24 अप्रैल, 10 जून, 10 अगस्त, 1935।
14. पाक्षिक रिपोर्ट : जनवरी (प्रथम), 1936; 1 मई, 1938; 13 जुलाई, 1930; 26 जुलाई, 1938; 13 अगस्त, 1938; नवम्बर, 1938; फरवरी II, 1940; 28 जुलाई, 1949; दिसम्बर, 1949; 15 दिसम्बर, 1951।
15. डी आई जी का आरक्षी अधीक्षकों को निर्देश, 22 फरवरी, 1950।
16. जनरल रिव्यू ऑफ दि एक्टिविटी ऑफ दि कम्युनिस्ट पार्टी इन बिहार—स्पेशल ब्रांच, मेमो नं. 132525 (26) एस बी।

ii. प्रकाशित :

1. बिहार लेजिस्लेटिव एसेम्बली प्रोसीडिंग्स, खण्ड III, भाग 3।
2. बिहार लेजिस्लेटिव काउन्सिल प्रोसीडिंग्स।

ख. सहायक सामग्री :

1. चौधरी, कृष्ण चन्द्र; 'बिहार में कम्युनिस्ट पार्टी का जन्म और विकास', पटना (तारीख नहीं)।
2. दत्त के.के., 'हिस्ट्री ऑफ फ्रीडम मूवमेण्ट इन बिहार', पटना, 1975।
3. दामोदरन, विनीता; 'ब्रोकेन प्रोमिसेज : पोपुलर प्रोटेस्ट, इंडियन नेशनलिज्म ऐण्ड दि कांग्रेस पार्टी इन बिहार, 1935-1946', दिल्ली, 1992।
4. 'नारायण, जयप्रकाश', 'टुअर्डर्स टोटल रिवोल्यूशन'।
5. मिश्र, रामनन्दन; 'किसानों की समस्याएँ', दरभंगा, 1952।
   —'जीवन के चार अध्याय, अपने से विद्रोह,', दरभंगा, 1952।
6. मुखर्जी, सुनील; 'पार्टी जीवन की कुछ यादें', पटना (तारीख नहीं)।
7. रेणु, फणीश्वरनाथ; 'मैला आँचल,' नई दिल्ली, 1996।
8. लोहिया, डॉ. राम मनोहर; 'इतिहास चक्र', इलाहाबाद, 1970।
   —'जाति प्रथा'।
   —'अर्थशास्त्र—मार्क्स के आगे।'

9. शर्मा, रामविलास; 'स्वाधीनता आन्दोलन के बदलते परिप्रेक्ष्य', दिल्ली, 1992।
10. सरकार, सुमित; 'आधुनिक भारत', दिल्ली, 1983।
11. सरस्वती, सहजानन्द, 'मेरा जीवन संघर्ष', पटना, 1952।
12. सिंह, अनुग्रह नारायण; 'मेरे संस्मरण', (पूर्वोक्त।)
13. सेनगुप्त, निर्मल; 'लास्ट फ्रंटियर ऑफ किसान सभा'; ए. एन. सिन्हा इन्स्टीट्यूट, पटना (मोनोग्राफ)।

—'बटाईदारी मूवमेण्ट', ए. आर. देसाई द्वारा सम्पादित 'एग्रेरियन स्ट्रगल्स इन इंडिया आफ्टर इंडेपेण्डेंस', दिल्ली, 1986, में आलेख।
14. हाउजर, वाल्टर; 'दि बिहार प्रोविन्शियल किसान सभा....' (पूर्वोक्त)।
15. त्रिपाठी 'सहृदय', हवलदार; 'सन '42 का आजाद दस्ता और तिवारी जी'।

लेख :

1. ब्लेअर, हैरी डब्ल्यू.; 'राइजिंग कुलक्स ऐण्ड बैकवर्ड क्लासेज इन बिहार, सोशल चेंज इन दि लेट 1970', इकॉनॉमिक ऐण्ड पोलिटिकल वीकली, XV, 2, 12 जनवरी, 1980।
2. फ्रेकल, फ्रेन्सिन आर.; 'कास्ट, लैण्ड ऐण्ड डॉमिनेन्स इन बिहार', 'अमृत बाजार पत्रिका', 'दि सर्चलाइट', 'युवक', 'जनता', 'योगी', 'हुंकार', 'दिनमान', 'इंडियननेशन', 'मैन-काइण्ड', आदि पत्र-पत्रिकाओं के लेख)।

अध्याय-7

इस अध्याय में श्री आर. एन. सिंह. डी आई जी पुलिस ऑन स्पेशल ड्यूटी (बिहार) की 14 दिसम्बर, 73 की रिपोर्ट (अप्रकाशित), बिहार थ्रूफीगर्स (1991), बिहार एट ए ग्लांस (1996), सेंटर फॉर पॉलिसी रिसर्च, नई दिल्ली की ओर से तैयार अजित मजुमदार की रिपोर्ट (1989), कृषि जनगणना, राष्ट्रीय सैम्पल सर्वे, नेशनल काउन्सिल ऑफ एप्लायड इकॉनोमिक रिसर्च, सेंटर फॉर मॉनिटरिंग इंडियन इकॉनॉमी की रिपोर्टों, बिहार के धधकते खेत-खलिहानों की दास्तान (भाकपामाले प्रकाशन), तथा 'दिनमान', 'लोकयुद्ध', 'लिबरेशन', 'समकालीन जनमत', 'सामयिक वार्ता', 'अवकाश' आदि पत्रिकाओं में प्रकाशित लेखों का उपयोग किया गया है।

कुछ अन्य सहायक सामग्रियाँ :

1. अमीन, शाहिद और पाण्डेय, ज्ञानेन्द्र (सं.); 'निम्नवर्गीय प्रसंग', नई दिल्ली, 1995।

2. घुर्ये, जी. एस; 'कास्ट ऐण्ड रेस इन इंडिया'; बम्बई, 1994।
3. जानुजी, एफ, टॉमसन; 'एग्ररियन क्राइसिस इन इंडिया, दि केस ऑफ बिहार', नई दिल्ली, 1974।
4. फ्रैंकेल, फेन्सिन आर.; 'इंडियाज ग्रीन रिवोल्यूशन : इकॉनोमिक गेन्स ऐण्ड पोलिटिकल कॉस्ट्स', बम्बई, 1971।
5. बेते, आन्द्रे; 'दि बैकवर्ड क्लासेज इन कंटेम्पोररी इंडिया', दिल्ली, 1994।
6. बेली, एफ. जी.; 'जाति और आर्थिक परिधि', नई दिल्ली, 1978।
7. ब्रास, पॉल. आर.; 'लेंग्वेज ऐण्ड पॉलिटिक्स इन नार्थ इंडिया', लंदन, 1974।

   —'रैडिकल पार्टीज ऑफ दि लेफ्ट इन बिहार : ए कम्पेरिजन ऑफ दि एस एस पी ऐण्ड दि सी पी आइ, कैम्ब्रिज, 1973।
8. मेयर, एड्रियन सी.; 'कास्ट ऐण्ड किनशिप इन सेंट्रल इंडिया', लंदन, 1960।
9. श्री निवास, एम. एन; 'आधुनिक भारत में सामाजिक परिवर्तन', नई दिल्ली, 1996।

   —'यादों से रचा गाँव', नई दिल्ली, 1995।
10. हटन, जे. एच.; 'भारत में जाति प्रथा', दिल्ली, 1993।